LE NOUVEAU FRENCH FOR BUSINESS
LE FRANÇAIS DES AFFAIRES

ÉDITION AUGMENTÉE D'UN LEXIQUE EN 4 LANGUES

Claude Le Goff,

Professeur associé,
Ex-directrice de la section « Français » de MIBS
(Master in International Business Studies)
University of South Carolina.

HATIER / Didier

Table des illustrations

Composition : Compo Gravure Production.

Nous avons recherché en vain les éditeurs ou les ayants droit de certains textes ou illustrations reproduits dans ce livre. Leurs droits sont réservés aux Éditions Didier.

© Les Éditions Didier, Paris, 1994   Imprimé en France

ISBN : 2-278-04408-7

PRÉFACE À LA NOUVELLE ÉDITION

Depuis la publication de ce manuel en 1986, de nombreux changements ont eu lieu dans le monde des affaires, d'autres sont en train de se produire.

Cette nouvelle édition tient compte de ces modifications et des premières répercutions de l'application du Traité de Maastricht sur l'économie française.

Les exercices ont été, en partie, modifiés pour incorporer les tout derniers examens de la CCIP.

Bien que certains mots ne figurant pas dans les dialogues, mais utilisés dans des exercices, aient été ajoutés dans le lexique à la fin du volume, il va sans dire que tous les mots employés ne peuvent se trouver dans ce manuel et qu'il est conseillé aux étudiants de consulter, le cas échéant, un dictionnaire bilingue usuel, et éventuellement, un dictionnaire bilingue commercial.

La grande nouveauté de cette édition consiste en l'extension du lexique à l'allemand et à l'espagnol pour répondre à la demande des professeurs utilisateurs du manuel dans les pays germanophones et hispanophones. Autre innovation : des phrases de thème en allemand et en espagnol figurent maintenant, pour chaque leçon, dans le livret du professeur qui accompagne cette édition.

Signalons aussi l'existence de deux cassettes audio, enregistrées par des acteurs professionnels pour l'illustration sonore de ce manuel.

Hormis ces modifications, le format général des éditions précédentes a été conservé.

SOMMAIRE

INTRODUCTION

Ce manuel a été conçu tout spécialement en vue d'assurer la préparation au CERTIFI-CAT PRATIQUE DE FRANÇAIS COMMERCIAL de la CHAMBRE DE COMMERCE & D'INDUSTRIE DE PARIS, d'étudiants de 3e année de collège. Pour ce faire, il est basé à 90 % sur les annales de cet examen, depuis sa création. La préparation de l'examen pose une question : jusqu'où peut-on, doit-on aller dans la « technicité » des affaires ?

On peut se référer à la définition qui nous est donnée dans la brochure (page 1) « Examens de français des affaires pour étrangers » de la Chambre de Commerce & d'Industrie de Paris, je cite : « Cet examen, de premier degré, sanctionne de bonnes connaissances de la langue courante, complétées par des notions de la langue des affaires. » Nous trouvons, plus loin (page 6) sous la rubrique **Programme :** « Le bon maniement du français général (connaissances des structures écrites et orales de notre langue et d'un lexique courant - fin niveau 2) sera complété par de bonnes notions du :

Vocabulaire commercial usuel : mesures, monnaies, publicité, relations téléphoniques, télégrammes, télex…, situations de la vie quotidienne : à la banque, à la poste, au magasin… ; rédaction de lettres simples ; etc.

Vocabulaire économique essentiel : celui couramment employé par les organes de presse pour grand public. »

Afin de nous éclairer davantage, qu'il me soit permis de citer ici M. Jacques Cartier, Directeur des Relations Internationales des Services d'enseignement de la CCIP : « Le Certificat Pratique a été créé pour sanctionner de bonnes connaissances de la langue courante complétées par une bonne connaissance de la langue des affaires… » (Discours prononcé au Colloque organisé par la Commission d'Amérique du Nord de la FIPF sur le Français des Affaires, à Princeton University, le 17 mars 1979).

« Ce certificat atteste de bonnes connaissances de la langue courante complétées par des notions de la langue des affaires. Il s'applique davantage à une connaissance de la langue française pratique utilisée dans un environnement concret commercial et économique » (Discours prononcé au Colloque organisé par la Commission d'Amérique du Nord de la FIPF sur le Français des Affaires, à Los Angeles, University of Southern California, les 11 et 12 avril 1980).

« Il est bien certain que l'étude de la langue reste prioritaire, mais que cette même langue devient également le support, le vecteur de connaissances susceptibles de préparer à une spécialisation ultérieure. » (Discours prononcé au Colloque organisé par la Commission d'Amérique du Nord de la FIPF à Ypsilanti, Eastern Michigan University, les 22 et 23 octobre 1981).

Quelles sont ces bonnes notions ? Et s'agit-il uniquement de notions ? L'étude des annales permet d'apporter une réponse à ces questions et l'on s'aperçoit que les notions sont parfois bien approfondies…

Pour trancher la question, je crois que, plutôt que de notions, je parlerai d'optiques différentes pour caractériser le Certificat Pratique par rapport au Diplôme Supérieur de Français des Affaires.

En employant une image « nautique », je dirai que le point de vue de l'étudiant au niveau du Certificat Pratique est celui du passager, curieux et intéressé, qui visite le bateau de la cale à la passerelle, en posant des questions : qu'est-ce que c'est ? À quoi cela sert-il ? Comment est-ce que cela marche ? Pourquoi fait-on cela ? etc. À la fin de la croisière, il a appris beaucoup de choses et connaît un vocabulaire étendu, sans pouvoir pour autant se substituer au capitaine. Le point de vue du candidat au Diplôme supérieur étant l'optique du capitaine qui, lui, doit savoir tout ce qui se passe à bord, mais qui doit aussi être capable de diriger le navire, de l'amener à bon port, en évitant les écueils et en sachant ce qu'il convient de faire lorsque surviennent des difficultés imprévues.

Optiques différentes sur un même corpus.

C'est pourquoi j'ai choisi la fiction du stagiaire qui visite la firme et pose des questions, s'intéresse à tous les rouages de l'entreprise, mais reste toujours « en dehors », même s'il « aide », il ne sera jamais impliqué dans la gestion, ni appelé à prendre des décisions, à prendre « la barre ». Dans certains cas, il m'a semblé nécessaire de donner quelques explications un peu poussées pour ne pas avoir un simple catalogue de termes techniques, mais sans toutefois entrer dans le domaine fonctionnel proprement dit.

Ce manuel présente aussi l'originalité d'être « à deux vitesses » pour tenir compte de l'hétérogénéité de ces classes préparatoires qui ne sont pas composées que de « majors » de français, car elles attirent aussi des étudiants de l'École de Commerce, des spécialistes de journalisme, de communications, d'affaires internationales dont le niveau de français n'est pas toujours aussi bon que celui des spécialistes de français. Toute l'information passe donc sous forme de dialogue dans un français courant de niveau assez facile, alors que des textes authentiques présentés sous forme de « lectures » permettent aux spécialistes de français de travailler sur des morceaux nettement plus difficiles.

Autre originalité, quelques documents commerciaux ont été ajoutés au manuel afin de permettre aux étudiants d'avoir en main des chèques bancaires, postaux, des traites, des télégrammes, et de pouvoir les remplir correctement.

Une longue expérience de cet enseignement m'a amenée à concevoir une certaine souplesse d'utilisation de ce manuel pour faire face aux besoins très divers de ces classes qui, d'années en années, se suivent sans pourtant se ressembler !

Chaque leçon est prévue pour une semaine de travail au niveau collégial. Le professeur aura toute liberté de diviser le dialogue en 2 ou 3 sections, ou de le faire étudier dans son ensemble, selon le niveau de sa classe, il pourra exiger la mémorisation de tout ou partie du vocabulaire, quitte à faire des vérifications fréquentes par la suite. La quantité d'exercices, tirés en presque totalité des examens, permet au professeur de faire un choix, d'en assigner certains par écrit, d'interroger oralement sur d'autres et d'en garder pour des tests et des examens. Il est souhaitable de faire un test toutes les quatre leçons.

Le niveau de langue des étudiants est très important, car la préparation ne laisse pas au professeur le temps d'enseigner de la grammaire de façon systématique, c'est pourquoi il est conseillé d'imposer comme « prerequisites » à l'inscription dans cette classe, un cours (si possible avancé) de grammaire et composition et un cours de conversation. S'il s'avère néanmoins nécessaire de faire de la grammaire corrective, il y aura lieu d'adjoindre, à la demande, une grammaire comme, par exemple, le Bescherelle ou Le Français au présent, publiés chez le même éditeur.

Il est aussi vivement recommandé d'utiliser France - Amérique et/ou Le Journal français d'Amérique pour la discussion des articles sur l'économie et les affaires.

Si les commentaires de texte semblent trop ardus au début du cours (ce sont des textes d'examen normalement donnés à la fin du semestre), il convient que le professeur guide les étudiants d'assez près au commencement, pour les laisser ensuite « trotter devant lui », la bride sur le cou, quitte à ne commencer à les noter que vers le milieu du semestre.

Très souvent, des collègues des Écoles Secondaires m'ont demandé dans les Colloques, si je pensais qu'il leur serait possible de dispenser cet enseignement à leurs élèves. Je crois qu'avec de bons étudiants on doit pouvoir utiliser le manuel sur deux semestres, et peut-être même présenter les meilleurs sujets à l'examen. Il faut cependant souligner une fois de plus que cet enseignement se fonde sur une bonne connaissance de la langue française, de la culture et de la civilisation mais qu'il ne saurait en aucun cas s'y substituer.

Claude Le Goff

1.
La banque

Paul Jones, étudiant américain, titulaire d'un M.B.A., est en France pour faire des stages dans des firmes industrielles et commerciales et se familiariser avec les techniques françaises.

Il va à la banque, il y a une agence de la Société Générale à deux pas du foyer d'étudiants où il réside.

Les clients font la queue aux guichets. Paul attend son tour.

Paul : Mademoiselle, j'ai un chèque à toucher...

La guichetière : Il faut endosser votre chèque, Monsieur, c'est-à-dire écrire « Pour acquit » au dos et signer.

Paul : Voici.

La guichetière : Il faut remplir un bordereau de versement à votre compte, en voici un.

Paul : Mais, je n'ai pas encore de compte, je vais justement en ouvrir un...

La guichetière : Si vous n'avez pas encore de compte, vous ne pouvez pas toucher ce chèque, il est pré-barré.

Paul : Qu'est-ce que cela veut dire ?

La guichetière : Vous voyez ces deux barres parallèles en travers du chèque, cela veut dire que ce chèque doit être déposé sur un compte : on ne peut pas vous donner d'argent liquide.

Paul : Que c'est compliqué ! Alors, je vais commencer par ouvrir un compte, j'ai 3 000 dollars.

La guichetière : Mais, Monsieur, je ne peux pas accepter des dollars pour ouvrir un compte en francs français. Il faut d'abord changer vos dollars. Attendez, je vais me renseigner...

Quelques instants plus tard, la jeune fille revient :

La guichetière : Excusez-moi, Monsieur, de vous avoir fait attendre, mais je suis seulement en stage dans cette banque, et je ne connais pas encore bien tous les services, alors je préfère demander.

Paul : Vous êtes stagiaire, vous aussi !

La guichetière : Oui, pourquoi ?

Paul : C'est merveilleux, moi aussi ! Je suis venu en France pour faire des stages dans l'industrie et le commerce ! Mais, dites-moi ce que je dois faire de mon chèque.

La guichetière : C'est l'heure de la fermeture, maintenant...

Paul : Permettez-moi de vous inviter à prendre un verre , vous m'expliquerez le fonctionnement de la banque.

La guichetière : D'accord. Je vais vous rejoindre à la terrasse du café en face dans quelques minutes.

A la terrasse du café.

Paul : Je ne me suis pas présenté : je m'appelle Paul Jones, j'ai une maîtrise en administration commerciale et je viens de New York.

La jeune fille : Je m'appelle Virginie Lefranc, j'ai un diplôme d'H.E.C. et j'habite Paris.

Paul : Vous savez, la banque, en Amérique, c'est beaucoup plus simple ! Le même employé peut tout faire : encaisser un chèque, verser de l'argent…

Virginie : Ouvrir un compte ?

Paul : Non, pour cela il faut s'adresser à la personne chargée des nouveaux comptes, il faut remplir un formulaire avec toutes sortes de renseignements, déposer sa signature et une somme d'argent pour ouvrir le compte et l'on reçoit un petit chéquier provisoire en attendant que les chèques définitifs soient imprimés avec votre nom, votre adresse, votre numéro de téléphone et aussi votre numéro de compte…

Virginie : Ici, aussi, sauf que vous n'avez pas de chèques provisoires. Autrefois il y avait des chèques omnibus qui permettaient de retirer de l'argent de votre compte en attendant le carnet de chèques qui vous est envoyé une dizaine de jours après l'ouverture de votre compte ; mais on les emploie de moins en moins car maintenant la plupart des agences sont équipées en informatique, ce qui permet toutes les opérations : retraits, virements etc…

Paul : Tout à l'heure vous m'avez dit que mon chèque était pré-barré, pourquoi fait-on cela ?

Virginie : Pour votre protection. C'est pour décourager les voleurs.

Paul : Je ne comprends pas.

Virginie : Si vous perdez votre portefeuille et votre chéquier, celui qui les trouve, ou celui qui les a volés, ne peut plus se présenter à la banque pour encaisser un chèque en imitant votre signature, car il ne peut pas obtenir d'argent liquide et s'en aller. Il doit déposer ce chèque sur son compte. S'il a un compte, il est connu. On peut suivre le chèque et retrouver son bénéficiaire.

Paul : Ah, je comprends, c'est comme aux Etats-Unis lorsqu'on écrit « For deposit only » au verso d'un chèque avant de l'endosser.

Virginie : Oui, mais comme les chèques sont pré-barrés depuis 1978, c'est-à-dire que les barres sont imprimées sur tous les chèques, on est sûr de ne pas oublier.

Paul : On ne peut pas faire de chèque au porteur alors ?

Virginie : Si, mais le porteur doit avoir un compte. Il peut endosser le chèque au profit d'un autre bénéficiaire, et ainsi de suite, mais le dernier devra déposer le chèque sur son compte. Ainsi, on pourra toujours remonter d'endossataire en endossataire jusqu'au premier bénéficiaire. En tout cas, ce qu'il ne faut pas faire, c'est un chèque en blanc !

Paul : Qu'est-ce que c'est ?

Virginie : C'est un chèque signé, mais sans montant indiqué.

Paul : Oui, bien sûr, le bénéficiaire peut écrire le montant qu'il veut ! A ce propos, comment appelle-t-on un « mauvais » chèque ?

Virginie : Vous voulez dire un chèque dont le montant est supérieur à la somme que vous avez en dépôt à la banque ? C'est un chèque sans provision. C'est interdit par la loi et vous pouvez passer en correctionnelle pour émission de chèque sans provision, c'est considéré comme un acte d'escroquerie.

Paul : En correctionnelle ?

Virginie : Oui, vous êtes passible d'une peine de 1 à 5 ans de prison et le tribunal correctionnel peut également vous condamner à une amende de 3 600 à 36 000 francs.

Paul : Ah, voici le garçon, que désirez-vous boire ?

Virginie : Un Coca.

Paul : Alors, deux Cocas, s'il vous plaît. C'est ainsi que l'on dit « Coke » en France ?

Virginie : C'est plus vite dit que Coca-Cola ! Demain, dès l'ouverture de la banque, je vais prendre rendez-vous pour vous avec le sous-directeur de l'Agence, Mme Leblanc, pour votre ouverture de compte, comme cela vous n'attendrez pas. Il faudra apporter votre carte nationale d'identité, enfin, je veux dire, votre passeport, dans votre cas, ainsi qu'un certificat de domicile ou quittance de loyer et une feuille de paye.

Paul : Mais, je n'ai pas tout cela !

Virginie : En tout cas, il faut faire la preuve que vous êtes stagiaire et que vous demeurez dans un foyer d'étudiants. De toutes façons, vous allez déposer 3 000 dollars, enfin l'équivalent en francs français, c'est une provision suffisante.

Paul : Merci, Virginie, pour tous ces renseignements, j'ai l'impression que maintenant, je comprends beaucoup mieux le système bancaire français.

Virginie : Merci, Paul, pour ce bon Coca, et à demain.

Le lendemain, dans le bureau de Mme Leblanc.

Mme Leblanc : Vous avez maintenant un compte dans notre banque. Nous vous enverrons un relevé bancaire deux fois par mois pour vous permettre de connaître la position de votre compte. En plus des avantages bien connus que votre qualité de client vous confère, je désire attirer votre attention sur d'autres services de la banque. Nous pouvons, par prélèvement automatique, régler pour vous vos factures de gaz, d'électricité, votre redevance de téléphone, votre taxe de télévision, votre loyer etc… sans que vous ayez à vous en préoccuper. Voici des R.I.B., des relevés d'identité bancaire, que vous pourrez remettre aux administrations intéressées si vous voulez bénéficier de ce service. De même vous pouvez en donner un à votre employeur pour que votre salaire soit viré directement à votre compte. Si vous êtes temporairement gêné financièrement, la banque peut vous consentir un découvert, c'est-à-dire que nous honorerons vos chèques, même si la provision est insuffisante, moyennant un intérêt, bien entendu. J'attire aussi votre attention sur notre service des titres : un expert financier peut vous conseiller pour votre portefeuille, et vous aider dans vos investissements, dans le placement de vos disponibilités et effectuer vos transactions boursières, c'est-à-dire vos achats et ventes d'actions et d'obligations. Je peux aussi vous conseiller un très bon placement : notre contrat épargne-logement à 5,25 % d'intérêts nets d'impôts, c'est le meilleur financement immobilier.

Paul : Merci beaucoup, Madame, mais je ne suis ici que temporairement.

Paul redescend du bureau de Mme Leblanc, tout joyeux :

Paul : Voilà, c'est fait, j'ai un compte ouvert maintenant, grâce à vous. Merci, Virginie ! Je vais même avoir une Carte Bleue qui, à ce que j'ai compris, est non seulement une carte de crédit, mais aussi une carte qui va me permettre d'avoir accès aux D.A.B., aux distributeurs automatiques de billets, 24 heures sur 24 et de tirer jusqu'à 1 800 francs par semaine où que je me trouve en France ! Mais, je ne sais pas si je vais m'en servir…

Virginie : Pourquoi ? C'est très pratique !
Vous pourrez même utiliser les G.A.B., les guichets automatiques de banque, si vous voulez faire des opérations plus complexes que de simples retraits de fonds…

Paul : Mais, je n'aurai plus le plaisir de vous voir ! En attendant, voici mon chèque endossé à verser au crédit de mon compte et maintenant veuillez me donner 500 francs.

Virginie : Parfait, il n'y a plus de problème. Voici votre reçu.

Paul : Et mon argent ?

Virginie : Il faut attendre que le caissier vous appelle. Quand ce sera votre tour, vous irez à la caisse pour toucher votre argent. Au revoir Paul.

Paul : Merci. Au revoir Virginie, et à bientôt, j'espère.

N.B. La description des opérations d'ouverture de compte s'applique aux ressortissants français. Dans la réalité, Paul Jones aurait un compte « Etranger ».
Depuis 1993, les ressortissants des pays de la C.E.E. peuvent ouvrir des comptes en devises dans les banques françaises, et les banques de ces pays peuvent aussi ouvrir en France des succursales qui offrent leurs services aux Français, dans l'attente de la matérialisation de l'écu comme monnaie unique européenne, conformément aux accords de Maastricht.

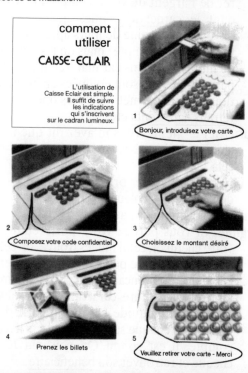

comment utiliser
CAISSE-ECLAIR

L'utilisation de Caisse Eclair est simple. Il suffit de suivre les indications qui s'inscrivent sur le cadran lumineux.

1 Bonjour, introduisez votre carte
2 Composez votre code confidentiel
3 Choisissez le montant désiré
4 Prenez les billets
5 Veuillez retirer votre carte - Merci

un IMMeuble - appartment building
immobilier - Realestate
meuble - furniture

V
VOCABULAIRE

une agence : *a branch*
faire la queue : *to stand in line*
un guichet : *a window (in a bank)*
toucher un chèque : *to cash a check*
le guichetier : *the teller*
endosser : *to endorse*
remplir : *to fill*
un bordereau de versement : *a deposit slip*
un compte : *an account*
l'argent liquide (m), les espèces (f, pl) : *cash, money*
un stage : *an internship*
un(e) stagiaire : *an intern*
la fermeture : *closing time*
prendre un verre : *to have a drink*
H.E.C. : *École des hautes Études Commerciales, one of the most famous French graduate schools of business.*
encaisser (un chèque) : *to cash (a check)*
verser : *to pay*
un formulaire : *a form*
déposer sa signature : *to give an authorized signature*
un chéquier : *a check-book*
un chèque omnibus : *a counter check*
un carnet de chèques : *a check-book*
un retrait : *a withdrawal*
un virement : *a transfer*
le bénéficiaire : *the beneficiary*
au verso : *on the back*
au porteur : *to the bearer*
un endossataire : *an endorsee*
un chèque en blanc : *a blank check*
le montant : *the amount*
un chèque sans provision : *a check with insufficient funds*
passer en correctionnelle : *to appear in a district court for criminal cases*
une émission de chèque sans provision : *(writing) bad checks*
une escroquerie : *swindling*
passible de : *liable to*
une peine : *a penalty, punishment, sentence*

une amende : *a fine*
une carte nationale d'identité : *an I.D. card issued by the Police Headquarters (Préfecture de Police)*
un certificat de domicile : *is delivered by the Police station or the townhall to verify your address*
une quittance de loyer : *a rent receipt*
une feuille de paye : *a payroll sheet*
faire la preuve : *to show proof*
un relevé bancaire : *a bank statement*
la position (d'un compte) : *the balance (of an account)*
attirer l'attention de… sur… : *to call sb's attention to…*
le prélèvement automatique : *automatic deduction*
une facture : *an invoice, a bill*
une redevance : *a tax, dues*
le loyer : *rent*
le salaire : *salary, wages*
virer : *to transfer*
un découvert : *an overdrawn account*
consentir un découvert : *to grant an overdraft*
honorer : *to honor, meet, accept*
un intérêt : *an interest*
le service des titres : *investment department*
un portefeuille (de titres) : *a portfolio*
un investissement : *an investment*
un placement : *an investment*
les disponibilités (f) : *available funds, liquid assets*
une transaction boursière : *stock exchange transaction*
une action : *share, stock*
une obligation : *a bond*
l'épargne (f) : *savings*
épargne-logement : *a special savings plan to buy a house*
net d'impôt : *tax-free*
le financement : *financing*
une carte de crédit : *a credit card, account card (Brit.)*
un distributeur automatique de billets/ D.A.B. : *automatic teller machine, A.T.M.*
un guichet automatique de banque/G.A.B. : *automatic teller machine/A.T.M.*
un retrait de fonds : *cash withdrawal*
un reçu : *a receipt*
le caissier : *the cashier*
la caisse : *the cashier's window*
emprunter : *to borrow*
un emprunt : *borrowing*
prêter : *to lend, to loan*
un prêt : *a loan*
l'échéance (f) : *(date of) maturity*

QUESTIONS ORALES

un don - donation

1. Qui est Paul Jones ?
2. Pourquoi est-il en France ?
3. Où habite-t-il ?
4. Comment appelle-t-on un(e) employé(e) de banque qui prend soin des clients derrière un guichet ?
5. Pourquoi la guichetière va-t-elle se renseigner ?
6. Pourquoi les chèques sont-ils pré-barrés maintenant ?

7. Qu'est-ce qu'un portefeuille de titres ?
8. Peut-on aller en prison si on émet des chèques sans provision dans votre pays ?
9. Comment dit-on « Coke » en français ?
10. Quels sont les autres services de la banque ?
11. Pourquoi est-ce pratique d'avoir une Carte Bleue ?
12. Est-ce le même employé qui prend le chèque à encaisser et qui donne de l'argent ?

11

E

EXERCICES ECRITS

1. Terminez la phrase de façon significative :

1. Il est poursuivi parce que son chèque était
....
- à découvert
- barré
- sans provision
- consigné

2. Le chèque est essentiellement un moyen de .....
....
- vérification
- émission
- règlement
- présentation

3. Une grande variété de .... est proposée aux futurs acquéreurs.
- loyers
- termes
- financements
- modes

4. Notre banque finance 90 % des .... dans le secteur agricole.
- bilans
- intérêts
- prêts
- revenus

5. .... la première demande de remboursement ou en cas de changement de compte, joindre votre relevé d'identité bancaire.
- au cas où
- lors de
- grâce à
- alors que

6. De nombreux étudiants font pendant leurs vacances scolaires .... dans une entreprise.
- une tentative
- un emploi
- un stage
- une visite

7. Grâce aux terminaux électroniques installés par les banques il devient plus facile de consulter à tout moment la .... de son compte.
- position
- feuille
- carte
- somme

8. L'année dernière et pour la première fois, le nombre des chèques émis en France a diminué d'environ 6 %, baisse .... par une forte progression des règlements par cartes de paiement.
- compensée
- soutenue — sustained
- démontrée
- encaissée

9. L'épargne est un moyen sûr et simple de .... son argent disponible.
- remplacer
- fructifier
- reproduire
- rentabiliser

10. Ce type de compte a un taux d'intérêt élevé ; en revanche, le déposant ne peut effectuer de retrait avant .... fixée.
- l'issue
- la passation
- l'échéance
- la cote

2. Mettez les phrases suivantes au pluriel :

1. N'inscris pas la somme, fais-moi un chèque en blanc.
2. Je règle la taxe de télévision, la redevance du téléphone et mon loyer par prélèvement automatique.
3. Il a déposé son argent à la banque.

3. Complétez les phrases ci-dessous :

1. Veuillez vous .... à ce bureau .... vous donnera .... les informations nécessaires à .... sujet.

2. Si j'étais certain de recevoir cet argent ....
... .

4. Faites une phrase en employant les mots suivants :

– Banques - multiplier - agences.
– Chèque - encaisser - banque.
– Investissements - capitaux - terme.
– Retirer - compte - livret.

5. Vrai ou faux ?

1. « Payer en liquide » signifie « payer par chèque » → VRAI FAUX

2. Un chèque en blanc ne mentionne pas le nom du bénéficiaire → VRAI FAUX

3. L'endossataire est celui qui signe le chèque → VRAI FAUX

6. Donnez un synonyme des mots suivants :
épargner : ....
financer : ....

7. Donnez un antonyme des mots suivants :
emprunt ≠ ....
débiteur ≠ ....

8. Trouvez le mot qui manque et faites ensuite une phrase avec ce même mot :

1. Il a reçu une lettre d'avertissement de sa banque car il avait fait un chèque sans ....
2. Le client a versé à son avocat la .... que celui-ci lui demandait.
3. La majorité des personnes font leurs .... le samedi.
4. ....

9. Version :

1. C'est leur banquier qui leur a conseillé d'acheter des obligations et des actions.
2. Julie a fait un bon placement, elle a souscrit un contrat d'épargne-logement à 5,25 % d'intérêts, nets d'impôts.
3. La réforme du système bancaire doit favoriser les investissements productifs et renforcer la productivité industrielle.
4. Où que vous soyez en France, vous pouvez retirer jusqu'à 1 800 francs d'argent liquide par semaine avec notre Carte Bleue.
5. Au fur et à mesure que se développent le commerce et l'industrie, les banques ont vu leur rôle s'accroître prodigieusement.
6. Malgré de nombreux rappels, je n'ai toujours pas reçu de relevé de compte depuis mon dernier retrait.
7. La carte de l'American Express est acceptée dans des milliers de magasins partout dans le monde.
8. Je vais demander à ma banque de me prêter une partie de la somme nécessaire.
9. Ils auront à rembourser leur emprunt avant la fin de l'année.
10. Je n'ai pas tiré sur mon compte depuis un mois.

11. Pour un commerçant qui manie beaucoup d'espèces, il est conseillé de choisir une banque près de son commerce pour éviter les transports de fonds.

12. En France, dès l'âge de seize ans, on peut avoir un carnet de chèques : les banques proposent aussi à leurs jeunes clients d'autres services, comme les cartes de retrait d'espèces, qui permettent d'utiliser les distributeurs de billets de banque.

10. Thème : *internationale*

1. Société Générale is a leading French bank providing a comprehensive range of international banking services in the world.

2. Most Japanese banks have expanded abroad in the 1980's to serve their domestic customers who want to invest and borrow overseas.

le tiré ~ BNP

3. Lloyd's has always been one of the best known financial institutions in the world.

4. We send out the accounts at the end of every month.

5. The trading profits of the bank and its subsidiaries for the year ended 31 December 1989 were $ 195.3 million.

6. You buy with an account card so there is no need to carry cash or write out cheques.

7. We supply medium and long term financing in yen or other currencies.

8. Banks provide their customers with letters of credit and travellers cheques.

9. Savings accounts earn a 5.8 % interest.

10. The last decade had seen increasing competition between banks and other financial institutions and the development of new financial techniques.

11. The bank just turned down their request for a loan.

12. When you borrow money from the bank, you have the right to repay the loan in full within the first seven years.

tireur = Sarah

11. Vous devez la somme de F 1 470,35 à Tourisme Total, votre agence de voyages. Établissez, en règlement, le chèque ci-dessous.

Bon pour FRANCS

BNP

B.P.F. ....

BANQUE NATIONALE DE PARIS

F. ...1.470,35...

Ordre : *Tour. Tot.*

PAYEZ CONTRE CE CHÈQUE NON ENDOSSABLE, SAUF au profit d'une banque, d'une caisse d'épargne ou d'un établissement LA SOMME DE ....

....

Date : ...*11 Sept.*...

A l'ordre de ....

A................................., le ....

Payable BNP
Champs-Elysées

Sarah Lese

N° 892 101

CHÈQUE N° 892 101

12. Complétez le texte suivant à l'aide des mots donnés ci-dessous dans l'ordre alphabétique :
adressez - commettez - communiquez - confirmez - contactez - démagnétisée - éviter - frauduleuse - garant - indestructible - opposition - ouvré - rectifications - renouvelée.

Voici dix « bons conseils » destinés à un(e) titulaire de carte bancaire :

1. **Vous avez perdu votre carte bancaire :** perdue ou volée, ... immédiatement votre agence ou appelez le 42.77.11.90 en région parisienne et le 54.42.12.12 en province. Vous êtes entendu 24 h/24 et 7 jours sur 7. .... le numéro de votre carte (jamais le code confidentiel) puis .... votre déclaration par courrier recommandé auprès de votre agence.

2. **En cas d'utilisation .... , votre responsabilité est limitée :** soyez rassuré, votre responsabilité en cas d'utilisation de votre **carte bancaire** avant sa mise en *opposition.* n'est engagée que dans la limite de 600 F.

3. **Précautions d'emploi du code confidentiel :** le code confidentiel de votre **carte bancaire** est le .... de votre sécurité. Ne .... pas l'imprudence d'inscrire le code confidentiel à proximité de la carte.

4. **Vous avez oublié votre code confidentiel :** .... vous à votre agence qui, seule, vous apportera confidentiellement la solution.

5. **Un commerçant refuse votre carte bancaire :** Si l'autocollant CB est affiché sur sa vitrine, le commerçant ne peut la refuser. Mais, il peut vous demander d'............. de l'utiliser pour des achats de faibles montants.

6. **Votre carte bancaire est avalée par un distributeur de billets :** Présentez-vous, au plus tard le jour .... qui suit l'incident, à l'agence qui gère le distributeur.

la gère ~ manager

7. **Votre compte est débité d'une opération que vous n'avez pas faite :** Précisez-le immédiatement à votre agence, celle-ci effectuera les recherches et procédera aux *rectifications*

8. **Votre carte bancaire arrive à expiration :** D'une durée d'un ou deux ans, elle est .... automatiquement, sauf avis contraire de votre part.

9. **Votre carte bancaire peut être .... :** Pour ne pas subir ce désagrément, évitez son frottement direct avec d'autres cartes à pistes.

10. **Elle n'est pas .... :** Ne pliez pas votre **carte bancaire** ! Attention par exemple aux poches de pantalon.

Groupement des cartes bancaires « CB ».

une somme écrite l'exercice... banque.que...

⊚ SOCIÉTÉ GÉNÉRALE
RELEVÉ D'IDENTITÉ BANCAIRE

⊚ SOCIÉTÉ GÉNÉRALE

A remettre à tout organisme demandant vos références
bancaires pour éviter retards ou erreurs d'exécution.

Cadre réservé au destinataire du R.I.B.

COMPTE D'ENTREPRISE

	du	au	
1103190J0000801 1	21 05 85		B.P.F.

Titulaire du compte

LIBRAIRIE A. HATIER

Domiciliation

Agence

SG U CX ROUGE PARIS

Code banque	Code guichet	Numéro de compte
30003	03190	000200160.

La direction de votre agence est à votre disposition
pour tout renseignement que vous souhaiteriez den
sur le présent relevé.

REPORT

SOLDE

MONTANT DU CHÈQUE

SOLDE A REPORTER

CIC PARIS — Crédit industriel et commercial de P...

NO: 6251206   SERIE: C   09/1985

Payez contre ce chèque
non endossable sauf au profit d'une banque, d'une caisse d'épargne ou d'un établissement assimilé

à   le ___
Payable à
77370 Nangis

MELLE JACQUELINE DUMAS
175, rue de Paris
77000 MELUN

001234 J

Compensable
A MELUN
n° du chèque

6251206 =000000661714520612697890

BANQUE NATIONALE DE PARIS

N° DU SIÈGE
0 : :

DATE D'ENTRÉE EN RELATION

CLASSEMENT

NOM DU SIÈGE

NOM ET PRÉNOMS OU DÉNOMINATION

TYPE COMPTE — NUMÉRO DE COMPTE

NOM ET PRÉNOMS OU DÉNOMINATION - Début

Élément de vérification du domicile :
Justificatif d'identité :

NOM ET PRÉNOMS OU DÉNOMINATION - Suite

Réponse B.D.F. télex du :   ou formulaire du :

Les informations recueillies dans le présent questionnaire ne seront utilisées que pour les
seules nécessités de la gestion interne ou pour satisfaire aux obligations légales et
réglementaires. Elles pourront donner lieu à l'exercice du droit d'accès dans les conditions
prévues par la loi n° 78-17 relative à l'informatique, aux fichiers et aux libertés du
6 janvier 1978, par l'intermédiaire des services ayant recueilli les présentes informations.

Préciser éventuellement "conjointe " ou " séparée " ou "compte joint" *

SIGNATURE

Préciser éventuellement "conjointe " ou " séparée " *

MANDATAIRES

M
Date du mandat :
Signature :

M
Date du mandat :
Signature :

* Rayer la ou les mentions inutiles.

Particularités de fonctionnement : OUI ou NON (Rayer la mention inutile)
VOIR AU VERSO LES INSTRUCTIONS "CONTENTIEUX" ET LES AUTRES COMPTES
COMPORTANT LES MÊMES SIGNATAIRES BÉNÉFICIANT DE POUVOIRS SEMBLABLES.

CA 0010 - 01.84

Date J M	Nature de l'opération*		Crédit	Valeur J M A
2105	EFFETS DOMICILIES			200585
2105	VIREMENT POSTAL			+220585
2105	COMMISSION D'ENCAISS			140685
2105	COMMISSION D'ENCAIS			040685
2105	PAIEMENT CHEQUE...			190585
2105	PAIEMENT CHEQUE...			190585
2105	PAIEMENT CHEQUE			190585
2105	PAIEMENT CHEQUE			190585
2105	PAIEMENT CHEQUE			190585
2105	PAIEMENT CHEQUE			190585
2105	PAIEMENT CHEQU			190585
2105	PAIEMENT CHEQ			190585
2105	PAIEMENT CHE			190585
2105	PAIEMENT CH'			
2105	CHEQUE NUM			
2205	PRELEVEMEN			

Une demande

ATTESTATION
sur l'honneur

établie en conformité du décret du 26 septembre 1953,
article 6

Je soussigné,

NOM : ___

Prénoms : ___

déclare sur l'honneur

qu'aucune séparation de corps n'a été prononcée judiciairement
contre moi (1)

___ (2)

être domicilié ou

à ___

rue ___

département ___

depuis le ___

A ___

REMISE DE CHÈQUES

Nous vous prions de trouver ci-joint :

☐ Chèques   ☐ Effets en (2)
                   ☐ ESCOMPTE
que nous vous   { ☐ ESCOMPTE EN VALEUR
remettons pour   { ☐ ENCAISSEMENT

Veuillez :

☐ Procéder à la cession de nos devises et prélever le total
de vos agios en Francs sur le produit de cette cession.

☐ Créditer notre compte
en Francs/Devises n°

☐ Débiter de vos agios
en Francs notre compte n°

LIEU DE PAIEMENT	ÉCHÉANCE	MONTANT
		TOTAL

VISA

4970 4470 1012 3456
CARTE BLEUE
EXPIRE 30/00 ...
ER CHRISTIAN DEORGE...
CB

LIVRET A
Caisse d'Epargne
de Paris

(1) Rayer la mention inutile.
(2) En cas de séparation de corps, modifier la formule et produire un extrait de jugement.

IMP. PLANCASSAGNE - NANGIS

14

13. Compréhension de texte :

DES CHÈQUES SOUS SURVEILLANCE

Les chèques ont beau ne plus représenter que 52 % des moyens de paiement utilisés en 1991 contre 73 % en 1980, le nombre d'incidents déclarés à la Banque de France culmine à plus de 6 millions contre 1,3 million en 1980. Facteur aggravant : la législation est non seulement impuissante, mais possède des effets pervers. L'émetteur de chèques sans provision est, certes, passible des tribunaux, mais il est assuré, après douze mois d'interdiction de chéquier, de disposer à nouveau de moyens de paiement même si le créancier n'a pas été remboursé. Du coup, un adulte sur trente est interdit de chéquier. Pour enrayer une mécanique infernale qui coûte plus de 4 milliards de francs par an aux commerçants, une loi sur la sécurité du chèque, votée le 30 décembre 1991, entrée en application le 1er juin 1992, modifie profondément les règles du jeu.

Pour l'émetteur de chèques sans provision, l'interdiction bancaire systématique d'un an est supprimée. Elle sera modulable. On pourra même recouvrer tout de suite la faculté d'émettre des chèques, à condition de rembourser son créancier et éventuellement de payer une pénalité au Trésor Public. Cette «amende» dépendra notamment des sommes en jeu. Pour un compte régularisé dans un délai d'un mois, et à condition de ne pas être récidiviste, il n'y aura pas de pénalité. Il n'y aura pas non plus de sanction pénale. En revanche, en cas de fraude manifeste et si les chèques restent impayés, le contrevenant sera privé d'en émettre pendant dix ans !

Autre nouveauté de taille : l'interdiction bancaire en cas d'émission de «chèques en bois» sera quasiment immédiate. Dès qu'une banque rejettera un chèque, le client qui l'aura signé sera frappé d'interdiction sur l'ensemble de ses comptes. Le délai de grâce d'un mois disparaît. Comme l'explique Michel Sapin, Ministre de l'Économie : «La loi donne les moyens juridiques à la Banque de France de détecter les personnes titulaires de plusieurs comptes.» Les commerçants pourront bénéficier de cette centralisation des informations en consultant un service télématique qui leur indiquera la régularité ou non d'un chèque.

Les banques vont également être mises à contribution et associées beaucoup plus étroitement à la lutte contre les chèques sans provision. Elles devront contrôler systématiquement la situation de leurs clients avant d'accorder de nouveaux chéquiers sous peine, elles aussi, d'être pénalisées.

Pour les comptes joints, la loi prévoit aujourd'hui que celui des cotitulaires qui a signé le chèque rejeté sera interdit d'émettre. Mais les chèques ne sont pas forcément présentés au paiement dans l'ordre où ils ont été émis, si bien que le sanctionné n'est pas forcément le fautif.

Mais, problème de taille, les banques, par l'intermédiaire de l'A.F.B. (Association Française des Banques), se disent aujourd'hui incapables d'appliquer la nouvelle législation, rappelant les délais nécessaires pour la mise en place des circuits d'information entre les établissements de crédit, la Banque de France et les autres organismes publics détenteurs de fichiers bancaires.

La loi risque donc de mettre un certain temps avant de faire son plein effet. Mais elle s'inscrit dans le contexte plus général de la clarification des règles des services bancaires. Le comité consultatif des usagers met la dernière main à une «charte des services bancaires de base», qui devrait garantir un service minimum ouvert à toute la clientèle. Les banques, qui voient leur rôle accru en matière de déclaration des incidents de paiement, vont également formaliser davantage le fonctionnement des comptes, et notamment les problèmes de dates de valeur et les conditions d'octroi d'un découvert. Un code de bonne conduite allant dans ce sens devrait être prochainement présenté aux usagers.

D'après un article d'Éric Leser, Le Monde Économie, 2 juin 1992.

A **Répondez**, à l'aide du texte, aux questions ci-dessous :

1. Thème de l'article : *Le chèques sans provision*
2. Le nombre de chèques émis en France dans la dernière décennie est-il en augmentation ou en diminution ? Dans quelle proportion ? *21 %*
3. Durant cette même période, comment les incidents de paiement ont-ils évolué ? Quels sont les chiffres qui le confirment ? *↑ 6 m contre 1,3*
4. Combien de personnes ne peuvent détenir de chéquier en France ? *1 out of 30*
5. 6. Relevez deux modifications importantes apportées par la loi du 30 décembre 1991 :
   a. ....
   b. ....
7. À quelle date cette loi est-elle entrée en vigueur ? *1er juin 92*
8. Que demandent les banques pour appliquer cette nouvelle loi ?
9. Quel effort supplémentaire leur sera demandé avant d'accorder de nouveaux chéquiers ?
10. Quel sera le rôle de la Banque de France ? *de détecter les personnes*
11. 12. En cas de comptes joints, lequel des cotitulaires sera puni et comment ? *lui qui a signé*
13. Dans quels domaines les banques vont-elles formaliser davantage leurs procédures ?
14. Le plein effet de la loi est-il atteint ? Expliquez.
15. Quel objectif se fixe le comité consultatif des usagers dans ce domaine ?
16. Dans quel contexte plus général s'inscrit cette nouvelle loi ?

B Et vous, que pensez-vous de l'utilisation des chèques comme moyens de paiement ? Dans votre pays, cet usage est-il aussi généralisé qu'en France ? Quels sont les avantages et les inconvénients de cette pratique ?
Exprimez librement vos idées.

14. Correspondance

1 Vous avez égaré votre carnet de chèques. Il comportait 25 formules de la série AM numérotées de 702 301 à 702 325. Vous aviez utilisé 3 chèques de ce carnet. Vous **écrivez** à votre banque pour qu'elle prenne les mesures qui s'imposent.

2 La Société Française du Chèque de Voyage (S.F.C.V.) – 12, rue du Capitaine Guynemer, 92081 LA DEFENSE Cedex 19 – émet, conjointement avec de grandes banques françaises, des chèques de voyage appelés «Chèques Express». Comme vous aurez l'occasion de venir en France à plusieurs reprises dans l'année, ce moyen vous éviterait de changer de l'argent à chaque voyage.
Vous écrivez donc à la S.F.C.V. pour savoir où vous procurer ces «Chèques Express», quelles sont les formalités nécessaires pour les obtenir, comment les utiliser, que faire en cas de perte ou de vol.

3 La Banque Nationale de France (B.N.F.) vient d'ouvrir dans la ville de Niort (79000) – au 12, rue Émile Zola – une nouvelle agence à proximité du centre commercial, dans de vastes locaux modernes. Elle adresse aux commerçants de la ville une circulaire pour leur faire part de sa nouvelle implantation ; elle propose sa collaboration en insistant sur l'organisation de ses services et les avantages dont pourront profiter les clients.
Rédigez la lettre circulaire.

15. Jeu de rôles

On vous a remis un chèque à votre ordre en paiement, mais vous n'avez pas remarqué que votre nom est mal orthographié, que votre client s'est trompé de date : il a écrit 5 janvier 1994, au lieu de 1995 et de plus il y a une différence entre la somme portée en chiffres (qui est le montant de la facture) et la somme qu'il a écrite en toutes lettres. Vous allez à votre banque pour déposer ce chèque. Vous parlez d'abord à la guichetière, puis au sous-directeur de l'agence.

grant, concession

15

Pour quels services s'adresse-t-on aux banques?

Les services qu'offre la banque à ses clients sont conçus de manière à ce qu'elle puisse accumuler dans son réservoir le maximum de disponibilités.

SERVICE DE CAISSE

La banque a augmenté le nombre de ses guichets pour être plus près du domicile de ses clients et assurer leur service de caisse sans gêne pour eux. Elle leur fournit gratuitement les formulaires de chèques permettant le retrait en espèces pour les paiements courants, le règlement des dettes par envoi au créancier et donc l'alimentation du compte de ce dernier. Un autre procédé, le virement de compte à compte, suppose connus à l'avance les éléments permettant de situer le compte du créancier. Ce virement peut être « automatique », c'est-à-dire résulter d'un ordre donné une fois pour toutes avec des échéances périodiques. Tel est le cas du virement de salaire mensuel et, dans l'autre sens, de la domiciliation des quittances de gaz, électricité, téléphone, eau, radio, télévision, bimestrielles ou annuelles, ainsi rendues payables au guichet de la banque. La carte de crédit permet des achats sans manipulation d'espèces ou de chèques, les factures étant débitées du compte périodiquement. Les paiements de dépannage permettent les retraits dans les sièges autres que celui où est tenu le compte. Enfin, les lettres de crédit et accréditifs et surtout les chèques de voyage, facilitent les transferts pour se procurer des moyens de paiement à l'étranger. En leur adressant aussi fréquemment qu'ils le désirent, des relevés de toutes les opérations passées à leur compte, la banque fournit à ses clients un support de gestion et de contrôle de leur budget.

Bien qu'elle subisse la concurrence des services financiers de la Poste (mandats et chèques), la banque a vu augmenter considérablement son travail matériel par sa fonction d'intermédiaire dans les opérations de règlement, et l'alourdissement consécutif de ses frais généraux lui cause des soucis.

LES SERVICES AUX ENTREPRISES

L'octroi de crédits

Tout règlement requiert l'existence d'une provision préalable, c'est-à-dire d'un crédit au compte ou d'une autorisation de la banque de rendre le compte débiteur.

Les crédits à court terme

Lorsqu'une entreprise vend ses produits à terme, elle doit attendre un, deux ou trois mois pour recevoir le prix convenu, mais elle peut émettre un effet de commerce ou traite demandant au débiteur de payer à son banquier. Si elle la garde jusqu'à l'échéance, la traite servira de moyen de recouvrement et elle est assortie de sanctions en cas de non-paiement. Si elle préfère recevoir plus rapidement son montant, déduction faite de certains frais, l'entreprise demande à son banquier d'escompter la traite, ce qu'il fera s'il recueille de bons renseignements sur le débiteur, et il la présentera à l'échéance pour se rembourser.

Plutôt que d'escompter des traites, opération qui comporte des manipulations assez onéreuses, la banque peut accorder un crédit en compte courant. Le montant en est fixé par accord entre banquier et client, en tenant compte de l'importance et de la cause du besoin, des perspectives et des délais de remboursement. Le risque du banquier est évidemment de n'être pas remboursé, ou de subir un retard dans les prévisions de remboursement, c'est pourquoi il étudie avec soin la situation du client, surveille son évolution et fixe une limite maximale à son concours. Dans le crédit en compte courant, les versements faits au compte reconstituent une marge disponible pour de nouveaux retraits, et le client ne paie d'intérêts débiteurs que sur le montant effectif du débit.

Ces crédits servent à reconstituer la trésorerie du client, à pallier les décalages entre les paiements (sorties) et les rentrées attendues, entre les achats de matières et d'énergie et les ventes de produits finis, dans un cycle qui dépasse rarement 6 mois à un an. C'est le domaine du court terme, dont la durée maximale a été fixée à 2 ans.

Les crédits à moyen terme

Lorsqu'il s'agit de régler des investissements, c'est-à-dire des sommes immobilisées en moyens de production, il faut parfois compléter les moyens propres de l'entreprise par des crédits plus longs, qui seront remboursés sur les bénéfices attendus dès nouveaux moyens de production. L'équipement en matériel courant doit être, en principe, amorti en quelques années : un crédit à moyen terme (maximum 7 ans) suffira donc et sera remboursé par fractions échelonnées. Au contraire, s'il s'agit de construire une usine ou d'acquérir un matériel lourd, le délai de remboursement pourra s'étaler jusqu'à 10 ou 15 ans, voire davantage : c'est du long terme.

Les crédits à l'exportation

Il existe une classe de concours pour lesquels peuvent être utilisées toutes les formules à court, moyen et long terme, ce sont les crédits à l'exportation. Pour développer ses marchés, une entreprise est amenée à accorder des facilités de plus en plus longues, surtout si elle veut obtenir la clientèle de pays en voie de développement dont les besoins sont sans commune mesure avec leurs moyens actuels, s'ils n'ont pas de pétrole en contrepartie.

La contrepartie pour la banque

Bien que la banque s'efforce de trouver des ressources qui restent à sa disposition aussi longtemps que nécessaire pour servir de contrepartie à des crédits à moyen ou long terme, elle n'aurait pas pu faire face à la demande accrue par les besoins de la reconstruction il y a 30 ans, puis de la modernisation constamment nécessaire de l'industrie et de l'aide aux pays en voie de développement, sans l'autorisation implicite que lui donnait la pratique de la transformation.

La technique de la mobilisation apporte une soupape de sécurité au banquier. Elle consiste à convertir un débit en engagement d'escompte, en faisant signer au débiteur des billets que la banque peut réescompter à la Banque de France ou au marché monétaire, ce qui lui permet de faire face à l'éventualité où des demandes de remboursement émanant de ses clients excéderaient son encaisse.

Autres formes de concours

• En dehors des crédits par caisse et des crédits par escompte, une autre classe de services à la clientèle ne suppose aucun décaissement au moment de leur octroi, ce sont les crédits par signature. La banque prête son propre crédit, concrétisé par une signature, à un client qu'elle sait solvable, mais qui est moins connu qu'elle, par exemple d'un fournisseur étranger avec lequel il souhaite passer un contrat important. Ou bien c'est l'Etat qui cherche à avoir le maximum de quiétude sans faire une longue enquête, et pour cela demande un cautionnement bancaire garantissant soit la bonne fin d'un marché administratif, soit le paiement à terme d'un impôt ou d'un droit de douane. La banque se substituera au débiteur principal si celui-ci ne verse pas les fonds à l'échéance, et ce sera à elle de poursuivre le recouvrement de sa créance.

• La banque enfin, prête son concours aux entreprises qui cherchent à accroître leurs ressources à long terme en les aidant soit à augmenter leur capital par appel aux souscriptions du public, soit à lancer une émission d'obligations. Ces opérations exigent le recours à des techniques spécifiques.

LES SERVICES AUX PARTICULIERS

• La banque reçoit une bonne part de ses ressources du particulier, qui passera par elle pour placer son épargne, en compte à terme ou en valeurs mobilières. La banque prête ses guichets et ses démarcheurs pour leur placement lors des émissions mais aussi elle assure le paiement des coupons et des remboursements, ainsi que toute les opérations se situant aux différentes phases de leur existence ; elle se charge de la conservation des titres ou loue des compartiments de coffre-fort. Le particulier pourra lui confier la gestion de son patrimoine.

• Le particulier utilise aussi le concours à court, moyen et long terme que la banque met à sa disposition. A court terme, sous forme de crédit personnel pour faire face à une grosse dépense facile à régler en étalant le remboursement sur plusieurs mois (mariage et installation, déménagement, etc.), à court ou moyen terme, pour financer des achats à crédit (voiture, caravane, bateau, équipement du foyer), à moyen ou long terme, pour acquérir un logement. Citons enfin des services annexes tels qu'assurances, bureau de voyages, etc.

Charles LOMBARD
les Cahiers français, n° 169,
« La banque », janv. fév. 1975

Notes sur la lecture :

La domiciliation : indication du lieu de paiement, en général la banque du débiteur.

Une quittance : est un document libérant le débiteur de sa dette et prouvant le paiement. On emploie aussi le mot quittance comme synonyme de note à payer : quittance d'électricité.

Un paiement de dépannage : la possibilité de tirer de l'argent dans une agence autre que celle où le tireur a un compte.

Une lettre de crédit : est adressée par un banquier à un de ses correspondants pour lui demander de payer une somme d'argent ou de consentir un crédit au bénéficiaire de la lettre, en général, la lettre est remise par le banquier à son client qui pourra ainsi percevoir la somme dans un autre lieu.

Un accréditif : est une lettre de crédit permettant à un exportateur de percevoir à sa banque le crédit qui lui a été ouvert sur l'ordre du banquier de l'importateur en règlement des marchandises expédiées à ce dernier.

L'octroi de crédits : l'avance de crédits.

Un effet de commerce : les lettres de change, les billets à ordre et les chèques sont des effets de commerce.

Une lettre de change : ou traite est un effet de commerce par lequel le créancier (ou tireur) invite le débiteur (ou tiré) à payer à une certaine personne le bénéficiaire (en général le banquier du tireur) une certaine somme à une certaine date.

La souscription du capital : pour qu'une société anonyme soit valablement constituée, tout son capital social doit être souscrit, c'est-à-dire que les futurs actionnaires se sont engagés, par un bulletin de souscription, à effectuer un versement correspondant au nombre d'actions souscrites.

Une obligation : est un titre de créance contre une société, elle est négociable et fait partie d'un emprunt collectif, elle donne droit à des intérêts et au remboursement du montant nominal à échéance fixée.

Un coupon : était un ticket numéroté, détachable de l'action et qui représentait le dividende, c'est-à-dire la part de bénéfices versées aux actionnaires chaque année.

Un titre : toute action ou obligation émise par des sociétés ou collectivités publiques.

Un coffre-fort : la banque met à la disposition de ses clients des cases permettant d'y enfermer bijoux, objets précieux et papiers importants.

2. Le secrétariat

Paul s'est rendu à Montreuil dans une <u>P.M.E.</u> afin de s'initier à tous les <u>rouages</u> de l'<u>entreprise</u> dans laquelle il va faire son stage : une <u>fabrique de meubles</u> dont la <u>raison sociale</u> est "Les GALERIES DU MEUBLE". Il demande à voir le <u>gérant</u>, M. Perrier.

Paul : Bonjour Madame, je m'appelle Paul Jones et je voudrais voir M. Perrier.

Mme Moreau : Bonjour Monsieur. Je suis Suzanne Moreau, <u>Secrétaire de Direction</u>. Soyez le bienvenu. M. Perrier est absent aujourd'hui, mais il m'a chargée de vous accueillir et de vous faire les honneurs de la maison... Il a dû se rendre à Perpignan pour affaires, mais je pense qu'il sera là demain ou après-demain au plus tard. Avez-vous des questions à me poser ?

Paul : Oui, en fait, j'ai remarqué que sur votre papier à en-tête il y avait "LES GALERIES DU MEUBLE", <u>S.A.R.L.</u>, j'ai étudié dans mon cours de français des affaires, les différentes formes de sociétés françaises, mais j'ai un peu oublié... Que veut dire ce <u>sigle</u> ?

Mme Moreau : C'est une société à responsabilité limitée mais si vous voulez plus de détails juridiques, M. Perrier est <u>licencié en droit</u> et il se fera un plaisir de répondre à vos questions, il est beaucoup plus <u>calé</u> que moi dans ce domaine.

Paul : Eh bien, j'en profiterai pour préciser mes notions sur les sociétés... C'est l'<u>organigramme</u> qui est <u>affiché</u> derrière vous ? Il est impressionnant !

Mme Moreau : Vous trouvez ! Nous avons 4 services principaux : le service technique, le service commercial, le service administratif et le service juridique...

Paul : Tiens, je remarque qu'il n'y a pas de <u>responsable</u> dans le service administratif.

Mme Moreau : Eh bien, vous <u>avez l'œil</u> comme on dit ! C'est exact, et c'est la raison pour laquelle mon bureau disparaît sous le courrier. Notre Directeur Administratif <u>prend sa retraite</u> et de plus Hélène, une de nos sténo-dactylos, vient de <u>donner sa démission</u> pour se marier et partir pour la province avec son mari. Nous avons fait passer des <u>annonces</u> dans les journaux et nous

nous sommes adressés aux bureaux de placement. Nous avons reçu toutes ces demandes d'emploi. Il faut faire une première sélection et convoquer les candidats les plus qualifiés pour leur faire passer une entrevue. Pouvez-vous m'aider à trier ces candidatures. Vous vérifierez que chaque demande est bien accompagnée d'un curriculum vitae, que le candidat ou la candidate a indiqué ses prétentions, les diplômes dont il ou elle est titulaire ainsi que les postes qu'il ou elle a occupés.

Paul : Ses prétentions ?

Mme Moreau : Oui, cela veut dire le salaire désiré pour commencer, et aussi en ce qui concerne la carrière, l'avancement possible par la suite...

Paul : Quels diplômes exigez-vous pour le Directeur Administratif ?

Mme Moreau : C'est un poste de cadre supérieur, qui aura des responsabilités à assumer, donc des diplômes d'H.E.C., de SupdeCo, de l'ESSEC par exemple, pour la dactylo, soit un C.A.P. avec de l'expérience, soit un B.T.S.. Installez-vous à ce bureau. Voici les dossiers... Je dois m'absenter pour aller à l'atelier de montage, et à la comptabilité, mais je repasserai à mon bureau avant midi. Voici une agrafeuse et si vous avez besoin de chemises, il y en a dans ce tiroir...

Paul : Mais... j'en porte déjà une !

Mme Moreau : C'est le même mot, mais avec un sens différent : je crois qu'en anglais vous dites : "folder"...

Paul : Ah oui, je vois, les papiers sont habillés, ils ont aussi leur chemise !

Une heure plus tard.

Mme Moreau : L'ordinateur était en panne, le réparateur est venu et maintenant ça marche ! Il n'y a pas eu d'appels téléphoniques pendant mon absence ?

Paul : Deux, j'ai fait des fiches et dit que vous rappelleriez, voici...

Mme Moreau : Merci.

Paul : J'ai classé dans la chemise bleue les dossiers des candidats au poste de Directeur Administratif et dans la chemise jaune ceux des candidats sténo-dactylos. J'ai mis de côté les applications incomplètes sans résumé ou dont les diplômes ne correspondaient pas.

Mme Moreau : Les applications sans résumé ?

Paul : Ah ces faux amis ! Je veux dire les demandes d'emploi sans curriculum vitae, bien sûr !

Mme Moreau : En tout cas, je vois que vous mettez beaucoup d'application à retenir ce vocabulaire technique. Bravo !

Paul : J'ai remarqué qu'un candidat demandait s'il y avait des prestations. Qu'est-ce que cela veut dire ?

Mme Moreau : Des prestations en nature ? C'est par exemple un logement de fonction si l'entreprise loge son personnel, ou bien une voiture de service... Nous n'en accordons pas, mais nous avons un restaurant pour le personnel avec des repas à un prix modique parce qu'il est en grande partie subventionné par l'entreprise. De plus, les frais de déplacements du Directeur administratif sont entièrement pris en charge par la maison. Mais il est midi passé, venez vite déjeuner dans notre "trois étoiles" !

Après le déjeuner.

Sophie : Monsieur Jones ? Madame Moreau m'a demandé de vous faire visiter notre service. Je m'appelle Sophie Durand et je suis Correspondancière.

Paul : Bonjour mademoiselle. Correspondancière ?

Sophie : Oui, je suis chargée de la correspondance.

Paul : C'est-à-dire que vous prenez le courrier en sténographie sous la dictée et qu'ensuite, vous le dactylographiez ?

Sophie : Non, cela c'est le travail des sténo-dactylos. Moi je rédige un certain nombre de lettres en tenant compte des annotations portées dans la marge par les chefs de service concernés, mais il y a beaucoup de courrier que je fais seule ! J'ai mis en mémoire dans la machine à traitement de textes un certain nombre de lettres type et je n'ai qu'à ajouter les renseignements appropriés.

Paul : Par exemple ?

Sophie : Oh, toutes les lettres d'accompagnement de documents, comme les chèques, les traites à l'acceptation, les confirmations de commande, les envois de catalogues, de prix courants, les accusés de réception, de paiement, les avis d'expédition de marchandises, etc. même les lettres de rappel. Avant que notre service n'ait été doté d'ordinateurs, j'avais des dossiers avec des modèles de lettres et un formulaire pour les débuts et les fins de lettres, si cela vous intéresse, je peux vous le prêter...

Paul : Avec grand plaisir !

Sophie : Vous remarquerez que toutes ces lettres sont normalisées et que nous utilisons le normolettre pour la présentation. C'est beaucoup plus facile ainsi de trier le courrier à l'arrivée et de le distribuer dans les différents services après l'avoir enregistré.

Paul : Enregistré ?

Sophie : Oui, le courrier est ouvert avec cette machine à décacheter et chaque lettre est timbrée avec le dateur qui indique la date d'arrivée et inscrite dans un registre sur lequel on portera la date de départ de la réponse.

Paul : Est-ce que les services conservent les lettres que vous leur envoyez ?

Sophie : Non, nous centralisons dans ce service les dossiers avec les lettres traitées et les doubles des réponses et nous les archivons : vous savez que la loi nous oblige à conserver toute la correspondance pendant 10 ans. En cas de litige, la correspondance commerciale peut servir de preuve, c'est assez dire à quel point il faut être prudent quand on écrit ! Et le classement doit être fait avec beaucoup de soin car il faut pouvoir retrouver immédiatement le document demandé : « Un document mal classé est un document perdu » disait mon professeur de correspondance commerciale…

Paul : Ah, c'est incroyable ! Si mon prof de français des affaires voyait cela ! Une lettre avec la vedette à gauche… Ce serait un F. ! (*)

Sophie : Pourquoi ?

Paul : Oh, parce qu'elle était féroce pour la correspondance et qu'elle nous faisait aussi utiliser le normolettre…

Sophie : Mais cette lettre vient de notre fournisseur de bois du Québec. Là-bas, ils présentent les lettres à l'américaine, enfin, en ce qui concerne la vedette et les Pièces jointes qui sont indiquées en bas à gauche.

Paul : Oui, tiens, je n'avais pas remarqué ! En France, il faut les mettre sous les références.

Sophie : Le format aussi est différent au Canada : 21 × 28 au lieu de 21 × 29,7 cm en France.

Paul : Mais à part cela, les lettres ressemblent beaucoup aux lettres françaises. Et, en plus du courrier, qu'est-ce que vous faites ?

Sophie : Je tape aussi les notes de service…

Paul : Vous notez les services ?

Sophie : Mais non, une note de service, c'est une communication écrite que l'on utilise à l'intérieur d'une entreprise. Elle contient des prescriptions ou des directives de l'administration aux différents services.

Paul : Ah oui, je vois, c'est ce que nous appelons "memo".

Sophie : Et puis, il y a aussi le télex… Depuis que nous l'avons, nous n'envoyons presque plus jamais de télégrammes, vous savez… seulement aux gens qui n'ont pas de téléscripteurs.

Paul : Il faudra que vous m'appreniez à utiliser cette machine, car je n'ai encore jamais "téléxé".

Sophie : Eh bien, justement, écoutez le téléscripteur vient de se mettre en marche, nous recevons un télex, venez voir :

```
*
GALMEUBLE 750002 F
260 0914
H NORD 5443621 F


ATTN SECRETAIRE GENERAL

RETOUR PREVU DEMAIN MATIN VOL AI 5439 ORLY OUEST.

PREVOIR ACCUEIL ET TRANSPORT SUR PARIS, ORGANISER
REUNION DES ARRIVEE AU SIEGE.

PREVENIR TOUTE L'EQUIPE.
PREPARER DOSSIER CLIENT (MAISON DU BONHEUR)

SALUTATIONS
                                PERRIER GAL MEUBLE
*
GALMEUBLE 750002 F
H NORD 5443621 F
```

Paul : C'est assez semblable à un télégramme, finalement.

Sophie : Oui, mais… cela peut se faire directement sans passer par la poste et aussi, quand il y a une réponse, on peut la faire parvenir presque instantanément de la même manière ! Et cela peut même servir de preuve en cas de litige.
Pouvez-vous porter ce télex à Mme Moreau ? Elle doit prévenir le chauffeur et préparer la réunion etc. Je vous saurai gré de le faire avant 4 h…

Paul : Avec plaisir, mais comme vous êtes formelle… "Je vous saurai gré.."

Sophie : Déformation professionnelle !! A force de taper des formules de ce genre, on finit par les employer dans la conversation !

(*) F. une mauvaise note.

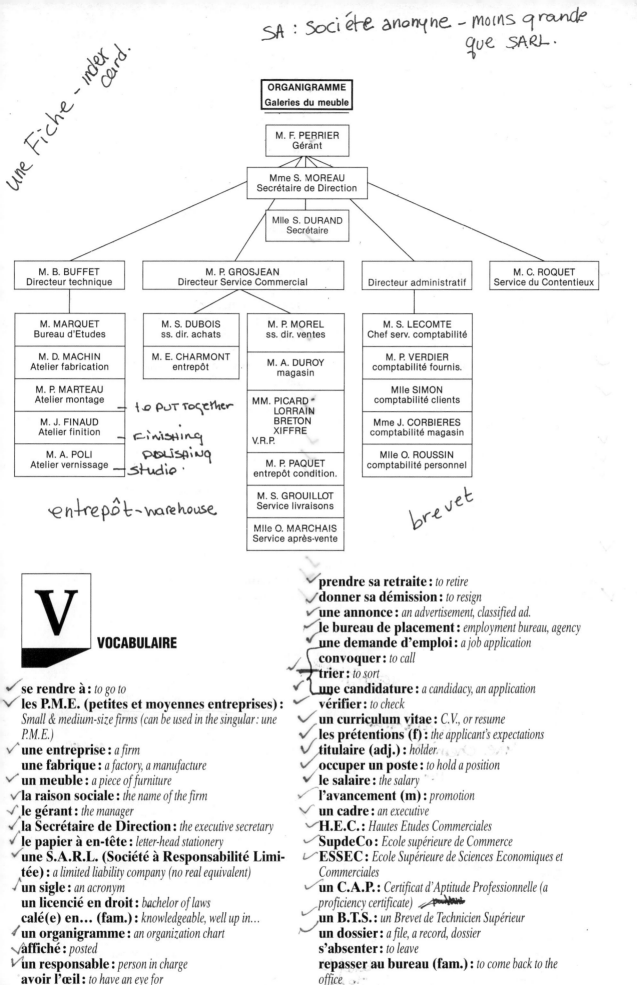

SA : société anonyme – moins grande que SARL.

une Fiche – index card.

ORGANIGRAMME
Galeries du meuble

M. F. PERRIER
Gérant

Mme S. MOREAU
Secrétaire de Direction

Mlle S. DURAND
Secrétaire

M. B. BUFFET
Directeur technique

M. P. GROSJEAN
Directeur Service Commercial

Directeur administratif

M. C. ROQUET
Service du Contentieux

M. MARQUET
Bureau d'Etudes

M. D. MACHIN
Atelier fabrication

M. P. MARTEAU
Atelier montage — *to put together*

M. J. FINAUD
Atelier finition — *finishing*

M. A. POLI
Atelier vernissage — *polishing studio.*

M. S. DUBOIS
ss. dir. achats

M. E. CHARMONT
entrepôt

M. P. MOREL
ss. dir. ventes

M. A. DUROY
magasin

MM. PICARD·
LORRAIN
BRETON
XIFFRE
V.R.P.

M. P. PAQUET
entrepôt condition.

M. S. GROUILLOT
Service livraisons

Mlle O. MARCHAIS
Service après-vente

M. S. LECOMTE
Chef serv. comptabilité

M. P. VERDIER
comptabilité fournis.

Mlle SIMON
comptabilité clients

Mme J. CORBIERES
comptabilité magasin

Mlle O. ROUSSIN
comptabilité personnel

entrepôt – warehouse

brevet

V VOCABULAIRE

se rendre à : *to go to*
les P.M.E. (petites et moyennes entreprises) : *Small & medium-size firms (can be used in the singular : une P.M.E.)*
une entreprise : *a firm*
une fabrique : *a factory, a manufacture*
un meuble : *a piece of furniture*
la raison sociale : *the name of the firm*
le gérant : *the manager*
la Secrétaire de Direction : *the executive secretary*
le papier à en-tête : *letter-head stationery*
une S.A.R.L. (Société à Responsabilité Limitée) : *a limited liability company (no real equivalent)*
un sigle : *an acronym*
un licencié en droit : *bachelor of laws*
calé(e) en… (fam.) : *knowledgeable, well up in…*
un organigramme : *an organization chart*
affiché : *posted*
un responsable : *person in charge*
avoir l'œil : *to have an eye for*

prendre sa retraite : *to retire*
donner sa démission : *to resign*
une annonce : *an advertisement, classified ad.*
le bureau de placement : *employment bureau, agency*
une demande d'emploi : *a job application*
convoquer : *to call*
trier : *to sort*
une candidature : *a candidacy, an application*
vérifier : *to check*
un curriculum vitae : *C.V., or resume*
les prétentions (f) : *the applicant's expectations*
titulaire (adj.) : *holder.*
occuper un poste : *to hold a position*
le salaire : *the salary*
l'avancement (m) : *promotion*
un cadre : *an executive*
H.E.C. : *Hautes Etudes Commerciales*
SupdeCo : *Ecole supérieure de Commerce*
ESSEC : *Ecole Supérieure de Sciences Economiques et Commerciales*
un C.A.P. : *Certificat d'Aptitude Professionnelle (a proficiency certificate)*
un B.T.S. : *un Brevet de Technicien Supérieur*
un dossier : *a file, a record, dossier*
s'absenter : *to leave*
repasser au bureau (fam.) : *to come back to the office*

une agrafeuse : *a stapler*
une chemise : *a folder*
un ordinateur : *a computer*
en panne : *down, out of order*
le réparateur : *the repair man*
ça marche (fam.) : *it's working*
un appel téléphonique : *a telephone call*
une fiche : *a memo*
rappeler : *to call back*
mettre de côté : *to set aside*
un résumé : *a summary*
l'application (f) : *attention, care*
une prestation : *benefits*
modique : *moderate*
subventionné : *subsidized*
les frais (m) de déplacement : *travel expenses*
prendre en charge : *to take over*
un trois étoiles : *a three star restaurant*
un(e) correspondancier/correspondancière : *a correspondence clerk*
le courrier : *mail*
prendre le courrier sous la dictée : *to take dictation*
la sténographie : *short hand*
la dactylographie : *typing*
dactylographier : *to type*
taper à la machine : *to type*
mettre en mémoire : *to store (in a computer)*
une machine à traitement de textes : *a word processor*
une traite/une lettre de change : *a bill of exchange*
l'acceptation (f) : *acceptance*
présenter une traite à l'acceptation : *to present a bill for acceptance*
un prix courant : *current price*

un accusé de réception : *acknowledgement of receipt*
un avis d'expédition : *a delivery note*
une lettre de rappel : *a reminder*
un formulaire : *a formulary*
doter : *to equip*
normaliser : *to standardize, to normalize*
distribuer (le courrier) : *to remit, deliver*
enregistrer : *to record, to enter (incoming mail)*
une machine à décacheter : *letter opening machine*
le dateur : *date stamp*
archiver : *to file*
en cas de litige : *in case of a litigation*
un litige : *a litigation, a dispute, a suit*
une preuve : *a proof*
le classement : *filing*
la vedette : *name and address of addressee*
les pièces jointes (f) : *enclosures*
une note de service : *a memo*
les prescriptions (f) : *the regulations*
les directives (f) : *the general lines (of a policy)*
un télex : *telex*
un télégramme : *a telegram, a cable, a wire*
un téléscripteur : *a teleprinter*
A.I. : *Air Inter (domestic airline)*
prévenir : *to inform*
le chauffeur : *the chauffeur, the driver*
savoir gré à quelqu'un de + inf. : *to be grateful to sb for doing sthg*
la déformation professionnelle : *professional idiosyncrasy*
à force de… : *by dint of, by means of*
une gamme : *a line, a range*
un intérimaire : *a tempory worker*
le chômage : *unemployment*

QUESTIONS ORALES

1. Que voit-on sur un organigramme ? *les service principaux*
2. Que peut-on faire quand on cherche du travail ?
3. Qui fait-on venir quand l'ordinateur (ou une machine) est en panne ? *le réparateur*
4. Dans quoi Paul a-t-il mis les dossiers des candidats ? *une chemise*
5. Est-ce que le restaurant de l'entreprise est vraiment un "trois étoiles" ? *Non*

6. Que fait un correspondancier ?
7. A quoi servent un "normolettre" ? un "dateur" ?
8. Combien de temps doit-on garder la correspondance ? *10 ans*
9. Qu'appelle-t-on la "vedette" ?
10. Qu'est-ce qu'une note de service ? *memo*

E

EXERCICES ECRITS

1. Ecrivez le mot ou l'expression qui vous paraît convenir :

1. Pour cet emploi la .... sera en rapport avec les compétences et l'expérience du candidat.
   - qualification
   - adéquation
   - prestation *benefits*
   - rémunération *to pay wages*

2. De plus en plus de Français, adultes surtout, suivent une formation par correspondance pour .... un diplôme ou une meilleure qualification professionnelle.
   - gagner
   - atteindre
   - obtenir
   - passer

3. La réussite à ce poste .... un réel dynamisme personnel, une grande disponibilité ainsi que de solides qualités d'animateur et de négociateur.
   - incite
   - implique
   - intègre
   - propose

4. Société recherche comptable. Adresser C.V., photo et .... au journal qui transmettra.
   - ambitions
   - prétentions
   - solutions
   - confirmation

5. Il est cadre supérieur. Son .... annuel s'élève à quelque 290 000 F par an.

- • salaire
- • bénéfice
- • traitement
- • solde

6. Avec la publication de son rapport annuel, le groupe BIS, l'un des grands du travail temporaire, précise qu'il a employé 141 650 .... au cours de l'année 1988.

- • suppléants
- • auxiliaires
- • intérimaires
- • intermédiaires

7. Si vous êtes intéressé par notre annonce, veuillez nous faire parvenir votre ....

- • cursus
- • petite annonce
- • curriculum vitae
- • catégorie sociale

8. Depuis qu'elle est au chômage, elle lit .... dans les journaux.

- • les petites annonces
- • les demandes d'emploi
- • les offres d'emploi
- • les publicités

9. Nous avons le regret de vous annoncer que votre .... n'a pas été retenue pour le poste de contrôleur interne.

- • candidature
- • choix
- • application
- • assistance

10. Nous avons le plaisir de vous confirmer votre .... à compter du premier de ce mois.

- • travail
- • engagement
- • compromission
- • commencement

11. Veuillez ...., Monsieur, l'expression de nos sentiments distingués.

- • agréer
- • connaître
- • honorer
- • utiliser

12. Dorénavant, tous nos documents seront .... afin que leur forme et leur dimension soient identiques.

- • avalisés
- • normalisés
- • régularisés
- • formalisés

13. Cette entreprise offre la plus vaste .... de logiciels du marché, une famille complète de langages.

- • proposition
- • gamme
- • garantie
- • constitution

14. Je vous .... gré de me fournir cette documentation le plus rapidement possible.

- • saurai
- • saurais
- • serai
- • serais

15. Notre service télex permet la liaison directe de deux ....

- • abonnés
- • destinataires
- • préposés
- • expéditeurs

16. Des écoles ont décidé de mieux vous informer sur leurs débouchés ; pour recevoir gratuitement des informations : .... la ou les filières qui vous intéressent et adressez ce bon à Orientation Service.

- • cochez
- • casez
- • signez
- • croisez

17. Avec nos remerciements, nous vous prions d'agréer, Messieurs, l'expression de nos .... dévoués.

- • salutations
- • compliments
- • respects
- • sentiments

18. Veuillez avoir l'............ d'écrire tous les noms propres en lettres capitales.

- • assurance
- • expression
- • ordre
- • obligeance

19. Il a été décidé de .... votre service d'un équipement micro-informatique. *Soaring*

- • donner
- • doter
- • douer
- • procurer

20. La miniaturisation et la baisse des coûts des équipements ont été à l'............ de l'essor considérable de l'informatique et de ses prolongements, la télématique et la bureautique.

- • issue
- • exemple
- • origine
- • initiative

2. Mettez au pluriel les phrases suivantes :

1. La société dispose d'un bureau central commun à chaque filiale. C'est le siège social où se tient l'assemblée générale.
2. Le projet d'expansion doit être sérieusement calculé.
3. Je vous prie d'agréer, Monsieur, l'expression de ma considération.

3. Finissez logiquement les phrases ci-dessous :

1. Vous trouverez ci-joint ....
2. .... à l'assurance de nos sentiments dévoués.
3. Dans l'attente de vos nouvelles, ...
4. Restant à votre disposition ....
5. Veuillez nous faire savoir par téléphone ....

4. Ecrivez en toutes lettres :

1. Paris, le 08.01.1995

....

2. Veuillez payer la somme de 1 878 F

....

5. Faites une phrase en employant les mots ou groupes de mots suivants :

– Candidature - travail - l'année prochaine.
– Secrétaires - travailler - classement - dossiers en retard.
– Remercier - votre commande du - bien recevoir.
– Faire parvenir - urgent - prévisions de ventes.
– Convocation - indiquant - se présenter.
– Service - habilité - décision.

6. Vrai ou faux :

1. Preuve juridique, la correspondance commerciale doit être conservée pendant 10 ans. [VRAI] [FAUX]

2. L'objet d'une lettre est le résumé de ce qu'elle contient. [VRAI] [FAUX]

7. Il faut être deux pour faire des affaires... Indiquez le nom du partenaire :

employeur : ....

8. Trouvez le mot qui manque et faites ensuite une phrase avec ce même mot :

1. Le chef du personnel a pris .note. de ses remarques.
2. Il a demandé sa .note. au moment de quitter l'hôtel.
3. ....

9. Version :

1. Ce n'est pas de cadres dont nous manquons, mais bien d'ouvriers qualifiés.

2. En 1988, plus de 600 offres d'emploi sont parvenues au bureau de placement de notre association.

3. Le poste proposé, secrétaire de direction, comprend tri de courrier, recherche d'information, frappe sur micro, organisation du classement, etc.

4. Depuis une loi de 1991, il n'est plus permis de fumer dans la plupart des locaux des entreprises, et en aucun cas dans les salles de réunion.

5. Ne me passez aucune communication jusqu'à midi, je serai en entretien. Je n'aurai pas le temps de repasser à mon bureau avant mon départ : préparez-moi le dossier tout de suite.

6. Sait-elle taper à la machine ? Je ne le pense pas car elle n'en a rien dit dans son curriculum vitae.

7. Les petites annonces dans un journal permettent de trouver quelquefois un emploi.

8. Pour être retenus, les candidats devront être âgés de 30 à 35 ans et de préférence titulaires d'un diplôme universitaire.

9. Les entreprises orientent de plus en plus l'élaboration des documents administratifs en vue d'une exploitation informatique aussi complète que possible.

10. Nous vous confirmons notre télégramme du 28 courant et nous vous prions de nous excuser pour le désagrément que vous a causé cet incident.

11. La note de service est un message écrit destiné à transmettre, à l'intérieur de l'entreprise, des informations, des instructions ou directives.

12. Nous avons bien reçu votre lettre du 15 mars qui a retenu toute notre attention.

13. Nous vous prions d'agréer, Messieurs, l'expression de nos sentiments dévoués.

14. Malgré le chômage, les entreprises ne parviennent pas à satisfaire leurs besoins de personnel qualifié.

15. Nous offrons un stage de formation rémunéré et des possibilités de promotion importantes.

10. Thème

1. Even in a computerized office, everybody should have an idea about filing, a document which is not properly filed is as good as lost.

2. The new organization chart has been posted since last Monday.

3. The computer broke down, causing delays in invoicing.

4. We accept your resignation with regret but with deep appreciation for your dedicated and effective service to our company.

5. The successful candidate for this position will be quick, accurate and good humored when meeting a deadline and be willing to work flexible hours.

6. Applications for this position must be received by 10 a.m. on Monday January 23, 1995.

7. Making private calls on the office phone is severely frowned on in our department.

8. We are looking for two bright, enthusiastic and well educated secretaries with good shorthand and typing skills to work for the Associates and their teams in our busy, friendly Architectural Practice.

9. British graduate, aged 43, fluent in French. Background in systems and organization. Currently responsible for all administrative functions of London based UK subsidiary of major French Company, including finance, personnel, data processing, general services. Seek alternative position in London area due to closure of company. Available immediately.

10. We look forward very much to hearing from you.

11. Will you please send me a copy of your latest illustrated catalogue ?

12. The manager's secretary is typing the letter he has just dictated.

13. I acknowledge receipt of your letter of the 25th of this month.

14. Thank you again for your kindness. Yours sincerely.

15. These new systems not only eliminate tedious paper-work, but also cut down on travel time and expense.

11. Correspondance

1 Venu(e) à Paris pour y perfectionner votre français, vous aimeriez bien effectuer un stage en entreprise afin de mettre vos connaissances à l'épreuve de la réalité.

L'annonce ci-dessous vous intéresse et vous écrivez au C.D.T.E. – B.P. 34, 75007 Paris – qui transmettra votre candidature.

« *Le Monde Campus* publie chaque semaine des offres de stages en entreprise pour les étudiants. Les personnes intéressées doivent contacter directement le C.D.T.E., association responsable de ce service.
Lieu : Paris. Profil : bac + 2. Date : immédiat. Durée : 4 mois. Indemnité : à négocier. Obs. : élaboration de dossiers pour préparation de conférences et tables rondes. C. 1237. »

Rédigez la lettre accompagnant votre curriculum vitae en donnant les arguments nécessaires.

2 Vous travaillez comme assistant(e) de M. Laurent CRAVENNE, Directeur de la Société D.L.C., spécialiste de papiers peints – 62, rue Tiphaine, 75015 Paris, tél : 45.63.22.14 (poste 402). Vous trouvez sur votre bureau le message suivant :
« Veuillez donner suite à cette offre d'information pour un télécopieur. L. Cravenne. »

Remplissez la note d'information.

Je souhaite recevoir rapidement une information sans engagement sur les télécopieurs AGORIS.
M., Mme, Mlle : ....
Prénom : ....
Entreprise : ....
Fonction : ....
Adresse : ....
Code postal : ....
Ville : ....
Téléphone : ....
Poste : ....

3 Vous êtes à la recherche d'un emploi. Après avoir consulté les petites annonces dans la presse et les offices spécialisés, vous avez écrit à plusieurs entreprises. Dans les réponses que vous recevez, deux vous offrent un rendez-vous le même jour, sensiblement à la même heure.

Dans l'obligation de faire un choix, vous écrivez à l'entreprise auprès de laquelle vous ne pouvez vous rendre, la lettre conforme à vos intérêts.

4 En raison de l'urgence de la situation, vous décidez de remplacer la correspondance ci-dessous par un télégramme. Rédigez-en le texte (voir fac-similé p. 188) :

Messieurs,

Le 20 janvier dernier nous vous avons adressé la commande n° 376, portant sur des ensembles (blousons et pantalons) en toile coton luxe (modèles Eilat, Luxor et Californie).

À la date de ce jour et malgré nos différents appels téléphoniques, nous n'avons rien reçu de vous.

Comme vous le savez, les pièces commandées sont des articles de vente saisonnière pour lesquels nous commençons à recevoir des commandes. Il va sans dire que tout retard supplémentaire de livraison nous causerait un sérieux préjudice.

Si vous êtes dans l'impossibilité de nous donner satisfaction immédiatement, nous vous prions de nous le faire savoir aussitôt afin que nous puissions envisager de nouvelles dispositions.

Bien entendu, une réponse rapide et un règlement satisfaisant de cette affaire nous paraissent indispensables au maintien de nos bonnes relations.

Nous vous prions d'agréer, Messieurs, l'expression de notre considération distinguée.

Le Président-Directeur Général
Jean LAMBERT

5 **Ecrivez** le télégramme suivant en langage normal :

Cause grève, arrivée Paris retardée/
Annuler réservation chambre hôtel/
Confirmation séjour dès que possible/
Merci/

6 Fiche téléphonique

A l'aide de la fiche téléphonique qui vous est proposée ci-dessus, vous **laissez par écrit** à M. ANDRE tous les renseignements utiles obtenus après la conversation de Mme GRAND avec M. BARTOLI.

– « Allô, bonjour… Ici M. BARTOLI, Directeur des Études de la Chambre de Commerce et d'Industrie de Reims. Je souhaiterais parler à M. ANDRE.

– Bonjour Monsieur. Je suis Mme GRAND, sa secrétaire… M. ANDRE est absent cet après-midi. Puis-je prendre un message ?

– C'est-à-dire que… de passage à Paris, demain dans la journée, j'aurais voulu le rencontrer…

– A quel sujet, s'il vous plaît ?

– C'est à propos de la visite qu'il doit effectuer chez nous le mois prochain… la banque de données commune… vous voyez ?

– Bien sûr. Est-il possible de vous rappeler en fin de journée ?

– Impossible, hélas ! Je prends la route dans quelques minutes.

– Bien… attendez… je consulte son agenda. Voyons… demain à 16 heures… cela vous convient-il ?

– Pas de problèmes. J'y serai. Merci beaucoup.

– De rien. Au revoir, M. BARTOLI.

– Au revoir, Madame, A demain. »

7 Jeune ou adulte, vous aimeriez recevoir des conseils pour votre orientation ou évolution professionnelle.

Dans ce but, vous écrivez au BIOP en donnant tous les renseignements utiles sur votre formation ou expérience et sur vos besoins actuels.

> « INFORMATION, ORIENTATION, CONSEIL… »
>
> …telles sont les missions prioritaires du BIOP qui répond à toute demande individuelle provenant de jeunes (lycéens ou étudiants) et d'adultes (salariés ou demandeurs d'emploi) les aidant ainsi à élaborer un projet professionnel, choisir un plan de formation ou établir un bilan en vue d'une évolution de carrière.
>
> BIOP : Bureau pour l'Information, l'Orientation et le Perfectionnement – 47, rue de Tocqueville, 75017 PARIS, tél : (33) (1) 47.54.64.05.

8 Vous travaillez pour la Société BARPHONE, Zone Industrielle de Saint-Lambert-des-Levées, B.P. 109, 49413 SAUMUR (tél : 41.53.42.33).

Cette société anonyme de 381 personnes s'occupe de fabrication et distribution de systèmes téléphoniques.

Le Directeur du personnel, M. GUILLEMIN, vous charge de souscrire un abonnement à « Social Pratique ».

1. **Remplissez** le bulletin d'abonnement ci-dessous.

2. **Complétez** le chèque correspondant (voir fac-similé de chèque bancaire p. 189).

SOCIAL PRATIQUE

bulletin d'abonnement

à retourner à LIAISONS SOCIALES 5, av. de la République, 75541 Paris cedex 11

☐ Je désire m'abonner à « SOCIAL PRATIQUE » pour une durée d'un an au prix réservé aux abonnés fondateurs. 360 F au lieu de 583 F.

L'abonnement à « SOCIAL PRATIQUE » comprend **22 numéros et 11 suppléments mensuels.**

Je recevrai en cadeau de bienvenue le Mémo Social (350 pages - 45 rubriques) d'une valeur de 145 F.

Vous trouverez ci-joint mon règlement par :

☐ chèque bancaire   ☐ chèque postal
à l'ordre de **Liaisons Sociales**

M., Mme, Mlle : SARAH LESE
(en capitales)

Adresse : ☒ professionnelle   ☐ personnelle
Zone Industrielle de Saint-Lambert-des-Levées, B.P. 10
4 9 4 1 3   SAUMUR
code postal   ville

Téléphone : 41.53.42.33

Pour mieux vous connaître :

Effectifs : ☐ – 100 pers. ☐ + 100 pers. ☒ + 300 pers.
Fonction : ☐ Direct. Gl ☒ Direct. Pers. ☐ Autres

☐ Entreprise privée   ☐ Comité d'entreprise   ☐ Association
☐ Entreprise publique ☐ Profession libérale   ☐ Particulier
☐ Administration   ☐ Syndicat   ☐ Étudiant

3. Vous devez également rechercher une secrétaire pour remplacer une personne absente pour 3 mois ; elle devra avoir un niveau BAC + 2, savoir utiliser un traitement de texte pour exécuter des travaux administratifs et commerciaux.

Les candidates devront adresser leur CV sous la référence BG, au journal, qui transmettra.

Rédigez l'offre d'emploi qui paraîtra dans un quotidien régional.

9 Circulaire :

Dans l'entreprise où vous travaillez, la question des repas est à l'ordre du jour ; la Direction souhaite que le personnel se prononce sur le choix suivant :
– installation d'une cantine en self-service au sous-sol de l'établissement, offrant des repas rapides à des prix modiques ;
– ou bien, distribution de tickets-restaurants permettant de déjeuner agréablement dans les nombreux restaurants du quartier (les tickets, qui ont une valeur de 35 francs, sont payés 17,50 francs par les salariés).

Vous **rédigez** une lettre circulaire d'information à la suite de laquelle le personnel devra se prononcer.

12. Lors de la rédaction de cet article sur l'informatique, un certain nombre de mots ont été « oubliés ». Avant l'impression définitive, complétez le texte à l'aide des mots donnés ci-dessous dans l'ordre alphabétique.

communication - démontrer - développement - individuels - modifiera - quotidienne - robots - sociaux - société - travail.

LA RÉVOLUTION INFORMATIQUE

Que l'informatique envahisse progressivement tous les aspects de notre vie .... n'est presque plus à .... tant son pouvoir est .... actuel. Et pourtant nous ne voyons que la partie émergée de l'iceberg, l'essentiel du développement des ordinateurs se trouvant dans les centres de calcul des entreprises malgré la diffusion récente des ordinateurs .... et de la micro-informatique.

L'informatique aujourd'hui, c'est la calculette de poche et les jeux électroniques, mais aussi le premier homme sur la lune, les .... intelligents, les missiles pour la Défense Nationale, la monnaie électronique et bien d'autres applications qui touchent de plus en plus notre vie quotidienne. L'ordinateur modifie, et .... plus encore, l'organisation du travail, les rapports entre les individus, les rapports de pouvoir entre les différents groupes .... Sera-t-il facteur de chômage ou permettra-t-il une réduction du temps de .... , introduira-t-il une société autoritaire et dictatoriale, ou sera-t-il une société autoritaire et dictatoriale, ou sera-t-il un moyen de libération et de .... entre les hommes ? Parce qu'il met en cause toutes les facettes de la vie sociale, l'ordinateur pose un problème de ....

13. Compréhension de texte :

L'ARCHIPEL DES EMPLOYÉS

Qui sont-ils ? Nul ne le sait vraiment. Ils représentent pourtant plus du quart de la population active française (27,4 % en 1989), soit une proportion presque égale à celle des ouvriers (28,4 %). Ils, ou plutôt elles, car sur près de 6 millions de salariés au total en 1989, les employés comptent 75 % de femmes. Une large domination qui s'apparente toutefois à un trompe-l'œil car les employés « ne font partie ni de l'élite régnante, ni d'aucune classe supposée accéder un jour au pouvoir » précise Alain Chenu.

Ce professeur de sociologie, membre du groupe d'études et de recherches sur les modes de vie, vient de réaliser, dans le cadre de l'INSEE, une vaste étude sur les conditions de vie et de travail de cette population des employés qui constituent, selon lui, un « archipel » social bien mal connu.

En l'espace de trente-cinq ans, de 1954 à 1989, la part des employés dans la population active a presque triplé. Ces salariés se sont, en effet, retrouvés, fait observer Alain Chenu, « au cœur de quatre grands processus qui ont travaillé la société française en profondeur au cours de ces quarante dernières années », à savoir : l'essor du travail féminin, le boom des emplois tertiaires, l'informatisation de la société et l'accroissement du rôle de l'État. Mais depuis 1982, leur progression a eu tendance à se ralentir sous le coup des innovations technologiques.

Deux types d'emplois se distinguent nettement dans cette nébuleuse qui recouvre des métiers aussi divers que serveur de restaurant, agent d'assurances, pompier ou coiffeur. D'une part, les emplois spécialisés dans les services rendus aux particuliers où se détachent notamment les employés du commerce de détail. Ce dernier secteur constitue d'ailleurs, avec les postes et les télécommunications, les banques et assurances et la Sécurité sociale, les quatre domaines d'activité où les employés représentent plus de la majorité du personnel salarié.

D'autre part, les emplois de bureau ont répondu aux besoins des administrations et des entreprises de traiter un volume croissant d'informations. Les « spécificités féminines » y furent d'ailleurs, rappelle Alain Chenu, abondamment « mises à contribution » en permettant non seulement « aux organisations de fonctionner comme des machines » mais aussi en rendant « ce fonctionnement moins impersonnel ».

Si le domaine du service direct aux particuliers n'a pas été très affecté par l'évolution récente des techniques, la sphère des employés de bureau a été fortement secouée, notamment depuis l'introduction, dans les années 80, de la micro-informatique.

En supprimant des tâches jusque-là effectuées manuellement, ces ordinateurs – et la nouvelle organisation du travail qu'ils ont entraînée – ont non seulement exposé les employés les moins qualifiés au chômage, mais également contribué à élever le niveau général des employés de bureau, notamment dans les secteurs privé et semi-public. Dans la fonction publique, en revanche, relève Alain Chenu, « les dispositions statutaires ont davantage joué en faveur d'une reproduction du statu quo ».

Une élévation du niveau de qualification qui n'a pas empêché les salaires des employés de se rapprocher plutôt de ceux des ouvriers. En 1988, le salaire net médian de ces salariés s'élevait à 5 613 francs par mois, soit 6,4 % de plus que celui des ouvriers, mais 28,8 % de moins que celui des professions intermédiaires.

De fortes disparités apparaissent toutefois d'une catégorie socio-professionnelle à l'autre, des plus démunis (personnels de commerce et de service) aux mieux rémunérés (policiers et militaires). L'écart entre salaires masculins et féminins a, parallèlement, tendance à diminuer : en 1982, les émoluments moyens des hommes ne dépassaient plus que de... 23 % ceux des femmes (au lieu de 31 % en 1967). « A ce rythme », précise Alain Chenu, « l'égalité serait acquise vers l'an 2030... ».

Autre caractéristique qui aurait tendance à rapprocher le monde des employés de celui des ouvriers, la forte proportion de salariés sous statut précaire (intérim, contrats à durée déterminée, stages) ou à temps partiel. En revanche, l'élévation du niveau des qualifications a eu tendance à « brouiller les distinctions » entre les employés administratifs et les professions intermédiaires de ces secteurs.

D'après un article de Valérie Devillechabrolle,
Le Monde, 31 octobre 1990.

A Complétez, d'après le texte, la fiche de synthèse ci-dessous :

1. Thème de l'article : ....

2. Origine des données de cet article : ....

3. En 1989, à combien évaluait-on les employés ?

– en nombre de salariés : ....

– en part de la population active : ....

4. Relevez une caractéristique de cette catégorie socio-professionnelle.

5. Citez quatre exemples de métiers d'employés : ....

6. Quelles transformations de la société expliquent l'augmentation de cette catégorie de salariés ?

7. Regroupez les employés en deux grands types d'emplois : ....

8. Dans quels secteurs professionnels les employés sont-ils majoritaires ?

9. Pourquoi les administrations et les entreprises ont-elles été amenées à créer des emplois de bureau ?

Quelles sont les conséquences, dans le secteur privé, de l'introduction de la micro-informatique ?

10. sur les tâches à effectuer : ....

11. pour les employés de bureau : ....

12. Les mêmes conséquences se sont-elles produites dans le secteur public ? Pourquoi ?

13. Quels écarts peut-on constater en ce qui concerne le salaire des employés ?

14. Citez deux éléments qui rapprochent les employés des ouvriers : ....

15. Quelle caractéristique rapproche les employés des professions intermédiaires ?

16. Pourquoi l'auteur emploie-t-il l'expression « l'archipel des employés » ?

B Salaire des hommes, salaires des femmes : « ...A ce rythme, l'égalité serait acquise vers l'an 2030... » Qu'en pensez-vous ?

Exprimez librement votre avis en le justifiant (une douzaine de lignes).

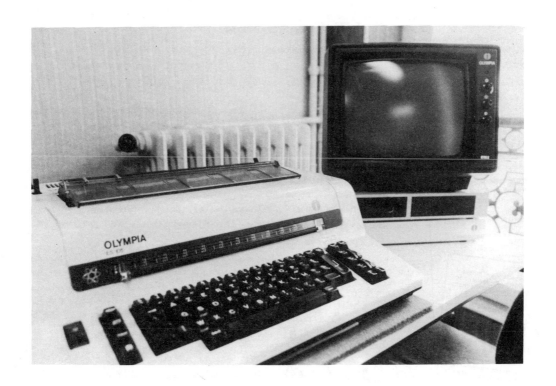

CURRICULUM VITAE

Nom BARON, née DUPRE

Prénom Marie-Pierre

Adresse 15, rue Victor Hugo 69100 VILLEURBANNE

née le 23 février 1973 à Perpignan (22 ans)

mariée (sans enfant)

nationalité : française

profession du mari : informaticien

FORMATION

1991   Baccalauréat, série B
       lycée JB Say à Perpignan

1993   B.T.S. de Secrétariat
       Supdeco de Lyon

Langues : espagnol (écrit et parlé)
          anglais (écrit et parlé)
          allemand (notions)

EMPLOI ACTUEL

       Secrétaire sténo-dactylographe

Marie-Pierre BARON
15, rue Victor Hugo
69100 VILLEURBANNE

Monsieur le Chef du Personnel
Les Galeries du Meuble,
35, rue du Faubourg Saint Antoine
75012 - PARIS

Lyon, le 15 Septembre 1995.

Objet : Poste de Secrétaire

P.J. : Curriculum vitae.

Monsieur le Chef du Personnel,

J'ai lu votre annonce dans "Le Monde" du 14 septembre et je me permets de solliciter le poste de secrétaire sténo-dactylo actuellement vacant dans votre entreprise.

Ma formation et mon expérience me semblent bien correspondre à celles requises pour cet emploi, comme vous pourrez le voir sur mon curriculum vitae. Si vous voulez obtenir des renseignements complémentaires, vous pourrez vous adresser à M. Ducreux, Directeur administratif chez Batimat sous les ordres de qui je travaille depuis 1993.

Mon mari vient d'être nommé à Paris et c'est une des raisons pour lesquelles je désire trouver un emploi dans cette ville. Je recherche aussi une entreprise qui me permette d'utiliser mes connaissances en langues étrangères à l'avenir et qui m'offre des possibilités d'évolution de carrière.

En espérant qu'il vous sera possible de prendre ma demande en considération, je vous prie d'agréer, Monsieur le Chef du Personnel, l'expression de mes sentiments dévoués

M.P. Baron

CORRESPONDANCE COMMERCIALE
FORMULAIRE

Un commerçant, un patron de petite entreprise, éventuellement le gérant d'une petite S.A.R.L., emploient générale-ment "Je", alors que les grosses entreprises, les chefs de service des sociétés, etc., choisissent d'utiliser la première personne du pluriel "Nous". Quelle que soit la personne choisie, il faut s'y tenir d'un bout à l'autre de la lettre. **JAMAIS DE JE/NOUS DANS UNE LETTRE COMMERCIALE.**

Présentation matérielle :

On juge une maison sur son courrier, il faut donc en soi-gner la présentation matérielle.
Utiliser le NORMOLETTRE pour la présentation matérielle d'une lettre commerciale.
La vedette, c'est-à-dire le nom et l'adresse du destinataire, figure à droite. Présentation identique à celle de l'enve-loppe (voir p. 30).
Le lieu d'origine et la date figurent SOUS la vedette.
A gauche, se trouvent : les références
l'objet
les pièces jointes
Au-dessus se trouve l'appel :
Le nom propre ne figure JAMAIS dans l'appel, mais le titre doit suivre (s'il y en a un).
Madame,
Messieurs,
Monsieur le Président-Directeur,

Style :

Il doit être simple, mais soigné, EVITER LES TERMES FAMILIERS, il doit être agréable et aisé, précis et concis, toujours courtois et poli, même lorsque vous exprimez un désaccord ou que vous présentez une réclamation. Un seul sujet par lettre, une seule idée par paragraphe. Si vous avez une commande à faire, une réclamation au sujet d'une livraison, une question pour le service de comptabilité, ces trois services étant dans la même entre-prise, ECRIVEZ TROIS LETTRES, vous recevrez des réponses beaucoup plus rapidement.
Votre lettre doit être convaincante, mais aussi diplomate et... extrêmement PRUDENTE. Ne promettez pas plus que vous ne pouvez tenir, même pour plaire au client. La correspondance est un moyen de preuve en cas de con-testation devant le Tribunal de Commerce (art. 109 du Code de Commerce). Et l'article 11 du Code oblige les commerçants à conserver leur correspondance pendant 10 ans.

Formules de début de lettre :

1. Pour débuter une correspondance, pour offrir ses services :

J'ai le plaisir de vous annoncer que...
J'ai l'avantage de vous informer...
Je prends la liberté de vous faire connaître que...
J'ai l'honneur de vous faire savoir que... (est une formule un peu vieillie, surtout utilisée dans la correspondance administrative).
ou bien : *Nous avons l'honneur, le plaisir...*

2. Pour demander des renseignements

Nous vous serions obligés de nous faire connaître, si pos-sible par retour du courrier...
Je vous prie de me faire parvenir, dans les meilleurs délais, votre catalogue...
Vous nous obligeriez beaucoup en nous donnant des ren-seignements sur...
Nous aimerions savoir s'il est toujours possible d'obte-nir... qui faisait l'objet de votre annonce parue dans (jour-nal, magazine) du (date).

3. Pour confirmer une conversation téléphoni-que ou un télégramme ou rappeler une corres-pondance précédente :

Comme suite à notre conversation téléphonique de ce jour (d'hier), j'ai le plaisir de vous confirmer que...
Nous vous confirmons notre lettre du (date de la lettre) par laquelle nous vous faisions savoir que...
Je vous rappelle ma lettre du (date) au sujet de...

4. Pour passer une commande :

Nous vous serions obligés de nous faire parvenir dans le plus bref délai possible...
Veuillez, je vous prie, m'expédier le plus tôt possible...
Prière de nous envoyer immédiatement...

5. Pour recommander quelqu'un ou quelque chose :

J'ai l'honneur de vous recommander tout particulièrement M. X...
C'est avec plaisir que je recommande chaleureusement M. Z. qui m'a donné toute satisfaction pendant les nom-breuses années pendant lesquelles il a collaboré avec moi...
Nous recommandons à votre bienveillant accueil...

6. Pour répondre à une lettre de demande de renseignements ou à une commande :

En réponse à votre lettre du (date), nous avons l'avantage de...
Je vous remercie de votre lettre du (date) et je m'empresse de vous communiquer les renseignements demandés.
Conformément à votre demande du (date), vous trouve-rez ci-inclus les documents voulus...
Me conformant à vos instructions données le (date), j'ai l'avantage de vous faire parvenir (savoir)...

Je viens de recevoir votre lettre du (date) et je vous confirme la mienne du (date) qui s'est croisée avec la vôtre...
J'accepte les conditions que vous me proposez par votre lettre du (date)...
Nous avons examiné la demande (la proposition) formulée dans votre lettre du (date) et c'est avec plaisir que...
En exécution de vos ordres, nous vous expédions aujourd'hui même...
Nous sommes disposés à donner suite à votre demande du (date)...

7. Lettre d'accompagnement de documents :

Veuillez trouver, ci-joint, notre catalogue (prix courant, brochure publicitaire), etc.
Nous vous prions de trouver, ci-joint, un chèque n°... de F. (montant du chèque), tiré sur (nom de la banque), en date de ce jour, en règlement de votre facture n°... Nous vous serions obligés, pour la bonne règle, de nous accuser bonne réception de cet envoi.
En possession de votre relevé du (date), j'ai l'avantage de vous envoyer ci-inclus un chèque... (un mandat-poste de F...).

8. Accusé de réception :

Nous avons bien reçu votre lettre du (date)...
Nous avons bien reçu votre chèque de F. (montant) en règlement de notre facture n°... et nous vous en remercions bien vivement.
Nous sommes en possession de votre commande du (date) et nous vous en remercions vivement.
Nous prenons bonne note du désir exprimé dans votre lettre du (date) et nous nous empressons de...
Je m'empresse de vous remercier pour le chèque de F.... que je viens de trouver dans mon courrier.

9. Envoi de traite à l'acceptation :

En couverture de nos factures n°..., n°..., et conformément à notre entente préalable, nous avons tiré sur vous une traite de F...., à 30 jours fin de mois.
Nous vous serions obligés de bien vouloir nous la retourner, dûment munie de votre acceptation, dans les meilleurs délais.

10. Pour réclamer le paiement d'une facture :

Je prends la liberté d'attirer votre attention sur ma facture n°... qui n'a pas encore été réglée, et je vous serais reconnaissant de bien vouloir faire le nécessaire.
Notre comptable nous fait remarquer que votre compte est débiteur de F...., que vous restez devoir sur notre relevé du mois dernier.
Nous vous serions obligés de bien vouloir...

11. Pour s'excuser, refuser, ou reconnaître une erreur :

Nous avons le regret de vous informer que...
C'est avec regret que...
Je suis au regret de ne pouvoir donner une suite favorable à votre requête du...
Malgré mon vif désir, il m'est impossible de donner suite à vos propositions...
Nous nous voyons dans la nécessité de décliner votre offre de...
Nous croyons devoir vous faire remarquer, en réponse à votre lettre du (date) que...
J'apprends avec un vif regret qu'une erreur s'est glissée dans...

Formules finales de politesse :

La formule finale doit toujours former un paragraphe séparé.
On calculera la longueur de la lettre afin de ne pas être obligé de renvoyer la salutation en tête d'une nouvelle page.
Il faudrait s'arranger pour faire passer en haut de cette page, la fin de la phrase précédente, si l'on ne peut faire tenir la salutation en bas de page, tout en laissant un espace suffisant pour la signature.
Si l'on doit utiliser une deuxième page, indiquer dans le bas de la première page à droite : .../...

1. Formules courantes employées par le client :

Veuillez agréer, Monsieur, nos salutations distinguées.
Je vous prie d'agréer, Messieurs, l'expression de mes sentiments distingués.
Agréez, Madame, mes salutations distinguées. (Cette finale est un peu sèche).
Agréez, Monsieur, mes sincères salutations.

2. Formules courantes employées par le fournisseur :

Nous vous prions de bien vouloir agréer, Messieurs, l'expression de nos sentiments dévoués.
Veuillez croire, Monsieur, à l'assurance de nos sentiments dévoués.
Dans l'espoir d'être favorisés de vos ordres, nous vous prions d'agréer, Messieurs...

Dans l'espoir de vos prochains ordres, je vous prie de croire, Madame, à l'assurance de mes sentiments dévoués.
Dans l'espoir que vous accepterez ces conditions, nous vous présentons, Messieurs, nos salutations les plus empressées.
En attendant le plaisir de vous lire, nous vous prions d'agréer, M...
Toujours dévoués à vos ordres, nous vous présentons, M...
Nous serions particulièrement heureux de traiter avec vous d'autres affaires, et, dans cette attente, nous vous prions d'agréer, Messieurs, l'expression de nos sentiments distingués.
Dans l'attente d'une prompte réponse, je vous prie d'agréer, M...
Veuillez agréer, Monsieur, l'expression de mes sentiments les meilleurs. (Cette formule suppose des relations plus cordiales, plus amicales, plus anciennes aussi, même en affaires).

3. Formules à utiliser pour écrire à une personnalité, à un supérieur hiérarchique :

Je vous prie de croire, Monsieur le Président, à mes sentiments respectueux.
Je vous prie de croire, Monsieur le Directeur, à mes sentiments respectueux et dévoués.
Je vous prie d'agréer, Monsieur le Directeur, l'expression de mon respectueux dévouement.

4. Formule finale d'un homme à une femme :

Je vous prie d'agréer, Madame, mes salutations respectueuses (l'expression de mes sentiments respectueux).

N.B. On peut toujours faire précéder la salutation proprement dite d'une formule d'usage de ce genre :
Nous espérons que ces renseignements vous donneront satisfaction et nous vous présentons, Messieurs, nos salutations distinguées.
En vous remerciant d'avance de votre amabilité...

L'enveloppe

L'enveloppe porte en général en haut à gauche, l'en-tête de la firme avec l'adresse complète de l'expéditeur.
Le nom du destinataire se place au centre de l'enveloppe.
Monsieur, Messieurs, Madame, Mesdames, Mademoiselle, Mesdemoiselles, doit toujours être écrit en toutes lettres. On peut mettre le prénom entier ou en abrégé :
Monsieur Jean Dupré
Monsieur J. Dupré
au-dessous se placent le numéro et le nom de la rue :
14, rue de l'Opéra
au-dessous le code postal suivi sans virgule du nom de la ville :
75001 PARIS

Les grandes entreprises possèdent généralement un numéro CEDEX (courrier d'entreprises à distribution exceptionnelle) qui figure dans l'adresse, il est bon de l'ajouter après le nom de la ville afin de faciliter la distribution du courrier :
75008 PARIS CEDEX 006

Pour éviter toute erreur lors de la mise sous enveloppe des lettres, les entreprises emploient bien souvent des enveloppes à fenêtre et l'on plie la lettre de manière à faire apparaître la vedette derrière la fenêtre.

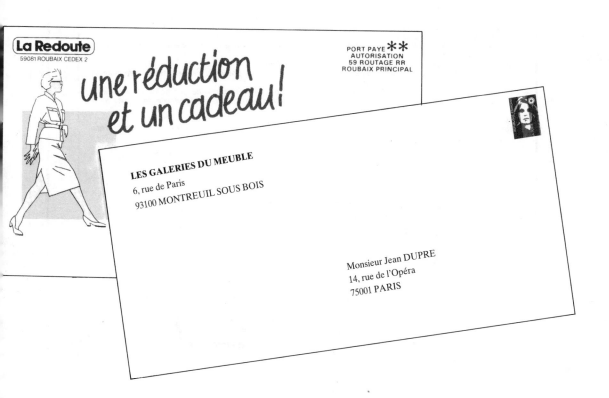

RAISON SOCIALE OU DÉNOMINATION COMMERCIALE DE L'EXPÉDITEUR
Forme Juridique de la société et montant du capital social
Adresse complète

Zone 1

Boîte postale
Adresse télégraphique enregistrée
Compte-courant postal
N° d'inscription au R.C. ou à la Ch. des m.

Numéro d'appel téléphonique
Numéro de télex
Références bancaires
Numéro d'identification INSEE

— 10

Zone 2

(renseignements
complémentaires
ou
motif publici-
taire)

NOM ET TITRE
Société ou organisme

N° voie, éventuellement localité

Département. Bureau distributeur
La zone 2 et la zone 3 peuvent être inversées.

Zone 3

(nom et adresse
du destinataire)

Zone 4
— 20
(références)

VOS RÉF. :

NOS RÉF. :

OBJET :

P.J.-ANN. :

Lieu de départ
Le (date dactylographiée)

Zone 5
(texte)

Repère
— 30 *de pliage*

Place en hauteur du titre de civilité (à déterminer d'après la longueur du texte)

Zone 3. Indiquer le département par son numéro suivi d'un espace.
— *Alinéas séparés par un interligne double de celui du texte.*
— *Retraits à la première ligne de chaque alinéa : non obligatoires. Longueur du retrait : non fixée.*
— *Sous-titres : précédés d'un interligne double de celui du texte,*
  suivis par un interligne simple ou double.
— *Signes « à suivre » : si une page comporte une suite, l'indiquer par trois points ou par deux groupes identiques*
  de points séparés par une barre de fraction. Ce signe est placé à 25 mm du bord droit de la feuille et à un
  interligne double au-dessous de la dernière ligne du texte.
— *Signes de fin de texte : indique qu'il ne reste plus normalement que la place nécessaire à une ligne de texte,*
  à la formule de politesse, à la signature.
— *Signe de bas de page : on ne peut dactylographier qu'une ligne !*
— *Lettre dépassant une page. Éviter d'utiliser le verso. Reporter tout ou partie du dernier alinéa, la formule de*
  politesse et la signature sur la page « suite ».
— *Signature. Réserver une hauteur de 30 mm. Faire précéder ou suivre la signature des noms et qualités du*
  signataire. Porter ces mentions à l'alignement de la marge de gauche ou à la verticale de la date de la
  lettre.
— *Post-scriptum : il doit être précédé de P.S.*
— *Page « suite ». Elle peut porter sur la première ligne : la référence abrégée de l'expéditeur, la date de la lettre,*
  le n° du feuillet.

Marge de gauche

— 40

— 50

Marge moyenne de droite

Signe
fin de
texte

┌─────────────────────────────┐

NORMOLETTRE A 4

210×297

MODÈLE DÉPOSÉ

LES ÉDITIONS FOUCHER
128, Rue de Rivoli   PARIS (1ᵉʳ)

Placer Normolettre sur la feuille à dactylographier
et pointer au crayon, les repères indispensables.

└─────────────────────────────┘

— 60

Signe
bas de
page

Zone 6   *Renseignements complémentaires préimprimés.*

32

Télécopie, Télex, Télétex... Comment choisir ?

Les technologies foisonnent en proposant des systèmes de communication efficaces. Mais quels sont les mieux adaptés à vos besoins parmi ces outils concurrents ? Avant de maîtriser la technique, tentons de maîtriser l'information.

1. LE TÉLÉTEX

Aujourd'hui, les machines à écrire électroniques, les micro-ordinateurs, les machines de traitement de texte et les systèmes informatiques peuvent servir à envoyer des documents. Stockés dans les mémoires de ces appareils, les textes sont adressés directement à leurs destinataires via le réseau téléphonique ou Transpac.

L'intérêt du télétex ? Permettre à des entreprises abonnées d'échanger des feuilles dactylographiées de format 21 × 29,7 cm à la vitesse de dix secondes par page. Un texte pleine page de 2 500 caractères met, par exemple, douze secondes en télétex pour faire Paris-Marseille contre six minutes avec le télex. D'où des économies de coût. L'argument est de poids. A la fin de l'année, un abonné pourra même transmettre des pages mélangeant graphismes et textes.

2. LE TÉLEX

Le télex et le courrier électronique possèdent chacun leurs atouts. Le télex quadragénaire sert à transmettre des messages courts. Il exige son propre appareil, même si de nouvelles solutions le rapatrient sur un minitel ou un ordinateur personnel.

La grande force du courrier électronique est de n'être pas lié à un terminal dédié. Il existe des matériels qui le sont, mais la tendance est à offrir des passerelles avec les autres systèmes. Actuellement, plusieurs constructeurs proposent une boîte noire qui se connecte sur un ordinateur personnel ou autre machine bureautique.

3. LA TÉLÉCOPIE

On dénombre actuellement plus de 2,5 millions de télécopieurs dans le monde, dont 1,6 million au Japon. Le fonctionnement en est aisé : on place une feuille de papier de format A4 (21 × 29,7 cm) dans le télécopieur branché sur le réseau téléphonique. Environ 120 secondes plus tard, la « même » feuille sort du télécopieur du correspondant.

La force du télécopieur ? Etre nettement plus simple à utiliser qu'un télex. Détail technique important : tous les modèles peuvent communiquer entre eux. Coût d'un tel équipement : au moins 20 000 francs.

4. LA TÉLÉIMPRESSION

Mais pourquoi donc à tout prix s'équiper ? La Poste lance en effet la téléimpression, une catégorie de courrier électronique déjà couramment employée dans plusieurs pays étrangers. L'intérêt ? Les utilisateurs ne s'occupent ni de l'édition, ni du routage des lettres.

L'utilisateur qui veut s'abonner à ce service (500 francs par mois) frappe son document sur un ordinateur personnel en utilisant son propre traitement de texte. Il transmet ensuite son document à un centre serveur. L'impression et la mise sous enveloppes sont réalisées par les employés de la Poste dans des centres d'impression.

La téléimpression permet de reproduire un fond de page, le logo, ou la signature d'une entreprise. Point faible de ce procédé : la couleur est interdite. Dès l'année prochaine, la téléimpression devrait s'enrichir de nouveaux services, comme le mailing, en utilisant des fichiers.

D'après un article de
Yann Le Galès,
Challenges, décembre 1987.

Notes sur la lecture :

foisonner : abonder

caractères (d'imprimerie) : print, petits caractères : small print.

atout : une carte maîtresse, au figuré : une chance de réussir.

quadragénaire : qui a entre 40 et 49 ans.

une passerelle : un petit pont.

un télécopieur : a fax machine.

le routage : consiste à trier les lettres et à les grouper pour les expédier (sorting).

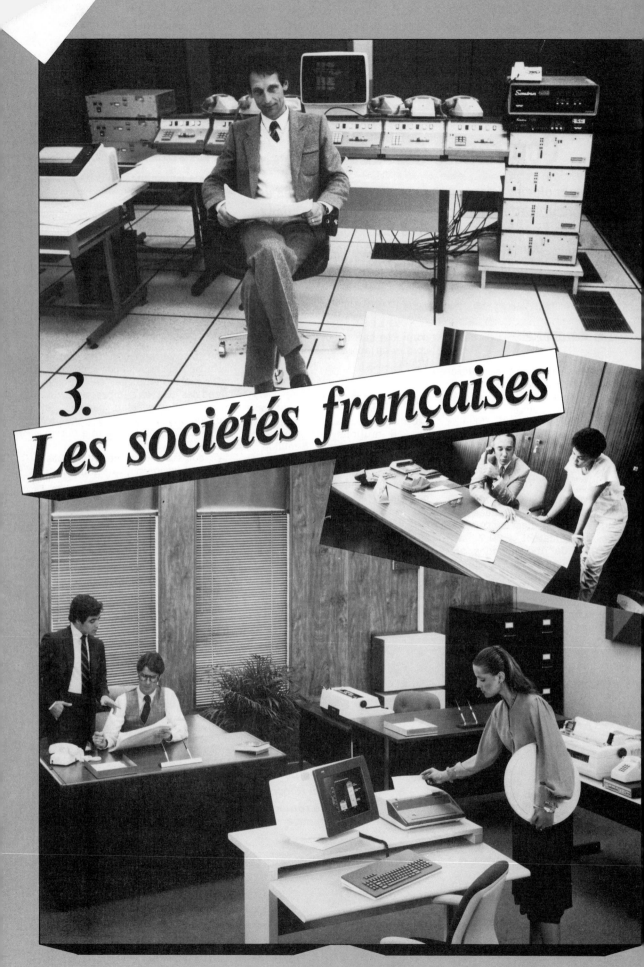

3.
Les sociétés françaises

M. Perrier : Bonjour, cher Monsieur. J'espère que vous ne m'en voulez pas trop de n'avoir pu vous accueillir moi-même, mais ce voyage à Perpignan ne pouvait pas être remis à plus tard.

Paul : Je comprends fort bien et je dois dire que Mme Moreau m'a reçu très aimablement.

Perrier : Oui, elle m'a même dit qu'elle vous avait donné du travail dès le premier jour !

Paul : Mais, je suis là pour cela, et c'était très intéressant...

Perrier : Elle m'a dit aussi que vous vouliez me poser des questions sur les sociétés françaises.

Paul : Dans mon cours de français des affaires, j'ai étudié les différentes formes de sociétés françaises, mais je ne suis pas sûr d'avoir tout compris, c'est assez différent chez nous ! Puisque vous êtes gérant, je pense que les "Galeries du Meuble" sont une S.A.R.L., une société à responsabilité limitée. Mais quelles différences y a-t-il entre une S.A.R.L. et une Société Anonyme ?

Perrier : Une Société Anonyme est une société beaucoup plus importante. C'est une société de capitaux. Son capital social est représenté par des actions cessibles et souvent côtées en bourse. A sa tête, il y a un P.D.G. et un Conseil d'Administration. Depuis 1966, un nouveau type de S.A. est venu s'ajouter au précédent, dans lequel la direction est assurée par un Directoire de cinq membres au plus, assisté d'un Conseil de Surveillance composé d'actionnaires. Dans les deux cas, les actionnaires participent — de loin — à la gestion, car ils ont le droit de vote lors des Assemblées Générales et ils touchent des dividendes, c'est-à-dire une part de bénéfices proportionnelle au nombre d'actions qu'ils possèdent. Les sociétés anonymes doivent envoyer aux actionnaires le procès-verbal de chaque Assemblée Générale et publier un rapport annuel à la fin de l'exercice comptable...

Paul : Pourquoi dites-vous que les actionnaires participent de loin à la gestion ?

Perrier : Parce que ce sont les membres du Conseil d'Administration qui dirigent la société avec le Président-Directeur Général. Les actionnaires ont une voix par action et ils sont consultés pour un certain nombre de décisions : une éventuelle fusion avec une autre société, une augmentation de capital, un changement dans la raison sociale, etc. Les grandes décisions pri-ses par le P.D.G. en conseil d'administration.

Paul : Pourquoi parle-t-on de Société Anonyme ? Moi, cela me fait penser à une société secrète, vraiment très louche ! Un peu comme une lettre anonyme...

Perrier : C'est tout simplement pour la distinguer nettement de la Société en nom collectif qui comporte généralement dans sa raison sociale le nom de famille des associés, alors que dans la S.A., tout comme dans la S.A.R.L. d'ailleurs, la raison sociale reflète plutôt l'activité de la société, par exemple COGENEL (Compagnie Générale d'Electricité), USINOR, etc., ou le lieu d'exploitation : CREUSOT-LOIRE, LA REDOUTE, etc. La société en nom collectif est une société de personnes, et tous les associés sont commerçants et responsables sur la totalité de leurs biens du passif de l'entreprise alors que les actionnaires d'une S.A. ne peuvent perdre, en cas de dépôt de bilan, que la valeur des actions qu'ils possèdent. La S.A.R.L. est aussi une société de personnes, le capital social est représenté par des parts d'intérêt non négociables et non librement cessibles. Le nombre d'associés est limité à 50 au maximum, mais en général, il y en a beaucoup moins, nous ne sommes que quatre. Mais notre responsabilité est limitée à notre apport de capital. Si l'historique de notre entreprise vous intéresse, c'est mon grand-père qui en est le fondateur. Il s'agissait d'une entreprise individuelle et il était commerçant. A sa mort, ses deux fils ont hérité de l'affaire, mon père et mon oncle se sont associés et ont créé une société en nom collectif « PERRIER FRERES, FABRIQUE DE MEUBLES ». Quand ils ont décidé de se retirer des affaires, mon cousin et moi avons pris la décision de dissoudre la société en nom collectif pour en créer une autre, une S.A.R.L. cette fois, en raison de la conjoncture économique actuelle qui présente bien des dangers pour les commerçants, les entreprises sont à la merci des crises économiques, des faillites qui font "boule de neige" et qui peuvent en entraîner d'autres... si vos débiteurs ne peuvent pas vous payer, vous risquez fort de ne pas pouvoir payer vos créanciers ! Pour augmenter le capital de cette nouvelle société, nous avons admis comme associés ma femme et son frère, nous sommes donc quatre...

Paul : Je sais qu'il faut être au moins deux

pour former une S.A.R.L. Mais que se passe-t-il si l'un de ces deux associés meurt ? Est-ce que cela entraîne la disparition de la société ? Est-ce que le survivant devient commerçant responsable sur la totalité de son patrimoine ?

Perrier : Oui, cela entraîne la dissolution de la S.A.R.L. Mais depuis 1986, le législateur a prévu une nouvelle forme juridique d'entreprise : l'E.U.R.L., l'entreprise unipersonnelle à responsabilité limitée, qui permet à un entrepreneur de n'être responsable que sur son apport en capital.

Paul : Une autre question : est-ce au prorata des parts d'intérêts que vous répartissez les bénéfices entre les partenaires ?

Perrier : Oui mais je vous arrête ! Attention au mot "partenaire", il existe en français, mais avec un sens un peu différent : on parle de ses partenaires au bridge, au tennis, mais de ses associés en affaires...

Paul : Ah bon, mais j'ai entendu parler de "partenaires sociaux"...

Perrier : Oui, alors là, il s'agit des représentants du patronat, des syndicats, des délégués du personnel, de l'administration, etc., c'est un autre contexte, politique celui-là...

Paul : Et la commandite ? Vous ne m'en avez pas parlé.

Perrier : Non, parce que c'est une forme en voie de disparition. Il y en a deux types : la commandite simple et la commandite par actions. Deux catégories d'associés dans chaque type, les commandités, qui ont un statut identique à celui des associés en nom collectif, qui sont donc commerçants et responsables sur la totalité de leurs biens. Ce sont eux qui sont chargés de la gestion. Les commanditaires sont ceux qui ont investi de l'argent dans l'affaire. Ils ne sont pas commerçants et leur responsabilité s'arrête au montant de leur investissement. Dans la commandite simple, ils restent associés jusqu'à la dissolution de la société et leur apport est représenté par des parts d'intérêt, tandis que dans la commandite par actions, les commanditaires sont comparables aux actionnaires d'une S.A.

Paul : Merci beaucoup, cela devient beaucoup plus clair ! J'ai encore une petite question : qui touche des tantièmes ?

Perrier : Ils sont interdits depuis le 1er janvier 1978 ! C'était une quote-part des bénéfices qui était distribuée aux administrateurs d'une S.A. Maintenant, pour leur rémunération, ils ne touchent plus que des jetons de présence dont le montant est fixé par l'Assemblée Générale.

Paul : Tout à l'heure vous avez parlé de "dépôt de bilan", je croyais que le bilan était une pièce comptable...

Perrier : C'en est une, en effet, qui fait apparaître l'actif et le passif, mais pendant une période difficile, de stagnation ou de récession, le chiffre d'affaires d'une entreprise peut baisser à tel point que celle-ci ne peut plus faire face à ses échéances, c'est-à-dire payer ses créanciers, elle doit déposer son bilan au tribunal de commerce et le juge prononcera soit le redressement judiciaire, soit la liquidation judiciaire, ou la faillite.

Paul : Encore une question, on a beaucoup parlé récemment de « privatisations », est-ce que c'est la même chose que les dénationalisations ?

Perrier : Oui. Comme vous le savez le gouvernement socialiste avait nationalisé de nombreuses entreprises de pointe, dans l'aviation, l'électronique, l'informatique, ainsi que les banques... Puis, lorsque la droite est revenue au pouvoir, un certain nombre de ces entreprises ont fait l'objet de privatisations, et sont retournées dans le secteur privé, c'est le cas de Saint Gobain, Paribas, etc... Sur cette lancée, on a même privatisé une chaîne de télévision T.F.1 devenue la « Une ».

Paul : Et quand les socialistes sont revenus au pouvoir, ont-ils nationalisé à nouveau ces entreprises ?

Perrier : Non, cela aurait été trop coûteux, mais maintenant le nouveau gouvernement de droite envisage de nouveau de privatiser bien d'autres entreprises : des banques, des compagnies d'assurances, on parle même de Renault et d'Air France !

Paul : Je vous remercie de tous ces renseignements et du temps que vous avez bien voulu m'accorder. Permettez-moi, maintenant, de prendre congé.

VOCABULAIRE

une Société Anonyme : *a corporation (no real equivalent)*
une société de capitaux : *a joint stock company*
le capital social : *nominal capital, stock holder's equity, capital stock*
cessible : *transferable*
coté : *quoted*
un P.D.G. (Président-Directeur Général) : *Chairman of the Board of Directors*
le Conseil d'Administration : *Board of Directors*
un Directoire : *a directorate*
un Conseil de Surveillance : *a board of supervisors*
un actionnaire : *a stock holder, share holder*
une Assemblée Générale : *a General Meeting of shareholders*
toucher des dividendes : *to receive dividends*
le bénéfice : *profit*
le procès-verbal : *the minutes, the report*
le rapport annuel : *the yearly report*
un exercice comptable : *financial year*
une voix : *a vote*
une fusion : *a merger*
une augmentation : *an increase*
louche : *shady (adjective)*
une société en nom collectif (S.N.C.) : *a general partnership*
une société de personnes : *a partnership*
un commerçant : *a trader, a merchant*
le passif : *the liabilities*
le bilan : *the balance sheet*
une part d'intérêt : *a stake, a share*

la raison sociale : *the trade name/corporate name*
se retirer des affaires : *to retire from business*
dissoudre : *to dissolve*
la conjoncture économique : *the economic situation*
la faillite : *bankruptcy*
prorata : *proportional part*
répartir : *to share, to divide*
un partenaire : *a partner, (sports, game)*
un associé : *a partner, an associate (business)*
un syndicat : *a union*
un délégué du personnel : *a personnel representative*
la commandite : *limited partnership (no real equivalent)*
le commandité : *active partner*
le statut : *regulation, statute*
l'E.U.R.L. (Entreprise Unipersonnelle à Responsabilité Limitée) : *sole proprietor limited entreprise (no real equivalent)*
le commanditaire : *the sleeping partner*
un tantième : *a percentage (no real equivalent)*
une quote-part : *a quota*
une rémunération : *a salary*
un jeton de présence : *director's fees*
l'actif (m.) : *the assets*
la stagnation : *stagnation, dullness*
la récession : *recession*
le chiffre d'affaires : *turnover, sales volume*
une échéance : *date of maturity*
le redressement ou règlement judiciaire : *judiciary settlement*
la liquidation judiciaire (des biens) : *liquidation*
une entreprise de pointe : *high technology firm, leading firm*
l'informatique (f.) : *computer science, data processing*
prendre congé : *to leave*
l'affacturage (m.) : *factoring*

QUESTIONS ORALES

1. Qui est à la tête d'une S.A.R.L. ? d'une Société Anonyme ?
2. Comment appelle-t-on les associés d'une Société Anonyme ?
3. Quand les actionnaires peuvent-ils voter ?
4. Qu'est-ce qu'un dividende ?
5. Qu'appelle-t-on Société de personnes ?

6. Comment répartit-on les bénéfices dans une S.A.R.L. ?
7. Qu'est-ce qu'un commanditaire ?
8. Quels sont les avantages d'une E.U.R.L. ?
9. Que fait un commerçant qui ne peut plus payer ses créanciers ?
10. Qu'est-ce qu'une entreprise nationalisée ?

E EXERCICES ECRITS

1. Terminez la phrase de façon significative :

1. Le (la) . . . . est la dénomination sous laquelle un commerçant exerce son activité.
   - label
   - raison d'être
   - marque
   - raison sociale

2. Une société désigne le groupement des . . . .
   - associés
   - partenaires
   - sociétaires
   - tributaires

3. La . . . . de notre société est régulière et constante puisqu'elle a décuplé son chiffre d'affaires en dix ans.
   - modération
   - progression
   - récession
   - stagnation

4. C'est en 1946 que la Régie Renault est devenue une entreprise . . . .
   - nationalisée
   - privée
   - privatisée
   - gouvernementale

5. C'est . . . . qui assume la gestion d'une Société Anonyme.
   - le directoire
   - l'assemblée générale
   - le conseil de surveillance
   - le commanditaire

6. Le . . . . de cette société, réuni au mois de décembre, a examiné les résultats de l'exercice en cours.
   - conseil de l'ordre
   - conseil des prud'hommes
   - conseil d'administration
   - conseil d'état

7. Les actionnaires touchent des . . . . pour chaque action.
   - intérêts
   - bénéfices
   - dividendes
   - agios

8. Cette entreprise fait l'objet d'une . . . . de redressement judiciaire après les sérieuses difficultés de ces mois derniers.
   - procédure
   - poursuite
   - solution
   - conduite

9. Les actionnaires de cette société vont bénéficier des bonnes performances de la société. Outre un . . . ., ils vont recevoir une action gratuite pour cinq anciennes.
   - ratio
   - dividende
   - intérêt
   - bénéfice

10. En cette période de crise, les entreprises n'ont jamais été si nombreuses à . . . . leur bilan.
    - disposer
    - exposer
    - déposer
    - établir

11. Nous avons l'honneur de vous informer que la réunion des actionnaires est . . . . au 21 de ce mois.
    - déportée
    - rapportée
    - reportée
    - prolongée

12. Un bon de souscription attaché à chaque action nouvelle permet de . . . . une action au prix de 1 800 F, à tout moment, jusqu'au 30 juin 1993 inclus.
    - souscrire
    - parapher
    - s'engager
    - s'inscrire

13. Dans cette entreprise, les postes de cadres ont toujours été . . . . par promotion interne.
    - pourvus
    - fournis
    - équipés
    - nantis

14. Gérard de Bartillat est . . . . directeur général d'Eurofin, poste vacant depuis le décès de Jean Carrière.
    - promu
    - titré
    - muté
    - posté

15. 20 % des sièges sociaux, et les plus importants, sont encore . . . . dans la région parisienne.
    - attachés
    - confrontés
    - concentrés
    - excentrés

2. Mettez au pluriel les phrases suivantes :

1. La société dispose d'un bureau central commun à chaque filiale. C'est le siège social où se tient l'assemblée générale.
2. Le projet d'expansion doit être très sérieusement calculé.

3. Faites une phrase en employant les mots ou groupes de mots suivants :

– Assemblée Générale - réunir - le mois dernier.
– Actionnaires - toucher - dividendes.
– Assemblée Générale - procuration - actionnaire

4. Écrivez le mot qui convient dans la phrase proposée :

l'inscription / la souscription

. . . . aux actions de la société peut être effectuée dans n'importe quelle banque.

5. Vrai ou faux?

1. Les membres d'un conseil de surveillance perçoivent pour leur travail des tantièmes — VRAI / FAUX
2. Une société en nom collectif est une société de capitaux — VRAI / FAUX
3. La S.A.R.L. est une société anonyme à responsabilité limitée. — VRAI / FAUX

6. Écrivez chaque mot face à sa définition :

affacturage - auto-financement - crédit - découvert - escompte - subvention.

crédit : un prêteur met une somme d'argent à la disposition d'un emprunteur, moyennant promesse de remboursement.

escompte : une banque avance au porteur le montant d'un effet de commerce avant son échéance.

Affacturage : une société intermédiaire paye au comptant les créances de l'entreprise, moyennant une commission.

subvention : l'État accorde une aide financière à un groupement ou à une personne.

découvert : la banque accepte, sous certaines conditions de montant et de durée, que le compte devienne débiteur.

auto-financement : l'entreprise conserve et réinvestit ses bénéfices pour réaliser de nouveaux investissements.

7. Choisissez dans la liste des mots ci-dessous celui qui correspond à sa définition et écrivez-le sur la ligne correspondant au bon choix.

chiffre d'affaires - bilan - bénéfice - raison sociale - actionnaire

– . . . . : inventaire périodique de ce qui est dû par une entreprise.

38

– .... : détenteur d'une fraction du capital d'une société.

– .... : appellation sous laquelle fonctionne une entreprise.

– .... : montant total des ventes pour une période donnée.

– .... : produit net d'une entreprise au terme d'un exercice.

8. Trouvez le mot qui manque dans les phrases suivantes (le même mot dans les phrases a, b, et c) et faites ensuite une phrase (d) en utilisant ce mot.

• 1er mot :

a. Lorsqu'une entreprise est en cessation de paiements, le tribunal de commerce peut déclarer le .... judiciaire.

b. Dans toute entreprise ou administration, il y a un .... intérieur.

c. Enfreindre le .... expose à des sanctions.

d. ....

• 2e mot :

a. Le .... est le bénéfice d'une société de capitaux qui est à partager entre les associés.

b. En arithmétique le .... est le nombre qui doit être divisé par un autre.

c. Cet actionnaire touchera de gros .... , à condition qu'aucun incident politique ne survienne.

d. ....

• 3e mot :

a. Cette société a constitué des .... en prélevant sur les recettes de l'exercice.

b. Les hauts fonctionnaires sont tenus à un devoir de ....

c. Il a émis des .... sur le bon de réception des marchandises.

d. ....

9. Version :

1. Avez-vous lu le procès-verbal de la séance ?

2. Leur bilan montre que c'est une entreprise en pleine expansion.

3. Il faut favoriser l'expansion des petites et moyennes entreprises.

4. Elle a démissionné, et cela au moment où elle venait d'être promue.

5. Les entreprises de taille moyenne sont souvent des entreprises familiales.

6. Son nom n'apparaît pas dans l'organigramme.

7. On pense que la fusion aura lieu prochainement.

8. Un commerçant est responsable des dettes de son entreprise.

9. Le rapport annuel a été approuvé à l'unanimité.

10. C'est le P.D.G. d'une S.A. dont les actions sont cotées en bourse.

11. Par son chiffre d'affaires, le groupe SANDOZ est la deuxième des grandes entreprises suisses de l'industrie pharmaceutique et chimique.

12. Vous êtes invité à assister à la réunion de direction qui aura lieu le lundi 17 juin au siège de la société.

10. Thème :

1. The number of stock-holders in France has risen to 7.5 million.

2. A merger occurs when 2 or more companies of approximately equal size join forces to form a single, larger and consequently stronger unit.

3. Our shareholders have been rewarded with substantial increases in the value of their stock.

4. The General Manager's role is to study the problems relevant to the general policy of the company and make decisions.

5. A sole trader is one who owns a business alone.

6. A considerable number of small and medium-size businesses have gone bankrupt in the past few years.

7. Most of the time, Directors agree with the President of the Board.

8. You can invest in any or all of our four top-performing investment companies.

9. Our new subsidiary is doing quite well, the results are encouraging.

10. The modification of the articles of Association will have to be submitted to the General Meeting.

11. The constitution of the company is specifically designed to prevent any individual or organization from gaining a majority shareholding.

12. Mr Smith used to run a medium-sized family business, but now he is director of a public limited company.

11. Correspondance :

[1] Pour améliorer vos capacités linguistiques et votre connaissance de l'entreprise, vous désirez effectuer, l'été prochain, un stage dans un établissement commercial français.
A cet effet, vous vous proposez de faire publier une annonce dans un journal hebdomadaire français de grande diffusion, en donnant toutes les informations utiles sur vous-même et ce que vous cherchez.

Rédigez et **présentez** cette annonce comme vous souhaiteriez qu'elle paraisse dans ce journal.

[2] Le Directeur Commercial de la société où vous travaillez doit se rendre à Paris pour rencontrer des fournisseurs potentiels. Comme il souhaite en voir un certain nombre en deux jours seulement, il a décidé de louer un bureau avec service de secrétariat et de photocopie, ligne téléphonique et accès à un télex.
Il vous charge de rédiger une lettre pour exposer sa demande et s'informer des tarifs et conditions auprès de plusieurs « centres d'affaires ».

Vous **rédigez** cette lettre.

12. Compréhension de texte :

A QUOI RESSEMBLE UN CADRE EUROPÉEN ?

Y a-t-il un euro-manager dans la Communauté ? Pour le savoir, la société Risc, Institut national de recherche sur les changements sociaux, mène l'enquête tous les deux ans pour prendre le pouls des cadres supérieurs de France, d'Allemagne, d'Italie, d'Espagne et du Royaume-Uni. La dernière mouture vient de sortir. Le résultant est édifiant.

Si les années 80 marquaient un véritable engouement pour l'Europe, la nouvelle décennie affiche un net repli de la tendance. Les cadres d'aujourd'hui sont plus enclins au protectionnisme et plus soucieux de sécurité que leurs aînés : moins de 20 % d'entre eux se déclarent proches de leurs voisins contre 30,6 % en 1989.

À la veille du grand marché unique, le constat est alarmant.

Les cadres européens ne sont pas (ou plus) des euro-managers convaincus. Sur quoi repose cette appréhension ? Michel Ladet, responsable de l'étude, explique : « Dans les années 80, on pensait que l'Europe résoudrait à la fois les problèmes nationaux, la montée du Japon et le déclin des États-Unis. Cette conviction n'existe plus. »

Point de rupture : l'année 1990. « Avec la guerre du Golfe et l'ouverture des pays de l'Est, les entreprises ont renoncé au long terme. Cette absence de perspective s'est traduite par une désillusion massive à l'égard du projet européen » poursuit-il.

Les sociologues ont défini sept paramètres pour définir plus précisément l'évolution des mentalités : le développement personnel, le plaisir, l'adaptabilité, la vitalité, l'ouverture au monde, le besoin d'appartenance et l'éthique.

En affinant la recherche, on découvre ainsi que le recul le plus important vis-à-vis de l'Europe se situe chez les Allemands : 13 % seulement des cadres d'Outre-Rhin ont une idée tout-à-fait familière du grand marché. Les Français chutent, eux, de sept points.

En queue de peloton, les Anglais : un cadre sur deux ne se sent pas concerné par 1993. Cette crainte du marché unique se traduit par une baisse de vitalité.

Premiers touchés, les Allemands ; 75 % d'entre eux ne souhaitent pas prendre de risques contre 66 % en 1989. Viennent ensuite l'Italie et le Royaume-Uni. Cette apathie touche aussi les cadres français. ils sont de moins en moins nombreux à vouloir créer leur propre entreprise. Mais là s'arrête l'harmonisation européenne. En matière de tonus et d'innovation, les Espagnols font figure d'exemple. Le développement tardif de leur économie et la jeunesse de leur encadrement expliquent ce phénomène.

Autre surprise de taille : les Allemands sont les premiers à souhaiter l'arrivée de « leaders charismatiques et autoritaires » ! Ce constat s'explique, en fait, par l'origine des dirigeants qui ont appris à faire leurs preuves dans l'entreprise et ont monté les échelons à coups de promotion interne. C'est pourquoi, selon Michel Ladet, « l'autorité d'un leader n'est pas contestée puisqu'elle est la preuve d'un parcours réussi. L'expérience est légitimée. »

À contrario, les Anglais du post-thatchérisme rejettent en bloc la discipline. Ce qui les motive le plus dans leur travail, c'est l'amélioration de leur niveau de vie. Ils décrochent la palme d'or du pragmatisme et du matérialisme. Ils placent l'épanouissement au premier rang de leurs préoccupations.

L'entreprise idéale et moderne est une entreprise morale et citoyenne. « L'entreprise remplace les institutions. La faillite de l'État et de l'Éducation a entraîné un transfert de crédibilité. L'entreprise doit apporter les repères que l'on ne trouve plus dans la société. Les cadres veulent aujourd'hui joindre la parole aux actes », avertit Michel Ladet.

Soulignons à ce propos que ce sont les cadres français qui doutent le plus (46 %) et qui méditent le plus sur le sens de la vie (58 %). En clair : ils se font du mauvais sang ! Cette enquête dévoile en effet le malaise des cadres français. Ils constituent la catégorie professionnelle qui a vu son taux de chômage augmenter le plus fortement en 1991.

« Leur vitalité est frustrée. Faute de repères et de perspectives, ils se sentent victimes. Leur énergie n'est pas utilisée pour agir mais pour réfléchir et se morfondre » explique le sociologue. Ce pessimisme a d'ailleurs fait tache d'huile. Mais les réactions à l'égard du malaise ambiant sont appréhendées diversement selon les pays.

En effet, si les Français ont une tendance spontanée au conservatisme, les Italiens se concentrent, eux, sur la famille. Phénomène positif si l'on sait que la plupart des créations d'entreprises émanent du noyau familial. Quant aux Allemands, ils optent pour un repli stratégique sur leur économie propre. L'Europe dans tout ça ? Ils s'en sentent encore loin. Faut-il s'en inquiéter ? Pour le sociologue, la partie n'est pas perdue.

Les cadres français sont porteurs de vitalité… à condition que l'entreprise définisse les règles du jeu. Elle devra être garante d'optimisme. Autre constat : la montée des femmes. La France est le pays qui compte le plus fort taux d'encadrement féminin (20 %). « La féminisation joue en

faveur de la conjoncture. C'est en effet chez elles que le tonus a été le moins affecté ». Qui a dit que les femmes n'étaient pas fiables dans le travail ?

D'après un article d'Anne Bariet, *Entreprises et Carrières*, du 26.03 au 1.04.92.

A **Complétez**, à l'aide du texte, la fiche de synthèse ci-dessous :

1. Thème de l'article : ....
2. Objet de l'enquête effectuée par la société Risc ?
3. Sur quels critères les sociologues s'appuient-ils pour étudier l'évolution des mentalités ? (Donnez trois exemples.)
4. Qu'observe-t-on entre les années 80 et 90 ?
5. Caractérisez l'attitude actuelle des cadres : ....
6. Comment s'explique cette attitude ?
7. Quels événements ont interféré dans ce changement ?
8. Avec quelles conséquences pour les entreprises et pour les cadres ?
9. D'après cette enquête, quelles sont les nationalités les plus réservées vis-à-vis de l'Europe ?
10. Comment se traduit la baisse de vitalité observée ?
11. A l'opposé, qu'est-ce qui explique la vitalité des cadres espagnols ?
12. Qu'est-ce qui est motivant, dans le travail, pour :
    – les Allemands ?
    – les Anglais ?
    – les Français et les Italiens ?
13. Comment s'exprime le malaise des cadres français ?
14. Quel fait vient accentuer cette morosité ?
15. Qu'attend-on, actuellement, de l'entreprise ?
16. Quelle pourrait être l'influence des femmes qui travaillent ?

B Et vous, que recherchez-vous dans le travail ? Développement personnel, ouverture au monde, sécurité, promotion sociale, enrichissement, etc. ?

Exprimez librement vos motivations et vos raisons (16 lignes).

13. Jeu de rôles :

Le P.D.G. de la société AUX MEUBLES GOURMANDS, S.A. a réuni le Conseil d'Administration pour discuter d'une fusion éventuelle avec LES GALERIES DU MEUBLE. La discussion portera sur les avantages et inconvénients de cette fusion, sur le coût de l'opération, sur les arguments à invoquer pour convaincre M. Perrier, les actionnaires de la S.A. Une partie du Conseil sera pour la fusion, l'autre sera contre. Qui va l'emporter ? A vous de jouer…

Notes sur la lecture :

le gaspillage : dépense inutile, gâchis (waste).

pérégrin : voyageur.

publicain : dans l'antiquité romaine, le publicain était chargé de faire rentrer les impôts.

l'Evangile : livre qui contient la doctrine de Jésus-Christ.

affermer : donner ou prendre à bail (to give or take on lease).

la perception : tax collection.

le droit : l'ensemble des règles qui régissent les hommes dans une société. La loi.

tranché : résolu.

parachevé : complètement terminé.

Les sociétés commerciales

On dénombre en France un peu plus de cent cinquante mille sociétés commerciales. Les neuf dixièmes sont des affaires familiales moyennes et plus souvent petites, ou même de pures façades pour des entreprises individuelles, voire des sociétés de fait ou des sociétés fictives. Mais deux mille de ces sociétés, cotées en Bourse, placent leurs titres dans le public, drainent une part importante de l'épargne privée, dominent la vie de milliers de salariés, tiennent en main tous les secteurs de l'économie nationale. Les revues financières qui dressent l'inventaire périodique des sociétés françaises les plus notables ou des valeurs clefs de la Bourse permettent de fixer des ordres de grandeur. Mais la première société française vient, en Europe, loin derrière Royal Dutch Shell, Unilever, British Petroleum, National Coal Board, l'E.N.I., Imperial Chemical Industries, Philips, Volkswagen, Fiat, Siemens. Et il y a encore plus important que ces sociétés commerciales européennes. Que l'on y songe : la General Motors — il est vrai la plus puissante des sociétés commerciales — réalise chaque année un chiffre d'affaires égal au budget de la France, des bénéfices équivalents au chiffre d'affaires de la S.N.C.F., emploie plus d'un demi-million de salariés et voit son personnel varier d'une amplitude égale au personnel de la Régie Renault.

L'importance des sociétés commerciales n'est pas seulement économique et quantitative. Elle est aussi politique. L'entreprise est le terrain où se joue la lutte des classes, qui prend son tour le plus significatif dans les entreprises privées, c'est-à-dire les sociétés commerciales. Sauf révolution politique, la transformation des conflits sociaux passe par la réforme de l'entreprise et des sociétés. Comme on l'a écrit : "L'entreprise (c'est-à-dire avant tout la société commerciale) est un lieu d'élection pour réussir les conciliations dont nous ressentons la nécessité et dont nous avons commencé l'expérience. Qu'il s'agisse de combiner la planification et les mécanismes du marché ; la liberté d'entreprendre et l'exclusion du gaspillage ; la recherche du profit et le service du bien commun ; la compétition et la loyauté ; l'égalité des chances et les droits tirés de l'héritage : l'autorité des dirigeants et le contrôle de leurs actes... ; les solutions éviteront plus sûrement l'abstraction et l'imprécision si (elles) se construisent à partir de l'entreprise, cellule de l'économie concrète, microcosme social".

Comment donc se constituent, s'organisent et fonctionnent en France, ces sociétés commerciales ? Et d'abord comment se définissent-elles ?

Définition de la société

Il est, pour un juriste, non pas une, mais trois définitions au moins de la société — civile ou commerciale — qui correspondent à trois moments de son histoire, à trois niveaux de son organisation.

La société se définit d'abord comme un *contrat* et plus précisément comme le contrat par lequel deux ou plusieurs personnes conviennent de mettre quelque chose en commun dans la vue de partager le bénéfice qui pourra en résulter. La formule est dans le Code civil à l'article 1832. Ses auteurs l'avaient copiée dans le *Traité du contrat de société*, publié en 1749 par Pothier, lequel la tenait de Domat, qui l'avait inscrite un demi-siècle plus tôt dans ses Lois civiles. Elle était, en fait, dès le XVIIᵉ siècle, la définition ordinaire et La Fontaine l'avait même mise en vers (1). Les premiers éléments s'en trouvaient dans le *Digeste* de l'empereur Justinien, au VIᵉ siècle de notre ère, provenus des travaux et des réflexions inspirés aux juristes de la Rome républicaine et impériale par la considération de ces conventions conclues entre marchands latins et pérégrins ou par ces publicains dont parle l'Evangile, à qui l'Etat affermait la perception des impôts dans les provinces de l'Empire. Notre droit a recueilli et maintenu ce vieil héritage. Aujourd'hui encore, portée par la tradition, soutenue par son style, la définition de l'article 1832, célèbre, vieillie et pieusement conservée, demeure la première que, de génération en génération, les juristes apprennent et se transmettent à l'Ecole comme au Palais.

La société, il est vrai, est aussi une *personne morale*, comme on dit, caractérisée par son objet — l'exercice d'une activité économique — son mode de financement — collectif et privé — et son but — la recherche du profit. Cette deuxième définition n'était pas tout à fait inconnue des législateurs napoléoniens. Mais elle n'est pas dans le Code civil, sinon d'une manière implicite. Et elle ne s'est imposée véritablement à la pratique juridique que dans le cours du XIXᵉ siècle, après la révolution industrielle, avec le développement de ces grandes sociétés capitalistes dont l'organisme est si complexe qu'il paraît animé d'une vie personnelle par-delà le pacte social dont il tient le jour. La reconnaissance de cette personnalité juridique n'est d'ailleurs pas allée sans mal. Il y eut à son sujet de belles batailles dans le monde des juristes. On se demandait si la personnalité des sociétés, simple fiction de la loi, était un privilège dont le législateur devait régler l'attribution ou une réalité devant laquelle le droit lui-même n'avait qu'à s'incliner. On s'interrogerait sur la personnalité des sociétés étrangères, sur celle des sociétés en voie de constitution ou de dissolution, des sociétés nulles. Ces controverses sont aujourd'hui tranchées ou apaisées. Réserve faite de l'association en participation, qui est à peine une société, toutes les sociétés, tant civiles que commerciales, françaises qu'étrangères, sont, à des degrés divers, des personnes morales, des êtres juridiques titulaires de droits, sujets d'obligations, ayant un nom, un domicile, une nationalité, en bref une existence analogue à celle des êtres humains, au plan juridique s'entend, de leur immatriculation à leur liquidation parachevée.

Enfin, il est une troisième définition qui s'est fait jour dans la langue des économistes, qui atteint le grand public et gagne progressivement les juristes eux-mêmes. Elle présente la société comme une forme particulière d'*entreprise économique*, la plus importante après l'entreprise nationale, bien loin devant l'entreprise individuelle ou même coopérative. Cette définition est la plus récente. Elle est aussi la plus litigieuse. Car au caractère volontaire du groupement social exprimé par le mot de contrat, à l'idée d'intérêts propres, structurés et définis, que traduit la notion de personne morale, le concept d'entreprise ajoute l'aspiration encore confuse vers une meilleure coordination des droits du capital et du travail au sein d'un organisme unique et au service d'un projet commun. Et comme cette coordination ne peut se réaliser que par une diminution des pouvoirs du capital et par une augmentation des droits du travail, en bref par une réforme, à tout le moins par la prise de conscience d'une évolution, le mot d'entreprise est devenu un mot de combat et son entrée dans la définition de la société apparaît comme une audace à laquelle les juristes ne sont pas tous résolus, quoique cette troisième définition soit la plus riche, contenant toutes les autres et les dépassant.

Paul Didier
Les sociétés commerciales, Que sais-je?
P.U.F.

(1) La génisse, la chèvre et la brebis, en société avec le lion (livre I, fasc. VI).

La génisse, la chèvre et leur sœur la brebis,
Avec un jeune lion, seigneur du voisinage
Firent société, dit-on, au temps jadis
Et mirent en commun le gain et le dommage.

4. Le service des achats

Paul : Je voudrais parler au Directeur Commercial, Monsieur Grosjean...

Grosjean : C'est moi-même. Vous êtes Paul Jones, notre stagiaire américain, n'est-ce pas ? Monsieur Perrier m'a annoncé votre visite.

Paul : Vous êtes à la tête de deux services si j'ai bien compris.

Grosjean : Oui, en quelque sorte, en fait le service commercial comporte les deux aspects du commerce, c'est-à-dire l'achat et la vente.

Le service des achats s'occupe de toutes les transactions avec nos fournisseurs, producteurs et grossistes ainsi que des stocks à l'entrepôt.

Nous avons un acheteur, M. Dubois, qui est tout particulièrement chargé des achats de bois. Il lui arrive d'aller en Afrique pour acheter de l'acajou*, de l'ébène*, ou au Québec pour le sycomore*. Il est préférable de se passer d'intermédiaire, surtout que nous achetons en grandes quantités.

Mais il faut aussi des vernis*, de la colle*, de la quincaillerie*... Nous ne faisons pas les sièges*, nous avons des tapissiers* sous-traitants.

Nous devons avoir des stocks suffisants pour approvisionner le service technique, c'est-à-dire pour que les ateliers (découpage, montage et vernissage) ne soient jamais à court de matières premières.

Paul : Combien de fois par an faites-vous un inventaire de toutes les marchandises ?

Grosjean : Légalement, nous devons faire une fois par an un inventaire total des stocks, des produits semi-ouvrés et des produits finis, mais pour des raisons pratiques, nous contrôlons périodiquement nos stocks.

Paul : J'ai remarqué une lettre d'un fournisseur de bois de Trois-Rivières au Québec, M. Gagnon, tout à l'heure au secrétariat...

Grosjean : Ah, oui, nous lui achetons beaucoup de sycomore, il nous accorde un tarif dégressif très intéressant.

Paul : Un tarif des... quoi ?

Grosjean : Dégressif, c'est-à-dire que les prix diminuent en fonction de la quantité.

Paul : Mais, est-ce que les délais de livraison ne sont pas trop longs, on ne peut pas faire venir des piles de bois par avion !

Grosjean : Non, en effet, cela serait beaucoup trop cher, mais le bois nous arrive par cargos et comme nos commandes sont passées régulièrement tous les deux mois, nous avons ainsi un approvisionnement continu.

Paul : Vous avez dit que vous n'aviez pas d'intermédiaires, mais je ne comprends pas bien parce que tout à l'heure, vous avez parlé de grossistes, j'ai toujours cru que les grossistes étaient des intermédiaires entre les producteurs et les fabricants ou les détaillants.

Grosjean : Non, les grossistes sont des commerçants qui achètent en grande quantité et qui revendent ces marchandises selon la demande. Par exemple, nous achetons de la quincaillerie à des grossistes, parce que nous avons besoin de modèles très variés de poignées*, de serrures*, etc., dont les quantités ne sont pas suffisantes pour acheter en gros directement aux fabricants. Pour le bois ou la colle, c'est différent, mais pour les vernis* aussi nous passons par un grossiste. Les « intermédiaires » sont les commissionnaires, qui sont mandatés pour trouver ou écouler des marchandises, qui achètent et vendent pour le compte d'autrui et qui touchent une commission sur les affaires conclues, ou les courtiers qui mettent en rapport les producteurs et les commerçants et qui sont rémunérés par un courtage.

Paul : Que se passe-t-il si lors de l'exécution de la commande, le fournisseur ne respecte pas les délais de livraison par exemple ?

Grosjean : En effet, cela serait un sérieux problème qui risquerait d'entraver la fabrication. Mais, nous avons plusieurs fournisseurs et le non-respect d'un contrat est une cause de rupture, c'est-à-dire que nous pourrions annuler la commande et la passer d'urgence à un autre fournisseur.

Paul : J'ai une autre question à vous poser : Comment avez-vous trouvé ces fournisseurs de bois exotique en Afrique ou au Canada ?

Grosjean : Nous avons reçu des offres, toute une documentation, des prix courants, des échantillons et notre acheteur est allé sur place et il a passé des commandes à titre d'essai et a demandé un délai de réflexion pour que nous puissions discuter les différentes propositions avant de signer les contrats.

Paul : Est-ce que vous vous occupez aussi des factures et de leur règlement pour les achats ?

Grosjean : Non, c'est le service de la comptabilité qui s'en charge.

Mais, venez, je dois aller voir Charmont, notre magasinier, et je vais vous faire visiter l'entrepôt et voir les stocks.

Paul : Avec plaisir... Mais c'est amusant, je viens de penser que le magasinier n'est jamais dans le magasin ! Ah, ce français !

A Montreuil, à l'entrepôt

Grosjean : Bonjour, Charmont, je viens de trouver votre message et j'en profite pour faire visiter l'entrepôt à Paul Jones, notre stagiaire américain. Quel est le problème ?

Charmont : Nous avons reçu la livraison des Quincailleries Réunies et j'ai réceptionné la marchandise. Tout semblait conforme à la commande, j'ai donc signé le bon de livraison et j'ai envoyé le bon de réception à la comptabilité. Mais en ouvrant les colis pour ranger les marchandises, je viens de constater que dans le carton marqué poignées n° 2025 il y a, en fait, des poignées n° 2024. J'ai tout de suite téléphoné aux Quincailleries Réunies pour leur signaler l'erreur et leur demander un échange. Apparemment ils sont en rupture de stock pour ce modèle, ils pensaient nous avoir expédié leur dernière caisse... Il va donc falloir attendre une quinzaine de jours avant de recevoir les bonnes poignées...

Grosjean : Félicitations, Charmont, pour avoir découvert cette erreur ! Mais, cela va-t-il retarder notre production ?

Charmont : Non, Monsieur, nous avons encore assez de 2025 pour la fabrication en cours, mais les stocks baissent et c'est pour cela que j'avais demandé de renouveler la commande.

Grosjean : Bien entendu, ils ont facturé cette livraison. Qu'est-ce qu'ils proposent donc de faire ?

Charmont : Il y a deux possibilités : ils vont prendre la caisse lors de leur prochaine livraison et ils vont nous envoyer une facture d'avoir pour la totalité du prix de la caisse, ou bien ils nous proposent de nous céder cette caisse de poignées 2024 avec 3 % de réduction, puisque c'est un modèle que nous utilisons et ils nous donneront un avoir pour la différence.

Grosjean : Où en sont les stocks de 2024 ?

Charmont : Avec cette livraison, nous avons des stocks suffisants pour la prochaine série de "Ministre", du moins en ce qui concerne les 2024. Cette caisse resterait donc en surplus. Par contre, cette prochaine série serait retardée si nous ne recevons pas les 2025.

Grosjean : C'est un modèle qui a beaucoup de succès, la ligne est jolie et il est d'un prix raisonnable... Je vais passer au service des ventes et au magasin pour voir si on peut envisager de continuer cette série. Si oui, nous accepterons leur seconde proposition en demandant toutefois une facture rectifiée plutôt qu'une facture d'avoir, surtout si la comptabilité n'a pas encore accepté leur traite...

Charmont : Je pense que c'est ça le problème, car le bon de réception a été envoyé à la comptabilité hier en fin de matinée et la traite a été acceptée hier soir et elle a dû partir au courrier du matin.

Grosjean : Je vais tout de suite vérifier... Je vous tiendrai au courant... Tenez, Paul, venez voir l'entrepôt.

Paul : Mais, c'est énorme... tout ce bois !

Grosjean : Oui, n'est-ce-pas... Et voici la quincaillerie.

Paul : J'admire vraiment M. Charmont ! Comment arrive-t-il à savoir ce qu'il a vraiment en stock !

Grosjean : Nous avons un inventaire permanent sur ordinateur pour chaque modèle. Il suffit d'ajouter ce qui entre et de retrancher ce qui part pour l'atelier ! Mais vous avez raison, cela doit être fait très soigneusement.

Paul : Je suppose que ces hommes sur ces petits chariots électriques sont les manutentionnaires.

Grosjean : Oui, comme vous voyez, ils sont en train de ranger dans les cases voulues les fournitures qui ont été réceptionnées hier. Celui-ci, au contraire, vient prendre des fournitures pour l'atelier de montage. Il a donné un bon à Charmont qui autorise la sortie des fournitures et qui va pouvoir mettre son inventaire à jour en enregistrant la sortie sur l'ordinateur.

Paul : Je n'aurais pas cru que ce travail était aussi complexe et devait être aussi précis...

Grosjean : Nous devons retourner au siège maintenant car j'ai un rendez-vous à 11 h 30. Je vous retrouve à 2 h à mon bureau. Nous descendrons au service des ventes et nous passerons par le magasin.

A midi, Paul, qui est revenu au siège, rencontre Sophie dans le couloir.

Paul : Et si nous allions déjeuner ?

Sophie : Bonne idée ! Comme nous avons peu de temps, nous pourrions aller à côté, ils ont un excellent bœuf bourguignon.

Un peu plus tard...

Sophie : Alors, qu'est-ce que vous pensez de la "boîte" ?

Paul : Mais, c'est très fonctionnel, c'est très bien décoré, c'est...

Sophie : Mais non, je vous parle de **notre** boîte, de la maison si vous préférez...

Paul : Ah, excusez-moi, je n'avais pas compris... la "boîte", c'est de l'argot, n'est-ce pas ?

Sophie : Oui, enfin, c'est familier...

Paul : Je ne connais pas encore tous les services, mais ce que j'ai vu m'a beaucoup intéressé et je trouve que la correspondancière a toutes les qualités, beaucoup d'intelligence, de charme...

Sophie : Est-ce que vous pouvez être sérieux de temps en temps ?

Paul : J'essaie, mais c'est dur ! Tenez, j'ai remarqué une chose : M. Grosjean m'a fait visiter l'entrepôt et il m'a présenté au magasinier, il l'a appelé Charmont et le magasinier lui a toujours dit Monsieur, jamais M. Grosjean, jamais Grosjean.

Sophie : Oh non, bien sûr ! M. Grosjean est le Directeur Commercial, il est hiérarchiquement à un grade beaucoup plus élevé que M. Charmont qui est chef-magasinier, c'est par respect qu'on l'appelle Monsieur, c'est la même chose pour M. Perrier.

Paul : Est-ce que M. Perrier appelle le Directeur Commercial Grosjean ?

Sophie : Oui, cela arrive, mais en général, il lui dit M. Grosjean devant le personnel.

Paul : L'étiquette ! Il faut que je retienne toutes ces subtilités. Mais j'ai remarqué que M. Grosjean vous a présentée en disant Mlle Durand et il vous a dit Mademoiselle.

Sophie : Oui, parce que je suis une femme.

Paul : Et Mme Moreau, comment s'adresse-t-elle à M. Charmont ?

Sophie : Oh, elle lui dit Charmont, mais elle me dit Mademoiselle, ou Sophie. On n'appelle que les hommes par leur nom de famille.

Paul : C'est intéressant.

Sophie : Ah, c'est déjà l'heure de retourner au bureau...

Paul : Merci de m'avoir fait connaître cet endroit et de m'avoir fait l'honneur de votre compagnie...

* **acajou** = *mahogany* - **ébène** = *ebony* - **sycomore** = *sycamore* - **vernis** - *varnish* - **colle** = *glu* - **quincaillerie** = *hardware* - **un siège** = *a seat* - **un tapissier** - *an upholsterer*. **une poignée** = *a pull* - **une serrure** = *a lock*

SANDWICHES

Jambon, Saucisson *(Ham, Sausage)*	9
Pâté, Rillettes *(Pate, Potted mince of pork)*	9
Gruyère, Brie *(Cheese)*	10
Jambon de Pays *Country ham*	20
Club Sandwich Américain	20
Sandwich mixte *(Jambon, gruyère)* *(Mixed ham and cheese)*	18
Pain Poilâne, supplément	5
Beurre et cornichons *(Butter and gherkins)*	3

BUFFET CHAUD

PIZZA ITALIANA	22
QUICHE LORRAINE	22
CROQUE-MONSIEUR *(Toasted ham and cheese sandwich)*	15
OMELETTE « GRAND-MÈRE »	22
FRANCFORT frites *(Sausage with French fried potatoes)*	30
HOT-DOG *(2 saucisses, fromage)*	18
Ketchup, supplément	5

UN IDÉE HIPPO EXPRESS

à   49,80   F

PAVÉ GRILLÉ *(Sirloin steak)*
ou **PLAT DU JOUR** choisi par le Chef
(or today's main dish)

POMME BOUGNAT
sauce poivrade
(Potatoes or French fried potatoes)

FRISÉE aux lardons chauds
(Curly lettuce with bacon)

ENTRÉES DIVERSES

Saucisse sèche	20
Terrine de campagne, cornichons *(Country pate with gherkins)*	16
Œuf mayonnaise, crudités *(Egg mayonnaise with crudity)*	16
Assiette de jambon de Parme *(Ham of Parme)*	50
Filet de hareng, pommes à l'huile chaudes *(Herring filet hot potatoes in oil)*	25
Salade de saison	15

SALADES COMPOSÉES

TERRINE AUX 2 POISSONS sur salade verte de saison *(Two fish terrein with green salad)*	35
VÉGÉTARIENNE	25
SALADE BALTIQUE *(Frisée, tomates, œuf, pommes de terre chaudes, hareng, roll-mopps)* *(Curly lettuce, tomatoes, egg, hot potatoes, herring, roll-mopps)*	37
SALADE FERMIÈRE *(Frisée, tomates, œuf, carottes, filet d'oie fumée)* *(Curly lettuce, tomatoes, egg, carrots, smoked filet of goose)*	35
SALADE DE CHAVIGNOL *(Frisée, pain Poilâne grillé, crottin chaud)* *(Curly lettuce, grilled bread, warke goat's milk cheese)*	35
COCKTAIL D'AVOCAT *(Coupé en petits dés, salade, tomates, œuf, sauce tartare préparée par nos soins)* *(Die avocado-pear, salad, tomatoes, egg, tartar sauce)*	30
FRISÉE AUX LARDONS CHAUDS avec croûtons *(Curly lettuce with bacon and sippet)*	25

Toute l'année nous vous proposons
NOTRE FOIE GRAS DE CANARD LANDAIS
servi sur un nid de salade
avec toast grillé
et un verre de Sauternes

A   80   F

POTAGES ET ENTRÉES CHAUDES

Soupe de poissons *(Fish soup)*	35
Soup à l'oignon *(Onion soup)*	30
Escargots de Bourgogne préparés à notre façon *(Snails Burgundy)*	65

SERVICE 15 % NON COMPRIS
Tip 15% not included

Les chèques sont acceptés
sur présentation d'une pièce d'identité

Pour commencer l'HIPPOCAMPUS vous propose :

Son Cocktail Maison   30   Son Kir Royal (à la crème de mûres sauvages)   30

LES SUGGESTIONS DU JOUR

NOS VIANDES ET NOS GRILLADES

PAVÉ AU POIVRE *(Steak with pepper)*	45
LE TARTARE ROYAL préparé au Whisky	42
ENTRECÔTE aux Herbes ou Maître d'Hôtel ou Échalotes *(Steak cut from the ribs of beef or Maître d'Hôtel or shallot)*	45
HAMBURGER A CHEVAL *(Hamburger with egg)*	37
BROCHETTE DE BŒUF grillée aux Herbes *(Skewered slices grilled of beef)*	48
LE T. BONE STEAK SPÉCIAL « HIPPO » *(Filet et contre-filet à l'os)*	70
CÔTE DE BŒUF GRILLÉE *(1 pers)*	70
CHÂTEAU, Beurre Maître d'Hôtel	44
LE STEAK GARNI	33
CONFIT DE CANARD, Pommes sautées à cru *(Confit of duck with potatoes)*	65
JARRET DE PORC sur Choucroute *(Knuckle with sauerkraut)*	50

LES FRUITS DE MER

ARRIVAGE JOURNALIER
Pour garantir la fraîcheur, certains produits peuvent manquer

LE PLATEAU DU PÊCHEUR			90
(Claires grosses, Clams, Bulots, Bigorneaux, Pain Poilâne, Beurre, Vinaigrette d'échalote, Citron)			
FINES DE CLAIRES N° 1, les 6	60	BELONS N° , les 6	90
FINES DE CLAIRES N° 1, les 12	110	BELONS N° , les 12	170

LES COQUILLAGES

CLAMS, la pièce	10	BULOTS, la portion	35
TOURTEAU *(Prix suivant arrivage)*		BIGORNEAUX, la portion	20

FROMAGES

Brie, Gruyère	12	Crottin de Chavignol	25
Bleu d'Auvergne	12	Yaourt au lait entier	12

VOCABULAIRE

Le service des achats : *purchasing department*
être à la tête de : *to be head of*
l'achat (m) : *buying*
la vente : *selling*
s'occuper de : *to take care of, to deal with*
une transaction : *a deal, a transaction*
un fournisseur : *a supplier*
un producteur : *a producer*
un grossiste : *a wholesaler*
le stock : *supply, stock*
un entrepôt : *a warehouse*
un acheteur : *a buyer*
se passer de : *to do without*
un intermédiaire : *a middleman*
un sous-traitant : *a subcontractor*
approvisionner : *to supply*
un atelier : *a workshop*
être à court de : *to be short of*
les matières premières (f) : *raw materials, commodities*
un inventaire : *an inventory, a stock-list*
une marchandise : *goods, merchandise, commodities*
un produit semi-ouvré : *semi-manufactured product*
un produit fini : *finished product, end product*
un tarif dégressif : *quantity discount, tapering charge*
un délai de livraison : *lead time*
un cargo : *a cargo boat*
une commande : *an order*
un approvisionnement : *supply, procurement*
un fabricant : *a maker, a manufacturer*
un détaillant : *a retailer*
un commissionnaire : *a commission agent*
une commission : *a commission*
un courtier : *a broker*
un courtage : *a brokerage*

l'exécution de la commande : *the handling of the order*
entraver : *to impede, to hinder*
une rupture de contrat : *a breach of contract*
annuler une commande : *to withdraw or cancel an order*
passer une commande d'urgence : *to place a rush order*
une offre : *an offer, a tender*
une documentation : *information, "literature"*
un prix courant : *a price-list*
un échantillon : *a sample*
une commande à titre d'essai : *a trial order*
un délai de réflexion : *time for consideration*
une facture : *an invoice, a bill*
le règlement : *the settlement*
le magasinier : *the warehouse supervisor*
réceptionner : *to receive*
un bon de livraison : *delivery order*
un bon de réception : *notice of receipt, of delivery*
un colis : *a parcel*
un carton : *a box*
une rupture de stock : *stock shortage*
une caisse : *a wooden box, a crate*
facturer : *to bill*
une facture d'avoir : *a credit note*
céder : *to let somebody have*
un avoir : *a credit*
une facture rectifiée : *a revised bill*
accepter une traite : *to accept a bill of exchange, a draft*
tenir au courant : *to keep posted*
un inventaire : *an inventory*
un chariot : *a cart, a trolley, a fork lift truck*
un manutentionnaire : *a warehouse man, a warehouse hand*
une case : *a compartment, a pigeonhole*
une fourniture : *supply*
la sortie : *removal (from warehouse)*
le siège : *the head office, the main office*
la "boîte" : *one's firm, or office, or shop (familiar)*
un grade : *a rank*
un préjudice : *detriment, prejudice, loss*
échelonné : *spread*
la pénurie : *shortage, lack*

QUESTIONS ORALES

1. De quoi s'occupe le service des Achats ?
2. Quel est le rôle de l'acheteur ?
3. Qu'est-ce qu'un inventaire ? Quand doit-on le faire ?
4. Quand accorde-t-on un tarif dégressif à un client ?
5. Qu'est-ce qu'un grossiste ? Que fait-il ?
6. Peut-on annuler une commande ? Pour quels motifs ?

7. Que fait le magasinier ? Où est-il ?
8. Qui range les marchandises dans l'entrepôt ?
9. De quoi se servent les manutentionnaires ?
10. Peut-on sortir facilement les fournitures de l'entrepôt ?

E EXERCICES ÉCRITS

1. Ecrivez le mot ou l'expression qui vous paraît convenir :

1. Pour bien connaître l'état de ses stocks, il est recommandé de procéder régulièrement à . . . .
   - ○ un inventaire
   - une analyse
   - un recensement
   - une exploitation

2. Si vous augmentez les quantités achetées, nous pourrons vous consentir un tarif . . . .
   - démarqué
   - réductionnel
   - ○ dégressif
   - unitaire

3. Le . . . . est celui qui vend et achète pour le compte d'autrui.
   - commerçant
   - prestataire
   - ○ commissionnaire
   - vacataire

4. Le rôle principal d'un . . . . consiste à stocker les marchandises.
   - fournisseur
   - ○ grossiste
   - vendeur
   - acheteur

5. Dans l'industrie, les stocks sont inférieurs à la normale et les carnets de commande très bien garnis de sorte que les . . . . s'annoncent favorables.
   - prospectives
   - conjectures
   - ○ perspectives
   - rétrospectives

6. Le retard survenu dans la livraison des marchandises commandées nous a causé un sérieux . . . .
   - intérêt
   - passif
   - jurisprudence
   - ○ préjudice

7. C'est à l'acheteur de vérifier la conformité de la livraison à la . . . .
   - note de crédit
   - note de service
   - ○ commande
   - feuille de route

8. . . . . renseignements, n'hésitez pas à nous contacter.
   - Avec des
   - Dans quelques
   - ○ Pour plus de
   - Moyennant

9. Afin de mieux vous faire connaître la gamme de nos produits, nous vous adressons sous ce pli un certain nombre . . . .
   - de spécialités
   - ○ d'échantillons
   - d'exemples
   - de modèles

10. Il reste dans notre stock une part importante de marchandises . . . . des années écoulées.
    - intraitables
    - ○ invendues
    - inavouables
    - ponctuelles

11. Je ferai toutes réserves en ce qui concerne le . . . . que pourrait me causer un tel retard.
    - détriment
    - ○ préjudice
    - préjugé
    - sinistre

12. Le 3 mai dernier, nous vous avons passé une importante commande dont la livraison devait être . . . . sur quatre mois.
    - indexée
    - détalée
    - échue
    - ○ échelonnée

2. Mettez au pluriel la phrase suivante :

L'importance du capital consacré à cet achat est considérable.

3. Ecrivez les nombres en toutes lettres :

Cette entreprise qui emploie 290 . . . . personnes, dont 180 . . . . à la fabrication, vend chaque jour 3 000 à 4 000 . . . . caisses de bière au prix unitaire de 31 F . . . . Tout acheteur payant comptant bénéficie d'une ristourne de 3 % . . . . (Ristourne = rebate).
Sur 722 000 . . . . établissements commerciaux, on compte quelque 110 000 . . . . grossistes et 612 000 . . . . détaillants, soit respectivement 16 % . . . . et 84 % . . . . du total.

4. Trouvez 3 mots de la même famille :

acheter : . . . .
fournir : . . . .

5. Complétez la phrase suivante :

Avant de nous confirmer la commande, veuillez . . . .

6. Choisissez dans la liste de mots ci-dessous celui qui correspond à sa définition et écrivez-le sur la ligne correspondant au bon choix.

1. actionnaire - commanditaire - concessionnaire - dépositaire - grossiste.

– . . *con.* . . . . . . : vendeur d'une marque, dans un secteur déterminé, qui a passé un contrat avec la marque.

– . . *gros* . . . . . . : commerçant qui achète en grandes quantités aux fabricants et revend aux détaillants.

– . . *dép.* . . . . . . : commerçant à qui un fabricant confie des marchandises en vue de la vente ; distributeur.

– . . *com.* . . . . . . : personne qui fournit des fonds à une entreprise d'un type déterminé.

– . . *act.* . . . . . . : propriétaire de titres représentant une fraction du capital d'une société.

2. acquit - avoir - devis - échéancier - inventaire - nomenclature.

– . . *éché.* . . : répertoire chronologique des sommes à payer ou à encaisser.

– . . *inven.* . : état détaillé, article par article des biens d'une entreprise.

– . . *devis* . . : document donnant l'estimation chiffrée d'un travail avant son exécution.

– . . *acquit* . . : reconnaissance écrite d'un paiement.

– . . *avoir* . . : somme due par un fournisseur à son client.

– . . *Nomen.* . . : liste méthodique des objets d'une collection, des termes techniques d'une fabrication.

7. Faites une phrase avec les mots ou groupes de mots suivants :

– Prix - ralentissement - pouvoir d'achat.
– Quantité - augmenter - dégressif - consentir.
– Préjudice - retard - clients.
– Demander - étude de marché - propositions.
– Articles - quand - téléphoner.
– Joindre - devis - satisfaire.
– Pénurie - entraîner - fabrication.

8. Trouvez le mot qui manque et faites ensuite une phrase avec ce même mot :

1. Une secrétaire peut signer une lettre par . . . . si son supérieur lui en a donné l'autorisation.

2. Le fournisseur doit apporter le meilleur soin à l'exécution de l'. . . . . du client.

3. . . . .

9. Lors de la rédaction de cette lettre, un certain nombre de mots ont été « effacés ».
Vous êtes chargé(e), avant l'impression définitive, de compléter la lettre à l'aide des mots donnés ci-dessous dans l'ordre alphabétique :

au prorata - capital - commerce - coopérative - développement - excédent - exercice - financer - indépendance - investissements - parts sociales - pérennité - quote-part - sociétaires.

C A M I F

COOPERATIVE DES ADHERENTS DE LA M.A.A.I.F.
TREVINS DE CHAURAY 79045 NIORT CEDEX
TEL 49 24 90 66 - TELEX 790 677
TELECOPIE 49 33 15 79

Madame, Monsieur, Cher Sociétaire,

En choisissant d'acheter à la CAMIF, vous faites confiance à une autre conception du *commerce*. Vous partagez aujourd'hui avec 930 000 . . . . la propriété de votre . . . . , car vous détenez une . . . . de son capital sous forme de . . . .

Ce capital ainsi constitué garantit l'. . . . . et la . . . . de la CAMIF.

Les résultats de l'. . . . . 1986 font apparaître un . . . . qui a été partagé entre tous les sociétaires . . . . de leurs achats effectués dans l'année.

Afin de pouvoir . . . . , conformément à nos prévisions, le programme d'. . . . . nécessaire au . . . . de la CAMIF, cet excédent viendra s'ajouter au . . . . de votre coopérative.

Meilleurs sentiments.

Le Président du Conseil d'Administration

---

10. Version :

1. Société algérienne recherche fournisseurs de produits plastiques.

2. Veuillez avoir l'obligeance de m'adresser par retour votre documentation.

3. Nous recherchons aux États-Unis un fournisseur qui s'engage à nous approvisionner régulièrement.

4. Si j'avais davantage d'argent, c'est le genre de voiture que j'achèterais.

5. Le commerce intégré élimine complètement les grossistes et les intermédiaires.

6. Les marchandises livrées devront être conformes à l'échantillon.

7. Ces prix resteront en vigueur jusqu'au 31 décembre.

8. Ils sont en rupture de stock pour ce modèle.

9. Ils ne fabriquent plus cet article.

10. Il a refusé cette livraison qui n'était pas conforme à sa commande.

11. Si vous avez besoin de plus amples renseignements, veuillez nous le faire savoir.

12. N'hésitez pas à vous renseigner plus complètement dans l'un de nos points d'accueil.

11. Thème :

1. If the goods have not reached us within a week, we shall have to cancel our order.

2. As I am in a hurry for these goods, I shall appreciate your prompt execution of this order.

3. Wholesale prices are up 4.2 % from last year.

4. We no longer deal with this firm.

5. Our annual inventory has not yet been drawn up.

6. We intend to supply you with the most pertinent high-level information available.

7. As soon as these samples are delivered at New York, we shall appreciate your notifying us.

8. Kindly send me, by return, twelve staplers which work efficiently.

9. The invoice is a document which must mention the particulars of the goods sold and their price.

10. We are glad to have your enquiry and are sending you herewith our latest price-list.

11. Several out-of-stock items have been on order for weeks.

12. Ask for a free demonstration, without any obligation to buy.

12. Correspondance :

1 La société DE DIETRICH & CIE (67110 NIEDER-BRONN-LES-BAINS) est l'un des plus importants producteurs français d'appareil ménagers (cuisinières, réfrigérateurs, machines à laver le linge et la vaisselle…).

Elle a organisé un réseau de distributeurs-détaillants couvrant tout le territoire français. Ce réseau est particulièrement dense à Paris et dans les grands centres urbains.

Elle vient de recevoir de M. PETIT, 45 rue Caulaincourt, 75018 PARIS, une lettre de demande de documentation concernant ses divers modèles de réfrigérateurs.

En principe, la société DE DIETRICH & CIE ne traite pas directement avec la clientèle particulière. Lorsqu'elle reçoit des demandes d'information, elle répond à ses correspondants en leur indiquant le nom et l'adresse du « distributeur agréé » le plus proche de leur domicile.

Rédigez la réponse de la société DE DIETRICH & CIE.

2 Vous travaillez à la Société DUVAL - 3, rue Amelot, 75011 PARIS, tél : 47.68.95.78. Le Responsable du Personnel, M. Alain PIERRET, vous demande de commander à Liaisons Sociales un ouvrage intitulé « La Formation Professionnelle ».

a. **Complétez** le formulaire de chèque :

b. **Remplissez** le bulletin de commande :

```
┌─────────────────────────────────────────────┐
│  ▄▄                                           │
│  █  ORMATION                                  │
│  █▀ PROFESSIONNELLE                           │
│                                               │
│  BULLETIN DE COMMANDE                         │
│                                               │
│  à retourner à Liaisons Sociales              │
│  5, avenue de la République - 75541 Paris     │
│  Cedex 11                                     │
│                                               │
│  ☐ Je souhaite acquérir                       │
│    « La Formation Professionnelle »           │
│    au prix de 150 F TTC.                       │
│                                               │
│  ☐ Ci-joint mon règlement                     │
│    par CCP      ☐                             │
│       chèque                                  │
│       bancaire ☐                              │
│                                               │
│  Nom ─────────────────────────                │
│  Prénom ──────────────────────                │
│  Fonction ────────────────────                │
│  Tél. ────────────────────────                │
│  Adresse ─────────────────────                │
│  ─────────────────────────────                │
│  Code Postal └┴┴┴┴┘                           │
│  Localité ────────────────────                │
└─────────────────────────────────────────────┘
```

3 Vous aviez commandé à la Maison RIOIX – 13, rue Monplaisir 31400 TOULOUSE – deux tables dactylo et deux chaises, pour votre usage personnel.

Après deux mois d'attente, les messageries routières vous livrent les deux tables seules et l'une a été endommagée pendant le transport.

Vous refusez de prendre livraison de cette dernière et vous **écrivez** à votre fournisseur pour exprimer votre mécontentement.

4 En raison de l'urgence de la situation, vous décidez de remplacer la correspondance ci-dessous par un télégramme.

Rédigez-en le texte (voir fac-similé p. 188) :

Messieurs,

Le 20 janvier dernier nous vous avons adressé la commande numéro 376 portant sur des ensembles (blousons et pantalons) en toile coton Luxor (modèles Eilat, Luxor et Californie).

À la date de ce jour, et malgré nos différents appels téléphoniques, nous n'avons rien reçu de vous.

Comme vous le savez, les pièces commandées sont des articles de vente saisonnière pour lesquels nous commençons à recevoir des commandes. Il va sans dire que tout retard supplémentaire de livraison nous causerait un sérieux préjudice.

Si vous êtes dans l'impossibilité de nous donner satisfaction immédiatement, nous vous prions de nous le faire savoir aussitôt afin que nous puissions envisager de nouvelles dispositions.

Bien entendu, une réponse rapide et un règlement satisfaisant de cette affaire nous paraissent indispensables au maintien de nos bonnes relations.

Nous vous prions d'agréer, Messieurs, l'expression de notre considération distinguée.

Le Président-Directeur Général
Jean LAMBERT

5 Vous êtes collaborateur(trice) de M. Durand, directeur commercial de la Société de peausseries « Tan-Centre » dont le siège est 2, place de la Poste - 36000 CHATEAU-ROUX et vous trouvez sur votre bureau la note manuscrite suivante :
– Veuillez commander dès aujourd'hui logiciel de comptabilité et de gestion en remplissant le bulletin ci-joint.
– Etablissez le chèque correspondant.
– Joignez à ce courrier une carte de visite demandant la livraison sous quinzaine.
      Merci   M. Durand

a. **Remplissez** le coupon-réponse de commande du logiciel de comptabilité et de gestion.

```
┌──────────────────────────────────────────────┐
│  Société ──────────── Nom ──────────          │
│                                                │
│  Adresse ────────────────────────             │
│                                                │
│  Code Postal └┴┴┴┴┘   Ville ────────           │
│                                                │
│  ────────────────────── Tél. ───────          │
│                                                │
│  Je désire recevoir                            │
│  ☐ CIEL-COMPTA-GESTION (975 F H.T.)           │
│  ☐ CIEL PAIE (780 F H.T.)                     │
│                                                │
│  RÈGLEMENT À LA COMMANDE PAR CHÈQUE            │
│  DE CIEL-COMPTA-GESTION : 1.156,35 F T.T.C.    │
│  CIEL PAIE : 925,08 F T.T.C.                   │
│  Les deux logiciels : 2.081,43 F T.T.C.        │
│  1.900,00 F T.T.C.                             │
│                                                │
│  Une facture justificative vous sera adressée. │
│                                                │
│     Coupon-réponse à adresser à CIEL,          │
│  Compagnie Internationale d'Edition de Logiciels.│
└──────────────────────────────────────────────┘
```

b. **Etablissez** le chèque correspondant à cette commande (voir fac-similé p. 189) :

c. **Rédigez** la carte de visite qui accompagnera l'envoi du chèque et du coupon en demandant la livraison sous quinzaine.

13. Compréhension du texte :

VENTE AUX ENCHERES

Au numéro 9 de la rue Drouot se dresse l'Hôtel Drouot, l'un des endroits les plus connus de Paris. En effet, depuis longtemps déjà, cet hôtel accueille des ventes aux enchères spectaculaires où, au milieu d'un bric-à-brac [1] surréaliste, commissaires-priseurs [2], collectionneurs, antiquaires, experts créent une atmosphère des plus curieuses de Paris.

Que vend-on à l'Hôtel Drouot ? De tout, de simples objets, certes, mais aussi des tableaux de grands maîtres, des meubles précieux, des bijoux de femmes célèbres.

Lorsqu'il y a une vente intéressante, l'Hôtel Drouot fait salle comble. C'est ce qui s'est passé le 19 décembre lorsque les héritiers d'auteurs connus ont vendu les manuscrits et les lettres autographes [3] de leurs ancêtres. Cette vente a attiré les grands collectionneurs français et plusieurs amateurs étrangers.

La raison du succès ? « Il n'y avait que des autographes intéressants, explique l'expert Pierre Bérès, des lettres finement rassemblées ou des pièces jamais vues sur le marché. »

La Bibliothèque Nationale, par exemple, a acheté le manuscrit de Colette « mes apprentissages » pour 47 000 francs ; autre auteur apprécié : Federico Garcia Lorca dont le manuscrit autographe de « Ferias » s'est vendu 39 000 francs.

Les hausses de toute façon sont générales. Ce n'est pas seulement la rareté mais aussi l'éclat et l'importance du texte qui attire les collectionneurs. Mais, contrairement à ce que l'on pourrait croire, le manuscrit complet d'une œuvre littéraire se vend moins cher qu'une simple lettre où, toujours selon M. Bérès, « les connaisseurs ont l'impression de trouver quelque chose d'inédit, d'intime ». C'est ce qui explique qu'un collectionneur français ait acquis, pour la somme fabuleuse de 101 000 francs, la correspondance de Proust avec Jacques Rivière.

(1) Bric-à-brac : marchandises diverses d'occasion, vieilleries ; endroit où on les vend.
(2) Commissaire-priseur : officier chargé de l'estimation de la vente, dans les ventes publiques.
(3) Autographe : écrit de la main même de l'auteur.

A Répondez aux questions suivantes :

1. Que se passe-t-il régulièrement à l'Hôtel Drouot ?
2. Par qui l'Hôtel Drouot est-il surtout fréquenté ?
3. Pourquoi la vente de manuscrits du 19 décembre a-t-elle connu un vif succès ?
4. Qu'est-ce qui attire surtout les collectionneurs de manuscrits ?

B Résumez le texte ci-dessus en une douzaine de ligne.

14. Jeu de rôles :

M. Grosjean vous demande d'aller au service de la comptabilité pour savoir ce qui a été fait au sujet de la facture des QUINCAILLERIES REUNIES.

Préparez un petit sketch avec, comme personnages, M. Grosjean, M. Verdier le comptable et vous. Votre enquête finie, vous retournez voir M. Grosjean et vous lui rendez compte.

Les groupes d'achat

Constitués d'un chef de groupe, d'acheteurs, d'aide-acheteurs, de gestionnaires et d'adjoints de marketing, les groupes d'achat prospectent en France et dans le monde entier pour acheter, faire fabriquer ou modifier des articles dans tous les domaines.

Cadres technico-commerciaux, les acheteurs suivent les articles du début (choix, contrats avec les fournisseurs, fixation des prix) jusqu'à la fin (livraisons, gestion des stocks, analyse des retours). Ainsi les acheteurs travaillent sur trois catalogues en même temps : ils gèrent la collection du catalogue en cours, achètent la collection du catalogue suivant et préparent les orientations de leur collection pour l'année suivante. Pour effectuer ses achats, chaque acheteur possède un cahier des charges, une fourchette de prix ; il connaît le style, les tendances, les coloris, les matières et les formes qui, semble-t-il "marcheront".

Sa collection est aussi bâtie à partir d'études marketing, des analyses des résultats des précédentes collections et des orientations commerciales.

Puis vient la recherche à travers le monde, des meilleurs produits aux meilleurs prix, la négociation des conditions d'achat avec les fournisseurs. Pour le catalogue en cours de réalisation, l'acheteur collabore à la construction des pages du catalogue avec les maquettistes et les rédacteurs. L'acheteur établit les prévisions de vente des produits du secteur dont il a la responsabilité ainsi que les prix de vente.

Pas facile de deviner à l'avance ce qui sera acheté pendant les six mois de vie d'un catalogue ! Il s'agit de prévoir assez pour ne pas se trouver soudain en rupture de stocks, mais pas trop non plus, car les stocks superflus pèseraient sur la trésorerie et la rentabilité de l'entreprise.

En matière de ventes, c'est le textile qui produit les scores les plus inattendus. Les modèles d'une double page peuvent se vendre par dizaines de milliers ou... entre 0 et 50 exemplaires ! Un vêtement peut faire une performance extraordinaire dans un catalogue et, repris dans le suivant, n'être demandé que par une dizaine de clientes.

Le métier d'acheteur aux 3 Suisses est un métier passionnant, car l'acheteur est impliqué de A à Z depuis les études de marché jusqu'à la finalisation du produit et de sa communication. Et puis, il est toujours nécessaire de se remettre en cause pour être en phase avec les exigences du marché ; c'est d'autant plus vital que nous avons établi les collections neuf mois avant que la cliente n'ouvre son catalogue.

© *Les 3 Suisses*, 1994.

Notes sur la lecture :

un cahier des charges : ensemble des clauses imposées à l'adjudication d'un marché de travaux ou de fournitures (list of specifications, articles and conditions of sale).

une fourchette de prix : intervalle entre un prix minimum et un prix maximum.

5. Le service des ventes

Paul : Vous m'attendiez, Monsieur ? J'espère que je ne suis pas en retard.

Grosjean : Non, mon cher, vous êtes l'exactitude en personne ! Allons au service des ventes.

Paul : Vous êtes aussi le chef de ce service, n'est-ce pas ?

Grosjean : Oui, mais j'ai un sous-directeur, Morel et nous avons aussi des représentants, enfin... des voyageurs, pour être plus précis. Nous avons aussi lancé sur le marché une série de meubles démontables en kit pour une entreprise de V.P.C., les TROIS BELGES, ainsi que toute une gamme de meubles de jardin pour les hypermarchés CROISEMENT, et nous avons aussi un haut de gamme pour le magasin. Nous devons être très diversifiés si nous voulons être compétitifs et nous assurer une bonne portion du marché.

Paul : Comment sont rémunérés vos voyageurs ?

Grosjean : Nous leur donnons un fixe mensuel et une commission sur les ventes réalisées.

Paul : Où prospectent-ils ?

Grosjean : Un peu partout en France, dans les boutiques des marchands de meubles, mais aussi dans les centres commerciaux.

Paul : Quelle différence y a-t-il entre les voyageurs de commerce et les représentants ? Et il y a aussi les placiers, n'est-ce pas ?

Grosjean : Oui, les V.R.P., comme on dit. Eh bien, ils sont tous salariés de l'entreprise qui les emploie, mais le voyageur visite la clientèle à domicile dans tout le pays et il se déplace beaucoup, tandis que le représentant fait la plus grosse partie de son travail de son bureau par téléphone. Le placier, lui, fait la place, c'est-à-dire qu'il se limite à la clientèle de la ville.

Paul : Mais les voyageurs ont de gros frais de voyage, d'hôtel, de restaurant...

Grosjean : Oui, mais toutes ces dépenses sont défrayées par la maison, à leur retour, sur présentation de pièces justificatives, comme les notes d'hôtel, de restaurants, les factures d'essence, etc.

Paul : Est-ce que ces représentants ont su découvrir des marchés potentiels intéressants ? Je sais bien que les frais de représentation entrent dans le prix de vente des articles, mais est-ce que ces dépenses sont "rentables" ?

Grosjean : Vous savez, nous n'avons pas le monopole de la vente des meubles, ni de leur fabrication d'ailleurs. Nous devons donc être en mesure de faire face à la concurrence, et c'est en multipliant les points de vente que nous touchons le plus de consommateurs, que nous augmentons nos recettes et que nous accroissons notre chiffre d'affaires, que nous pouvons faire face à nos obligations tout en maintenant des prix compétitifs. Nous avions un excellent voyageur dans le Nord, c'est lui qui a conclu ce marché avec les TROIS BELGES dont je viens de vous parler, et il nous a demandé à être muté dans le Sud pour se rapprocher de sa famille, mais comme il est très actif, nous espérons qu'à son prochain passage à Perpignan, il va jeter les bases d'un marché avec un importateur marocain pour les meubles de jardin.

Paul : Est-ce que c'est intéressant d'exporter ?

Grosjean : Bien sûr, cela fait rentrer des devises et à l'exportation les prix sont hors-taxe, c'est-à-dire que la T.V.A. n'est pas appliquée. Les prix qui figurent sur ce catalogue sont T.T.C., toutes taxes comprises, vous voyez la différence avec le prix H.T. pour l'exportation.

Paul : Mais pour le moment, vous n'avez pas encore de service d'exportation ?

Grosjean : Non, mais si nous développons ce marché avec le Maroc, nous ajouterons cette branche.

Sophie : Monsieur, vous avez un appel sur la ligne directe...

Grosjean : Merci, excusez-moi, Paul. Je vous retrouve au magasin dans un instant...

Au magasin

Le vendeur : Bonjour, Monsieur, que désirez-vous ? Nous avons, cette semaine, des affaires très intéressantes, comme vous avez pu voir sur le journal, notre salle à manger "Provence" est en réclame : six chaises cannées, une grande table avec allonges à l'italienne, et ce beau buffet avec trois tiroirs pour l'argenterie, les sets de table, les serviettes, vous avez un éclairage intérieur qui met en valeur vos verres en cristal, et vous n'avez pas encore tout vu, voici le prix actuel... et nous vous consentons des facilités de paiement si vous le désirez, vous pouvez payer en douze mensualités, sinon, nous vous ferons un escompte de 3 % pour paiement au comptant.

Paul : Mais, je...

Le vendeur : Vous ne voulez pas de salle à manger ? Nous avons aussi des chambres à coucher très modernes, et sur celle-ci, je peux vous consentir un rabais parce que c'est la dernière...

Paul : Je...

Le vendeur : Un bureau ? Le modèle qui plaît le plus en ce moment est...

Paul : Le "Ministre", oui, je sais !

Grosjean : Paul, j'ai été retenu plus longtemps que je ne le pensais ! Voici Duroy, notre meilleur vendeur...

Paul : Je suis d'accord, il a failli me vendre un bureau "Ministre" !

Grosjean : Comme vous avez pu le voir, nous avons un certain nombre d'articles soldés avec des prix d'appel qui servent à attirer la clientèle et nous faisons des réductions importantes sur certaines pièces, des fins de série, ou des articles qui sont restés longtemps en magasin, ce qui nous permet de les liquider pour faire de la place pour les nouveaux modèles.

Paul : Aux Etats-Unis, certains commerçants majorent les prix sur les étiquettes pour ensuite les diminuer et faire croire à leurs clients qu'ils font une bonne affaire.

Grosjean : Mais, c'est une manœuvre frauduleuse pour tromper la clientèle ! Nous ne faisons jamais cela, nos soldes sont de vrais soldes, seulement bien souvent, un bon vendeur réussit à vendre un article non soldé en faisant constater les différences dans la qualité des articles.

Paul : Mais j'y pense, dans l'entrepôt de Charmont, je n'ai pas vu de meubles !

Grosjean : Exact, nous avons un autre local où nous entreposons les articles finis. Pour des raisons de commodité, les ateliers de fabrication sont situés entre ces deux entrepôts. Le dernier sert aussi au conditionnement et à l'expédition des "kits". Nous allons y passer maintenant.

Vous voyez la section A est réservée aux kits. Les pièces sont rangées dans des cases dans un ordre préétabli et un emballeur emplit chaque carton en rangeant les pièces dans l'ordre voulu pour tenir le moins de place possible, il ajoute un sachet contenant la quincaillerie nécessaire et une notice de montage. Chaque paquet est vérifié avant d'être scellé. Ensuite les expéditeurs groupent les paquets et les envoient aux TROIS BELGES.

Paul : Pourquoi doit-on vérifier les paquets ? N'est-ce pas une perte de temps ? Le vérificateur défait-il complètement le paquet ?

Grosjean Non, en réalité, il le pèse. C'est seulement dans le cas où il constate une différence sensible dans le poids qu'il doit tout vider et vérifier pièce par pièce.

Paul : Mais, est-ce que cela arrive quelquefois ?

Grosjean : Oui, certes. Il arrive qu'un emballeur oublie une pièce, ou en mette deux au lieu d'une ! Après vérification, le contrôleur met un numéro dans le carton. Si le client veut faire une réclamation, il doit rappeler le numéro de contrôle.

Paul : Y a-t-il souvent des litiges ?

Grosjean : Non, parce que le contrôle est fait sérieusement. Mais l'emballage est très important surtout pour les grandes surfaces où la vente est en libre-service. Il ne faut pas que le client éventuel puisse ouvrir facilement le carton dans les rayons. Sinon, il y a des risques de perte de pièces et donc de réclamations sans fin ! Nous pourrions tripler le personnel du service après-vente !

Paul : Que fait exactement ce service ?

Grosjean : Dans le cas où un article est défectueux, ou se détériore dans l'année de l'achat, il est "sous garantie", c'est-à-dire que le client peut, soit le retourner, s'il s'agit de petites pièces, les kits par exemple, pour échange ou réparation, ou demander que le meuble soit repris à domicile et remplacé ou réparé à l'atelier. Il peut aussi demander qu'il soit réparé sur place.

Après l'année de garantie, le client peut aussi faire entretenir son mobilier, mais il doit payer la réparation et le transport, ou le déplacement de l'ouvrier.

Paul : Qu'est-ce qui donne le plus de travail au service ? Les garanties ou les réparations ?

Grosjean : L'entretien, car il est relativement rare que nous ayons des réclamations la première année. Mais il arrive que dans des appartements surchauffés ou très humides, le bois s'abime, les portes ne ferment plus très bien ou les tiroirs se coincent, le vernis aussi ternit à la longue.

Paul : Est-ce le service du contentieux qui est chargé de ces réclamations ?

Grosjean : Oh non, cela ne concerne que le service après-vente. Le contentieux se charge des litiges graves, qui peuvent éventuellement se terminer par un procès. Mais Roquet, notre Chef du contentieux vous en parlera.

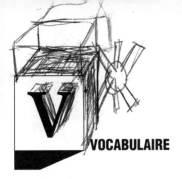

VOCABULAIRE

lancer sur le marché : *to launch (a new product) on the market*
V.P.C. (vente par correspondance) : *mail order business*
une gamme : *a line, a range*
un hypermarché : *hypermarket (huge supermarket)*
haut de gamme : *among the best in the range of products, top of the line*
compétitif : *keen, competitive*
le marché : *the market*
un fixe mensuel : *a fixed monthly salary*
une commission : *a commission*
un centre commercial : *a shopping center*
un voyageur de commerce : *a traveling salesman*
un représentant : *a regional representative*
un placier : *a door to door salesman*
V.R.P. : *Voyageurs, Représentants, Placiers*
les frais (m) : *expenses*
une dépense : *an expense*
défrayer : *to defray, to pay*
une pièce justificative : *a voucher*
une note d'hôtel : *a hotel bill*
une facture d'essence : *a gas (gasoline) bill*
potentiel (marché) : *potential (market)*
un monopole : *a monopoly*
être en mesure de : *to be in a position to*
faire face à la concurrence : *to meet competition*
un point de vente : *a (retail) outlet, a point of sale*
un consommateur : *a consumer*
accroître : *to increase*
le chiffre d'affaires : *sales volume, turnover*

muté : *transferred*
des devises : *foreign money, currency*
hors-taxe (H.T.) : *exclusive of tax*
T.V.A. (taxe sur la valeur ajoutée) : *value added tax*
un catalogue : *a catalog*
T.T.C. (toutes taxes comprises) : *taxes included*
en réclame : *special offer*
des facilités de paiement : *easy terms*
une mensualité : *monthly payment*
un escompte : *a discount*
un paiement au comptant : *a cash payment*
un rabais : *a rebate*
solder : *to sell off, to clear*
un prix d'appel : *a rock bottom price (to attract customers)*
une réduction : *reduction, cutting down (of price)*
une fin de série : *oddment, close-out*
liquider : *to sell off*
majorer : *to increase*
une étiquette : *a label*
diminuer : *to lower, to diminish*
une bonne affaire : *a real bargain*
une manœuvre frauduleuse : *swindling*
un solde : *item on sale, sale goods*
un local : *premises*
le conditionnement : *packaging*
un emballeur : *a packer*
un sachet : *a small bag*
un expéditeur : *a dispatcher*
peser : *to weigh*
une grande surface : *a hypermarket*
libre-service : *self-service*
le service après-vente : *client servicing, aftersale service*
défectueux : *defective*
à la longue : *in the long run*
le service du contentieux : *legal department*
une omission, un oubli : *an oversight*
les frais (m, pl) de port et d'emballage : *shipping and handling*

QUESTIONS ORALES

1. Quelles sont les entreprises de V.P.C. que vous connaissez aux États-Unis (ou dans votre pays) ?
2. Quelle différence y a-t-il entre un représentant, un voyageur et un placier ?
3. Que doivent présenter les voyageurs à leur retour pour que leurs frais soient remboursés ?
4. Qu'appelle-t-on des devises ?
5. Qu'est-ce que le chiffre d'affaires ?

6 Expliquez : « Nous consentons des facilités de paiement ».
7. Quelle différence y a-t-il entre un escompte et un rabais ?
8. Quel est le travail des emballeurs ? des expéditeurs ?
9. Que fait le service après-vente ?
10. Expliquez : « sous-garantie ».

E EXERCICES ECRITS

1. Ecrivez le mot ou l'expression qui vous paraît convenir :

1. Parmi les différents réseaux de distribution, les supermarchés et les hypermarchés ont une .... des stocks extrêmement rapide.
   - amplification
   - ⊙rotation
   - situation
   - fixation

2. Nos représentants touchent un fixe et une commission proportionnelle aux ventes ....
   - alignées
   - ⊙réalisées
   - planifiées
   - souhaitées

3. En affaires, la trace écrite des opérations effectuées permet d'en apporter la preuve en cas de ....
   - décision
   - ⊙contestation
   - négation
   - consultation

4. Les .... traditionnels ont de plus en plus de mal à lutter contre les maisons de vente par correspondance et les grandes surfaces.
   - magasiniers
   - débitants
   - ⊙détaillants
   - dirigeants

5. Le (La) .... est le produit des ventes d'une entreprise.
   - ⊙résultat
   - chiffre d'affaires
   - ⊙bénéfice
   - marge brute

6. Les .... survenant à l'occasion des actes de commerce sont de la compétence des tribunaux de commerce.
   - défauts
   - faits
   - lois
   - ⊙litiges

7. Le détaillant doit s'approvisionner en marchandises pour les revendre au ....
   - producteur
   - vendeur
   - grossiste
   - ⊙consommateur

8. Le .... visite la clientèle du ou des commerçants qu'il représente.
   - diffuseur
   - ⊙représentant
   - mandataire
   - divisionnaire

9. Le .... est une méthode de vente nettement caractérisée..
   - commerce
   - marketing
   - ⊙libre service
   - management

10. Evidemment, toutes les dépenses concernant votre mission vous seront dûment ....
    - engagées
    - avalisées
    - remplacées
    - ⊙défrayées

11. La .... est un état détaillé, indiquant la quantité, la nature et le prix des marchandises vendues.
    - note de frais
    - ⊙facture
    - lettre de change
    - commande

12. Prochainement, nous comptons .... un nouveau produit sur le marché.
    - retirer
    - émettre
    - ⊙lancer
    - solder

13. Vous trouverez dans notre .... la référence et le prix de nos articles.
    - indice
    - ⊙catalogue
    - annuaire
    - compte

14. Notre choix est très important car nous avons une large .... de produits.
    - série
    - matière
    - ⊙gamme
    - élasticité

15. La vente de ces produits dépendant de bonnes conditions climatiques est essentiellement ....
    - ⊙saisonnière
    - arbitraire
    - relationnelle
    - contractuelle

16. Un contrat à .... comporte la fixation du prix d'une marchandise qui sera livrée plus tard.
    - tempérament
    - titre
    - crédit
    - ⊙terme

17. Le service .... assure à l'acheteur une utilisation correcte de l'objet qu'il a acquis.
    - public
    - achat
    - ⊙après-vente
    - personnel

18. Face à l'offensive des hypers et des supermarchés dans la .... du carburant, les groupes pétroliers ne restent pas inactifs.
    - diffusion
    - répartition
    - ⊙distribution
    - disposition

19. L'ensemble des pièces .... accompagne notre facture.
    - détaillées
    - ⊙justificatives
    - qualitatives
    - quantitatives

20. Première entreprise française de vente sur catalogue, La Redoute .... un quart du marché de la vente par correspondance.
    - retient
    - ⊙détient
    - présente
    - acquiert

2. Trouvez le mot qui manque dans les phrases suivantes et faites ensuite une phrase en utilisant ce mot.

- 1er mot :

a. Dans les .... commerciaux, les problèmes de surveillance et de sécurité sont plus graves que dans la rue.

b. Les petits commerçants ont d'abord protesté contre l'aménagement d'un .... piétonnier.

c. Grâce à leurs représentants, les salariés ne sont pas coupés du .... de décision de l'entreprise.

d. ....

- 2e mot :

a. Une secrétaire peut signer une lettre par app............. si son supérieur lui en a donné l'autorisation. approbation

b. Le fournisseur doit apporter le meilleur soin à l'exécution de l'............. du client.

c. ....

57

3. Indiquez la ponctuation correcte de la phrase suivante :

Quiconque s'efforce par des manœuvres frauduleuses d'évincer un concurrent peut conformément à la loi être accusé de concurrence déloyale.

4. Complétez les phrases suivantes :

– Dans le courant du mois prochain, notre représentant...
– ... quand la vente a été conclue.
– Notre part du marché augmente, bien que...
– Notre représentant, qui passera vous voir bientôt...
– En ce qui concerne votre commande, nous sommes en mesure de...

5. Faites une phrase avec les mots suivants :

– Concurrence - grandes surfaces - client.
– Bon de commande - joindre - catalogue.
– Remercier - votre commande du - bien recevoir.
– Faire parvenir - urgent - prévisions ventes.
– Quantité - augmenter - dégressif - consentir.
– Etre en mesure de - délai - en raison de.
– Articles - quand - téléphoner.

6. Il faut être deux pour faire des affaires... indiquez le nom du partenaire :

fournisseur : ....
vendeur : ....
grossiste : ....

7. Vrai ou faux :

1. L'étude de marché montre les possibilités d'un produit. | VRAI | | FAUX |
2. L'abréviation T.T.C. signifie « toutes taxes comprises ». | VRAI | | FAUX |

8. Choisissez ci-dessous l'expression qui convient et écrivez-la sur la ligne correspondant à sa définition :

- marché d'un produit   • marché potentiel
- marché noir   • marché captif

– .... : partie ou totalité d'un marché dans laquelle un seul producteur vend un bien ou service.

– .... : ensemble des acheteurs actuels ou potentiels d'un produit qui se trouve sur un territoire déterminé.

– .... : marché dont les transactions sont opérées dans le non-respect des lois et des règlements économiques.

– .... : ensemble des consommateurs possibles d'un bien ou d'un service.

- hypermarché   • supermarché
- grand magasin   • magasin populaire

– .... : magasin de grande surface (400 à 2 500 m²) offrant des produits très variés vendus en libre-service.

– .... : magasin d'au moins 400 m², vendant de l'alimentation et des marchandises diverses selon la formule libre-service, mais dans des rayons pas nécessairement séparés.

– .... : établissement commercial supérieur ou égal à 2 500 m² et offrant une large gamme de marchandises dans des rayons différents.

– .... : magasins exploités en libre-service et présentant une superficie consacrée à la vente, supérieure à 2 500 m².

9. Complétez le texte à l'aide des mots donnés ci-dessous :

antennes - baisses - bon - charges - contractuelles - contrôles - déplacements - fournisseurs - gammes - normes - options - qualité - quotidien - serveur.

DÉCOUVREZ LE PLAISIR D'ACHETER PAR CORRESPONDANCE AVEC LE PLUS COMPLET DES CATALOGUES

• Le privilège du plus vaste choix :

Appartenance, c'est le catalogue partenaire de votre .... Ses 1016 pages vous présentent de très larges .... d'articles : audiovisuel, électroménager, mobilier, bricolage...

• Le privilège de la commande en toute liberté :

Vous pourrez bien sûr utiliser le .... de commande, mais aussi le téléphone, le Minitel ou le .... vocal, 24 h/24 h. Si vous ne souhaitez pas régler à la commande, vous pourrez choisir parmi de nombreuses facilités de paiement.

• Le privilège du confort de la livraison :

Vous pourrez faire livrer votre commande à domicile ou bien à une adresse différente. Grâce aux .... de livraison rapide, certains articles vous seront livrés en 24 h ou 48 h.

• Le privilège du plus juste prix :

Vous déciderez selon votre budget, mais vous achèterez toujours au meilleur prix pour une .... et des services donnés. Au moment de votre achat, vous bénéficierez également pour un grand nombre d'articles, des .... de prix que nous négocions toute l'année auprès de nos ....

• Le privilège de la qualité :

Un grand nombre d'articles sont sélectionnés au terme de .... rigoureux, menés jusque dans les propres laboratoires de la CAMIF. Celle-ci élabore, avec ses fournisseurs, des cahiers des .... et signe des conventions d'assurance qualité qui garantissent une conformité constante aux .... françaises et internationales.

• Le privilège de la garantie longue durée :

Outre les garanties .... les plus longues et les plus complètes du marché (jusqu'à 4 ans, pièces, main d'œuvre et ....), vous bénéficierez du réseau CAMIF : 200 .... après-vente, 300 agents agréés.

10. Version :

1. La vente par correspondance permet d'opérer ses choix en toute tranquillité.

2. Ce nouveau centre commercial est immense, on y trouve des supermarchés, de nombreuses boutiques, des succursales de banques et des compagnies d'assurances.

3. La controverse sur l'ouverture de certains magasins le dimanche est loin d'être terminée.

4. Malgré nos efforts, nous ne sommes pas en mesure de vous procurer les articles demandés.

5. Il est chef de rayon dans un grand magasin.

6. Il a payé le solde en trois mensualités.

7. Le service après-vente assure à l'acheteur une utilisation correcte de l'objet qu'il a acquis.

8. Si vous désirez plusieurs exemplaires de notre catalogue, veuillez nous le faire savoir le plus rapidement possible.

9. L'emballage conserve et protège les produits.

10. Si vous avez besoin de plus amples renseignements, veuillez nous le faire savoir.

11. Les clients interrogés au cours de l'enquête apprécient avant tout la qualité et la fraîcheur des produits vendus.

12. Le paiement sera effectué par chèque sous huit jours date de livraison.

13. Veuillez m'adresser les livres que je vous indique ci-dessous et prélever la somme correspondante sur ma carte de paiement.

14. Notre formule « Entretien-plus » vous garantit par contrat un dépannage de votre installation en quatre heures ouvrables, tous les jours du lundi au vendredi de 8 h à 18 h.

15. La télématique ouvre d'immenses perspectives aux entreprises de vente par correspondance.

11. Thème :

1. Unfortunately, we cannot supply the articles in all the sizes you require, as some of them are sold out.

2. Thank you for your letter of 18th February in which you asked us to let you know when it would be convenient for your representative to call on us.

3. Catalogues are usually sent by separate mail.

4. Please note that prices are subject to change.

5. Several out-of-stocks items have been on order for weeks.

6. Self-service means that goods are displayed where everyone can see them, pick them up and take them to a central point to pay for them.

7. Competition for the U.S. market is keener and keener.

8. We apologize for any inconvenience caused by this oversight, and hope that these arrangements will meet with your approval.

9. Successful products today require successful packaging.

10. Thanks to marketing techniques, a sales manager is able to develop his firm's activities on a greater scale.

11. Many companies judge their maintenance department on its ability to respond to breakdown, whereas the most important test should be its ability to prevent breakdowns.

12. Wholesale prices are up 4.2 % from last year.

13. She has been working on a study of the distribution networks in your area.

14. Shipping and handling charges are included in the sales price of these goods.

15. The goods will be ready for shipment 3 weeks from the date of your written order.

12. Correspondance :

1 Ayant terminé vos études de commerce, vous souhaitez faire un stage dans une entreprise française.

L'annonce ci-dessous, parue dans LES ECHOS vous intéresse et vous écrivez une lettre pour vous présenter et poser votre candidature.

**MARKETING
RENCONTRES D'AFFAIRES**

Secteur : organisation de manifestations professionnelles, marketing direct
Écoles : écoles de commerce
Type de stage : responsables commerciaux
Début : toute l'année. Durée : min. 4 mois
Lieu : Paris
Contact : Mme Isabelle Falconetti, 28, rue des Petites Ecuries, 75010 Paris
Tél. : 45.23.04.23

---

2 Vous travaillez aux Etablissements SERRANEX 6, rue de l'Abreuvoir, 75020 PARIS.
A partir du 10 du mois prochain, l'usine va être transférée dans la zone industrielle de Montereau (code postal 77130) ; le siège social et les bureaux administratifs restant à Paris. Vous êtes chargé(e) par M. François DIDIER, Directeur Général :

a. de **concevoir une note de service** pour informer l'ensemble du personnel.

b. de **préparer un télex** à l'intention des représentants répartis dans toute la France.
Ils devront désormais transmettre directement à l'usine l'original des commandes avec les modalités de livraison et de transport ; ils enverront le double au Siège avec les documents concernant les clients : fiches-clients, rapports de visites, etc.

c. d'**établir un chèque** de 895 francs à l'ordre du Journal « Les Echos » en règlement d'une annonce informant les lecteurs du prochain transfert de l'usine.

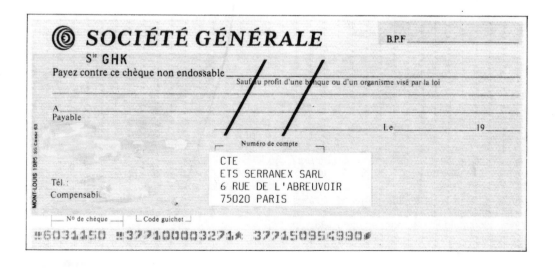

3 Vous avez récemment acheté par correspondance un ensemble de produits comestibles régionaux de qualité. Les articles livrés ne correspondent pas à la commande faite.
Vous écrivez à la Maison du Quercy, 24320 VERTEILLAC, pour demander ce qu'il y a lieu de faire.
Rédigez cette lettre.

4 Vous venez de recevoir un colis contenant 6 livres de « France lecteurs » – 4, rue du Sabot, 13000 MARSEILLE – que vous n'aviez jamais commandés.
Votre seul courrier a été pour répondre à un concours sans obligation d'achat. Vous décidez donc d'écrire pour refuser cet envoi, qui constitue en France une « vente forcée », interdite par la loi. Vous renvoyez les livres avec votre lettre explicative.
Rédigez cette lettre.

5 Vous travaillez au quotidien LE FIGARO qui inaugure un service de portage à domicile.
Rédigez une lettre circulaire pour proposer et mettre en valeur ce nouveau service. Cette lettre sera envoyée en grand nombre à un fichier de clients potentiels (lettre de publipostage).

13. Jeu de rôles :

Vous êtes Jean DUROY, le super-vendeur, et vous essayez de vendre des meubles à vos camarades de classe qui joueront le rôle de clients éventuels.

14. Compréhension de texte :

«IMAGINE » TISSE SON SUCCÈS

Bobines et fil, boutons de culotte, mamie reprisant les chaussettes familiales à la lueur de la lampe à pétrole... S'il y avait un symbole du petit commerce vieillot, anachronique, voué au déclin, c'était bien la mercerie. Le créneau conservait néanmoins quelques arguments en faveur de sa pérennité : des produits indémodables et des marges élevées.

Ces arguments ne laissèrent pas insensibles D.M.C., un géant du textile européen d'autant plus intéressé à la relance du marché qu'il est lui-même fabricant de produits de mercerie (ils représentent 10 % des 10 milliards de chiffre d'affaires du groupe).

En 1988, D.M.C. crée la chaîne IMAGINE. « Nous avons porté notre effort dans trois directions : tout d'abord, le consommateur, en créant en mars 1988 un nouveau concept de mercerie ; la rentabilité ensuite, en déconditionnant les boîtes et en gérant les stocks par

informatique ; la distribution enfin, par la création d'une nouvelle structure basée sur des plates-formes de réapprovisionnement » explique le responsable du développement d'IMAGINE en Europe.

Envolées les boutiques poussiéreuses, terminées les recherches éperdues à travers les piles de cartons : la mercerie s'est ouverte à la lumière, aux couleurs chatoyantes, aux dégradés soigneusement orchestrés dans des représentations ordonnées... Une révolution qui, selon une franchisée, conduirait même les hommes aux portes des magasins !

Aujourd'hui, IMAGINE compte 25 boutiques franchisées, auxquelles il faut ajouter 35 boutiques « affiliées ». Car l'habilité de D.M.C., c'est de proposer deux formules de partenariat. L'une est la franchise classique, qui s'adresse à toutes les candidates attirées par ce type de commerce ; l'autre est l'affiliation, qui vise surtout les boutiques de mercerie existantes.

Les affiliés bénéficient d'une assistance en matière de mobilier, d'agencement, d'assortiment, d'approvisionnement et d'informatique, mais conservent leur ancienne enseigne.

Côté vitrine, on arbore un look moderne et spacieux. « Cela fait quatre semaines que j'ai ouvert un magasin nouvelle formule et j'ai déjà 20 à 25 % de clients en plus ! » indique une mercière parisienne qui vient d'opter pour IMAGINE. « Maintenant, les jeunes entrent plus volontiers et les gens sont tout contents d'avoir tous les produits rangés dans un espace clair où rien n'est caché » explique une autre franchisée installée en province.

Côté boutique, c'est l'esprit pratique qui domine. Une mercerie bien pourvue ne nécessite pas moins de 10 000 références ! «IMAGINE m'a apporté une simplification des commandes et du réassortiment. Tout se fait par informatique. Je ne choisis et ne commande que les produits fantaisie (le plus agréable !). Pour le reste, le réassort est automatique. Avec un conditionnement minimum, un stock plus léger et davantage de clientes, la rentabilité est bien supérieure au traditionnel » souligne une franchisée qui ne cache pas sa satisfaction. « D.M.C. est un franchiseur sérieux avec lequel on se sent réellement partenaire. On peut faire des suggestions car ils sont très ouverts » ajoute-t-elle.

Est-ce à dire que dans le nouvel univers IMAGINE, tout n'est qu'enchantement ? Certes non. La franchise, ici comme ailleurs, obéit aux lois du commerce. Elle ne met pas à l'abri des déconvenues ceux qui ne respectent pas les paramètres du budget prévisionnel...

Un exemple : pour avoir voulu réaliser un placement immobilier par l'achat d'un pas-de-porte très onéreux (un emplacement numéro 1 en banlieue ouest), une franchisée connaît quelques soucis de trésorerie : « J'ai beaucoup de passage, la boutique marche. Mais avec les mensualités de remboursements, je dois faire très attention. Il est vrai que j'ai ma part de responsabilité ! » avoue-t-elle.

Si l'on respecte le budget prévisionnel du franchiseur, un investissement initial total de 870 000 francs induit un chiffre d'affaires T.T.C. d'un million de francs la première année. La redevance initiale forfaitaire, relativement modeste, est de 30 000 francs et les royalties s'élèvent à 3 %, dont 2 % sont consacrés à un fonds de publicité nationale.

IMAGINE possède de solides atouts pour attirer les candidat(e)s sensibles au monde de la couture et offre des opportunités aux « dinosaures » de la mercerie. Ceux-ci, à moindre coût, peuvent se projeter vers l'an 2000...

D'après un article de Régis Solet,
Défis n° 87, septembre 1991.

A **Complétez**, à l'aide du texte, la fiche de synthèse ci-dessous :

1. Thème de l'article : . . . .

2. Qu'est-ce que la mercerie ? . . . .

3. Quels sont les atouts de ce secteur ? . . . .

4. Et quels étaient, jusqu'ici, ses points faibles ? . . . .

5. Expliquez, chiffre à l'appui, pourquoi le groupe D.M.C. s'est intéressé au commerce de la mercerie ?

6. Quelle est l'activité de la chaîne IMAGINE ? . . . .

7. Quels liens juridiques relient les boutiques IMAGINE au groupe D.M.C. ? . . . .

8. Quelle est la différence entre les deux statuts évoqués ?
Au regard de la mercerie traditionnelle, quelles sont les innovations de la chaîne IMAGINE :

9. pour le client ? . . . .

10. pour le commerçant ?

11. En quoi consiste le « nouveau concept de mercerie » ? . . . .

12. Quel effet produit-il sur la clientèle ? . . . .

13. Qu'apporte le groupe D.M.C. aux boutiques de la chaîne IMAGINE ? . . . .

14. Quelle est l'obligation du franchisé vis-à-vis du franchiseur ? . . . .

15. Quels sont les risques encourus par le franchisé ?

16. D'après les commerçantes interrogées, quels sont les atouts d'IMAGINE « pour attirer les candidat(e)s sensibles au monde de la couture » ? . . . .

B Dans votre pays, y a-t-il des commerces traditionnels qui se sont modernisés ou qui auraient besoin de l'être ? Dans quels secteurs ? Avec quelles innovations ? **Développez** vos exemples et arguments en toute liberté (12 lignes).

POUR COMMANDER, VOUS AVEZ LE CHOIX

POUR PAYER TOUS VOS ACHATS LA CARTE KANGOUROU

■ PAR TELEPHONE

Appelez votre Allo-Commande (vous trouverez votre n° d'appel page 1138). L'hôtesse vous dira tout de suite si vos articles sont disponibles et livrables en 48 H Chrono.

■ PAR MINITEL

Tapez 3614 code REDOUTE, et laissez-vous guider. Le minitel vous dit tout et tout de suite : livraison 48 H Chrono, disponibilité de vos articles...

■ PAR REDOUTEL

Appelez le 20.70.44.88... 24 H sur 24, 7 jours sur 7, même d'une cabine ! Une voix sympathique vous guide à tout moment dans votre commande. Pour en savoir plus, voyez page 1136.

■ DANS VOTRE RENDEZ-VOUS CATALOGUE

Vous trouverez son adresse page 1139. Une hôtesse vous y accueille et s'occupe de tout. N'hésitez-pas à lui rendre visite.

■ PAR COURRIER

C'est un peu plus long et vous ne bénéficierez pas de la livraison 48 H Chrono. Remplissez ce bon de commande et renvoyez-le à : La Redoute, 59081 Roubaix Cedex 2.

C'EST SIMPLE
et c'est tant mieux

---

la Redoute — BON DE COMMANDE
LA REDOUTE. 59081 ROUBAIX CEDEX 2

N'oubliez pas d'indiquer vos nom, prénom et adresse

ADRESSE DE LIVRAISON
(cocher la bonne case)

☐ à mon adresse notée ci-contre.
☐ à une autre adresse que je vous donne ci-dessous.
  1.☐ pour cette commande-ci.
  2.☐ pour faire un cadeau.

NOM _____
PRENOM _____
ADRESSE _____
_____
CODE POSTAL ⊔⊔⊔⊔⊔
VILLE _____
☐ au Rendez-Vous Catalogue de
_____

N DE CLIENT ⊔⊔⊔⊔⊔⊔⊔⊔⊔ | OXG 20249
(Si vous en avez un)

A REMPLIR EN LETTRES CAPITALES

NOM _____ PRENOM _____
ADRESSE _____
_____
VILLE _____
CODE POSTAL ⊔⊔⊔⊔⊔⊔
MME ☐ MLLE ☐ M ☐ AUTRES DENOMINATIONS ☐ TEL _____

IMPORTANT : indiquez dans la colonne "CODE OU TAILLE" soit la taille, la stature, le numéro ou le code-taille correspondant à votre article

DESIGNATION DES ARTICLES				REFERENCE				CODE OU TAILLE		QUANTITE			PRIX DE L'UNITE				MONTANT		
EXEMPLE: Lot de 3 tee-shirts enfant	0	1	6	3	4	5	8	126		2				6	5	0	0	1	3	0	0

VOTRE MODE DE PAIEMENT AU CHOIX

A LA COMMANDE
1 ☐ MANDAT-LETTRE
2 ☐ CHEQUE POSTAL
3 ☐ CHEQUE BANCAIRE
  (A L'ORDRE DE LA REDOUTE)
4 ☐ AVOIR OU CHEQUE REDOUTE
N'ENVOYEZ JAMAIS DE MANDAT-CARTE 1418, DE TIMBRES NI D'ESPECES.

AVEC VOTRE CARTE DE PAIEMENT
5 ☐ CARTE KANGOUROU
7 ☐ CARTE BANCAIRE

A LA LIVRAISON 6 ☐ ENVOI CONTRE REMBOURSEMENT

SIGNATURE

MONTANT DE LA COMMANDE EN DATE DU			
PARTICIPATION FORFAITAIRE	1	8	9
SI CHOIX CONTRE REMBOURSEMENT			
TOTAL			

VENDRE

Le XXᵉ siècle apparaît comme le grand siècle de la vente. Certes, vendre est, depuis toujours, une préoccupation des entreprises, mais jamais autant qu'aujourd'hui l'effort pour vendre n'a été spectaculaire. Si on regarde l'histoire économique depuis deux siècles, c'est-à-dire depuis la révolution industrielle, on peut distinguer trois grandes phases concernant les rapports entre la production et la vente.

La première phase couvre l'essentiel du XIXᵉ siècle, et pour certains produits déborde parfois largement sur le XXᵉ siècle. Elle est caractérisée par le souci prioritaire de produire, plus que par l'impérieuse nécessité de vendre. Plus exactement, il suffisait de produire pour que la plupart du temps les débouchés suivent.

Jean-Baptiste Say théorisa le phénomène : toute production distribue un revenu qui permet globalement de racheter cette production. Cette fameuse loi, dite « des débouchés », excluait ainsi toute surproduction. Très peu d'économistes la contestèrent : si Malthus et Marx la combattirent, Ricardo y adhéra sans réserves. Cette philosophie économique stipule que la vente est l'obligée de la production. J.-B. Say, son apôtre, était français : est-ce un hasard ?

La deuxième englobe le XXᵉ siècle et n'est pas encore dépassée. Elle fait basculer la pensée et les comportements : la production demeure importante, mais c'est la vente qui recueille une attention croissante. Elle prend le pas sur une production de mieux en mieux maîtrisée, aux produits de plus en plus standardisés. L'évolution se retrouve autant au niveau de l'Etat qu'à celui de l'entreprise.

Des années 30 jusqu'aux années 80, les Etats ont privilégié des politiques de régulation de l'activité économique par la demande. Théorisée par Keynes, l'idée était que la relance de la production exigeait une demande préalable, ou ce qui revient au même, que les perspectives de vente soient favorables. Macro-économiquement, on découvrait ainsi le rôle tracteur de la vente.

Les entreprises, quant à elles, connurent la même mutation : produire, certes, et le mieux possible, mais surtout savoir commercialiser par un effort de conditionnement de la demande. Le marketing, la publicité deviennent alors déterminants pour ne pas rester au stade d'une production confidentielle. On développe des trésors d'imagination pour faire acheter des télévisions, un parfum, des avions, du vin ou des logiciels.

Est-ce encore un hasard si la France a produit de grands publicitaires ? Elle doit souvent réaliser d'immenses efforts pour vendre des biens dont la commercialisation n'était pas d'emblée assurée : aéronautique ou matériel de transport.

Depuis quelques années, nous vivons une troisième phase, celle du règne absolu de la vente. Il ne s'agit plus seulement de produire, puis de commercialiser, mais d'inverser la logique : vendre d'abord, produire ensuite. Autrement dit, ne produire que si l'on est assuré de pouvoir vendre.

Ce comportement est typique dans certains secteurs comme l'aérospatial, le nucléaire, les produits médicaux, les services à forte valeur ajoutée intellectuelle. Ici, produire est presque une conséquence de la vente.

Il arrive de plus en plus souvent qu'on maîtrise une technique de production, qu'on sache fabriquer un nouveau produit, mais qu'on renonce à l'élaborer parce que la vente serait impossible pour des questions de prix par exemple, ou pour des raisons tenant à la taille du marché. Sauf décision politique, le critère économique est formel : rien ne sert de produire ce qui n'est pas vendu – à plus forte raison ce qui n'est pas vendable. L'a-t-on compris en France ?

Dans la compétition économique mondiale, les entreprises françaises ont compris désormais qu'il ne fallait plus donner de la France l'image d'un pays doué pour inventer l'invendable. Les progrès sont considérables depuis quelques années, mais la nouvelle logique n'a pas encore pénétré tous les esprits.

On croit qu'elle est surtout valable pour les grandes entreprises qui s'attaquent au marché mondial, et on a trop tendance à considérer que les PME (Petites et Moyennes Entreprises) ne sont pas directement concernées par le phénomène. Il n'en est rien. Il faut toujours se souvenir que la notion de marché transcende les espaces nationaux, et que le marché français n'est qu'une parcelle du marché mondial, ouvert à la vaste concurrence, aussi difficile à capter que d'autres marchés.

Pour réussir sur ce marché, comme sur les autres, il faut en permanence écouter l'acheteur, être tourné vers lui, anticiper ses désirs. Bref, être systématiquement disponible, avant la vente, pendant la vente, après la vente. Les Japonais l'ont compris, et c'est pourquoi ils sont donnés en exemple de la compétitivité. Pour la France, c'est plus qu'une méthode à imiter, c'est une mentalité à acquérir.

D'après un article de François Rachline,
Le Monde du 14 janvier 1987.

Notes sur la lecture :

Un débouché : an outlet.

Say, Jean-Baptiste : économiste français né à Lyon (1767-1832), un des maîtres de la doctrine libre échangiste.

Malthus, Thomas Robert : économiste anglais né près de Guilford (1766-1834).

Marx, Karl : philosophe et économiste socialiste allemand né à Trèves (1818-1883).

Ricardo, David : économiste anglais né à Londres (1772-1823).

Basculer : ici, changer de façon irréversible.

Keynes, John Maynard : économiste et financier britannique, né à Cambridge (1883-1946).

D'emblée : tout de suite.

Elaborer : ici, réaliser.

6. La comptabilité

Mlle Simon : Bonjour Monsieur. Mme Moreau m'a dit que vous alliez remplacer Mme Corbière pendant son congé de maternité et elle m'a demandé de vous mettre au courant.

Paul : J'ai déjà fait de la comptabilité aux Etats-Unis, est-ce que c'est très différent ici ?

Mlle Simon : Je ne pense pas... Vous savez tenir un compte : on porte au crédit les sommes qui sont versées et au débit les sommes dues et le compte du client est soldé lorsque les colonnes débit et crédit font apparaître le même montant.
Nous sommes quatre dans ce service et nous nous occupons de secteurs différents. M. Verdier est chargé de la comptabilité "Fournisseurs".

Paul : C'est lui qui reçoit les bons de livraison que lui envoie Charmont et qui paie les factures quand elles sont conformes aux commandes et surtout aux livraisons.

Mlle Simon : Oui, il est aussi fondé de pouvoir et il peut accepter les traités ou signer les chèques en l'absence de M. Lecomte,

l'expert-comptable. Mlle Roussin s'occupe de la comptabilité du personnel, c'est-à-dire des salaires de tous les employés de la maison, elle établit les feuilles de paie, elle tient le registre des salaires, des congés réguliers et des congés de maladie, elle fait le décompte des heures supplémentaires, des retenues pour la Sécurité Sociale, elle règle les taxes, impôts, cotisations pour l'URSSAF, etc. Vous la verrez demain car elle assiste à la réunion du Conseil avec le Comité d'Entreprise et les Délégués du Personnel.

Paul : Y a-t-il des problèmes ? Des revendications syndicales ?

Mlle Simon : Pas vraiment, mais ces réunions de concertation sont à l'ordre du jour car elles sont obligatoires. Cela permet de mieux connaître les besoins du personnel et de tenir compte de leurs demandes. Lorsqu'elles sont fondées et raisonnables — et elles le sont bien souvent — la Direction fait tout son possible pour leur donner satisfaction.

Paul : Et éviter ainsi toute confrontation, grève, manifestations d'employés mécontents ! C'est astucieux !

Mlle Simon : Moi, je prends soin de la comptabilité "clients" avec Mme Corbière. Nous avons divisé cette section de la façon suivante : elle s'occupe uniquement des clients du magasin et moi des autres, c'est-à-dire des TROIS BELGES et de CROISEMENT. Si nous développons un secteur Exportations, je crois qu'il faudra embaucher une cinquième personne.

Paul : Alors Mme Corbière établit les factures des clients du magasin et lorsqu'ils ne paient pas au comptant et qu'ils demandent des facilités de paiement, elle doit s'assurer qu'on peut leur en accorder, puis elle établit les traites qu'ils doivent accepter et ensuite elle doit penser à se souvenir de toutes les échéances pour présenter les lettres de change à l'encaissement. Et si les effets ne sont pas payés, est-ce elle qui fait établir le protêt et qui commence la procédure de recouvrement des créances ?

Mlle Simon : Pas si vite ! Je reprends ce que vous venez de dire : lorsqu'elle a les traites acceptées, elle les dépose à la banque, soit à l'encaissement, soit à l'escompte, cela dépend des besoins de la trésorerie. C'est la banque qui se charge de la présentation le jour de l'échéance. Il est bien évident que si la traite a été escomptée et si elle n'est pas payée à l'échéance, la banque nous avise et débite notre compte du montant de la traite impayée, plus les frais...

Paul : Ici, comme aux Etats-Unis, la banque ne perd jamais !

Mlle Simon : Non, bien sûr ! Si la traite est impayée, c'est le service du contentieux qui va se charger de faire protester l'effet et, éventuellement, d'entamer des poursuites judiciaires et obtenir que le tribunal de commerce prononce une sanction contre les débiteurs défaillants.

Paul : Cela doit prendre très longtemps pour obtenir le paiement, si l'on doit faire un procès, surtout si le client est un particulier et non un commerçant !

Mlle Simon : Vous savez, toute vente est par définition, un acte de commerce qui engage également les deux parties. Tous les actes de commerce relèvent du droit commercial et non du droit civil. Les tribunaux de commerce ont été créés précisément pour rendre une justice plus expéditive que les tribunaux civils.

Paul : Et M. Lecomte, qu'est-ce qu'il fait ?

Mlle Simon : Il est assermenté. Il vérifie tous nos comptes et il est responsable devant la loi, il fait toutes les déclarations d'impôts, il établit le bilan de l'exercice. Il s'occupe aussi des amortissements de tout le matériel, des machines, des voitures, etc. C'est lui qui établit les prix de vente des différents articles. Les services techniques lui communiquent leurs prix de revient par pièce, et il ajoute les pourcentages de taxes, il répartit les frais généraux (salaires, chauffage, électricité, entretien, etc., etc.) dont il faut tenir compte dans l'établissement des prix de vente. Et à cela il ajoute la marge bénéficiaire. Et puis, il assiste M. Roquet, le chef du contentieux, en cas de procès où son expertise serait nécessaire.

Paul : Est-ce que vous écrivez aux clients qui ont des paiements arriérés ?

Mlle Simon : Non. Nous signalons les cas à la correspondancière et elle leur envoie la lettre-type de rappel.

Paul : Et que se passe-t-il s'il y a des erreurs ?

Mlle Simon : On doit les rechercher si ce sont des erreurs comptables et les... trouver ! Si on a fait un autre type d'erreur, par exemple si on a trop remboursé à un client ou s'il s'agit d'une mauvaise créance, il y a la possibilité de les passer au compte "pertes et profits"... Mais, maintenant, il faut que je vous fasse voir comment établir une facture. Voici un modèle normalisé que vous pourrez utiliser. Toutes les factures sont établies par un procédé mécanographique. On appelle cela une liasse de facturation, parce qu'il y a plusieurs documents que vous établissez en une seule frappe. En plus de la facture proprement dite en 3 exemplaires, un pour le client, un pour la comptabilité et un pour les archives, vous avez un exemplaire sans mention de prix qui sert de bon de livraison et qui doit être signé du client pour prouver la réception de la marchandise, un autre exemplaire va à l'entrepôt et atteste la sortie de l'article, un autre enfin, servira à Mlle Roussin pour calculer la guelte du vendeur à la fin du mois.

Paul : La... quoi !

Mlle Simon : La guelte. C'est un pourcentage sur les ventes qui vient s'ajouter au fixe des vendeurs.

Paul : Comme pour les V.R.P....

Mlle Simon : Oui, le principe est le même, mais le mot "guelte" ne s'applique qu'aux vendeurs. Toutes les indications que vous devez porter sur la facture figurent sur le bon de commande qui est établi par le vendeur, c'est-à-dire le nombre d'articles, leur numéro de code, désignation, prix unitaire H.T., rabais ou remise s'il y a lieu, le prix net unitaire et le montant net dans la dernière colonne à droite. En bas à gauche, vous devez inscrire le montant de la T.V.A. après l'avoir calculé et l'ajouter au montant net ainsi que les frais de livraison, s'il y en a, en bas à droite, le montant total net à payer. Si le client a déjà versé des arrhes, vous devez les déduire du montant total et indiquer clairement le reste à payer au-dessous. Si le paiement du solde est à crédit, il faut indiquer le nombre de mensualités et le montant de chacune sur la facture, et préparer les traites correspondantes.

Paul : Cela n'a pas l'air bien difficile...

Mlle Simon : Non, mais il faut faire très attention à ce que l'on fait pour ne rien oublier !

Paul : À propos d'oublier... cela me fait penser que je voulais vous demander ce que signifie le mot "aval" sur un effet de commerce... Je connais le sens de ce mot en parlant d'un fleuve, "downstream", et de son contraire "amont", "upstream", mais cela ne va pas du tout avec une traite !

Mlle Simon : Non, en effet, en comptabilité, cela veut dire que celui qui signe l'aval – on l'appelle l'avaliseur ou l'avaliste – s'engage à payer la traite à l'échéance si le tiré ne peut pas le faire.

Paul : C'est donc une garantie de paiement.

Mlle Simon : Oui, exactement.

VOCABULAIRE

un congé de maternité : *maternity leave*
mettre au courant : *to put up to date, to fill (sb) in*
tenir les comptes : *to keep the accounts (the books)*
le crédit : *credit, credit side*
le débit : *debit, debit side*
solder un compte : *to balance, to settle an account*
un fondé de pouvoir : *proxy, signing clerk*
un expert-comptable : *C.P.A.*
la feuille de paie, fiche (f) de paie, bulletin (m) de salaire : *wage sheet, payroll stub*
un congé de maladie : *sick leave*
une heure supplémentaire : *overtime*
une retenue : *deduction*
une cotisation (f.) : *contribution*
URSSAF : *Union pour le Recouvrement des cotisations de Sécurité Sociale et des Allocations Familiales*
un comité d'entreprise : *Works Committee*
un délégué du personnel : *personnel representative*

un ordre du jour : *agenda (of a meeting)*
une grève : *strike*
embaucher : *to engage, to hire*
au comptant : *cash*
un protêt : *protest*
une procédure : *proceedings*
un recouvrement : *collection*
un encaissement : *collection*
un escompte : *(bills for) discount*
entamer des poursuites judiciaires : *to initiate legal proceedings*
prononcer une sanction : *to assess a penalty*
assermenté : *sworn (in)*
un exercice : *fiscal year*
un amortissement : *depreciation*
un prix de revient : *actual cost, cost price*
les frais généraux : *overheads*
la marge bénéficiaire : *profit margin*
arriéré : *overdue*
pertes et profits : *profit and loss account*
une liasse : *set of multipart forms*
une guelte : *commission (on sales)*
une remise : *discount*
des arrhes (f) : *deposit*
un aval : *garanty of a bill of exchange*
un avaliseur ou avaliste : *garantor, endorser, backer*

COMPTABILITÉ GÉNÉRALE :						JOURNAL DU :	
SOCIÉTÉ :				ORIGINE	:		
N°. ÉCRITURE	N° COMPTE	N° TIERS	N° SECTION	N° OUVRAGE	N° CONTREP.	LIBELLÉ	

COMPTABILITÉ GÉNÉRALE :			GRAND LIVRE DU MOIS DE :			
SOCIÉTÉ :			COMPTE N° :			
DATE	ORG.	N° ÉCRITURE	LIBELLÉ	DÉBIT	CRÉDIT	S DÉ

COMPTABILITÉ GÉNÉRALE :		BALANCE DES COMPTES		
SOCIÉTÉ :		MOIS DE :		
N° COMPTE	INTITULÉ DU COMPTE	DÉBIT	CRÉDIT	S DE

1. Que fait la personne qui est chargée de la comptabilité « Fournisseurs » ?
2. Qu'est-ce qu'un fondé de pouvoir ?
3. En quoi consiste le travail de Mlle Roussin ?
4. Décrivez le travail de Mme Corbière.
5. Que veut dire « escompter une traite » ?

6. Quel est le rôle de l'expert-comptable ?
7. Comment établit-on un prix de vente ?
8. Qu'est-ce que la guelte ?
9. Qui la touche ?
10. Qu'est-ce qui doit figurer sur une facture ?

EXERCICES ECRITS

1. Ecrivez le mot ou l'expression qui vous paraît convenir :

1. La Société X a fait plus de .... cette année que l'année dernière.
   - faillites
   - managers
   - bénéfices
   - salariés

2. Pour savoir si une affaire est saine, on n'a qu'à vérifier ....
   - son ordinateur
   - son bilan
   - sa gestion
   - ses comptes profits et pertes

3. Les tribunaux prononcent des .... juridiques.
   - effets
   - sanctions
   - lois
   - usages

4. Les actes de commerce relèvent du ....
   - droit judiciaire
   - droit commercial
   - droit du travail
   - droit administratif

5. Notre service de .... chargé des affaires litigieuses est particulièrement surchargé en cette période.
   - recherches
   - commercialisation
   - contentieux
   - comptabilité

6. Nous ne savons quelles seront les suites .... qui seront données à cette affaire.
   - juridiques
   - judicieuses
   - jurisprudentielles
   - judiciaires

7. En cette période de crise, les entreprises n'ont jamais été si nombreuses à .... leur bilan.
   - disposer
   - déposer
   - exposer
   - établir

8. La .... enregistre jour par jour les opérations de l'entreprise.
   - fiscalité
   - commercialisation
   - comptabilité
   - récapitulation

9. Pour arrondir ses fins de mois, il tient à faire des heures ....
   - sur mesure
   - en surplus
   - de surmenage
   - supplémentaires

10. Depuis 40 ans, en France, les retraites sont une affaire de solidarité : les actifs ...., les retraités perçoivent.
    - encaissent
    - cotisent
    - offrent
    - déboursent

11. Nous vous informons qu'à compter du 1er janvier prochain, les .... de frais seront intégrés au « net à payer » de votre bulletin de paie.
    - dépens
    - dommages
    - remboursements
    - débours

12. .... au directeur administratif et financier, vous serez responsable de la coordination de la comptabilité et du suivi des investissements.
    - Relié
    - Rattaché
    - Asservi
    - Assisté

13. La tenue d'un congrès commun des experts-comptables et des commissaires aux comptes relance l'hypothèse d'une .... des deux professions.
    - fusion
    - cession
    - absorption
    - suppression

14. Le premier groupe chimique français indépendant prévoit pour l'............ prochain un chiffre d'affaires consolidé supérieur à 1,2 milliard de francs.
    - extrait
    - exemple
    - exercice
    - exécutif

15. Pour avoir compris depuis plus de 20 ans l'importance de la .... à l'échelon du Marché Commun, cette entreprise réalise plus de 70 % de son chiffre d'affaires avec des partenaires européens.
    - conciliation
    - rénovation
    - coopération
    - redistribution

2. Ecrivez les nombres suivants en toutes lettres :

– 2 480 : ....
– 1 352 679 408 : ....
– Au début de 1991, le commerce proprement dit, avec 567 000 .... entreprises et 656 000 .... établissements, représente 32 % .... des entreprises et 34 % .... des entreprises exerçant en France. Si l'on ajoute les activités à caractère commercial, on obtient 1 014 000 .... entreprises, soit 57 % .... et 1 216 000 établissements, soit 63 % ....

3. Chassez l'intrus :

Un expert-comptable assermenté vérifie ....
nos bouquins ☐ - notre comptabilité ☐ - nos livres ☐.

4. Vrai ou faux :

1. L'amortissement consiste à introduire de nouvelles techniques dans l'entreprise. ☐ VRAI ☐ FAUX

2. La guelte est une diminution accordée à un client. ☐ VRAI ☐ FAUX

3. Les arrhes sont un acompte versé à la commande. ☐ VRAI ☐ FAUX

5. Faites correspondre à chaque définition un nom choisi dans la liste ci-dessous et écrivez-le sur la ligne correspondante :

1. actionnaire - bénéfice - chiffre d'affaires - raison sociale - bilan

. . . . : inventaire périodique de l'actif et du passif d'une entreprise.

. . . . : détenteur d'une fraction du capital d'une société.

. . . . : appellation sous laquelle fonctionne une entreprise.

. . . . : produit net d'une entreprise au terme d'un exercice.

. . . . : montant total des ventes pour une période donnée.

2. acquit - avoir - devis - échéancier - inventaire - nomenclature.

. . . . : répertoire chronologique des sommes à payer ou à encaisser.

. . . . : état détaillé, article par article, des biens d'une entreprise.

. . . . : document donnant l'estimation chiffrée d'un travail avant son exécution.

. . . . : reconnaissance écrite d'un paiement.

. . . . : somme due par un fournisseur à son client.

. . . . : liste méthodique des objets d'une collection, des termes techniques d'une fabrication.

6. Faites une phrase avec les mots ou groupes de mots suivants :

– salaire imposable - retenues - salaire brut.
– mandater - recouvrer - échéances.
– malgré - reporter - échéance.
– salaire imposable - retenues - salaire brut.

7. Écrivez le mot qui convient dans la phrase proposée :

1. la balance / le bilan
2. l'acompte / le compte

À l'ordre du jour de l'assemblée générale figure la présentation de l'exercice 1993, c'est-à-dire 1. . . . . , 2. . . . . de résultat et les annexes.

8. Trouvez le mot qui manque dans les phrases suivantes (le même mot dans les phrases a, b et c) et faites ensuite une phrase d) en utilisant ce mot :

• 1er mot :

a. L'. . . . . est la période de temps pour laquelle sont dégagés les résultats financiers d'une entreprise.

b. Les hommes politiques sont généralement attirés par l'. . . . . du pouvoir.

c. L'outrage à magistrat dans l'. . . . . de ses fonctions est passible d'une lourde condamnation.

d. . . . .

• 2e mot :

a. Cette décision demande mûre réflexion : la . . . . de manœuvre est étroite.

b. La . . . . bénéficiaire d'un commerçant est la différence entre le prix de vente brut et le prix de revient.

c. Vous préparerez une réponse à cette lettre en tenant compte des annotations en . . . .

d. . . . .

• 3e mot :

a. M. X. en donnant un . . . . s'est engagé à payer le montant de la traite en cas de défaillance du signataire.

b. La concentration verticale d'entreprises est le regroupement d'entreprises ayant des activités complémentaires de sorte que le produit de l'une se situe en . . . . de l'autre ou inversement.

c. En cas d'accident à la centrale nucléaire de Nogent-sur-Seine, les conséquences pour Paris, située en . . . . , pourraient être dramatiques.

d. . . . .

9. Version :

1. L'expert-comptable a mis cette question à l'ordre du jour.

2. Je vous réglerai le solde de cette facture par une traite à 3 mois.

3. Toutes les Sociétés Anonymes doivent publier le bilan de leur exercice dans un quotidien ou dans une revue spécialisée.

4. L'amortissement représente la perte de valeur du matériel due à l'âge et à l'utilisation.

5. Les marchandises achetées par l'entreprise et non encore payées figurent au compte « fournisseurs ».

6. Nous avons décidé d'accorder des facilités de paiement à ce client.

7. Ces traites arrivent à échéance à la fin du mois.

8. Nous nous verrons dans l'obligation d'entamer des poursuites judiciaires si vous ne réglez pas cette facture impayée sous quinzaine.

9. En cas de litige, le Tribunal de Commerce de Paris sera seul compétent.

10. L'expert-comptable a vérifié les livres.

11. Cette facture n'aurait jamais dû être réglée sans qu'on ait fait les vérifications d'usage.

12. La concurrence qui continue à augmenter pourrait affecter nos marges bénéficiaires dans la mesure où la compagnie tente de conserver sa part du marché.

10. Thème :

1. We have checked all the invoices without discovering a single error.

2. The customer wants a duplicate of his bill.

3. We apologize for the delay in answering your letters regarding our overdue account.

4. We acknowledge with thanks your check for $ 55 which we have passed to the credit of your account.

5. We apologize sincerely for the trouble caused and will take all possible steps to ensure that such a mistake is not made again.

6. This job involves the administrative and financial restructuring of the group.

7. Your advertisement in today's "Le Monde" prompts me to apply for the position of account assistant in your company.

8. Full time book-keeper with accounting and administrative knowledge needed. Fluent French essential.

9. We have credited your account as follows.

10. You will be granted a 5 % discount for cash payment.

11. The continual rise in overhead expenses has seriously reduced our profits.

12. Please write and tell them to pay within one week: the account is now two months overdue.

11. Correspondance :

1 Vous êtes responsable de la bibliothèque du Service Livres et Documentation d'une grande entreprise, la COFAC, 14, rue Châteaubriand à Paris dans le 8ᵉ arrondissement.

La librairie FOUCHER – 31, rue de Fleurus, 75006 PARIS – vous adresse ce jour la facture d'ouvrages que vous lui avez commandés le 27 décembre et que vous avez reçus quelques jours auparavant. Il s'agit de deux exemplaires de : Economie et Gestion de Martine Graffin (128,50 F) ainsi que de : Psychologie sociale des entreprises de R. Choiselle (89 F). La T.V.A. (taxe à la valeur ajoutée) est de 7 %.

1. **Rédigez** la facture correspondante :

FOUCHER					
			DOIT :		
Votre commande du :				«	»
Livraison du :				«	»
			Facture n°		
			le		
Réf.	Désignation	Unité	Prix unitaire	Tirage	Total

2. **Remplissez** le chèque correspondant à cette facture (voir fac-similé p. 189).

3. **Rédigez** les quelques mots d'usage sur votre carte de visite accompagnant votre règlement.

2 Vous travaillez au service comptable des Établissements INTERAMA – 62, rue des Vinaigriers, 75010 PARIS.

Le pointage mensuel de votre livre de comptes fait apparaître, parmi les impayés, la facture n° 0107 d'un montant de 2 410,55 F établie il y a deux mois pour la Société COSSON – 15, rue Auguste Rodin, 92190 MEUDON.

Pour faire face à vos besoins de trésorerie, vous adressez à votre client une lettre de rappel.

Rédigez cette lettre.

3 Vous êtes employé(e) dans les services comptables des Établissements PULVERIX, appareils ménagers – 25, Grande Rue, 25000 BESANÇON.

Vous avez reçu ce jour un relevé de factures n° 872 d'un de vos fournisseurs : la Société HOOVER – 37, avenue de Serbie, 75008 PARIS. Après pointage, vous remarquez que les factures n° 1202 d'un montant de 18 187,50 F et n° 1540 d'un montant de 946,50 F ne vous ont pas été envoyées.

Ecrivez à votre fournisseur pour signaler que ces factures ne vous sont pas parvenues et demander des duplicata.

12. Jeu de rôles :

CROISEMENT n'a pas retourné en temps voulu la traite que Mlle Simon avait envoyée à l'acceptation. Elle téléphone à Sophie pour lui demander de faire le nécessaire. Imaginez la conversation.

CROISEMENT vient de recevoir la lettre de rappel des GALERIES DU MEUBLE, la Secrétaire de Direction appelle le Chef de la Comptabilité dans son bureau pour savoir ce qu'il en est. Imaginez la conversation.

13. Compréhension de texte :

La faillite, ça n'arrive pas qu'aux autres. Avant d'en être victime, c'est d'abord à vos propres clients que cela peut arriver. Qui dit faillite dit défaut de paiement pour les créanciers. Ainsi s'amorce la réaction en chaîne classique : la faillite entraînant la faillite pour peu que l'entreprise créancière n'ait pas les reins assez solides.

Selon une enquête réalisée par la SOFRES (*) au début de l'année pour le compte de l'A.N.C.R. (Association Nationale des Cabinets de Recouvrement), les impayés représentent plus de 1,5 % du chiffre d'affaires de 24 % des entreprises de 11 à 500 personnes.

Est-ce une fatalité ? 87 % des P.M.E. le pensent, toujours d'après l'enquête de l'A.N.C.R. Est-ce parce qu'elles n'ont pas encore pris conscience de l'importance du problème, ou par ignorance des remèdes ? En tous cas, ceux-ci existent et peuvent se montrer très efficaces. Le combat contre l'impayé se déroule en trois temps : la prévention d'abord, sur laquelle on doit faire porter tous ses efforts, le recouvrement quand on n'a pas pu ou pas su prévenir à temps, et enfin l'action en justice en dernier recours, quand il n'y a pas d'autres moyens pour intervenir.

Selon l'adage bien connu, et qui nous rappelle qu'il vaut mieux prévenir que guérir, en matière de recouvrement de créances, la plus grande attention devra être portée à la prévention. En matière d'impayés, celle-ci consiste d'abord à éliminer les mauvais payeurs. Pour cela, tout un dispositif de renseignements sur les clients sera mis en place pour éliminer au départ les cas les plus douteux. Ensuite, une gestion très rigoureuse des comptes-crédit devra être appliquée. Un (ou plusieurs) collaborateur pourra être spécialement désigné à cette tâche. En tous cas, tous les cadres devront prendre part au combat.

Tout ce travail d'enquête sera confié au chef de crédit (s'il existe), sinon il pourra être réparti entre les responsables du service commercial et du service financier. Il est aussi possible, pour gagner du temps et peut-être de l'efficacité, de s'adresser à une agence de renseignements. Il en existe plusieurs dizaines.

Elles disposent de réseaux d'informateurs et de techniques comme l'informatique, qui leur permettent de gagner en efficacité. Elles peuvent répondre à tout type de demande mais il n'est évidemment pas question de faire de l'espionnage. À partir de toutes les données en leur possession, les agences de renseignements proposent, en plus, de donner une évaluation du risque client. Elles conseillent et préviennent des risques que peuvent faire courir d'éventuels clients.

Quand il est trop tard, quand on n'a pas vu arriver l'impayé, et toutes les relances se révélant vaines, il ne reste plus, avant de faire appel à la justice, qu'à demander à une agence de recouvrement d'essayer, à son tour, en votre nom, de recouvrer cet impayé.

Dans les cas extrêmes, quand toutes les tentatives de règlement à l'amiable se sont révélées vaines, et quand les diverses pressions sont restées sans effets, il n'y a plus que la solution des poursuites judiciaires. L'huissier est le plus fréquemment sollicité. Dans 60 % des cas selon l'A.N.C.R. Il faut dire que c'est l'un des recours les moins coûteux.

La chasse aux impayés procède ni plus ni moins de la bonne gestion de la clientèle. La prévention évitera bien des risques, et, en cas d'accident de paiement, il faudra mettre en marche les procédures de recours, qu'elles soient internes à l'entreprise ou le fait d'agences spécialisées. L'essentiel est d'abord de bien connaître sa clientèle.

d'après un article de Jacky Pailley,
mars 1989, D.R.

(*) SOFRES : Société Française d'Enquêtes par Sondages.

Complétez, à l'aide du texte, la fiche de synthèse ci-dessous.

1. Donnez un titre résumant l'article : . . . .

2. Par quel organisme les données statistiques ont-elles été demandées ? . . . .

3. À combien estime-t-on le pourcentage des impayés ? . . . .

4. 5. 6. Quels sont les remèdes contre les impayés ?

a. . . . .

b. . . . .

c. . . . .

7. 8. Que peut-on faire pour prévenir les problèmes ?

a. . . . .

b. . . . .

9. Qui pourra être chargé de cette tâche au sein de l'entreprise ? . . . .

10. Qui, à l'extérieur de l'entreprise, peut être chargé du travail d'enquête ? . . . .

11. Quels sont les moyens dont disposent les agences pour remplir leur mission ? . . . .

12. Que peut faire l'entreprise en dernier recours ?

. . . .

13. À qui s'adresse-t-on le plus fréquemment dans ce cas ? . . . .

14. Quel phénomène cet article met-il en évidence ?

. . . .

15. Parmi tous les moyens cités, quels sont ceux qui sont fondamentaux ? . . . .

16. Où peut-on trouver des renseignements sur les clients ? . . . .

« Connaître sa clientèle » : ce conseil est efficace pour régler les problèmes évoqués dans cet article, mais il a aussi d'autres conséquences bénéfiques pour l'entreprise. Lesquelles à votre avis ?
Exprimez librement vos idées.

LE BILAN

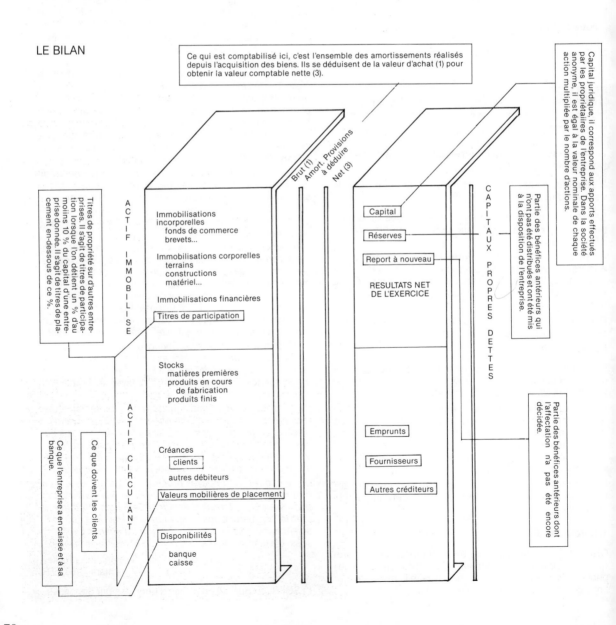

Ce qui est comptabilisé ici, c'est l'ensemble des amortissements réalisés depuis l'acquisition des biens. Ils se déduisent de la valeur d'achat (1) pour obtenir la valeur comptable nette (3).

Capital juridique, il correspond aux apports effectués par les propriétaires de l'entreprise. Dans la société anonyme, il est égal à la valeur nominale de chaque action multipliée par le nombre d'actions.

Brut (1)
Amort. Provisions à déduire
Net (3)

Titres de propriété sur d'autres entreprises. Il s'agit de titres de participation lorsque l'on détient un % d'au moins 10 % du capital d'une entreprise donnée. Il s'agit de titres de placement en-dessous de ce %.

ACTIF IMMOBILISE

Immobilisations incorporelles
    fonds de commerce
    brevets...

Immobilisations corporelles
    terrains
    constructions
    matériel...

Immobilisations financières
Titres de participation

Capital

Réserves

Report à nouveau

RESULTATS NET DE L'EXERCICE

CAPITAUX PROPRES DETTES

Partie des bénéfices antérieurs qui n'ont pas été distribués et ont été mis à la disposition de l'entreprise.

ACTIF CIRCULANT

Stocks
    matières premières
    produits en cours
        de fabrication
    produits finis

Créances
    clients
    autres débiteurs

Valeurs mobilières de placement

Disponibilités
    banque
    caisse

Emprunts

Fournisseurs

Autres créditeurs

Partie des bénéfices antérieurs dont l'affectation n'a pas été encore décidée.

Ce que l'entreprise a en caisse et à sa banque.

Ce que doivent les clients.

70

Les secrets des bilans et des comptes de résultats

Qu'est-ce qu'un bénéfice ?

Le bénéfice est la différence entre des recettes (produits de ventes ou prestations de services rétribués) et des dépenses nécessaires à la production de ces recettes (...).

Les recettes et les dépenses sont décrites au jour le jour dans les comptes de l'entreprise. Mais il est nécessaire de faire régulièrement le point des résultats obtenus pendant une période définie, que l'on appelle un "exercice". C'est alors que l'on peut porter un jugement sur l'activité de l'entreprise pendant cette période (une année en général) et notamment sur le revenu qu'elle a dégagé. C'est alors aussi que l'on peut évaluer si l'entreprise, globalement s'est enrichie ou appauvrie pendant cette période : il s'ensuit une variation du patrimoine, qui est comptabilisée au bilan.

Ainsi, le revenu des entreprises ne peut faire l'objet d'une mesure précise qu'à partir d'une comptabilité complète. Or toutes les entreprises, il s'en faut, ne tiennent pas une telle comptabilité. Ceci constitue un premier obstacle à la connaissance de ces revenus.

De plus, ces informations peuvent être organisées diversement selon les besoins. Il n'y a pas (...) de manière unique d'évaluer certains postes, ni de classer certaines dépenses.

Enfin, la seule source d'information dont nous disposons sur les bénéfices de toutes les entreprises est la source fiscale. Or, les bénéfices déclarés sont, le plus souvent, largement sous-évalués.

"Les revenus des Français"
(1er rapport périodique de synthèse)
Documents du C.E.R.C. n° 37-38.

Qu'est-ce qu'un bilan ?

Le bilan d'une entreprise constitue une photographie de celle-ci à un instant donné. En tant que tel, il fournit une description large des actifs détenus et une description tout aussi large des ressources que l'entreprise a pu se procurer pour financer ces derniers. L'analyse du bilan est en ce sens une analyse statique et descriptive.

D'un strict point de vue financier, l'entreprise peut prendre l'image suivante : d'un côté, un pool de ressources, de l'autre, un portefeuille d'actifs.

Gérer une entreprise, du seul point de vue financier, revient à :
— sélectionner l'ensemble des actifs nécessaires à son objet (exploitation industrielle, commerciale ou entreprise bancaire ou financière) en s'assurant une allocation des ressources la plus judicieuse sur le plan de la rentabilité ;
— rassembler les ressources nécessaires pour les financer, en cherchant à minimiser leur coût ;
— assurer une liquidité suffisante pour éviter toute crise de trésorerie grave qui risquerait de mettre en danger l'entreprise toute entière.

L'analyse du bilan permet à la fois de décrire les choix stratégiques effectués en matière de détention d'actifs et d'obtention de ressources, mais aussi de juger l'équilibre financier de l'entreprise et par là sa liquidité.

Michel Levasseur,
"Comment lire un bilan"
les *Cahiers français*, n° 183,
octobre-décembre 1977.

Qu'est-ce qu'un compte de résultats ?

La comptabilité va enregistrer, au fur et à mesure de leur apparition, les charges et les produits, puis elle les regroupe dans un compte "résultats" pour une période déterminée, l'année en général. Les produits y sont inscrits à droite et les charges à gauche et le résultat sera calculé par différence. (...)

Revenons à présent à la façon de déterminer le résultat : pourquoi ne pas le déterminer en comparant les recettes et les dépenses, c'est-à-dire par les mouvements de trésorerie ?

Deux séries de raisons s'y opposent :

Tout d'abord, tous les paiements ne représentent pas une charge : l'achat de matériels ou de titres n'est pas une réduction de bénéfice puisque l'emploi d'argent est récupérable, donc provisoire. Seuls sont des charges, les emplois définitifs, irrécupérables sous cette forme.

De même tous les encaissements ne sont pas des produits : le paiement des clients pour les ventes de l'an dernier, la revente d'immobilisations, le retrait d'argent de caisse pour le mettre en banque...

Le résultat ne peut donc pas se déterminer par comparaison entre recettes et dépenses ; il faut utiliser d'autres notions, les produits (apparition de valeurs nouvelles) et les charges (consommation de valeurs).

R. Monsel,
Lire un bilan,
Editions Sociales, 1980.

Les transports

Paul: Mais vous ne m'avez pas parlé des frais de transport ? N'y a-t-il pas lieu de les ajouter sur la facture ?

Mlle Simon: Vous n'avez que les clients du magasin et, en général, ils habitent Paris ou la banlieue proche et, dans ce cas, la livraison est assurée gratuitement – enfin elle n'est pas facturée – par nos livreurs et les camionnettes de l'entreprise. Mais si le client voulait faire livrer les meubles dans sa résidence secondaire sur la Côte d'Azur par exemple, il y aurait des frais. Mais comme nous n'assurons pas ce genre de transport, nous retenons les services d'un transporteur et nous demandons au client de le régler directement.

Paul: Oui, je comprends. Vous avez dit tout à l'heure que la livraison était gratuite, puis vous avez ajouté qu'elle n'était pas facturée, je ne comprend pas, on ne facture pas quelque chose de gratuit…

Mlle Simon: J'ai voulu dire que les frais de livraison n'apparaissaient pas sur la facture et que, pour le client, la livraison à domicile ne donnait pas lieu à une augmentation du prix indiqué sur l'étiquette, mais en réalité un prix forfaitaire de transport a été ajouté au prix de revient lors de l'établissement du prix de vente.

Paul: Ah oui… Bien sûr ! Il faut payer les livreurs, l'essence, amortir le matériel roulant. Et vous, est-ce que vous avez des problèmes de transport ?

Mlle Simon: Oui, les meubles en kit ne sont pas trop volumineux et nous les expédions par la route en port payé, c'est-à-dire que nous nous adressons à un service de messageries qui vient prendre les colis à l'atelier puis qui les livre aux TROIS BELGES à Roubaix, le transporteur nous remet un exemplaire du récépissé qui indique le nombre de caisses et leur poids, ainsi que la mention « port payé » et nous ajoutons le prix du transport à la facture. Il arrive parfois qu'une livraison soit particulièrement pressée, alors, pour gagner du temps, nous faisons appel au SERNAM qui combine transport routier et ferroviaire. SERNAM vient prendre les marchandises et les met dans le premier train en partance pour Roubaix où d'autres camions déchargent le train et livrent immédiatement. Le service routier est évidemment plus lent, car bien souvent le groupeur attend d'avoir un camion complet à envoyer sur Roubaix. Pour ces kits, nous avons des emballages spéciaux assez coûteux puisqu'ils sont conçus pour maintenir chaque pièce bien en place et dans un certain ordre, nous consignons donc ces emballages aux TROIS BELGES, qui les consignent aussi à leurs clients.

Paul: Qu'est-ce que cela veut dire : consigner ?

Mlle Simon: Eh bien, nous facturons un prix d'emballage et lorsque les emballages nous sont retournés en bon état, nous établissons une facture d'avoir pour le montant facturé et nous déduisons cette somme de la facture suivante. Et bien sûr, les TROIS BELGES en font autant avec leurs clients. En ce qui concerne CROISEMENT c'est un peu différent, car nous n'expédions pas au siège social mais dans différents centres de groupage et les prix de transport varient selon la distance et le poids. Pour simplifier les choses, nous envoyons toujours en port dû et nos prix s'entendent franco sur place.

Paul : Franco... cela me rappelle quelque chose... Dans mon cours de français des affaires, j'ai appris un tas de sigles : F.O.R., F.O.B., F.A.S., C.A.F.... mais je ne me souviens plus très bien de ce qu'ils signifient et si je dois les employer, j'ai intérêt à me documenter ! Il y avait aussi le connaissement, la charte partie et le manifeste...

Mlle Simon : « Franco », cela signifie : sans frais. « Franco sur place » veut dire que le prix indiqué ne comprend pas le transport...

Paul : C'est l'équivalent de « Port dû » alors.

Mlle Simon : C'est assez proche, mais dans « Port dû » l'expéditeur a pris contact avec un transporteur pour l'expédition des marchandises, mais n'a pas payé le transport. Dans « Franco sur place », c'est au destinataire qu'il appartient de trouver un transporteur. Franco de port et d'emballage est une autre formule que l'on trouve aussi et qui signifie que tout est inclus dans le prix et que les emballages sont perdus, c'est-à-dire que le destinataire n'a pas à les retourner pour obtenir un remboursement. F.O.R. « franco sur rail », ou, pour employer la nouvelle terminologie, « franco wagon », dans ce cas le prix comprend le transport jusqu'à la gare de départ et le chargement dans le train. Le destinataire doit payer le transport ferroviaire et le déchargement plus le transport jusqu'à son domicile. F.O.B. doit se dire F.A.B. – « franco à bord » –, vous voyez, c'est l'équivalent de F.O.R. mais cela s'applique aux transports par bateau. F.A.S. ou plutôt F.L.B. concerne aussi les transports maritimes ou fluviaux et signifie « franco à quai » ou « franco long du bord », dans ce cas-là le prix comprend le transport des marchandises jusqu'au port d'embarquement mais pas le chargement à bord. C.A.F. ou « coût, assurance, frêt » met à la charge du vendeur le coût du transport et

de l'assurance, le chargement et le déchargement, le choix du navire et toutes les formalités administratives. Mais rassurez-vous, vous n'aurez pas à utiliser ces T.C.I., ces termes commerciaux internationaux ou ces incoterms comme l'on disait, pas plus d'ailleurs que vous n'aurez à vous préoccuper du connaissement qui est un document utilisé dans les transports par eau. Il est établi par l'armateur (ou par le capitaine) du bateau en 4 exemplaires, un pour le capitaine, un pour le chargeur ou l'expéditeur, un pour le destinataire et un pour lui. Ce document est très important car il atteste l'existence des marchandises transportées. Généralement on expédie par avion au destinataire son exemplaire, ce qui lui permet éventuellement de vendre les marchandises avant qu'elles ne soient arrivées à destination.

Paul : Comment cela ?

Mlle Simon : Il lui suffit d'endosser le connaissement à l'ordre de l'acheteur. Le titulaire du connaissement est le propriétaire des marchandises. Ce document permet aussi d'emprunter de l'argent à la banque en le donnant en garantie. Quand il s'agit de ventes à l'exportation, bien souvent le connaissement est envoyé non au destinataire, mais à son banquier, pour obtenir ce que l'on appelle un crédit documentaire. C'est une garantie de paiement pour l'exportateur, car le banquier ne remettra le connaissement au destinataire que contre le paiement de la facture. Sans le connaissement, l'importateur ne peut pas prendre livraison de la marchandise.

Paul : C'est un peu comme le récépissé-warrant alors.

Mlle Simon : Oui, en ce sens que le warrant, tout comme le connaissement, représente la marchandise et peut être transmis par endossement. La charte-partie est aussi un document concernant les transports maritimes, c'est le contrat d'affrètement de tout ou partie du navire, on y trouve le prix du transport mais pas la valeur ni la description de la marchandise transportée. Quant au manifeste c'est la liste complète et détaillée de tous les colis transportés à bord d'un navire ou d'un avion. Il est remis au capitaine ou au pilote au départ. Je crois avoir répondu à vos questions.

Paul : Oui, merci. Encore une chose : aux Etats-Unis, on peut aussi envoyer un colis « C.O.D. », comment dirait-on en français ?

Mlle Simon : Un colis contre-remboursement, dans ce cas le destinataire paie au transporteur le montant du transport et le prix de la marchandise. Le transporteur rembourse ensuite à l'expéditeur le prix de la marchandise.

Paul : Vous en savez des choses !

Mlle Simon : Avant d'être ici, j'ai travaillé chez un transitaire.

Paul : Mais maintenant, est-ce que vous expédiez des marchandises par avion ? ou par bateau ? ou par péniche ?

Mlle Simon : Par péniche, non ! C'est certes le mode de transport le moins onéreux, mais aussi le plus lent ! Nous utilisons les transports maritimes mais seulement pour les bois qui nous sont expédiés par cargos d'Afrique ou du Canada. Le Canada expédie F.A.B., et l'Afrique C.A.F. A première vue, on a l'impression que le bois québécois est moins cher, mais lorsqu'on ajoute les frais portuaires (chargement et déchargement), les frais de voyage maritime, de débarquement et de chemin de fer pour transporter le fret à destination, sans oublier l'assurance, car les marchandises voyagent aux risques et périls du destinataire, on arrive à un chiffre assez proche du prix du bois africain.

Quant aux transports aériens, ils sont beaucoup trop chers pour les marchandises, mais nous utilisons en général Air-Inter ou Air-France pour les déplacements des directeurs ou du gérant. C'est Mme Morel qui est chargée de faire les réservations et lorsque M. Perrier se déplace, il n'a qu'à prendre son billet au guichet en arrivant à l'aéroport, trente minutes avant le départ de son vol, c'est bien commode. J'aime bien Air-France pour mon compter personnel, car ils offrent souvent des forfaits vacances très intéressants...

Paul : Des... quoi ?

Mlle Simon : Des forfaits vacances, c'est-à-dire que tout est compris, le voyage avion et le séjour à l'hôtel. On a le choix entre des hôtels de luxe à trois étoiles ou des hôtels plus modestes, Air-France s'occupe de tout, il n'est pas nécessaire de retenir les chambres... Et si l'on veut, on peut rester deux, trois ou quatre semaines en payant un supplément pour chaque semaine. Je suis allée en Espagne, en Grèce, en Egypte...

Paul : En tout cas, quand vous irez aux Etats-Unis, vous ne pourrez pas prendre ce forfait vacances !

Mlle Simon : Pourquoi ? Il y en a aussi pour l'Amérique !

Paul : Parce que vous n'aurez pas à retenir une chambre à l'hôtel, j'espère bien que vous viendrez passer deux semaines chez nous, mes parents ont une grande maison à San Jose en Californie, où nous allons l'été.

Mlle Simon : Ah, c'est trop gentil ! Eh bien, je ne dis pas non. Vous me faites rêver... la Californie ! A propos de voyage, il faut que je prenne une « carte orange »...

Paul : Pour quoi faire ?

Mlle Simon : C'est une carte d'abonnement à la R.A.T.P. et la S.N.C.F., qui permet de voyager autant qu'on veut par le métro, l'autobus et les lignes de chemin de fer de banlieue, pour un montant forfaitaire selon la longueur du trajet.

Paul : Oh, mais, je ne savais pas cela et j'achetais toujours des carnets de tickets de métro ! Est-ce que je peux en avoir une aussi ?

Mlle Simon : Bien sûr ! Dès que vous prenez un moyen de transport plus de deux fois par jour, c'est plus avantageux qu'une carte hebdomadaire de métro et, à plus forte raison, qu'un carnet de tickets ! Et si vous avez des amis américains qui viennent vous rendre visite, ils peuvent acheter une carte « Paris Visite » pour les touristes, valable trois ou cinq jours. Elle donne le droit de voyager en 1re classe sur toutes les lignes de la R.A.T.P., du R.E.R. et de la S.N.C.F. en Ile-de-France, et fait bénéficier de réductions sur l'entrée de certains musées, monuments, etc.

Paul : Fantastique ! Merci pour le « tuyau » ! Et vous remarquerez que je n'ai pas dit « pourboire », car en anglais « tip » a les deux sens...

Mlle Simon : Vous n'arrêtez pas de faire des progrès... en argot !

Paul : Merci ! Et le T.G.V., est-ce que vous l'avez pris ?

Mlle Simon : Oui, lorsque je suis allée à Marseille voir mes grands-parents. C'est vraiment rapide et très confortable. Pour aller dans le Midi, cela ne vaut plus la peine de prendre l'avion, et comme c'est moins cher, l'économie réalisée vous permet d'aller manger une bonne « bouillabaisse » sur le Vieux Port ! ou de passer la soirée dans une « boîte » de la Côte...

Paul : Ah, cette fois-ci, je sais ce que veut dire le mot « boîte » ! Vous parlez de « night-club », de « boîte de nuit » !

V VOCABULAIRE

Les frais de transport (m) : *delivery charges*
la livraison : *delivery*
un livreur : *a delivery man*
une camionnette : *a pick-up truck*
une résidence secondaire : *a summer home (week-end home)*
un prix forfaitaire : *a flat rate*
le matériel roulant : *rolling-stock*
volumineux : *bulky*
expédier : *to ship, to forward*
un colis en port payé : *a prepaid parcel*
les messageries (f) : *parcel delivery company*
le récépissé : *the receipt*
gagner du temps : *to save time*
le SERNAM : *SERvice NAtional de Messageries*
ferroviaire : *pertaining to the railways*
en partance : *outward bound (for ship or train)*
le service routier : *road transport*
un routier : *a trucker*
un groupeur : *a forwarding agent*
un emballage : *a container, pack*
emballage consigné : *returnable container*
une facture d'avoir : *a credit note*
un centre de groupage : *collection center*
port dû : *carriage forward, freight collect*
franco sur place : *carriage forward, F.O.B. plant (am.)*
franco de port et d'emballage : *free shipping and handling*
F.O.R. (franco wagon) : *free on rail*

le chargement : *loading*
le déchargement : *unloading*
F.A.B. (franco à bord) : *free on board*
F.L.B. (franco long du bord) : *free alongside ship*
les transports maritimes (m) : *marine transport, sea shipping*
les transports fluviaux (m) : *river transport, inland navigation*
C.A.F. (coût, assurance, frêt) : *cost, insurance, freight (C.I.F.)*
les T.C.I. (termes commerciaux internationaux) : *incoterms*
le connaissement : *the bill of lading*
un armateur : *a shipowner*
le chargeur : *the shipper*
le crédit documentaire : *documentary credit*
un récépissé-warrant : *an industrial warrant*
une charte-partie : *a charter-party*
le manifeste : *the manifest*
contre-remboursement : *C.O.D. (cash on delivery)*
un transitaire : *a transit agent*
une péniche : *a barge*
un cargo : *a cargo boat*
frais portuaires (m) : *port charges*
le fret : *freight*
aux risques et périls : *at owner's risks*
les transports aériens : *air transportation*
une réservation : *a reservation*
un forfait vacances : *a "package holiday"*
retenir : *to reserve*
la R.A.T.P. : *Régie Autonome des Transports Parisiens*
la S.N.C.F. : *Société Nationale des Chemins de fer Français*
le R.E.R. : *Réseau Express Régional*
un tuyau (fam.) : *a tip*
un pourboire : *a tip*
donner un pourboire : *to tip*
le T.G.V. : *Train à Grande Vitesse (speed train)*

QUESTIONS ORALES

1. Qui assure la livraison des meubles à Paris ou dans la proche banlieue ?
2. Que veut dire : « consigner » ?
3. Quand établit-on une facture d'avoir ?
4. Qui paye les frais de transport quand les marchandises sont expédiées en « port payé » ? et en « port dû » ?
5. Que signifie l'expression F.A.B. ? Qu'est-ce qui est à la charge du destinataire ?
6. Que signifie l'expression C.A.F. ? Qu'est-ce qui est à la charge de l'expéditeur ?

7. Qu'est-ce qu'un forfait-vacances ?
8. Quels sont les avantages de la « Carte Orange » ?
9. Qui peut bénéficier de la carte « Paris Visite » ?
10. Quand on utilise beaucoup les transports en commun à Paris et en banlieue, qu'est-ce qui est le plus avantageux :
– un ticket de métro,
– un carnet de tickets,
– une carte orange,
– une carte hebdomadaire ?

EXERCICES ECRITS

1. Ecrivez le mot ou l'expression qui vous paraît convenir :

1. Le transport par .... est particulièrement adapté aux marchandises volumineuses et peu fragiles.
   - voie d'eau
   - route
   - voie aérienne
   - camionnette

2. Dans la région Ile-de-France, le coût moyen du déplacement en transports en commun pour .... est évalué à 3,44 F contre 12,57 F pour celui de l'automobiliste.
   - l'usager
   - le partenaire
   - le pratiquant
   - le passager

3. Les frais de transport étant à notre charge, les marchandises vous seront expédiées ....
   - en franchisage
   - en fret couvert
   - franco de port
   - en port dû

4. Nous sommes un groupe de transporteurs et assurons, dans 89 pays, des services dans le domaine du .... international, terrestre, maritime et aérien.
   - courtage
   - fret
   - convoi
   - louage

5. Nos .... voyagent aux risques et périls du destinataire.
   - amis
   - camions
   - marchandises
   - avions

6. La charte-partie est un contrat .... du navire.
   - de vente
   - d'affrètement
   - d'achat
   - d'assurance

7. La liste des colis transportés s'appelle ....
   - le manifeste
   - la manipulation
   - la manifestation
   - le manifold

8. Le T.G.V. est un train ....
   - à grandes voitures
   - de grandes villes
   - à grande vitesse
   - à grande visibilité

9. Les transports fluviaux utilisent des péniches sur les ....
   - chenaux
   - canaux
   - chenils
   - carreaux

10. Dans une vente F.L.B. .... paie les frais de transport maritime.
    - le capitaine
    - l'armateur
    - l'expéditeur
    - le destinataire

11. Inauguré en 1981, le T.G.V. Paris-Lyon .... chaque jour 51 000 voyageurs, soit 60 % de plus que la ligne aérienne.
    - accomplit
    - achemine
    - circule
    - expédie

12. En début d'année, en raison d'un retournement de conjoncture, certaines compagnies aériennes ont déposé leur ....
    - devis
    - balance
    - bilan
    - déficit

13. L'inscription à l'un des voyages ou séjours présentés dans cette brochure .... l'acceptation des conditions ci-dessous.
    - implique
    - achemine
    - défalque
    - endosse

14. .... de joindre à votre règlement par chèque bancaire ou postal une enveloppe timbrée à votre adresse pour l'envoi des billets.
    - Prière
    - Au gré
    - Afin
    - Veuillez

15. Victime d'un taux de fréquentation insuffisant, Orlyval, le métro automatique reliant Paris à l'aéroport d'Orly cherche un ...., en dépit de sa réussite technique.
    - opérateur
    - conducteur
    - emprunteur
    - repreneur

2. Écrivez le mot qui convient dans la phrase proposée :

utilisables / utilitaires

La gamme de véhicules .... Renault compte 80 modèles.

3. Complétez les phrases suivantes :

1. Nous vous enverrons les marchandises dès ....

2. .... franco de port et d'emballage.

3. Il est plus facile .... venir .... le train ....

4. Vous pourriez, en effet, avoir des difficultés .... arriver .... Berlin .... voiture.

5. .... vous auriez pu expédier ce colis hier.

4. Trouvez deux mots de la famille de :

– emballer : ....

– charger : ....

5. Écrivez une phrase en utilisant les mots proposés :

à l'avance - billets - obtenir.

6. Vrai ou faux ?

1. Un cargo ne transporte que des passagers.   VRAI   FAUX

2. Une expédition en « port dû » est payée par l'expéditeur.   VRAI   FAUX

3. La charte-partie est une réception offerte par le capitaine pour ses passagers.   VRAI   FAUX

7. Ecrivez chaque mot en face de sa définition :

actionnaire - commanditaire - concessionnaire - dépositaire - grossiste - transitaire.

.... : commerçant qui achète en grandes quantités aux fabricants et revend aux détaillants.

.... : commerçant à qui un fabricant confie des marchandises en vue de la vente ; distributeur.

.... : commerçant qui sert d'intermédiaire pour transporter et dédouaner les marchandises.

.... : vendeur d'une marque, dans un secteur déterminé, qui a passé un contrat avec la marque.

.... : personne qui fournit des fonds à une entreprise d'un type déterminé.

.............: propriétaire de titres représentant un fraction du capital d'une société.

8. Complétez le texte à l'aide des mots donnés ci-dessous dans l'ordre alphabétique :

agences - bordereau - départs - destinations - formalités - garantie - heures - intermédiaires - marchandises - nerfs - personnes - séjours - système - tarifs - temps - transport.

TNT IPEC : PAS D'INTERMÉDIAIRES, C'EST PLUS SÛR

05.11.11.11. : pour faire livrer vos .... domicile / domicile dans toute l'Europe, sans .... mort ni crise de ...., composez ce numéro vert. C'est celui de TNT Ipec, un .... ultra-performant qui fonctionne en 24, 48, 72 .... sur toute l'Europe. Il va vous changer le ....

Le système TNT Ipec, c'est 23 .... en France et 140 en Europe où 6 500 .... travaillent en liaison constante.

Le système TNT Ipec, c'est des .... à heures fixes, tous les jours sans .... ni .... en entrepôts : vos marchandises circulent vite et nous savons toujours où elles sont.

Le système TNT Ipec, c'est la rapidité et la simplicité : vous remplissez un .... à l'enlèvement et nous nous chargeons du reste notamment des .... douanières.

Le système TNT Ipec, ce sont des .... simples, publiés et sans surprise sur 120 000 .... situées dans 15 pays d'Europe.

Le système TNT Ipec, c'est la fiabilité ...., et ce n'est plus difficile que 05.11.11.11. (numéro vert : appel gratuit).

TNT Ipec, le système de fret express : Nous traitons vos envois comme si c'était vous.

9. Lors de la rédaction de ce texte, un certain nombre de mots ont été « effacés ».
Vous êtes chargé(e), avant l'impression définitive, de compléter le texte à l'aide des mots donnés ci-dessous dans l'ordre alphabétique :

acheminés - assurés - commandées - concernée - croire - dévoués - dû - entrepris - livrer - reçues - remis - remises - restés - retrouver

Monsieur le Directeur,

A la suite de votre appel téléphonique de ce jour, nous avons .... des recherches pour .... les 150 balances, réf. 138, que vous nous avez .... le 22 mars et que vous n'avez toujours pas ....

Nous avons bien ...., le 2 avril, 15 colis à la Compagnie routière « Transport porte à porte » qui aurait .... vous les .... deux jours plus tard.

Malheureusement, par suite d'une erreur, ils ont été .... non pas à Toulon, mais à Toulouse, où ils sont .... en souffrance jusqu'à ce jour.

L'entreprise de transport .... nous a .... qu'elle procédait à leur réexpédition et que les balances vous seraient .... le 23 avril au plus tard.

Nous espérons que vous ne nous tiendrez pas rigueur de ce retard, tout à fait indépendant de notre volonté, et nous vous prions de ...., Monsieur le Directeur, à nos sentiments ....

10. Version :

1. Malgré nos efforts, nous ne sommes pas en mesure de vous expédier les articles demandés.

2. Pourriez-vous me réserver un vol en correspondance pour Nice au départ de l'aéroport Charles de Gaulle ?

3. Le transport de cet appareil est bon marché.

4. Avec la crise de l'énergie, le tourisme est sorti de la période d'expansion spontanée.

5. Les frais de transport vous seront intégralement remboursés.

6. Troisième transporteur mondial de fret, Air France met à votre disposition ses 178 destinations dans 79 pays.

7. Le voyage de nuit vous permet de gagner du temps et de prolonger d'autant votre séjour.

8. Nous espérons que vous ne nous tiendrez pas rigueur de ce retard, dû à des circonstances indépendantes de notre volonté.

9. Les transports routiers entre la France et la Grande-Bretagne sont régis par l'accord gouvernemental signé en 1969.

10. Le port est certainement le point de convergence de nombreux moyens de transport, qu'ils soient, bien sûr, maritimes, ferroviaires, routiers ou bien même fluviaux ou aériens.

11. En collaboration avec Matra Transports, le groupe suisse Vevey vient de mettre au point un prototype de tramway pour les villes de Genève et de Bâle.

12. Avez-vous bien demandé à Monsieur Martin d'annuler ma réservation pour le vol de retour ?

11. Thème :

1. Have booked hotel room at Queen's Hotel, Reims, for Mr. Rainer for one night.

2. Have you been to the U.S. ? No, we haven't, but we have been to Scotland.

3. Shipping and handling charges are included in the sale price of these goods.

4. Package holidays are becoming more and more popular.

5. We apologize sincerely for the trouble caused and we'll take all possible steps to ensure that such a mistake is not made again.

6. Most of the traffic which moves across the Channel is Anglo/French which is not surprising as France is our nearest and oldest trading partner.

7. In Europe and everywhere, Europcar gives you good cars and an organization you can rely on.

8. You have the right to demand the highest standards of perfection from the airline you choose.

9. We are sorry to report that some of the goods were damaged in transit.

10. We greatly regret that the cases of pineapples have reached you in a damaged condition and can assure you that this was not due to any lack of care on our own part.

11. At UPS, however many packages we handle, we know that maintaining your trust can only be done one shipment at a time.

12. I had better begin by making the flight reservations.

12. Correspondance :

1 Votre chef de service, M. Blanc, vous fait part des éléments suivants et vous charge de rédiger un télégramme à expédier au plus tôt (maximum 45 mots, « stop » non compris) :

Nous avons reçu ce jour la livraison de vins de notre fournisseur M. Henry, « Les Caves de Bourgogne » (bon de livraison n° 401).

J'ai signalé sur l'accusé de réception que les contenus de 2 cartons de 12 bouteilles de Nuits-Saint-Georges (référence NSG75) et de 4 cartons de 6 bouteilles de Vosne-Romanée (Romanée-Conti - référence VRC72) sont arrivés détériorés : tous les verres étaient brisés !

Cela fait plusieurs fois déjà que des livraisons émanant de ce fournisseur nous parviennent en état défectueux nous causant de multiples contretemps auprès de nos fidèles clients !

Se faire envoyer dès réception du télégramme les cartons manquants, et par un transporteur plus sérieux !

Nous effectuerons, alors, et alors seulement, notre paiement.

Sous ma signature, s.v.p.

Rédigez ce télégramme (voir fac-similé p. 188).

2 Votre chef de service, M. Lenoir, vous fait part des éléments suivants et vous charge de rédiger un télégramme (maximum 45 mots, « stop » non compris) :

Nous n'avons pas encore reçu les articles commandés le 10 mai dernier à notre fournisseur, les Etablissements LEDUC & Fils à Reims, et qui devaient nous parvenir sous huitaine.

Bon de commande C. 1024 : Réf. N112, 3 caisses
Réf. N114, 2 caisses
Réf. 0100, 5 unités.

Cela fait plusieurs fois déjà que nous connaissons cette situation qui nous cause préjudice auprès de nos fidèles clients. C'est certainement la faute du transporteur !

Faites le nécessaire par télégramme auprès du fournisseur pour nous faire livrer dans les plus brefs délais : 2 jours au plus tard, faute de quoi nous annulerons purement et simplement notre commande et nous nous adresserons à un autre fabricant (DRIEU ou CHABRIER à Châlons-sur-Marne, avec qui nous avons eu des contacts dans le passé). Bien entendu, nous prendrons notre temps pour le règlement.

Sous ma signature, s.v.p.

Rédigez le télégramme (voir fac-similé p. 188).

3 Vous deviez vous rendre à Paris pour deux semaines et être hébergé(e) chez des amis, Monsieur et Madame MICHELET, 36 rue de la Plaine, 75020 PARIS. La veille de votre départ, vous apprenez qu'une grève des transports aériens va retarder votre arrivée à Paris ; ne pouvant joindre vos hôtes par téléphone, vous leur adressez un télégramme pour les prévenir.
1. **Rédigez** votre télégramme (voir fac-similé p. 188).

Pendant votre séjour à Paris, vous avez commandé à la Documentation Française une série de 48 diapositives (100 F) et deux albums sur la France contemporaine et la journée d'un parisien (36 F et 48 F).
A la réception de ces documents, vous adressez votre paiement par chèque bancaire accompagné de votre carte de visite.
2. **Établissez** votre chèque (voir fac-similé p. 189).
3. **Rédigez** les quelques mots d'usage sur la carte de visite qui accompagnera l'envoi du chèque.

4 Travaillant dans une entreprise de transports internationaux, vous êtes intéressé(e) par le prochain forum mondial pour l'exportation française : « Partenaires export 1995 ».
Vous écrivez au Centre Français du Commerce Extérieur – organisateur de cette manifestation – pour demander l'ensemble des informations nécessaires pour être exposant. **Rédigez** cette lettre.

13. Compréhension de texte :

Le monde est plein d'hommes d'affaires qui s'imaginent que tout est résolu lorsqu'ils ont conclu la vente, et fait signer le bon de commande.

En fait, c'est souvent là que commencent les vrais problèmes. Car, dans les affaires, l'important c'est le paiement, pas le bon de commande. Et le paiement ne vient qu'après la livraison.

Plus il faudra de temps pour livrer, plus long sera le délai de règlement. Avec toutes ses incidences sur la trésorerie de l'entreprise.

Ces quelques réflexions n'ont pas pour but de vous apprendre votre métier. Nous voulons simplement mettre en évidence le fait qu'il existe, entre le départ et l'arrivée de la commande, un laps de temps inévitable mais qui peut être plus ou moins long, selon l'efficacité et la rapidité des services responsables de l'expédition. De plus, tous les efforts auront été faits en pure perte si la marchandise arrive endommagée.

Tout cela conduit à vous adresser à nous. Notre société a été créée à Paris en 1959. Aussi, après vingt ans d'expérience, nous savons nous y retrouver dans le labyrinthe de la paperasserie.

A Roissy, nous sommes le seul transporteur de fret (*) aérien à posséder nos propres bâtiments. Plus de 3 000 m2, l'installation la plus moderne en Europe. Nous avons des Agences dans les 26 premières villes de France et dans le monde entier. Nous avons une équipe complète d'experts traducteurs interprètes qui parlent toutes les langues, ou presque... Et, bien sûr, le français ! C'est pour cela que nous pouvons résoudre en quelques instants vos problèmes internationaux.

Nous possédons un des systèmes de suivi du fret sur ordinateur le plus sophistiqué qui soit. Il nous permet de localiser dans le monde entier les expéditions en l'espace de quelques minutes. Aussi, s'il se produit un encombrement du trafic international, nous pouvons dérouter l'expédition pour éviter cet inconvénient.

Si cela se révèle impossible, la clientèle sera avertie.

Tout ceci signifie que notre entreprise peut apporter aux hommes d'affaires français, où qu'ils soient, un service mondial de fret aérien de porte à porte, et cela avec un degré de qualité inimitable.

Texte publicitaire paru dans
« Le Nouvel Economiste ».

(*) fret : prix de transport des marchandises. Désigne également le transport et la marchandise elle-même.

A **Répondez** aux questions suivantes :
1. Donnez un titre à ce texte.
2. Qu'est-ce qu'un homme d'affaires ?
3. Pourquoi le paiement n'intervient-il, en général, qu'après la livraison de la marchandise ?
4. Quel intérêt y a-t-il à pouvoir localiser les expéditions dans le monde entier ?
5. Quels sont les modes et les moyens de transport de marchandises que vous connaissez ?
6. Quels sont, à votre avis, les avantages et les inconvénients du fret aérien ?

B **Résumez** le texte en une dizaine de lignes environ.

14. Jeu de rôles :

Vous avez l'intention d'aller passer quelques jours sur la Côte d'Azur, mais vous ne savez pas très bien comment vous y rendre, vous hésitez entre l'avion, le train et la route.
Vous en parlez avec votre ami français et vous discutez les avantages et les inconvénients de ces divers modes de transport.

Le réseau SNCF au 31-12-93, source SNCF.

Train ou avion ?
Voilà la question...

« Si vous êtes pressé, prenez l'avion ! »

Cela semble tomber sous le sens. Cela ne fait pas de doute pour les grandes distances : Paris – Bordeaux, Paris – Marseille, etc.

Mais, dans un pays de la taille de la France, cette assertion mérite d'être nuancée, pour des distances moyennes : Paris – Lille, Paris – Lyon... surtout lorsque ces villes sont desservies par des T.G.V. ! Prenons Lyon par exemple : 55 minutes par avion et 2 heures par le train. Oui, mais... les gares sont situées dans le centre des villes alors que les aéroports sont toujours construits en dehors des agglomérations et il faut, par conséquent, ajouter le temps de s'y rendre – en moyenne 20 à 30 minutes pour aller à Orly... à condition qu'il n'y ait pas de bouchons ! À l'arrivée, de Satolas ou de Bron, il faut de 15 à 20 minutes pour regagner le centre ville. Et si l'on peut toujours prendre le train « en marche » – ou presque – c'est-à-dire arriver sur le quai à la dernière minute, cela n'est pas vrai dans un aéroport où vous devez passer les contrôles de sécurité, faire enregistrer vos bagages et attendre gentiment l'embarquement qui peut prendre... un certain temps. Même chose à l'arrivée où vous devez aller récupérer vos bagages, et en général, il faut plus de temps pour décharger les soutes de l'avion que pour débarquer les passagers. Si vous n'avez qu'un bagage à main vous gagnez un peu de temps. Mais si vous prenez en compte la durée réelle de votre voyage par avion Paris – Lyon, vous gagnerez du temps en prenant le T.G.V. !

Si vous considérez que le temps c'est de l'argent, pour les longues distances et surtout pour les liaisons interrégionales pas de doute : prenez l'avion.

Si, par contre, vous devez tenir compte du coût du transport, l'avion est – en général – deux à trois fois plus cher que le train en seconde classe pour les billets à plein tarif.

Mais tout peut changer grâce à la « multitarification » ! En d'autres termes, si le voyageur n'a pas d'obligation impérative d'horaire pour son voyage, il peut bénéficier de réductions tarifaires très importantes qui – dans certains cas – peuvent inverser complètement la différence de coût air – rail.

Air Inter a des vols « tricolores » : bleus, blancs, rouges.

Les vols rouges sont les plus chargés et les voyageurs paient plein tarif, mais les abonnés d'Air Inter, d'Air France et de la S.N.C.F. (air-fer) y ont droit aussi à tarif réduit.

Les vols blancs sont moins chargés et sont ouverts à tous les passagers, mais les familles, les couples, les étudiants, les personnes âgées peuvent bénéficier de réductions allant de 22 à 36 %.

Les vols bleus – les moins fréquentés – tentent d'attirer des passagers pour augmenter le taux de remplissage des appareils en offrant des réductions de 50 %.

De plus, pour fidéliser ceux qui voyagent seuls et ne bénéficient d'aucune des réductions indiquées ci-dessus, Air Inter a créé les cartes ÉVASION pour un prix de 850 francs par an.

ÉVASION – LOISIRS permet une réduction de 50 % sur les vols bleus pendant la semaine, bleus et blancs le week-end (c'est-à-dire du vendredi midi au dimanche soir).

ÉVASION PLEIN TEMPS des réductions de 30 à 50 % sur tous les vols bleus et blancs.

Bien entendu, la S.N.C.F. n'entend pas être en reste et elle a créé de nouvelles réductions de tarifs avec CARRISSIMO, KIWI, JOKER et une flexibilité plus grande pour les cartes VERMEIL, et pour mieux concurrencer l'avion, elle a même aboli la « coloration » des jours pour tous les T.G.V. (niveaux 1 et 2 en 2e classe et 1 et 3 en 1re). On peut désormais bénéficier de réduction tous les jours dans tous les T.G.V., même pendant le week-end.

La carte CARRISSIMO pour les jeunes de 12 à 25 ans permet d'obtenir 50 % de réduction dans les T.G.V. et 50 % en période bleue ou 20 % en période blanche dans les autres trains.

La carte KIWI est pour les voyageurs de moins de 16 ans qui voyagent seuls ou accompagnés (même sans qu'il y ait un lien de parenté entre l'enfant et son accompagnateur). Il existe deux formules :

– la Carte KIWI 4 × 4 : 280 francs pour faire 4 voyages à prix réduit (un aller simple pour un enfant, quel que soit le nombre d'accompagnateurs, équivaut à un voyage) ;

– la Carte KIWI TUTTI : 430 francs pour faire autant de voyages que vous le souhaitez. Dans les deux cas les accompagnateurs (de 1 à 4 personnes) obtiennent jusqu'à 50 % de réduction sur le prix de base.

Comme avec la carte CARRISSIMO, des places KIWI sont proposées dans tous les T.G.V. Dans tous les autres trains il n'y a plus de jours rouges.

Pour le 3e âge, c'est-à-dire les plus de 60 ans, la S.N.C.F. propose la Carte VERMEIL pour ceux qui veulent voyager plusieurs fois par le train dans l'année.

Deux formules :

– la Carte VERMEIL QUATRE TEMPS (135 francs pour 4 voyages à prix réduit, soit 4 trajets simples, soit 2 aller-retour) ;

– la Carte VERMEIL PLEIN TEMPS (255 francs pour faire autant de voyages que l'on veut).

Désormais la Carte VERMEIL permet d'obtenir :

50 % de réduction dans tous les T.G.V. (Niveaux 1 et 2 en 2e classe et niveaux 1 et 3 en 1re classe), 50 % aussi dans les autres T.G.V. mais en nombre plus limité.

Dans les autres trains, il n'y a plus de jours rouges et vous pouvez obtenir une réduction de 50 % si vous partez en période bleue et de 20 % en période blanche.

De plus la Carte VERMEIL QUATRE TEMPS permet également d'avoir une réduction de 30 % sur la totalité des trajets à destination de 21 pays d'Europe.

Et enfin, pour terminer, une grande nouveauté pour tous ceux qui ne peuvent bénéficier d'aucune des réductions indiquées ci-dessus :

Les prix JOKER qui permettent de voyager à prix réduits en 2e classe sur 369 relations, en France et à l'étranger, au départ de Paris ou de la province : 143 villes françaises et 7 villes étrangères. Comment obtenir ces prix ? Il suffit de prendre son billet et de réserver sa place à l'avance.

Avec JOKER 30, entre 60 et 30 jours avant la date de votre départ, la réduction peut atteindre 60 %. Avec JOKER 8, entre 60 et 8 jours avant la date de votre départ, la réduction peut atteindre 40 %. Exemple : Paris – Madrid en couchette 2e classe : prix normal : 639 francs, Joker 30 : 320 francs, Joker 8 : 450 francs.

Moralité : Si vous prenez le temps de bien planifier vos voyages, vous pourrez gagner du temps et de l'argent !

C.L.G.

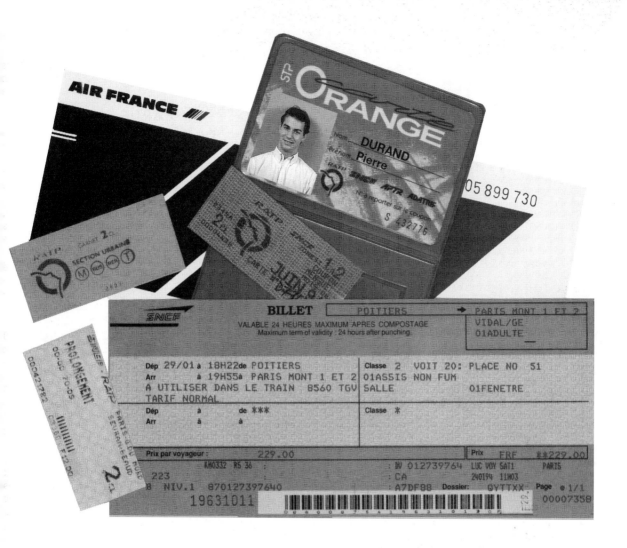

Rouen : un trafic de 27 millions de tonnes d'ici à cinq ans

L'accord sur la manutention, la modernisation des installations et le désenclavement routier justifient l'optimisme des dirigeants du port, qui ont enregistré, l'an dernier, un trafic record de 24 millions de tonnes.

Malgré 53 jours de grève l'an dernier, consécutifs aux remous sociaux provoqués par la modernisation de la manutention portuaire, le port de Rouen a légèrement amélioré son trafic, qui a atteint 24 millions de tonnes, contre 23,7 millions l'année précédente. « Ce bilan à lui seul est satisfaisant », estime Jacques Mouchard, président du conseil d'administration, pour qui les perspectives de développement constituent un autre sujet de satisfaction.

En effet, le plan quinquennal de développement qui vient de s'achever, et qui a permis d'investir 720 millions de francs avec l'aide des pouvoirs publics, va être renouvelé. « Ce nouveau plan, pour les années 93-97, se situe dans la continuité du précédent, explique Alain Gauthier, directeur général du port, car les premiers résultats des investissements consentis ces cinq dernières années sont bons et il n'y a aucune raison de ne pas continuer dans la même voie. »

Cela veut dire que, d'ici à 1997, environ 150 millions de francs seront consacrés chaque année à la modernisation du port, qui portera essentiellement sur les engins de manutention et les installations de stockage.

Autre sujet de satisfaction qui permet d'envisager l'avenir avec optimisme : l'accord intervenu le 26 août sur la manutention portuaire. Depuis un mois, le port de Rouen, avec celui d'Honfleur, ne compte plus que 245 dockers, dont 223 mensualisés, au lieu de 775 précédemment. Certes, les mesures sociales qui accompagnent cette réduction des effectifs vont coûter 280 millions de francs, dont 120 millions fournis par l'État.

La concurrence de Gand

Mais, très rapidement, les coûts de manutention devraient baisser jusqu'à 35 %, et amener à Rouen des trafics nouveaux, ou des trafics qui avaient disparu par suite du manque de fiabilité du port.

Enfin, le désenclavement routier du port normand constitue une autre chance qui devrait lui permettre de reprendre une part du trafic du port de Gand, considéré comme le premier concurrent de Rouen. De plus, Jacques Mouchard considère que la situation géographique de Rouen, à l'intérieur des terres, devient un atout de moins en moins négligeable.

Pour toutes ces raisons, les responsables du port normand estiment qu'en 1997 le trafic annuel de leur établissement devrait atteindre 27 millions de tonnes, avec une progression notable des marchandises diverses qui, l'an dernier, ont subi un recul de 13 % environ.

P.K., Le *Fig-Éco*, 6 janvier 1993.

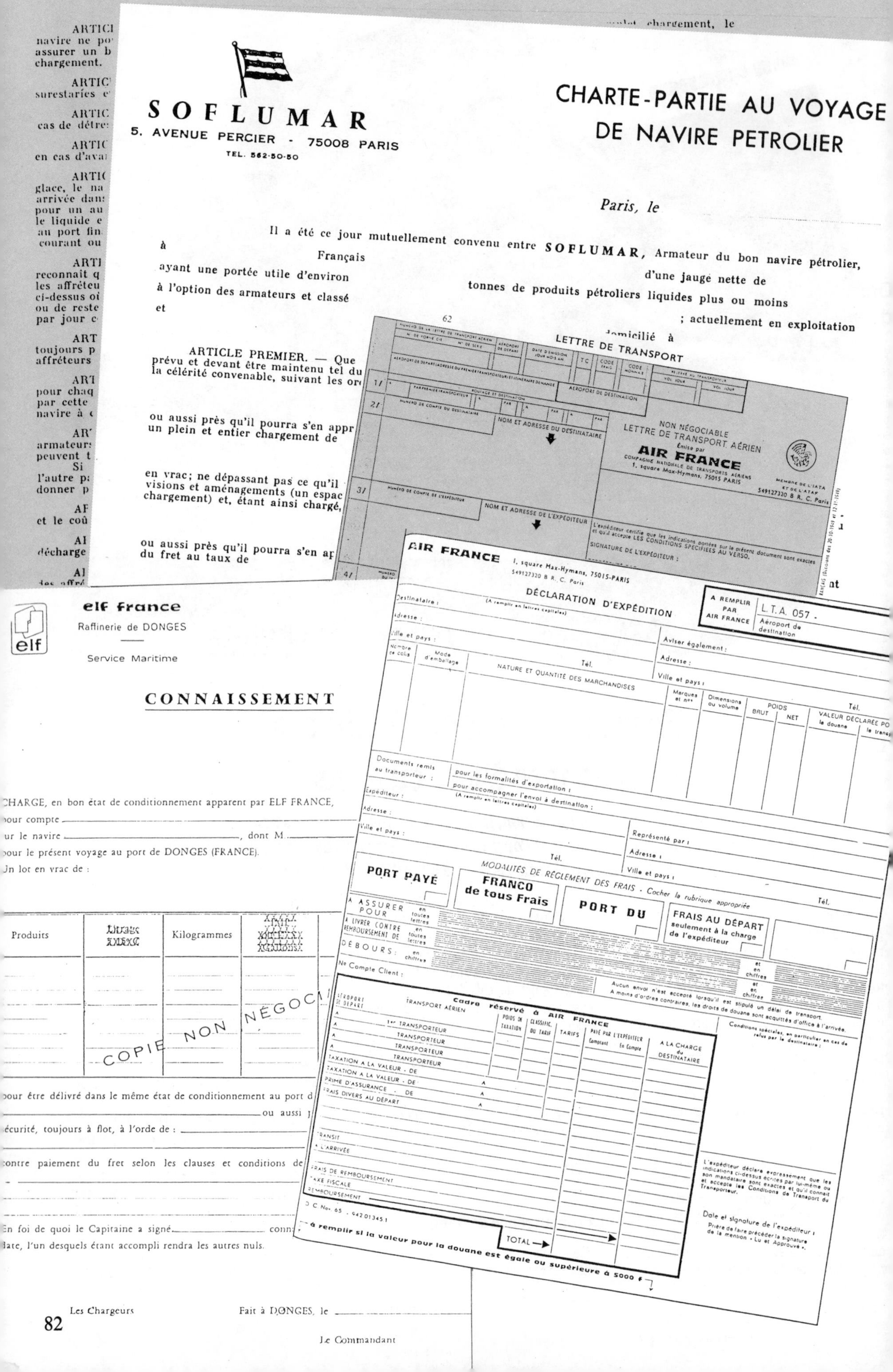

SOFLUMAR
5, AVENUE PERCIER - 75008 PARIS
TEL. 562-50-50

CHARTE-PARTIE AU VOYAGE
DE NAVIRE PETROLIER

Paris, le

Il a été ce jour mutuellement convenu entre **SOFLUMAR**, Armateur du bon navire pétrolier,

à

Français

d'une jauge nette de

ayant une portée utile d'environ

tonnes de produits pétroliers liquides plus ou moins

à l'option des armateurs et classé

; actuellement en exploitation

et

domicilié à

ARTICLE PREMIER. — Que
prévu et devant être maintenu tel du
la célérité convenable, suivant les or

ou aussi près qu'il pourra s'en appr
un plein et entier chargement de

en vrac; ne dépassant pas ce qu'il
visions et aménagements (un espac
chargement) et, étant ainsi chargé,

ou aussi près qu'il pourra s'en ap
du fret au taux de

Left margin (partial text):

ARTIC
navire ne po
assurer un b
chargement.

ARTIC
surestaries e

ARTIC
cas de détre

ARTIC
en cas d'ava

ARTIC
glace, le na
arrivée dans
pour un au
le liquide e
au port fin
courant —

ART
reconnait q
les affréteu
ci-dessus o
ou de reste
par jour c

ART
toujours p
affréteurs

ART
pour chaq
par cette
navire à c

AR
armateurs
peuvent t
Si
l'autre pa
donner p

AF
et le coû

décharge

A
des affr

LETTRE DE TRANSPORT

NON NÉGOCIABLE
LETTRE DE TRANSPORT AÉRIEN
AIR FRANCE
COMPAGNIE NATIONALE DE TRANSPORTS AÉRIENS
1, square Max-Hymans, 75015 PARIS
549127320 B R. C. Paris

NUMÉRO DE LA LETTRE DE TRANSPORT AÉRIEN
N° DE FORME CIE   N° DE SÉRIE   AÉROPORT DE DÉPART   DATE D'ÉMISSION JOUR MOIS AN   TC   CODE TARIF   CODE MONNAIE   REÇU DU TRANSPORTEUR   VOL JOUR   VOL JOUR

AÉROPORT DE DÉPART (ADRESSE DU PREMIER TRANSPORTEUR) ET DEMANDE DE CRÉANCE

PAR PREMIER TRANSPORTEUR   ROUTAGE ET DESTINATION   PAR   PAR   AÉROPORT DE DESTINATION

NUMÉRO DE COMPTE DU DESTINATAIRE   PAR   PAR   PAR

NOM ET ADRESSE DU DESTINATAIRE

NUMÉRO DE COMPTE DE L'EXPÉDITEUR

NOM ET ADRESSE DE L'EXPÉDITEUR

L'expéditeur certifie que les indications portées sur le présent document sont exactes et qu'il accepte LES CONDITIONS SPÉCIFIÉES AU VERSO.
SIGNATURE DE L'EXPÉDITEUR

---

elf france

Raffinerie de DONGES
—
Service Maritime

CONNAISSEMENT

CHARGE, en bon état de conditionnement apparent par ELF FRANCE,
pour compte
sur le navire , dont M
pour le présent voyage au port de DONGES (FRANCE).
Un lot en vrac de :

Produits	Litrage	Kilogrammes	

COPIE NON NÉGOCIABLE

pour être délivré dans le même état de conditionnement au port d
ou aussi j
écurité, toujours à flot, à l'ordre de :
contre paiement du fret selon les clauses et conditions de

En foi de quoi le Capitaine a signé conn
date, l'un desquels étant accompli rendra les autres nuls.

Les Chargeurs   Fait à DONGES, le

Le Commandant

AIR FRANCE 1, square Max-Hymans, 75015-PARIS
549127320 B R. C. Paris

DÉCLARATION D'EXPÉDITION
(A remplir en lettres capitales)

Destinataire :

Ville et pays :

Nombre de colis | Mode d'emballage | NATURE ET QUANTITÉ DES MARCHANDISES | Tél.

Marques et n° | Dimensions ou volume | POIDS BRUT | NET | VALEUR DÉCLARÉE POUR la douane | le trans

Documents remis au transporteur :   pour les formalités d'exportation :
Expéditeur :   pour accompagner l'envoi à destination :
(A remplir en lettres capitales)
Adresse :
Ville et pays :   Tél.

A REMPLIR PAR AIR FRANCE   **L.T.A. 057**   Aéroport de destination

Aviser également :
Adresse :
Ville et pays :
Représenté par :
Adresse :
Ville et pays :   Tél.

MODALITÉS DE RÈGLEMENT DES FRAIS - Cocher la rubrique appropriée

PORT PAYÉ | **FRANCO de tous Frais** | **PORT DU** | **FRAIS AU DÉPART** seulement à la charge de l'expéditeur

A ASSURER POUR   en toutes lettres
A LIVRER CONTRE REMBOURSEMENT DE   en toutes lettres
DÉBOURS :   en chiffres
N° Compte Client :

et en chiffres
et en chiffres

Aucun envoi n'est accordé lorsqu'il est stipulé un délai de transport
A moins d'ordres contraires, les droits de douane sont acquittés d'office à l'arrivée
Conditions spéciales, en particulier en cas de refus par le destinataire

Cadre réservé à AIR FRANCE

AÉROPORT DE DÉPART	TRANSPORT AÉRIEN	POIDS DE TAXATION	CLASSIFIC. DU TARIF	TARIFS	PAYÉ PAR L'EXPÉDITEUR Comptant / En Compte	A LA CHARGE du DESTINATAIRE
A	1er TRANSPORTEUR			A		
A	TRANSPORTEUR			A		
A	TRANSPORTEUR			A		
TAXATION A LA VALEUR - DE				A		
TAXATION A LA VALEUR - DE				A		
PRIME D'ASSURANCE - DE				A		
FRAIS DIVERS AU DÉPART				A		
TRANSIT						
A L'ARRIVÉE						
FRAIS DE REMBOURSEMENT						
TAXE FISCALE						
REMBOURSEMENT						

D C Nov. 65 - 942013451

L'expéditeur déclare expressément que les indications ci-dessus données par lui-même ou son mandataire sont exactes et qu'il accepte les Conditions de Transport du Transporteur.

Date et signature de l'expéditeur :
Prière de faire précéder la signature de la mention « Lu et Approuvé ».

à remplir si la valeur pour la douane est égale ou supérieure à 5000 f   **TOTAL →**

Routes et autoroutes

Distances de ville à ville

(en km) calculées d'après les itinéraires les plus rapides

Bale																				
160	Besançon
840	680	Bordeaux
690	500	790	Boulogne/M.
1090	900	630	690	Brest
560	550	820	220	820	Bruxelles
350	234	790	840	1050	760	Chamonix
480	330	370	660	760	670	410	Clermont-Fd
250	180	710	790	1030	670	95	330	Genève
630	520	780	120	730	120	760	600	730	Lille
320	310	860	400	940	230	560	590	460	270	Luxembourg
400	230	550	730	980	670	240	180	160	670	490	Lyon
710	540	410	370	390	510	730	380	640	430	590	580	Le Mans
700	550	670	1050	1290	970	430	480	470	990	790	310	900	Marseille
660	530	500	1030	1040	970	430	370	450	970	780	290	720	170	Montpellier
210	210	820	490	880	340	450	480	380	420	110	380	520	700	680	Nancy
850	700	330	550	300	680	820	460	720	600	770	630	180	950	740	690	Nantes
640	710	830	1210	1450	1070	400	640	480	1150	1110	470	1060	190	330	860	1110	Nice
490	420	560	240	580	290	600	390	510	220	380	460	210	770	750	310	380	930	Paris
150	230	900	590	1030	450	310	560	400	500	220	460	670	780	760	140	840	780	460	Strasbourg
930	780	250	930	860	980	680	380	700	900	950	540	590	420	250	930	560	580	680	960	Toulouse

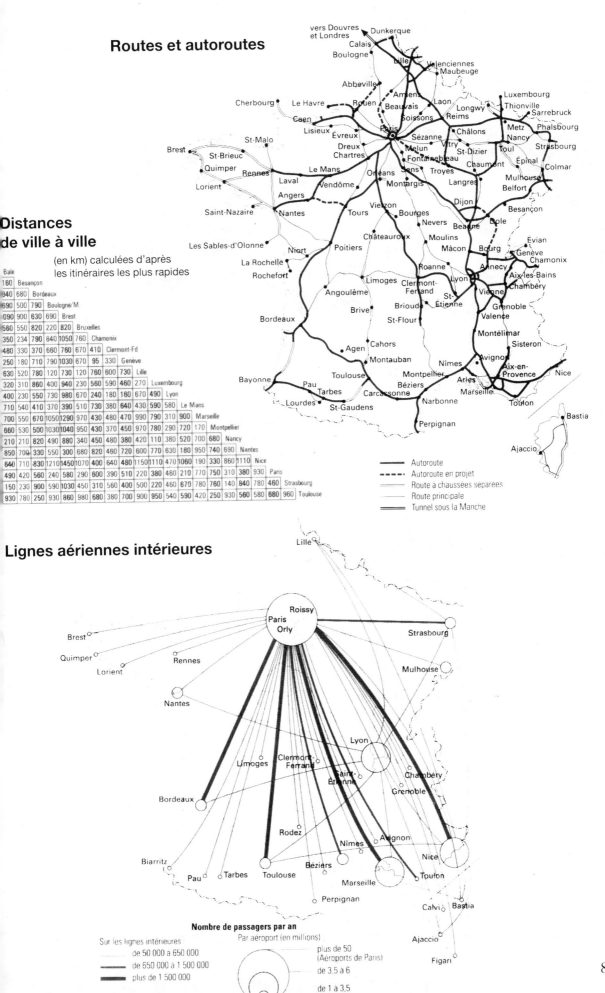

- ▬▬▬ Autoroute
- ▬ ▬ ▬ Autoroute en projet
- ═══ Route à chaussées séparées
- ─── Route principale
- ▬▬ Tunnel sous la Manche

Lignes aériennes intérieures

Nombre de passagers par an

Sur les lignes intérieures
- de 50 000 à 650 000
- de 650 000 à 1 500 000
- plus de 1 500 000

Par aéroport (en millions)
- plus de 50 (Aéroports de Paris)
- de 3,5 à 6
- de 1 à 3,5
- de 0,1 à 1

83

8.

La Poste France Telecom

Paul : Bonjour Guido, comment vont tes cours ?

Guido : Très bien, j'apprends beaucoup de choses ! Aujourd'hui, on nous a enseigné le fonctionnement de La Poste et aussi de France Telecom, qui sont maintenant deux groupements autonomes, mais qui sont sous la tutelle du même ministre, celui de l'Industrie, de La Poste et Télécommunications, ainsi que du Commerce extérieur.

Paul : Ah oui, c'est vrai, les P.T.T. n'existent plus, mais la plupart des gens continuent à employer ce vieux sigle familier ! Cela me rappelle qu'en allant à la pizzeria, je dois m'arrêter au bureau de poste. Le service du contentieux m'a demandé d'expédier cette lettre recommandée avec accusé de réception : c'est une mise en demeure pour un client défaillant. Par la même occasion, je vais acheter un carnet de timbres et des aérogrammes pour écrire aux États-Unis.

Guido : Pourquoi achètes-tu des timbres ? Je croyais que vous aviez une machine à affranchir ?

Paul : Oui, mais les timbres sont pour mon courrier personnel et je n'ai pas la franchise postale.

Guido : Je crois que maintenant la franchise postale n'existe pratiquement plus que pour les Chèques Postaux ; le prof a dit qu'on avait dû la supprimer pour faire des économies ! Il faut donc affranchir toute la correspondance avec la Sécurité sociale, et même avec les Télécoms !

Paul : Puisqu'on parle de chèques postaux, peux-tu m'expliquer comment cela fonctionne, car je ne suis pas sûr d'avoir très bien compris cette histoire de volets ?…

Guido : Tu sais, le Centre de Chèques Postaux fonctionne un peu comme une banque : tu ouvres un compte en versant de l'argent, tu reçois un carnet de chèques que tu utilises pour régler tes factures, etc.

Paul : Oui, cela je l'ai bien compris, mais en général tu n'envoies pas le chèque au bénéficiaire.

Guido : Non, et c'est là l'originalité du système, ton chèque comporte deux volets, trois même en comptant le talon. Regarde : tu remplis les deux volets en indiquant le numéro de compte du bénéficiaire et tu envoies le tout au Centre de Chèques Postaux. Le Centre va, par un simple jeu d'écritures, débiter ton compte du montant du chèque et créditer le compte du bénéficiaire de la même somme. En même temps, il va t'aviser du débit en t'envoyant ton relevé de compte, et il va envoyer le premier volet, celui qui a au verso une partie « correspondance », au bénéficiaire. Le Centre de Chèques Postaux va conserver le 2e volet comme trace et preuve de la transaction. Dans la partie réservée à la correspondance, tu as pu écrire au bénéficiaire soit la raison pour laquelle tu lui envoies cette somme, soit la référence de la facture que tu règles ainsi. Il recevra lui aussi, en même temps, sa <u>position de compte</u>.

Paul : C'est en cela que ce système est supérieur à la banque, car on n'a pas besoin d'attendre un mois pour avoir son relevé de compte et on sait, à chaque opération, combien on a à son crédit.

Guido : Oui, et aussi c'est très facile de faire la preuve d'un paiement : il suffit de photocopier l'avis de débit, la position de compte, qui porte la somme et le numéro de C.C.P. du bénéficiaire. Et on peut aussi faire virer son salaire sur ce compte et faire déduire automatiquement ses notes de gaz, d'électricité, d'eau, de téléphone, son loyer, ses assurances etc.

Paul : Quelquefois, dans la V.P.C. par exemple, j'ai remarqué que l'on demandait d'envoyer les deux volets avec la commande, pourquoi ?

Guido : Cela permet plus facilement de vérifier que la commande est bien accompagnée du règlement, et c'est l'entreprise de V.P.C. qui envoie ensuite les deux volets au Centre de Chèques Postaux. Il suffit d'attendre l'avis de paiement, en général le lendemain, pour expédier la commande. Tu remarqueras que ces volets sont assez spacieux pour qu'on puisse les passer dans les caisses enregistreuses, qui inscrivent automatiquement la raison sociale du magasin bénéficiaire et le montant de la facture sur le chèque. Le client n'a plus qu'à signer.

Paul : C'est nettement mieux. Mais quelle différence y a-t-il entre les chèques postaux et les « postchèques » ?

Guido : Ce sont des chèques que le titulaire d'un compte courant postal peut demander avant de partir en voyage à l'étranger. Il peut en recevoir vingt. Les chèques sont à son nom et il va recevoir, en même temps que les chèques, une carte de garantie postchèque qui lui permettra de retirer en monnaie locale l'équivalent de 1 400 F.

Paul : Alors, c'est l'équivalent des chèques de voyage que l'on achète dans les banques…

Guido : Pas du tout ! Car tu ne les achètes pas avant de partir. Tu ne paies que 5 F par chèque et leur montant, qui peut varier comme pour un chèque ordinaire, ne sera prélevé sur ton compte que lorsque tu les auras utilisés, et si tu n'as pas besoin de tous tes chèques, tu peux toujours les conserver pour un autre voyage. De plus, ce système est très sûr, car pour pouvoir encaisser ces chèques, tu dois aller dans un bureau de poste et montrer ta carte de garantie postchèque, plus une pièce d'identité avec ta photo.

Paul : Et le <u>T.U.P.</u> ? Mon assureur m'envoie toujours des T.U.P. à chaque échéance, mais je ne sais pas très bien comment les utiliser, alors j'envoie un chèque bancaire !

Guido : Ah, ce système-là aussi est génial ! Pour toutes les factures répétitives, comme les assurances, le gaz, l'électricité, etc. tu peux utiliser les T.U.P. Tu envoies ton <u>R.I.B.</u>, ou ton <u>R.I.P.</u>, à ton créancier pour qu'il puisse établir les T.U.P., et lorsque tu les reçois, tu n'as qu'à vérifier le montant à payer, tu signes et tu renvoies, c'est tout. Au <u>C.L.O.</u>, on va débiter ton compte et créditer celui de ton créancier, et voilà ! Si tu n'as ni compte bancaire, ni C.C.P., tu peux aller à la poste et verser l'argent au guichet comme pour un <u>mandat</u>. C'est très bien pour les personnes âgées qui ont peur de se tromper en écrivant un chèque car elles n'ont qu'à signer. À ce propos je te signale que, depuis le 1er février 1988, il existe aussi le <u>T.I.P.</u> qui, à terme, va remplacer le T.U.P. L'interbancarité de ce nouvel instrument de paiement permet aux débiteurs de payer par débit d'un compte bancaire, postal, d'un livret d'épargne ainsi qu'en espèces aux guichets de la poste, que l'organisme émetteur soit domicilié dans un centre de chèques postaux ou dans une banque. Est-ce que tu sais que la Poste s'est associée au <u>réseau</u> Carte Bleue-Visa ?

Paul : Oui, c'est vraiment pratique, et cela combine la facilité d'opération et du compte C.C.P. et de la Carte Bleue. Il y a déjà des <u>terminaux</u> de paiement installés chez de nombreux commerçants pour faciliter encore plus l'utilisation sans risques de la carte. Je trouve que la Poste française offre beaucoup plus de services aux usagers que la Poste américaine par exemple, qui n'assure que l'acheminement du courrier, des colis postaux et des mandats. En France, en plus des chèques postaux, il y a aussi cet autre aspect de banque qu'est la Caisse d'épargne de La Poste, qui fonctionne comme une «savings bank» aux États-Unis. Et même mieux, puisqu'on a dématérialisé les livrets avec «Post-Epargne», qui est entièrement informatisée ! Et le télégraphe, le télex, «Postéclair» qui utilise la télécopie, «Chronopost» pour le courrier urgent à délai garanti… Il y a même avec «Aviposte» la possibilité de souscrire une assurance-vie ! Oh, j'allais oublier le téléphone ! Et tout cela marche très bien.

Guido : Oui, le téléphone, mais cela ne dépend plus du tout de la Poste ! Il n'y a même plus de cabines dans les bureaux de poste maintenant. C'est le domaine de France Telecom ! Mais il est vrai que le téléphone public a été bien amélioré : maintenant on n'a plus besoin de jetons, ni de pièces de monnaie, on achète à la poste ou dans un bureau de tabac une télécarte à puce pour 50 ou 120 unités. On introduit la carte dans la fente et après avoir décroché le combiné, attendu la tonalité, on peut composer le numéro de son correspondant sur le cadran, et il n'est plus nécessaire d'appuyer sur un bouton pour se faire entendre lorsqu'on a son correspondant au bout du fil ! Auparavant, j'oubliais toujours ce détail et je ne comprenais pas pourquoi on me répondait seulement : « Allô, allô, qui est à l'appareil ? » alors que je parlais ! Avec la télécarte, tu peux voir sur un petit écran la somme exacte qui reste sur la puce, et quand tu arrives à «0,00 Francs» il faut vite mettre une nouvelle carte, sinon la communication est interrompue !

Paul : À propos de téléphone, je vais te faire rire, la première fois que l'on m'a demandé à parler au chef du service comptabilité, j'ai voulu dire : « Hold on, I'm switching your call to extension 209 » et j'ai dit : « Accrochez-vous… » et, bien sûr, on a raccroché !

Guido : Qu'est-ce qu'il fallait dire ?

Paul : « Ne quittez pas, je vais vous passer le poste 209 »… Je le sais maintenant !

Guido : Est-ce que tu sais ce que c'est un Numéro Vert ?

Paul : Oui, c'est ce que nous appelons un numéro «800», qui permet de faire un appel gratuit, puisque cette communication sera automatiquement facturée au correspondant. Ce sont surtout des entreprises commerciales qui ont ce type de numéro.

Guido : Au fait, est-ce que tu sais que la France est le premier pays a posséder un annuaire téléphonique électronique ? Cet annuaire est toujours à jour, car tous les changements d'adresses, de numéros, sont immédiatement mis dans la mémoire de l'ordinateur central. C'est le Minitel. On distribue gratuitement aux abonnés des claviers avec des écrans qui leur permettent de taper le nom de leur correspondant et de trouver ainsi son numéro de téléphone, grâce à une liaison avec l'ordinateur central. Ils peuvent aussi faire bien d'autres choses avec ces petits ordinateurs. Ils peuvent consulter leur compte en banque ou leur compte courant postal, effectuer des virements, ils peuvent aussi faire des réservations à la S.N.C.F., payer leurs billets, et il en va de même pour les compagnies aériennes. Ils peuvent également consulter le programme des cinémas de leur quartier, savoir quelles sont les pharmacies ouvertes la nuit, le nom des médecins de garde, etc. Ils peuvent même effectuer des achats avec leur Minitel, jouer à des jeux électroniques, utiliser les messageries pour envoyer des messages à leurs amis ou à des inconnus, et même, tu as dû entendre parler du «Minitel rose» ! Bref, c'est vraiment un gadget dont on ne peut plus se passer, mais il faut faire attention, car si la consultation de l'annuaire électronique et les communications avec les services des Télécoms sont gratuites, tout le reste est payant et certains services coûtent très cher !

Paul : Tu as dit qu'on distribuait gratuitement les minitels aux abonnés, alors ils n'ont pas besoin de payer une redevance comme pour un appareil téléphonique, c'est formidable ! Mais nous sommes arrivés. Ah zut ! Il faut faire la queue au guichet des recommandés, pourvu que l'on ait le temps de déguster notre pizza avant de retourner au bureau ! Dis donc, puisque tu sais tant de choses sur les télécommunications, j'ai un renseignement à te demander. Que dois-je faire pour appeler mon père «collect», enfin, je veux dire en P.C.V. ?

Guido : Mais je crois que les appels de ce genre ont été supprimés.

Paul : Pour les appels à l'intérieur du pays, c'est vrai, mais on peut toujours appeler en P.C.V., depuis la France vers l'étranger. Seulement avec le décalage horaire, je dois l'appeler du bureau vers midi pour le joindre à la maison avant qu'il ne parte pour Manhattan, et je n'arrive pas à obtenir la standardiste pour demander le numéro en P.C.V. sur l'appareil du bureau ! J'ai beau composer le « 0 », cela ne marche pas !

Guido : Evidemment ! Il faut faire le 19.00.11 pour avoir le standard international.

Paul : Merci, la prochaine fois je saurai. Dépêchons-nous de prendre cette table, il n'y a pas encore trop de monde à la pizzeria.

Guido : Je t'ai parlé de mon cours et j'ai oublié de te parler de Lisa et de Diva.

Paul : Deux filles à la fois ! Ah, ces Italiens...

Guido : Eh bien, pour tout te dire ce sont des automates : « Lisa » veut dire Libre-Service d'Affranchissement. Le client pèse sa lettre ou son colis, le poids s'affiche sur la balance. On choisit à l'écran le mode d'affranchissement souhaité. Le prix apparaît alors à l'écran et l'appareil donne la vignette d'affranchissement, et éventuellement rend la monnaie. « Diva » signifie Distributeur de Vignettes d'Affranchisse-

ment. On doit aussi peser son pli, mais après il faut chercher sur un tableau affiché au mur le tarif d'affranchissement correspondant au poids et au pays de destination, puis il faut mettre le montant exact dans l'appareil pour recevoir sa vignette d'affranchissement.

Paul : Je suis sûr que non seulement les clients de la Poste doivent apprécier ces deux nouveautés, mais les guichetiers aussi !

Guido : A propos de nouveautés, ce n'est pas tout, France Telecom n'a pas voulu être en reste, et maintenant il y a le Bi-Bop.

Paul : Oh, ce n'est pas nouveau, c'est une danse !

Guido : Pas du tout, c'est un téléphone de poche que l'on peut utiliser dans la rue ! À condition d'être à proximité des 3 000 bornes d'appel disposées un peu partout dans Paris. Cela coûte moins de 2 000 F et les gens se les arrachent !

VOCABULAIRE

La Poste : *postal services, post office*
France Telecom : *French telecommunication agency*
P.T.T. : *postes, télégraphe, téléphone*
recommandé : *registered*
un accusé de réception : *an acknowledgment of receipt*
une mise en demeure : *a formal notice (of summons)*
un timbre : *a stamp*
un aérogramme : *an airgram*
une machine à affranchir : *a postage meter*
le courrier : *the mail*
la franchise postale : *postage free status, franking*
un chèque postal : *a post office check (no real equivalent)*
un volet : *a tear-off, a detachable section*
le talon : *the stub*
la position de compte : *the statement of account*
T.U.P. : *Titre Universel de Paiement (universal document of paiement) (no real equivalent)*
R.I.B. : *Relevé d'Identité Bancaire (bank identification)*
R.I.P. : *Relevé d'Identité Postal*
C.L.O. : *Centre de Lecture Optique (Optical Reading Center)*
un mandat : *a money order*
T.I.P. : *Titre Interbancaire de Paiement (interbank instrument of paiement).*
le réseau : *the network*
un terminal (des terminaux) : *a terminal*
l'acheminement du courrier (m) : *mail forwarding*

le code postal : *zip code*
la Caisse (Nationale) d'Épargne de La Poste : *(national) savings bank (in the post-offices)*
la télécopie : *fax*
un télécopieur : *fax machine*
un jeton : *a token*
une télécarte : *telephone card*
une puce : *a chip*
la fente : *the slot*
décrocher le combiné : *to pick up the receiver*
la tonalité : *the dial tone*
composer le numéro : *to dial the number*
le correspondant : *the correspondent, the party*
le cadran : *the dial*
au bout du fil : *on the line, on the phone*
Allô, qui est à l'appareil ? : *Hello, who's speaking ?*
raccrocher : *to hang up*
un Numéro Vert : *800 number*
un annuaire téléphonique : *a directory, a telephone book*
un clavier : *a keyboard*
une redevance : *a rental charge (telephone)*
faire la queue : *to stand in line, to queue up*
P.C.V. : *à PerCeVoir (collect, reversed charges)*
un embouteillage : *a traffic jam, a bottle neck*
la standardiste : *the operator*
Lisa : *Libre-Service d'Affranchissement (postage self-service)*
Diva : *Distributeur de Vignettes d'Affranchissement (stamped sticker distributor)*
un automate : *an automaton*
un pli : *a letter*
Bi-Bop : *pocket telephone*
un répondeur : *an answering machine*
un écopli : *a third class mail letter*

QUESTIONS ORALES

1. Que veut dire « affranchir » une lettre ?
2. Combien un chèque postal comporte-t-il de volets ?
3. Pourquoi les entreprises de V.P.C. demandent-elles d'envoyer tous les volets du chèque postal avec la commande ?
4. Quel est l'avantage des chèques postaux ?
5. Comment fonctionne le T.U.P. ? Par quoi va-t-il être remplacé ?

6. Qu'est-ce que la Caisse d'Épargne ?
7. Décrivez la façon d'utiliser un téléphone public.
8. Quel est l'avantage de l'annuaire téléphonique électronique ?
9. Quie paie la communication quand on fait un appel en P.C.V. ?
10. Quels sont tous les services qu'offrent La Poste en France ?

EXERCICES ECRITS

1. Ecrivez le mot ou l'expression qui vous paraît convenir :

1. Certaines correspondances avec les services publics bénéficient de la . . . . postale.
   - qualité
   - distribution
   - franchise
   - règle

2. Notre service télex permet la liaison directe de deux . . . .
   - abonnés
   - destinataires
   - préposés
   - expéditeurs

3. Toute annonce téléphonée doit être . . . . confirmée par télex ou courrier.
   - impérativement
   - vraiment
   - certes
   - indubitablement

4. On a déjà équipé quelques milliers d'............ au téléphone de l'annuaire électronique qui doit peu à peu relayer les annuaires en papier.

- adhérents
- abonnés
- abandonnés
- inscrits

5. Dès réception des marchandises, je vous ferai un virement postal pour vous .... du montant de la facture.

- ouvrir
- couvrir
- agréer
- recouvrer

6. Décrochez ...., mettez la télécarte dans la fente et composez votre numéro.

- le haut-parleur
- l'écouteur
- le microphone
- le combiné

7. Le service du contentieux a envoyé une mise .... à ce client parce qu'il n'a toujours pas payé sa facture.

- en domicile
- en reste
- en demeure
- au point

8. Un chèque postal comporte deux ....

- feuillets
- volets
- fenêtres
- talons

9. Un appel en P.C.V. est payé par ....

- le demandeur
- le correspondant
- l'opératrice
- le bureau de poste

10. Pour vous permettre de téléphoner et .... n'importe où, France Telecom développe un nouveau concept de communication.

- d'adresser
- d'avoir un accès
- de joindre
- d'être joint

11. Les bureaux de poste seront fermés le jeudi 1er novembre, fête de la Toussaint, ... ceux assurant la permanence des dimanches et jours fériés.

- à vrai dire
- à savoir
- à l'exception de
- en général

12. En cas de changement d'adresse définitif ou ...., nos abonnés sont invités à formuler leur demande deux semaines avant leur départ.

- intérimaire
- provisionnel
- transitaire
- provisoire

2. Trouvez le mot qui manque et faites ensuite une phrase avec ce même mot :

- 1er mot :

a. Certaines lettres ne sont pas timbrées parce qu'elles bénéficient de la .... postale.

b. Je vous le dis en toute ....

c. En cas de sinistre, une .... de 10 % de la prime restera à la charge de l'assuré.

d. ....

- 2e mot :

a. Le .... postal comporte cinq chiffres et permet le tri mécanique du courrier.

b. Le .... barres apposé sur les produits de consommation facilite la gestion des stocks.

c. ....

3. Faites une phrase avec les mots suivants :

Retirer - compte - livret.

4. Il faut être deux pour faire des affaires, indiquez le nom du partenaire :

expéditeur : ....

5. Vrai ou faux :

1. La correspondance adressée au Centre de Chèques Postaux est dispensée de timbre. VRAI   FAUX

2. Les services postaux ne versent pas de fonds à domicile. VRAI   FAUX

3. Le Centre de Chèques Postaux envoie un relevé de compte tous les mois. VRAI   FAUX

6. Complétez les textes à l'aide des mots proposés :

A. affranchissement - correspondance - émission - enveloppe - envoi - guichet - livret - modalités - paiement - prélèvement - règle - règlement - taxes - titre.

AVIS IMPORTANT

Le courrier que vous recevez des services des télécommunications fait l'objet d'un .... postal. Réciproquement, celui que vous lui adressez, y compris l'envoi de votre .... au centre de facturation et de recouvrement (C.F.R.T.), est soumis à la même ....

Afin de vous éviter le paiement des .... relatives aux lettres insuffisamment affranchies, vous êtes invités à vérifier l'affranchissement de votre .... quelle qu'en soit la nature.

Toutefois, en ce qui concerne le .... de vos factures, l'............. d'un chèque au C.F.R.T. sous enveloppe timbrée n'est pas la seule modalité possible.

Vous pouvez également opter pour le .... du montant de votre facture sur un compte courant ou sur un .... de Caisse d'Épargne. Votre Agence commerciale est à votre disposition pour vous renseigner sur les .... de ce règlement simplifié.

Vous avez aussi la possibilité, si vous disposez d'un compte chèque postal, d'adresser un .... universel de paiement à votre centre de chèques sous .... non affranchie.

Vous pouvez enfin payer au .... d'un bureau de poste mais vous aurez alors à acquitter dans tous les cas un droit d'............. de mandat.

FRANCE TELECOM

B. agissez - banque de données - communiquez - dynamisez - informez - resserrez - ressources informatiques - services de consultation - services en direct - services internes.

TÉLÉTEL

La puissance de l'informatique, la simplicité du téléphone

Voici TÉLÉTEL : tout un monde de ....

TÉLÉTEL va donner une nouvelle dimension à votre vie professionnelle, à votre entreprise, quelles que soient sa taille et son activité, et vous ouvrir l'accès à des .... de toutes natures et de toutes puissances.

TÉLÉTEL, ...- vous en direct :

Chacun peut, de son poste de travail, interroger des .... professionnelles ou des services d'information pratique.

Sans intermédiaires, sans connaissances spéciales, sans contraintes d'horaires.

TÉLÉTEL, ... en direct :

En concevant des .... (boîtes à lettres électronique, journal d'entreprise, etc.) vous optimisez les circuits de communication dans votre entreprise, sans modifier vos structures, sans bousculer vos habitudes.

TÉLÉTEL, ... en direct :

Vous .... votre force de vente, vous .... vos liens avec vos distributeurs, vos clients, vos fournisseurs, grâce à des .... (catalogues, stocks, tarifs) et de commande en direct.

Voici TELETEL, un nouvel outil de compétitivité, une nouvelle liberté pour travailler et entreprendre.

7. Correspondance :

1 Vous travaillez chez VALCO – 18, rue des Iris, 95310 SAINT-OUEN L'AUMÔNE – fabricant de pièces détachées.

a. Un client, l'établissement MECANIK – 3, avenue Foch 77130 MONTEREAU – vous commande 500 boulons à livrer sous huitaine (Réf. 78J).

En raison d'une rupture de stock de cet article, vous proposez de lui expédier un article similaire ; vous lui demandez de confirmer son accord par retour.

Rédigez le texte du télex à adresser à ce client.

b. Le directeur financier, Monsieur GUILLEMIN, avait un rendez-vous avec Monsieur MESSAGER, expert-comptable, prévu le jeudi 12 avril à 15 h 30. Ayant un empêchement à cette date, il souhaite reporter l'entretien et propose le 16 avril à 14 h ou le 19 avril à 10 h 30.

Préparez le message destiné à Monsieur MESSAGER, qui dispose d'un répondeur téléphonique.

c. Monsieur GUILLEMIN souhaite renouveler son abonnement au quotidien LE MONDE – 15, rue Falguière, 75501 PARIS Cedex 15.

Établissez le chèque postal (voir fac-similé p. 189).

2 Vous travaillez comme assistant(e) au Service des Achats des Galeries Lafayette à Paris.

La responsable de ce service, Madame Fabienne DEMAILLY doit se rendre à Nice les 4, 5 et 6 avril prochain pour participer au Salon International du Textile.

Vous êtes chargé(e) de :

a. **Réserver** par télex une chambre confortable avec salle de bains à l'Hôtel Arcade – 179, avenue René Cassin, 06200 NICE – N° télex : 202979.

Madame Demailly arrivera le 4 au matin et repartira le 6 dans la soirée.

Rédigez le texte du télex.

b. **Préparer** le chèque correspondant, sachant que le tarif est de 440 F par nuit pour la chambre et le petit déjeuner.

Établissez le chèque bancaire (voir fac-similé p. 189).

c. Durant ces 3 jours, Madame Demailly souhaite faire le point sur la politique des achats avec Monsieur Alain BOIS-GONTIER, Chef des Achats des Galeries Lafayette de Nice.

Rédigez le message proposant un entretien sur la carte de visite ci-dessous :

Fabienne DEMAILLY
Responsable des Achats

GALERIES LAFAYETTE
40, boulevard Hausmann, 75009 Paris   42.82.34.56

---

8. Version :

1. L'affranchissement des lettres ordinaires pour les États-Unis est de 4,80 F.

2. Je ne peux pas vous la passer actuellement : elle est en communication ; à quel numéro peut-elle vous rappeler ?

3. Les mandats télégraphiques sont très utiles en cas d'urgence.

4. Ne quittez pas, je vous passe le poste 22.

5. Il faut envoyer une lettre recommandée avec accusé de réception.

6. Donnez-moi un carnet de timbres et cinq aérogrammes, s'il vous plaît.

7. Dans l'annuaire du téléphone on trouve les noms, adresses et numéros de tous les abonnés de la ville.

8. Pour retirer de l'argent de son compte à la Caisse d'Épargne on doit présenter son livret.

9. Même les petites entreprises utilisent largement les marchines à affranchir à la place des timbres-postes.

10. Les modèles de télécopieurs les plus utilisés actuellement dans les bureaux ne mettent que 30 ou 40 secondes pour transmettre une page.

11. Vous êtes en communication avec la Société S.B.B. : nos bureaux sont actuellement fermés, mais vous pouvez laisser vos coordonnées et un message sur le répondeur.

12. Grâce au service « Infogreffe », vous pouvez consulter sur votre minitel le bilan et le résultat net de toutes les sociétés ayant un numéro au Registre du Commerce. Il vous en coûtera 9,06 F par minute de consultation.

9. Thème :

1. Calling during low rate periods is a good way to save money.

2. Hello, could I speak to Mr Mignet on extension 144, please ?

3. What is the postage for a letter to France ?

4. You will be charged less for this call if you dial direct.

5. Printed matter can be sent at a lower rate.

6. Send this parcel C.O.D.

7. I want to make a collect call.

8. The U.S. service mail does not have a savings account department.

9. Lift the receiver, listen to the dial tone, insert a coin in the slot, and dial the number of your correspondant.

10. The postal strikes caused considerable inconvenience to many firms, since most orders, invoices and means of payment are sent by mail.

11. Have you ever needed to make a call from a busy airport or hotel lobby public phone and not had the correct change ? Now when you travel with your AT&T Card you can call from almost any phone.

12. The postal services were disrupted for several weeks by the strike.

10. Jeu de rôles :

Vous recevez des appels téléphoniques « inquiétants » d'inconnus (à vous d'imaginer…). Vous vous rendez à l'agence de FRANCE TELECOM proche de votre domicile pour exposer votre problème et demander conseil.

Vous voudriez connaître l'origine de ces appels. Pour des raisons de sécurité, les Télécoms ne peuvent vous communiquer ces renseignements, mais on vous propose l'inscription sur la liste rouge : vous aurez un nouveau numéro qui ne sera pas publié dans l'annuaire et ne sera pas communiqué. Vous pensez aux avantages mais aussi aux inconvénients de cette inscription (nommez-les) et vous demandez à réfléchir avant de prendre une décision.

11. Compréhension de texte :

La Poste crée un timbre à validité permanente.

MARIANNE N'A PAS DE PRIX

Le prix va disparaître progressivement du principal timbre d'usage courant : La Marianne rouge. Pour simplifier la vie des clients, mais aussi de La Poste, qui ne craindra plus les ruptures de stocks lors des augmentations de tarifs.

En vente dans les bureaux de poste et chez les buralistes (1) depuis le 19 avril 1993, le timbre à validité permanente conserve le visage républicain de Marianne. Mais l'indication habituelle « 2.50 francs » n'y figure plus. Avantage pour les usagers : il permet d'affranchir indéfiniment les lettres urgentes de moins de 20 grammes pour la France, les DOM-TOM (2) et la C.E.E., même si les tarifs ont changé depuis la date d'achat. Un souci de moins pour les consommateurs qui, lors des augmentations de tarifs, ne seront plus obligés d'aller acheter des timbres de complément de 10 ou 20 centimes, ou des timbres de transition sur lesquels figure une lettre. Seule la Marianne rouge est concernée : La Poste n'envisage pas pour l'instant d'étendre l'opération à L'écopli (3) (la Marianne aujourd'hui à 2,20 francs).

Cette innovation vise principalement les particuliers et les petites entreprises, grands utilisateurs du timbre d'usage courant. La Marianne à 2,50 francs affranchit en effet 50 % des lettres de moins de 20 grammes, soit 2,7 milliards d'objets par an, ce qui représente environ 15 % du trafic total de La Poste. Pour Yves Cousquer, président de La Poste, « cette innovation fait partie des mesures que La Poste a engagées depuis quelques années afin de simplifier la vie quotidienne des Français, comme le timbre autocollant (4) ou l'aménagement de la formule de procuration pour retirer les objets recommandés. »

Cette nouveauté philatélique (5) va aussi simplifier la vie de La Poste. Jusqu'à présent, les nouveaux tarifs, décidés par le ministère des Finances, n'étaient jamais connus suffisamment tôt pour que les timbres aux nouvelles valeurs soient imprimés et distribués à temps dans tous les bureaux de poste. Dorénavant, plus de risques de ruptures de stocks.

Avant de lancer son timbre à validité permanente, La Poste a fait réaliser un sondage en septembre 1992, selon lequel 82 % des personnes interrogées se sont déclarées favorables à cette initiative. Les associations de consommateurs, consultées en novembre 1992, ont elles aussi approuvé le projet. Elles seront à nouveau consultées prochainement pour un bilan de l'expérience, avant d'envisager sa généralisation.

La Poste française n'est pas la première à supprimer toute mention de prix sur les timbres d'usage courant. Les Postes britannique et finlandaise l'ont précédée de quelques mois. Les Pays-Bas, le Portugal et l'Italie pourraient lui emboîter le pas prochainement.

Guy Le Goff,
Messages, n° 424, mai 1993.

[A] **Complétez**, à l'aide du texte, la fiche de synthèse ci-dessous :

1. Sujet de l'article : ....
   Auteur : ....
2. Publié par : ....
   En date du : ....
3. Que peut-on lire, en général, sur les timbres courants ?
4. Depuis quand cette indication a-t-elle disparu ?
5. Que devaient faire les usagers auparavant ?
a. ....
b. ....
6. Quels sont les grands usagers de ce timbre ?
7. Quelles autres mesures ont été engagées par La Poste pour simplifier la vie quotidienne des Français ?
a. ....
b. ....
8. Les usagers seront-ils les seuls bénéficiaires de cette nouveauté ?
9. Pourquoi La Poste risquait-elle d'avoir des ruptures de stocks de timbres ?
10. Pourquoi 82 % des personnes interrogées se sont-elles déclarées favorables à cette initiative ?
11. La Poste française est-elle la première à lancer ce nouveau type de timbre ?
12. Quels sont les autres pays qui envisagent d'en faire autant ?
13. Qui est « Marianne » ?

[B] Que se passe-t-il dans votre pays lorsqu'il y a des augmentations de tarif pour les timbres ?

À votre avis, est-ce une bonne initiative que La Poste française a prise ?

Que doivent en penser les « philatélistes » ?

Vous **répondrez** à ces questions sous forme de rédaction libre d'une douzaine de lignes.

(1) Un buraliste tient un bureau de tabac pour la vente du tabac, des cigarettes et des allumettes de la SEITA (Service d'Exploitation Industrielle du Tabac et des Allumettes – monopole d'État). Il vend aussi des timbres-poste, des timbres fiscaux, des vignettes pour les automobiles (qui représentent la perception de la taxe sur les voitures) et des cartes à puce pour les téléphones publics. La plupart du temps, les buralistes tiennent aussi un débit de boissons et d'alcool.
(2) DOM-TOM : Départements d'Outre-Mer et Territoires d'Outre-Mer.
(3) Ecopli : lettre non urgente à tarif réduit.
(4) Autocollant : qui est enduit, au verso, d'une substance adhésive.
(5) Philatélique : qui a trait aux timbres poste et à leur collection.

Comment la France a inventé la télématique

Quand le Minitel est lancé, il y a plus de dix ans, personne n'imagine pour lui un tel avenir. Personne, sauf les responsables de l'opération, dont la vision du succès à venir a permis de surmonter tous les obstacles.

En France, plus de six millions de minitels donnent accès à 20 000 services. Les Français ont massivement adopté la télématique, une décennie après sa naissance. Ils ne sont plus les seuls, mais ils ont été – et restent – les premiers. Pourquoi les Français ? Quand il a été mis en service, à la fin des années soixante-dix, le petit écran vidéotex, qui allait devenir un si grand phénomène, ne faisait pas appel à une technologie inédite. Avec Prestel, les Britanniques avaient même un terminal d'avance.

La réponse à l'énigme, en fait, n'est pas technique, mais politique. Elle tient en un mot : volontarisme. Un volontarisme qui était à l'époque un phénomène purement national. C'est le même souffle « colbertiste » qui pousse la France des années soixante dix à sortir du sous-développement téléphonique et celle des années quatre-vingts à entrer dans la télématique de masse. Dans les deux cas, sa réussite a été un phénomène unique au monde. Le succès du minitel repose sur une volonté et une coordination sans faille entre les Télécoms et les industriels. Ce « pack » a dû surmonter deux obstacles de départ : l'opposition de la presse écrite et l'indifférence relative des abonnés.

Car contrairement au téléphone, le minitel ne présente aucun caractère d'urgence pour les Français. C'est avec une curiosité amusée que les visiteurs relativement initiés du Sicob, en 1974, découvrent sur le stand de la Direction Générale des Télécommunications (D.G.I.) un terminal baptisé non sans humour « Tic-Tac » (pour « Terminal Intégré Comportant Téléviseur et Appel au Clavier »). Destiné à devenir grand public dans un avenir indéterminé, il est composé d'un appareil de télévision et d'un clavier. But affiché : remplacer à terme les pavés papivores de l'annuaire. Mais il est déjà manifeste que l'appareil peut faire mieux. On peut, sur le stand, s'amuser à afficher quelques pages d'annuaire électronique, mais aussi consulter les cours de la bourse ou les dépêches de l'Agence France-Presse. Des petits jeux mettent en valeur le caractère interactif du système.

Les possibilités de l'informatique, combinées à celles des télécommunications, appellent donc plus d'ambition qu'un simple annuaire. Au point qu'il est temps de savoir où l'on va. Le 20 décembre 1976, le président de la République demande à Simon Nora et Alain Minc, deux inspecteurs des finances, de produire un rapport sur « l'informatisation de la société ». Le rapport Nora-Minc paraît en janvier 1978. Les deux hauts fonctionnaires inventent le mot « télématique », qui célèbre le mariage de l'informatique et des télécommunications. Ils ont cette conclusion : « Une informatique de masse va désormais s'imposer comme l'a fait l'électricité ».

Mais, pour émerger, la télématique grand public doit atteindre une taille critique. Elle ne peut le faire que par une volonté politique. Dès 1979, le Directeur général des télécommunications annonce au salon Intercom de Dallas que la D.G.T. est prête, « sous réserve de l'approbation du gouvernement », à fournir gratuitement un terminal écran d'un faible prix de revient à tous ses abonnés. Il se dit lui aussi persuadé que la télématisation est « un phénomène d'une importance analogue à l'apparition du chemin de fer ou de l'aviation ».

Dans le même temps, les Télécoms décident de passer du laboratoire à l'expérience en vraie grandeur. On choisit deux sites pour lancer deux expériences différentes, mais complémentaires : le vidéotex domestique sur une zone baptisée « 3V » (Vélizy - Versailles - Val-de-Bièvre) et l'annuaire électronique dans le département d'Ille-et-Vilaine. D'un côté l'utilisateur des téléviseurs, de l'autre l'installation d'un matériel spécifique. D'un côté l'ébauche d'une multiplicité de services, de l'autre seulement l'annuaire.

L'expérience 3V est conçue pour durer dix-huit mois. Elle va toucher 2 500 foyers. Le ministre des P et T d'alors, Louis Mexandeau, l'ouvre le 9 juillet 1981 à Vélizy (Yvelines). Les foyers-pilotes sont équipés d'un décodeur qui permet de consulter une vingtaine de services sur l'écran du téléviseur fami-lial. La manière dont l'expérience 3V est conduite porte en germe la réussite future du minitel. L'équipe-projet de ▮ D.G.T. n'en néglige aucune retombée. Elle associe à ses ingénieurs, des commerciaux, des hommes de communication, des sociologues, des industriels.

Même soin pour la mise en place de l'annuaire électronique en Ille-et-Vilaine. Soucieux d'associer dès le départ les grands industriels nationaux, le Centre Commun d'Études des Télécommunications et de la Télédiffusion (C.C.E.T.T.), un organisme de recherche commun à ▮ D.G.T. et à T.D.F., lance en juin 197▮ une consultation pour la construction de terminaux vidéotex en pré-série auprès de Matra, Philips-Radiotechnique, T.R.▮ et Télic-Alcatel. On leur a préparé le terrain.

FEU VERT DE L'ELYSEE

Le C.N.E.T. et le C.C.E.T.T. ont mis au point un coffret, à partir d'un décodeur vidéotex relié à un moniteur vidéo. On élabore dans le même temps une « maquette » de fichier informatisé de l'annuaire électronique et l'on utilise le réseau public Transpac. On a donc le terminal, le service et le réseau. E▮ juillet 1980, l'annuaire électronique fa▮ une première entrée à Saint-Malo... et ▮ l'Elysée. Tester les populations ne di▮ pense pas de convaincre le sommet d▮ l'État ! La D.G.T. y gagne un feu ver▮ présidentiel pour lancer Télétel e▮ l'annuaire électronique auprès du gran▮ public. Comme il lui fait un nom popu▮ laire, Roger Tallon, designer du T.G.V▮ propose de la baptiser « Minitel » dans u▮ rapport sur l'utilisation du terminal grand public.

L'opposition à la généralisation d▮ l'annuaire électronique se divise alors e▮ deux clans. Côté sceptiques, un certai▮ nombre de parlementaires jugent qu'u▮ terminal vidéotex pour remplace▮ l'annuaire est un « gadget coûteux ». U▮ terminal à tout faire ? Le bilan de l'exp▮ rience 3V est mitigé. Seuls 20 % des ut▮ lisateurs-cobayes ont assuré 60 % d▮ temps de connexion. Les services d'i▮ formation et les jeux connaissent un v▮ succès, mais l'utilisation du clavier pos▮ problème.

Côté craintifs, les patrons de press▮ redoutent l'hégémonie du minitel. Il com▮ mence par l'annuaire, mais va finir pa▮ monopoliser toute l'information, notam▮ ment les petites annonces qui les fon▮ vivre. Peu ou prou, l'écran nuira a▮ papier, comme la télévision a nui a▮ cinéma. En première ligne, Ouest-Franc▮ directement menacé par l'expérienc▮ d'Ille-et-Vilaine, sonne la charge. Il e▮ suivi par presque toute la presse, y com▮ pris Le Monde, qui le 27 septembre 1980▮ dénonce la télématique « fossoyeur » de ▮ presse écrite ». L'administration riposte▮

en associant la presse à l'aventure. En 1982, à la suite d'une négociation entre François-Régis Hutin, directeur d'Ouest-France et Jacques Dondoux, Directeur général des télécommunications, les journaux acceptent l'ouverture de l'annuaire électronique à d'autres services. En échange la D.G.T. les aide pour créer des services télématiques d'informations et de petites annonces.

Le minitel peut s'envoler. Le 4 février 1983, on raccorde à l'annuaire électronique 250 000 foyers d'Ille-et-Vilaine. C'est le début de la distribution générali-sée du terminal gratuit. Une idée de génie : sans cette gratuité de départ, le minitel ne se serait jamais implanté. L'annuaire électronique sera étendu à tout le territoire en mai 1985.

Payants, en revanche, les services. C'est le principe du kiosque, ouvert en février 1984 sur le réseau Transpac, qui permet une tarification en fonction de la durée de consultation et non de la distance. Le paiement est facile, réglé sur la même facture que le téléphone. Avec le kiosque, c'est l'ouverture du 3615, l'accès au grand public et l'explosion des jeux, de la messagerie conviviale et des services professionnels. Explosion au sens littéral, puisqu'en juin 1985, alors que le minitel exploite déjà 1 100 services, le réseau Transpac saute ! Les logiciels des commutateurs ont lâché.

Pour France Telecom, cette panne, certes malencontreuse – mais rapidement réparée – était en même temps la preuve que le succès du minitel avait dépassé ses prévisions le plus optimistes...

Jean-Paul Vergnerie,
Messages, n° 423, avril 1993.

Notes sur la lecture :

une décennie : 10 ans (une décade = 10 jours)

le colbertisme : système économique dont Colbert (1619-1683), ministre de Louis XIV, fut le théoricien et le généralisateur et qui est la version française du mercantilisme.

sans faille : sans défaut, sans faute.

un pavé : un petit bloc de pierre dure et lourde qui servait à faire les routes ; par extension : quelque chose de lourd.

papivore : qui dévore du papier, qui en consomme beaucoup.

une retombée : conséquence qui peut découler de recherches effectuées dans un domaine quelquonque.

une maquette : reproduction à échelle réduite.

l'hégémonie : la suprématie, la domination.

peu ou prou : peu ou beaucoup (de l'ancien français « prou » = avantage).

sonner la charge : littéralement faire retentir le clairon pour entraîner les soldats à l'attaque.

le fossoyeur : celui qui creuse les tombes pour enterrer les morts.

NOUVEAU
Le téléphone sort dans la rue

Le téléphone descend dans la rue ! Après avoir perdu son fil, tout en pénétrant dans nos chères automobiles, voilà que le combiné se sent pousser des ailes. Grâce au Bi-Bop de France Telecom, il est désormais possible de téléphoner dans les rues de Strasbourg et Paris ! Léger, de la taille d'une calculette et d'une portée de 200 mètres, le Bi-Bop fonctionne à proximité de bornes d'appel, signa-lées par un bandeau vert, blanc, bleu et disposées un peu partout dans les deux villes et en région parisienne. Mais ce n'est pas là sa seule qualité : l'une de ses grandes spécificités est de permettre trois usages avec un combiné unique. Outre les lieux publics dont il raffole, il brille également à la maison ou au bureau ! Enfin, dernier détail de poids (quoique le Bi-Bop ne déformera pas vos poches), cette petite bête à tout faire coûte moins de 1 000 F TTC*. L'abonnement mensuel est de 54,50 F TTC*. Quant à la communication, elle est facturée au tarif « normal », avec un surcoût de 0,83 F TTC la minute en cas d'appel émis depuis la voie publique. Avec de tels avantages, le Bi-Bop n'a pas fini de tenir le haut du pavé !

Renseignements auprès des Agences France Telecom en composant le 14 (appel gratuit) ou sur Minitel : 3614 code France Telecom ou code Bi-Bop.

Tarif indicatif au 31/07/94
© France Telecom

LA POSTE ➤
FRANCE

ENVOI D'UN OBJET RECOMMANDÉ
AVEC AVIS DE RÉCEPTION
RA 2989 4835 8FR

RA 2989 4835 8FR

TAUX DE RECOMMANDATION R1 ☐ R2 ☐ R3 ☐
Cadre réservé au service

Présentation le _____

Distribution le _____
Signature du destinataire

Date	Prix	Contre-Remboursement	Nature de l'objet

RCS PARIS B 356 000 000

DESTINATAIRE LETTRE ☐ COLIS ☐

EXPÉDITEUR

UTILISER UN STYLO À BILLE / APPUYER FORTEMENT

PREUVE DE DISTRIBUTION

AVIS DE PASSAGE

PREUVE DE DÉPÔT

RECOMMANDÉ AR

LA POSTE ➤
N° 1406/1418   **MANDAT-CARTE**
A verser sur CCP ☐   A payer en espèces ☐

COUPON
remis au destinataire
CCP BÉNÉFICIAIRE

MONTANT *(en chiffres)*

EXPÉDITEUR :
NOM : _____
Références : _____

Adresse : _____

Partie réservée au service

N° d'émission :

MONTANT *(en lettres)*

BÉNÉFICIAIRE (1) _____
                              Prénom
Adresse : _____
(uniquement pour payement en espèces)

| | | | | | |
code postal

CCP N° _____   Centre : _____
        chiffres   *lettre*

(1) Préciser "M., Mme ou Mlle", écrire le nom en majuscules

CENTRE DE CHÈQUES POSTAUX DE _____

✂ - - - - - - - - - - - - - - - - - -

DESTINATAIRE   M _____

CCP N° _____   Centre : _____

EXPÉDITEUR _____   MONTANT : _____

FRANCE TELECOM *et vous*

TOUT CE QUE VOUS AVEZ TOUJOURS VOULU SAVOIR SUR VOTRE TELEPHONE, SANS MEME VOUS LE DEMANDER...

Le téléphone, c'est simple. Vous décrochez, vous composez le numéro de votre correspondant et ça marche.
Alors, pourquoi donner des explications là où il n'y a pas de question?
Pour le plaisir de communiquer, d'apprendre à mieux se connaître et de découvrir
les merveilles de la technique.

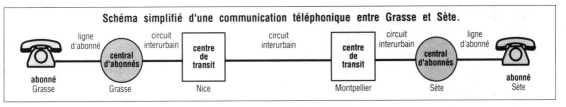

Schéma simplifié d'une communication téléphonique entre Grasse et Sète.

Votre ligne tient à deux fils.

Votre ligne téléphonique, comme celle de tout abonné au téléphone, est composée de 2 fils de cuivre qui relient votre poste téléphonique au central d'abonnés dont vous dépendez. Ces fils sont **réservés à votre seul usage**. Sur le trajet qui les mène au central, ils sont regroupés avec d'autres paires de fils dans des câbles aériens (sur poteaux) ou souterrains de plus en plus gros. Les plus importants arrivent au central avec 900, 1 800, parfois même 2 700 paires de fils (ou lignes).

Pourquoi une coupure EDF ne vous prive-t-elle pas de votre téléphone?

Le téléphone, c'est d'abord un courant électrique qui passe dans des câbles. Alors, vous vous êtes sans doute demandé pourquoi votre téléphone fonctionne en cas de coupure d'électricité? En fait, EDF fournit effectivement de l'électricité à FRANCE TELECOM. Du 20 000 volts, que FRANCE TELECOM transforme dans les centraux téléphoniques en courant continu de 48 volts et l'envoie sur l'ensemble de ses installations. Au départ, ce courant alimente de grosses batteries qui, en cas de panne d'alimentation EDF, sont capables de prendre le relais, le temps que se mettent en marche des groupes électrogènes.

Votre central envoie sur votre ligne un courant continu.

Parce qu'il est inutile de le laisser passer dans votre téléphone lorsque vous ne téléphonez pas, le courant est coupé automatiquement dès que vous raccrochez le combiné. En revanche, dès que vous le décrochez, les 2 fils qui sont à l'intérieur «forment une boucle» qui permet de laisser passer le courant.

Un courant électrique de 48 volts passe dans votre téléphone. C'est pourquoi il vous est recommandé de ne pas répondre au téléphone lorsque vous êtes dans votre bain et d'éviter de téléphoner en cas de gros orage.

Votre central est l'un des 28 centraux d'abonnés des Alpes-Maritimes.

D'une capacité de 10 000 à 50 000 li-gnes, ces centraux sont reliés entre eux par des câbles ou par faisceaux hertziens, chargés de transporter les communications.

Chaque central d'abonnés est également relié de la même façon et directement au central régional.
Il s'agit du "Centre de Transit" par lequel transite toute communication qui arrive dans les Alpes-Maritimes ou en part.

Les 8 chiffres du numéro que vous composez correspondent à des repères très précis:

- les 2 premiers indiquent le numéro du département dans lequel vous appelez. (Pour Paris, il convient d'ajouter le 16-1);
- les 2 suivants désignent, dans ce département, le central auquel est raccordée la ligne de votre correspondant;
- les 4 derniers correspondent réellement à sa ligne.

Les assurances

Paul : En revenant de la Pizzeria, j'ai été témoin d'un accident au coin de la rue, devant la boutique. Notre camion s'est arrêté au feu rouge et une vieille camionnette qui suivait, l'a embouti à l'arrière, juste comme nous arrivions avec Guido.

Mme Moreau : J'espère qu'il n'y a pas eu de blessés !

Paul : Non, les deux chauffeurs ont été un peu commotionnés mais c'est tout, par contre les dégâts matériels sont très importants sur les deux véhicules.

Mme Moreau : Nous sommes très bien assurés, heureusement ! Mais qui est responsable de l'accident ?

Paul : Le chauffeur de la camionnette qui n'a pas été maître de son véhicule. Il a dit que la chaussée était glissante à cause de la pluie, mais je pense que s'il avait eu de bons freins, il aurait pu s'arrêter !

Mme Moreau : Il va falloir faire une déclaration d'accident pour toucher des dommages et intérêts, c'est-à-dire pour obtenir une indemnité. Puisque vous avez été témoin de l'accident, je vous demanderai de signer aussi la déclaration. Voulez-vous avoir la gentillesse de prendre le dossier ''Assurances Auto'' dans le classeur, vous y trouverez la police correspondante et les formulaires de déclaration de sinistre.

Paul : De sinistre ?

Mme Moreau : Oui, c'est ainsi que l'on appelle un accident dans le langage des assurances ! Et le contrat est une police ! Vous voyez, nous avons souscrit une assurance tous risques pour tous nos véhicules, ainsi nous sommes bien couverts, les chauffeurs sont assurés même s'ils sont responsables de dommages causés aux tiers ou aux véhicules...

Paul : J'imagine que vous devez payer très cher ce genre d'assurance.

Mme Moreau : Oui, les primes à payer sont élevées, mais il y a tellement d'accrochages dans Paris que l'on a intérêt à être assuré convenablement.

Paul : On m'a dit qu'il y avait en France des assurances mutuelles qui étaient moins chères que les Compagnies d'assurances ordinaires...

Mme Moreau : C'est exact, ce sont des mutuelles corporatives qui ne font pas de bénéfices. Les cotisations demandées sont en général moins élevées que les primes, mais si le nombre d'accidents dépasse les prévisions, les mutuelles peuvent faire des appels de cotisations complémentaires dans le courant de l'année. Mon mari, qui est professeur, est membre d'une mutuelle d'enseignants, la M.A.A.I.F., pour notre voiture et il en est très content.

Paul : Est-ce qu'en tant qu'étudiant, je pourrais en profiter ? J'ai envie d'acheter une voiture, je pourrais résilier le contrat d'assurance pour ma mobylette, que je vais tâcher de revendre, et souscrire une police à la M.A.A.I.F. pour ma voiture si c'est plus avantageux...

Mme Moreau : Je ne sais pas, je vais demander à mon mari si vous pouvez bénéficier de sa mutuelle. Mais, attention, il y a un délai de préavis à respecter pour résilier votre contrat, vous devez envoyer une lettre recommandée indiquant le motif de la résiliation : disparition du risque, si vous avez vendu votre vélomoteur. Sinon, vous continuerez à devoir les primes et si vous ne les payez pas, il y aura rupture de contrat et la Compagnie d'assurances pourra se retourner contre vous.

Paul : Ah, diable ! Je n'avais pas pensé à cela ! Mais puisqu'on parle d'assurances, j'espère que la société est bien assurée aussi contre les incendies avec tout ce bois !

Mme Moreau : Bien sûr. Tous les magasins, les ateliers et les entrepôts sont assurés contre l'incendie et les recours des voisins, les dommages que le feu dans un de nos locaux pourrait causer dans le voisinage. De plus, nous sommes aussi couverts contre le dégât des eaux et contre le vol et le vandalisme. Mais comme nous venons de faire installer un système d'alarme très perfectionné, nous avons fait faire un nouvel avenant qui modifie la prime à payer.

Paul : Est-ce que le personnel est assuré aussi contre les accidents ?

Mme Moreau : Oui, tous les ouvriers et employés sont automatiquement couverts contre les accidents du travail par la Sécurité Sociale — et à ce propos, je suis heureuse de vous dire que tout le personnel est protégé à partir du moment où il quitte son domicile pour venir travailler, jusqu'au moment où il rentre chez lui.

Paul : Vous voulez dire que si un ouvrier tombe dans l'escalier de son immeuble le matin en partant pour son travail et se casse la jambe, c'est considéré comme un accident du travail ?

Mme Moreau : Oui, et il est couvert. Et nous avons même souscrit des assurances complémentaires pour les "gros risques", les machinistes, par exemple, qui peuvent <u>se mutiler</u> avec les scies à ruban ou les perceuses, etc.

Paul : Mais comment peut-on couvrir les marchandises dans les ateliers et les entrepôts, il en arrive et il en sort continuellement ?

Mme Moreau : C'est pour cela que nous avons une <u>police flottante</u> qui couvre tout jusqu'à concurrence d'une certaine somme. Notre <u>courtier d'assurances</u> vient régulièrement nous voir et nous conseiller afin de modifier nos contrats s'il y a des changements dans les risques couverts.

Paul : Est-ce que vous êtes aussi couverts pour les accidents qui pourraient arriver à des clients qui se blesseraient, par exemple, en s'asseyant sur un siège mal monté ?

Mme Moreau : Oui, nous avons un contrat "responsabilité civile" qui nous couvre pour toutes sortes d'accidents de ce genre qui pourraient provenir de notre fait. Mais il est bien entendu que seule la responsabilité civile peut être couverte, pas la responsabilité pénale.

Paul : Pénale ? Vous voulez dire "criminelle" ?

Mme Moreau : Oui, mais on dit pénale. Si le client peut prouver que le gérant a volontairement modifié ce siège dans le but de lui nuire, l'assurance paiera les frais d'hospitalisation, d'invalidité même, mais si le gérant est reconnu coupable, il pourra être condamné à une amende et/ou à une peine de prison !

Paul : Je crois que c'est assez peu vraisemblable...

Mme Moreau : Je le crois aussi ! Mais savez-vous qu'en France, un employeur peut être tenu responsable de tout dommage causé par son personnel pendant les heures de travail, car il leur en a fourni l'instrument. C'est ainsi qu'un chauffeur de camion qui avait tué son ex-femme en l'écrasant avec son <u>poids-lourd</u>, a attaqué son employeur en justice, car il est bien évident qu'il n'aurait jamais pu la tuer avec sa bicyclette !

Paul : Incroyable ! J'espère que le patron n'a pas été guillotiné pour cela.

Mme Moreau : Non, heureusement, car c'est là que l'assurance "responsabilité civile" intervient, elle joue aussi si un <u>cambrioleur</u> s'introduit dans les locaux par effraction et se blesse, car c'est le propriétaire qui est responsable, il l'est également pour les dégâts causés par un enfant ou un animal lui appartenant. J'ajoute que nous avons aussi une assurance-crédit qui nous couvre si un client ne paie pas. Evidemmment toutes ces assurances coûtent très cher, mais

comme le dit notre assureur "une assurance insuffisante procure une garantie illusoire". Mais revenons à nos moutons comme l'on dit : nous avons cinq jours pour faire cette déclaration d'accident, mais je préfère la remplir tout de suite... Dès que le chauffeur sera revenu avec le <u>devis de réparation</u> que le garagiste lui a donné, dites-lui, s'il vous plaît, de me l'apporter pour que je le joigne à la déclaration. J'espère que ce camion ne va pas être immobilisé trop longtemps chez le <u>carrossier</u> !

TOUS ÉGAUX DEVANT LE BONUS/MALUS

Jusqu'à présent, le BONUS-MALUS était appliqué différemment selon les sociétés d'assurance. Depuis l'arrêté du 11 juin 1976, toutes sont tenues d'appliquer la même réglementation et le même barème.

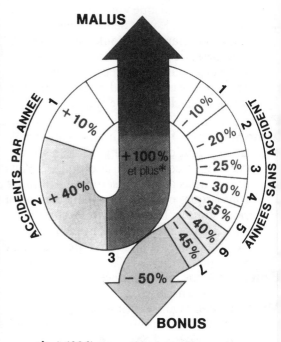

✱ + 100 % par accident supplémentaire.

A noter :

– 2 accidents survenant au cours de 2 années consécutives entraînent la suppression du BONUS.
Inversement, après 2 années sans accident, tout MALUS est annulé.

– Seule la responsabilité entière ou partielle de l'assuré déclenche l'application du MALUS. Aucun MALUS n'intervient si la voiture en stationnement est endommagée par un tiers. De même en cas de bris de glace, de vol ou d'incendie du véhicule.

VOCABULAIRE

être témoin : *to witness*
un témoin : *a witness*
emboutir : *to crash into...*
un blessé : *an injured person, a casualty*
le chauffeur : *the driver*
commotionné : *suffering from concussion*
des dégâts (m) : *damage*
la chaussée : *the roadway*
le frein : *the brake*
une déclaration d'accident : *an accident report*
des dommages et intérêts : *damages*
une indemnité : *compensation*
la police (d'assurance) : *the policy*
un formulaire : *a form*
un sinistre : *an accident, a disaster*
souscrire : *to sign*
tous risques : *all-in policy, comprehensive policy*
un tiers : *third party*
une prime : *a premium*

un accrochage : *minor accident, "fender bender"*
une mutuelle : *mutual insurance*
une cotisation : *dues*
M.A.A.I.F. : *Mutuelle d'Assurance Automobile des Institu-teurs de France*
résilier : *to cancel, to terminate*
un délai de préavis : *term of notice*
le motif : *the cause*
la résiliation : *cancellation*
une rupture de contrat : *a breach of contract*
un incendie : *a fire, a conflagration*
le recours des voisins : *neighbors claim*
un local : *premises*
le dégât des eaux : *water damages*
le vol : *theft*
le vandalisme : *vandalism*
un système d'alarme : *a burglar alarm*
un avenant : *an additional clause, addendum*
la Sécurité Sociale : *Social Security (but the French system covers much more that the American one)*
se mutiler : *to injure, maim oneself*
une police flottante : *a floater, a floating policy*
un courtier d'assurances : *an insurance broker*
un poids-lourd : *a heavy truck*
un cambrioleur : *a burglar*
un devis de réparation : *repair cost estimate*
le carrossier : *the man in the body shop*

QUESTIONS ORALES

1. De quoi Paul a-t-il été témoin ?
2. Que doit-on faire quand il y a eu un accident ?
3. Comment appelle-t-on le contrat d'assurances ?
4. Quels sont les différents sens du mot "sinistre" ?
5. Qu'est-ce qu'une "mutuelle" ?
6. Que doit-on payer à la Compagnie d'assurances ? à la Mutuelle ?

7. Quels types de polices d'assurances connaissez-vous ?
8. Comment appelle-t-on une addition à une police d'assurances ?
9. Quels risques couvre la Sécurité Sociale ?
10. Quel est le rôle du courtier d'assurances ?

EXERCICES ECRITS

1. Ecrivez le mot ou groupe de mots qui vous paraît convenir :

1. N'étant pas satisfait des services de cette compagnie, j'ai . . . . mon contrat d'assurances.
   - abandonné
   - domicilié
   - condamné
   - résilié

2. En matière d'assurance, la . . . . est le contrat qui engage les deux parties.
   - quittance
   - police
   - redevance
   - procédure

3. L'assurance est pour l'assuré, un moyen de . . . . la perte de son capital.
   - se délivrer
   - se prévenir du risque
   - s'obliger
   - recouvrer

4. Le secrétaire d'État chargé de la consommation poursuit sa campagne pour la . . . . des accidents domestiques qui causent 22 000 morts chaque année.
   - prévention
   - prévenance
   - prévision
   - sanction

5. En vous appuyant sur l'un des motifs prévus au contrat, vous pouvez demander la . . . . d'une police d'assurance.
   - suppression
   - résignation
   - résiliation
   - finition

6. J'ai souscrit une assurance . . . . pour ma voiture.

- vie
- obligatoire
- vieillesse
- tous risques

7. L'assuré est tenu de déclarer . . . . dans les 5 jours qui suivent.

- le désastre
- la catastrophe
- le sinistre
- le risque

8. Ce cambrioleur s'est introduit par . . . . dans l'appartement.

- contraction
- effraction
- infraction
- extraction

9. Pour nous protéger contre les mauvais payeurs, nous avons souscrit une assurance . . . .

- débit
- client
- crédit
- sociale

10. À quelques nuances près, les divers contrats d'assistance proposent les mêmes . . . . : un secours aux personnes et une aide au véhicule.

- fournitures
- prestations
- préservations
- allocations

11. La compagnie d'assurances Concorde ne se contente pas de . . . . tous les risques d'entreprise et de particulier ; elle aime aussi innover.

- courir
- combler
- couvrir
- souscrire

12. Pour répondre aux besoins d'assurances d'une entreprise, le . . . . fait le tour des compagnies d'assurance avec lesquelles il négocie les garanties et les tarifs.

- clerc
- commissionnaire
- placier
- courtier

2. Trouvez trois mots de la même famille :

assurer : . . . .

3. Il faut être deux pour faire des affaires... indiquez le nom du partenaire :

assureur : . . . .

4. Faites une phrase avec les mots suivants :

Assurance - tous risques - payer - prime.
Primes - cotisations - variables.
Caisses des Mutuelles - alimenter - versements - cotisations.
Accident - après - témoin.
Compensation - préjudice - remise.

5. Choisissez dans la liste ci-dessous, l'expression qui convient et écrivez-la sur la ligne correspondant à sa définition :

- délai de préavis
- délai de réflexion
- délai de garantie
- délai d'obtention
- délai de paiement

. . . . : période au cours de laquelle le vendeur d'un article s'oblige à remettre en état ou à remplacer tout ou partie de l'article qui serait reconnu défectueux.

. . . . : temps qui doit être observé entre la dénonciation d'un contrat et sa fin effective.

. . . . : période entre le moment où un produit ou un service est facturé et celui où s'opère le règlement.

. . . . : période pendant laquelle il est possible, sous certaines conditions, de renoncer à sa commande.

. . . . : temps nécessaire pour s'approvisionner en marchandises après en avoir constaté le besoin ou l'absence.

6. Trouvez le mot qui manque et faites ensuite une phrase en utilisant ce même mot :

- 1er mot :

a. Les sommes amassées au titre d'. . . . . sur la vie, contre l'incendie, etc. financent les investissements.

b. Veuillez agréer, Madame, l'. . . . . de ma considération distinguée.

c. Le sigle C.A.F. signifie : Coût, ... , Fret.

d. . . . .

- 2e mot :

a. Le contrat d'assurances est matérialisé par une . . . .

b. Les pouvoirs de . . . . appartiennent à la force publique.

c. . . . .

- 3e mot :

a. Cet individu fait peur, il a un air . . . .

b. En cas d'incendie ou d'inondation, l'assurance rembourse les frais consécutifs au . . . .

c. . . . .

- 4e mot :

a. Pour être assuré, il faut payer, à l'échéance prévue, une somme appelée . . . . d'assurance.

b. Il touche une . . . . de transport destinée à couvrir ses frais de voyage.

c. . . . .

- 5e mot :

a. La compagnie n'a pas remboursé les gros . . . . subis par l'un de nos véhicules et son chargement.

b. Je pense que vous toucherez des . . . . et intérêts pour cet accident.

c. C'est . . . . que vous n'ayez pas pu voir ce spectacle exceptionnel.

d. Les . . . . causés par le feu sont très importants.

e. Quel . . . . que ce contrat nous ait échappé !

f. . . . .

7. Version :

1. Pourra-t-on obtenir une indemnité en cas de rupture de contrat ?

2. Depuis combien de temps votre secrétaire est-elle en congé de maladie ?

3. Renseignez-vous auprès de votre agent d'assurances.

4. La Sécurité Sociale a été instituée en 1945.

5. Le contrat était résilié depuis trois mois quand elle a eu son accident.

6. Notre agent d'assurances passera vous voir lundi prochain.

7. En cas de sinistre, l'assuré devra fournir un devis des dégâts.

8. Notre prime d'assurances vient encore d'être augmentée.

9. Avant de signer le contrat, lisez attentivement toutes ses clauses, en particulier celles qui sont écrites en petits caractères.

10. Les dommages causés par les guerres, les émeutes, la désintégration du noyau atomique et les catastrophes naturelles comme les tremblements de terre et les éruptions volcaniques, ne sont pas couverts par cette police.

11. Avec une assurance AXA vous avez une triple garantie gratuite, en cas d'accident ou de maladie, lors de vos déplacements en France et à l'étranger : une assistance transport, une assistance juridique et à l'étranger une assistance médicale.

12. Son père a souscrit une assurance-vie ; s'il venait à décéder, le capital serait versé aux bénéficiaires, c'est-à-dire à ses enfants.

8. Thème :

1. Lloyd's has always been one of the best known financial institutions in the world.

2. Simply fill in and sign the attached request form.

3. Our premises are insured against fire and theft.

4. The premium will fall due at the end of the month.

5. Total premium includes reduction of $ 36.00 as safe driver discount.

6. This policy may be cancelled during a policy period by returning the policy to us or by giving us advance written notice of the date cancellation is to take effect.

7. A multiple coverage insurance offers the best protection.

8. The cancellation should be notified by registered letter.

9. This policy shall not be valid unless countersigned by a duly authorized Agent of the Company.

10. The insurance company will send an inspector to assess the damage.

11. In France, it is possible to subscribe a life insurance policy at the Post Office, with AviPoste.

12. Insurance brokers act on behalf of the insured to get suitable insurance cover for him or her.

9. Correspondance :

1 Un début d'incendie s'est déclaré dans votre chambre. Vous avez réussi à le maîtriser, mais vous déplorez des dégâts assez considérables. Vous écrivez à votre compagnie d'assurances pour faire part du sinistre et du montant des dommages que vous avez fait estimer.
Rédigez cette lettre.

2 Vous travaillez pour un cabinet de médecins généralistes : SCM Médecins – 13, rue du Marché, 78110 LE VESINET.

Depuis quelques mois, le cabinet a pris de l'expansion et les médecins ont acquis des meubles et des appareils médicaux qu'ils souhaitent assurer.

Vous êtes chargé(e) d'écrire à la compagnie d'assurances LE MONDE – 54, rue Lafitte, 78000 VERSAILLES – pour demander l'estimation de ces biens matériels et la modification du contrat d'assurances.
Rédigez cette lettre.

10. Compréhension de texte :

LE PRIX DE LA RÉPARATION AUTOMOBILE

Contrairement à une idée largement répandue dans le public, le prix de la réparation automobile ne dépend pas, pour l'essentiel, du taux horaire de main-d'œuvre pratiqué par le réparateur. Sans aller jusqu'à affirmer qu'il est totalement neutre dans le calcul de la facturation, on peut dire qu'il apparaît en trompe l'œil pour masquer les véritables raisons des hausses continues de la réparation automobile ; c'est en quelque sorte l'arbre qui cache la forêt...

Nous n'irons pas jusqu'à dire qu'il faut fuir comme la peste le réparateur qui pratique un taux horaire relativement bas car nous connaissons, surtout dans les villes de faible importance et dans les zones rurales, des réparateurs qui, avec un taux horaire de main-d'œuvre faible, font de la bonne réparation à des prix modérés, mais il faut savoir qu'un taux horaire peu élevé n'est pas forcément synonyme de réparation bon marché.

LE PIÈGE

Considérons la situation d'un réparateur qui affiche dans son établissement un taux horaire de main-d'œuvre de l'ordre de 70 à 80 F : sachant que son taux horaire de main-d'œuvre doit être approximativement le triple du salaire horaire moyen qu'il verse à ses employés, s'il veut atteindre son seuil de rentabilité il ne peut guère, dans ces conditions, faire appel à de la main-d'œuvre qualifiée qui lui coûterait trop cher ; bien au contraire, il doit, pour assurer la survie de son entreprise, se résoudre à engager des manœuvres dont la formation laisse à désirer et qui sont tout juste capables de remplacer l'aile qu'un tôlier expérimenté aurait à coup sûr redressée. Comme par ailleurs les constructeurs qui détiennent le monopole de la vente des pièces détachées – on les appelle les pièces captives – poussent à la consommation en accordant aux réparateurs, sur ces pièces, des remises de l'ordre de 40 %, le piège se referme inéxorablement sur le consommateur ; on remplace quand on aurait pu réparer et le prix sur la facture s'en ressent...

BARÈMES DE TEMPS... VARIABLES !

Que se passe-t-il lorsque l'expert intervient ! S'il s'agit d'un expert qui connaît son métier (il y a dans cette profession, comme dans toutes les autres, les bons et les mauvais) il va exiger, si cela est justifié, que l'aile abîmée soit redressée même si le réparateur propose son remplacement. Ce dernier, forcé d'en convenir, doit obligatoirement trouver des compensations ; il tente alors d'obtenir de l'expert qu'il accorde généreusement un temps de réparation supérieur à celui normalement nécessaire pour effectuer le travail.

À partir de là les choses se compliquent... Il existe en France plusieurs barèmes de temps ; on n'a que l'embarras du choix. Chacun revendique bien sûr l'application de celui qui est le plus favorable à ses intérêts. Il y a d'abord les barèmes que publient les constructeurs, ceux que diffuse S.R.A. (Sécurité et Réparation Automobiles), organisme mis en place par les sociétés d'assurances pour étudier ces problèmes et ceux défendus par les deux Chambres Syndicales d'Experts. On distingue par ailleurs les barèmes dits « à fourchette » et les barèmes à temps fixe ; il s'agit dans les deux cas de prendre en compte, en sus du temps arithmétique communément admis pour chacune des opérations de remplacement, les différents facteurs susceptibles d'influer sur le résultat :
– état de vétusté du véhicule,
– nature des dégâts,
– équipement du réparateur,
– qualification et expérience du personnel,
– etc.

Nous entrons dans le domaine du subjectif et de l'arbitraire... L'importance du rôle de l'expert devient alors évidente : il doit limiter strictement les prétentions du réparateur pour éviter que les prix ne s'envolent.

Bonne route, Revue MACIF, octobre 1984.

A **Complétez** à l'aide du texte, la fiche de synthèse ci-dessous :

1. Thème de l'article : ....
publié par : ....
2. Réalisation
au mois de : ....

3. Pourquoi dit-on que le taux horaire de main-d'œuvre est « l'arbre qui cache la forêt » ?

4. En quoi consiste le piège ?

5. Pourquoi les réparateurs préfèrent-ils souvent changer la pièce plutôt que la réparer ?

6. Que peut exiger l'expert ?

7. De quoi doit-on tenir compte en plus du temps arithmétique admis pour chacune des opérations de remplacement ?

8. Que doit faire l'expert ?

B **Résumez** cet article en une douzaine de lignes.

11. Jeu de rôles :

Pendant son stage en France, Paul a décidé d'acheter une auto, il est allé voir un courtier en assurance, car il désire aussi prendre une assurance pour ses biens personnels et l'appartement qu'il loue. Avant de prendre une décision, il en parle à ses camarades de travail pour connaître leur avis sur les différentes options proposées par le courtier. Vous jouerez le rôle de Paul et vos camarades de classe seront les employés du bureau.

SECURITE SOCIALE

ATTESTATION DE SALAIRE
Accident du travail ou maladie professionnelle
(NOTICE D'UTILISATION)

Madame, Monsieur,

Vous devez obligatoirement adresser la présente attestation à la CAISSE PRIMAIRE DU LIEU DE RESIDENCE HABI-
TUELLE de la victime dès que vous avez connaissance de l'arrêt de travail ou de la rechute.
S'il s'agit d'une maladie professionnelle, remettez l'attestation à la victime.
C'est en fonction des renseignements fournis que seront calculées les indemnités journalières dues à la victime, étant
précisé que si celle-ci travaille simultanément pour plusieurs employeurs, chacun d'eux est tenu de fournir la présente
attestation.

---

cerfa
N° 60-3683

ATTESTATION DE SALAIRE
Accident du travail ou maladie professionnelle

SECURITE SOCIALE

(Livre IV du Code de la Sécurité Sociale) (Notice d'utilisation : voir au verso)

ATTENTION : Dans le cas d'un accident avec arrêt de travail, les zones «EMPLOYEUR» et «VICTIME» peuvent être remplies par duplication avec la liasse de la déclaration d'accident du travail S 6200.

EMPLOYEUR

Nom, prénom ou raison sociale

Adresse

Code postal   N° Téléphone

ETABLISSEMENT D'ATTACHE PERMANENT DE LA VICTIME
(le chantier n'est jamais considéré comme établissement d'attache permanent)

Adresse

Code postal   N° Téléphone

N° de SIRET de l'établissement

Code de Sécurité sociale (à 5 chiffres) d'activité professionnelle figurant sur la notification du taux
applicable à l'activité dans laquelle est comptabilisé le salaire de la victime

RESERVE CPAM

CPAM

VICTIME

N° d'immatriculation

A défaut   Sexe   date de naissance

Nom, prénom   (suivi, s'il y a lieu, du nom d'époux)

Adresse   Nationalité   ☐ Française ☐ C.E.E. ☐ Autre

Code postal

Date d'embauche   Profession

Qualif. profession.   Ancienneté dans le poste

L'accident a-t-il fait d'autres victimes ?   ☐ oui   ☐ non

RENSEIGNEMENTS RELATIFS A L'ARRET DE TRAVAIL

Date de l'accident   Motif de l'arrêt { ☐ Accident du travail ☐ Maladie professionnelle }   Date de reprise du travail

Date de l'arrêt de travail   ou   ☐ non repris à ce jour

SALAIRE DE REFERENCE (en fonction de la date de l'arrêt de travail)

Ⓐ Salaire de base et accessoires du salaire, de la période de référence	SALAIRE DE BASE				ACCESSOIRES DU SALAIRE						
	Date d'échéance de la paie	Période du	au	Montant brut	Avantages en nature et pourboires non inclus dans le salaire brut de base	Indemnités, primes, gratifications versées avec la même périodicité que le salaire brut de base et non inclus dans celui-ci	Cotisations patronales à un régime complémentaire ou de prévoyance Taux / montant		Frais profes. Soumis à cotisations / Déd. sup. %		Montant de la cotisation ouvrière calculée sur le salaire sous plafond
		2	3	4	5	6	7		8		9
1											

Ⓑ Rappels de salaire et d'accessoires du salaire, accessoires du salaire versés avec une périodicité différente de celle du salaire de base	Date de versement	Période à laquelle se rapporte le versement du	au	Montant brut	Ⓒ Cas où la période de référence n'a pas été entièrement accomplie	Interruption du travail Motif	Période du	au	S'il s'agit d'une interruption autorisée La victime a-t-elle bénéficié d'un maintien de salaire ?	Si la victime a subi une perte de salaire, indiquez le salaire brut perdu
	10	11	12	13		14	15	16	17 ☐ OUI ☐ NON si OUI, précisez ☐ INTEGRAL ☐ PARTIEL	18

Ⓓ Cas particuliers	Salaire minimum des apprentis ou stagiaires et des salariés de moins de 18 ans
	→ pour les apprentis précisez le n° et la date du contrat :

DEMANDE DE SUBROGATION DE L'EMPLOYEUR

La victime bénéficiera-t-elle du maintien de salaire au cours de l'arrêt de travail consécutif à l'accident ?   ☐ OUI ☐ NON

si oui, précisez :   ☐ INTEGRAL   ☐ PARTIEL

Période maximale pendant laquelle l'employeur demande la subrogation :

N° de compte postal ou bancaire de l'employeur et intitulé :

SIGNATURE DE L'ASSURE autorisant l'employeur à percevoir les indemnités journalières pour la période indiquée ci-dessus :

Nom, prénom du signataire   Fait à   le
Qualité   Signature

CETTE ATTESTATION SERA CONSERVEE PAR LA CAISSE EN VUE DES VERIFICATIONS NECESSAIRES   8.84 CPAM 00.06202.6

(Texte partiellement masqué sur le bord droit :)
...s versés) y
...te période

...emaines,
...nent, ou à
...s réglé au
...t pas con-

...s frais pro-
...us du taux

...VERSES

...s et d'une
...tre et sus-

...t 1983. Il a

...laquelle la
...c 1/12 de
...3) pour le

...s) motif(s)
..., chômage
...vice natio-

...nce. Dans
...laire affé-
...ve inférieur
...à considé-

...égorie.
...dans lequel

...res dues à
...al aux dites
...ndemnités.

...e Directeur
...se Primaire
...ce Maladie

A. DUBOIS FILS
Commerce de bois et charbon
13, rue du Fourneau
RIOM (Puy-de-Dôme)
Tél. 73-24-12-85

Riom, le 30 juillet 1994

Société d'Assurance "l'Accident"
35, rue Neuve - LYON

Police Auto n° 5.143.722
Avenant de contre-assurance n° 233.126

DÉCLARATION D'ACCIDENT

Messieurs,

J'ai l'honneur de vous informer que mon camion 5 tonnes,
marque Berliet, n° 3229 RV 63, est entré hier en collision
avec une voiture particulière.

Il est résulté de cette collision de gros dommages matériels
de part et d'autre. De plus, un de nos employés a été blessé,
tandis que deux personnes dans la voiture adverse étaient
légèrement contusionnées.

– Date : 27 juillet 1994

– Heure : 17 heures

Il faisait jour et le temps était sec.

– Lieu : Croisement de la route départementale D 60 E
prolongée par la D 80, allant de SAINT-PRIEST à VERGHEAS, et
de la R.D. 13 allant de ESPINASSE à CHARENSAT.

Le croisement est signalé sur les deux routes par un panneau
d'intersection sans priorité particulière :

– Conducteur de mon camion : M. Jean LEFEVRE, âgé de 37 ans
Permis, catégorie C, n° 219.301, délivré le 3 mars 1977
par la préfecture de Versailles.

– Véhicule adverse : voiture de tourisme, conduite intérieure,
marque Peugeot n° 5478 QT 69, 8 CV.

– Assurance : Police n° 3.721.368, à la Compagnie
  "Le Pare-Choc", 25 rue de la Tour à LYON
– Conducteur du véhicule adverse : M. Paul LOUIS,
  représentant, 131 avenue du Général-Hoche, à LYON
– Propriétaire du véhicule adverse : P. Paul LOUIS,
  représentant, 131 avenue du Général-Hoche, à LYON

L'accident s'est produit de la façon suivante :

– Mon camion circulait sur la route départementale 60 E,
  venant de SAINT-PRIEST, pour effectuer une livraison
  à VERGHEAS.

Arrivé au croisement avec la départemantale 13, mon
chauffeur ralentit et klaxonna, puis s'engagea dans le
carrefour, au moment où arrivait de sa droite, à vive allure,
allant vers CHARENSAT et venant d'ESPINASSE, la voiture
Peugeot ; à noter que la visibilité est masquée par une maison
(Café LEROY), à l'angle des deux routes.

Mon camion allait au pas ; on a relevé des traces de freinage
de 1 mètre derrière ses roues. La Peugeot laisse 25 mètres
de traces de freinage.

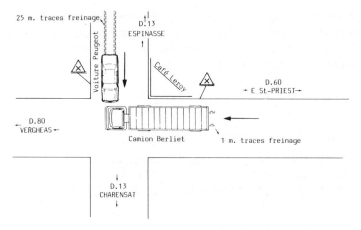

Le choc se produisit entre l'avant de la "Peugeot" et le côté
de la cabine du camion.

Mon chauffeur était accompagné d'un de mes employés
M. Gaston LEFORT, qui devait l'aider au déchargement.
M. LEFORT a été blessé au bras droit (fracture possible).
(Il s'agit pour lui d'un accident de travail, et j'ai fait la
déclaration à la Sécurité Sociale).

M. LEFORT a été transporté à l'hôpital de RIOM par un
automobiliste de passage, le Docteur MEDECIN, de RIOM.

Mon chauffeur n'a pas été blessé.

Le conducteur de la voiture légère et son passager ont été
légèrement commotionnés mais ont refusé tout soin.

La gendarmerie de RIOM, appelée par téléphone par le cafetier
M. LEROY, est rapidement arrivée sur les lieux et a procédé
aux constatations d'usage.

Les seuls témoins sont les personnes transportées, à savoir :

– dans mon véhicule :
  M. Gaston LEFORT, 34 rue Grande à RIOM

– dans la voiture Peugeot :
  M. Henri GERARD, Industriel, 177 quai des Augustins LYON.

– Blessés :

  • dans le camion Berliet :
    M. Gaston LEFORT, né le 28 mars 1948
    3, rue Grande, à RIOM
    Employé manutentionnaire

    Fracture probable du bras droit

  • dans la voiture Peugeot
    M. Paul LOUIS, représentant
    131, avenue Général-Hoche, à LYON

    Contusions légères – refus de soins.

    M. Henri GERARD, industriel
    177, quai des Augustins, LYON

    Contusions légères – refus de soins.

– Dégâts matériels

  • à mon véhicule :
    Côté avant droit, cabine enfoncée

  • à la voiture Peugeot :
    Tout l'avant détérioré.

Je vous serais reconnaissant de faire le nécessaire pour
que mon camion soit expertisé le plus rapidement possible.

L'expert voudra bien téléphoner pour prendre rendez-vous
au 73.24.12.85 à RIOM.

Veuillez agréer, Messieurs ...

Notes sur la lecture :

contusionné : meurtri par un objet dur, il n'y a pas de sang visible.

le carrefour : l'intersection de deux routes.

l'allure : la vitesse.

masqué : caché.

le cafetier : le commerçant qui tient un café.

une expertise : rapport d'un expert.

constat amiable d'accident automobile

Ne constitue pas une reconnaissance de responsabilité, mais un relevé des identités et des faits, servant à l'accélération du règlement

à signer obligatoirement par les DEUX conducteurs

1. date de l'accident   heure   **2. lieu** (pays, n° dépt, localité)   **3. blessé(s)** même léger(s)   non ☐   oui ☐ *

4. dégâts matériels autres qu'aux véhicules A et B   non ☐   oui ☐ *   **5. témoins** noms, adresses et tél. (à souligner s'il s'agit d'un passager de A ou B)

véhicule A

6. assuré souscripteur *(voir attest. d'assur.)*

Nom (majusc.) _____

Prénom _____

Adresse *(rue et n°)* _____

Localité *(et c. postal)* _____

N° tél.*(de 9 h. à 17 h.)* _____

L'Assuré peut-il récupérer la T.V.A. afférente au véhicule ?   non ☐   oui ☐

7. véhicule

Marque, type _____

N° d'immatr. (ou de moteur) _____

8. sté d'assurance

N° de contrat _____

Agence *(ou bureau ou courtier)* _____

N° de carte verte _____
(Pour les étrangers)
Attest. ou carte verte } valable jusqu'au _____

Les dégâts matériels du véhicule sont-ils assurés ?   non ☐   oui ☐

9. conducteur *(voir permis de conduire)*

Nom (majusc.) _____

Prénom _____

Adresse _____

Permis de conduire n° _____

catégorie (A,B,...) — délivré par _____ le _____

permis valable du _____ au _____
(pour les catégories C, C1, D, E, F et les taxis)

12. circonstances

Mettre une croix (x) dans chacune des cases utiles pour préciser le croquis.

A		B
☐	1 en stationnement 1	☐
☐	2 quittait un stationnement 2	☐
☐	3 prenait un stationnement 3	☐
☐	4 sortait d'un parking, d'un lieu privé, d'un chemin de terre 4	☐
☐	5 s'engageait dans un parking, un lieu privé, un chemin de terre 5	☐
☐	6 s'engageait sur une place à sens giratoire 6	☐
☐	7 roulait sur une place à sens giratoire 7	☐
☐	8 heurtait l'arrière de l'autre véhicule qui roulait dans le même sens et sur la même file 8	☐
☐	9 roulait dans le même sens et sur une file différente 9	☐
☐	10 changeait de file 10	☐
☐	11 doublait 11	☐
☐	12 virait à droite 12	☐
☐	13 virait à gauche 13	☐
☐	14 reculait 14	☐
☐	15 empiétait sur la partie de chaussée réservée à la circulation en sens inverse 15	☐
☐	16 venait de droite (dans un carrefour) 16	☐
☐	17 n'avait pas observé un signal de priorité 17	☐

☐ ◄ **indiquer le nombre de cases marquées d'une croix** ► ☐

véhicule B

6. assuré souscripteur *(voir attest. d'assur.)*

Nom (majusc.) _____

Prénom _____

Adresse *(rue et n°)* _____

Localité *(et c. postal)* _____

N° tél.*(de 9 h. à 17 h.)* _____

L'Assuré peut-il récupérer la T.V.A. afférente au véhicule ?   non ☐   oui ☐

7. véhicule

Marque, type _____

N° d'immatr. (ou de moteur) _____

8. sté d'assurance

N° de contrat _____

Agence *(ou bureau ou courtier)* _____

N° de carte verte _____
(Pour les étrangers)
Attest. ou carte verte } valable jusqu'au _____

Les dégâts matériels du véhicule sont-ils assurés ?   non ☐   oui ☐

9. conducteur *(voir permis de conduire)*

Nom (majusc.) _____

Prénom _____

Adresse _____

Permis de conduire n° _____

catégorie (A,B,...) — délivré par _____ le _____

permis valable du _____ au _____
(pour les catégories C, C1, D, E, F et les taxis)

10. Indiquer par une flèche(—►) le point de choc initial

13. croquis de l'accident

Préciser : 1, le tracé des voies – 2, la direction (par des flèches) des véhicules A,B – 3. leur position au moment du choc – 4. les signaux routiers – 5. le nom des rues (ou routes).

10. Indiquer par une flèche(—►) le point de choc initial

11. dégâts apparents
_____
_____
_____
_____

11. dégâts apparents
_____
_____
_____
_____

14. observations _____
_____

15. signature des conducteurs

A   B

14. observations _____
_____

A   B

* En cas de blessures ou en cas de dégâts matériels autres qu'aux véhicules A et B, relever les indications d'identité, d'adresse, etc.

Ne rien modifier au constat après les signatures et la séparation des exemplaires des 2 conducteurs

Voir déclaration de l'Assuré au verso ►

déclaration

à remplir par **l'assuré** et à transmettre dans les **cinq** jours à son assureur
(dans les 24 heures en cas de vol du véhicule)

1. nom de l'assuré └┴┴┴┴┴┴┴┴┴┴┴┴┘ Profession————————— n° tél.————

(Le Souscripteur)

2. circonstances de l'accident :

_____

_____

_____

_____

_____

_____

_____

_____

_____

CROQUIS (seulement s'il n'a pas déjà été fait sur le constat au recto)

Désigner les véhicules par **A** et **B** conformément au recto.

Préciser : 1. le tracé des voies – 2. la direction (par des flèches) des véhicules A,B – 3. leur position au moment du choc – 4. les signaux routiers – 5. le nom des rues (ou routes).

3. A-t-il été établi un **procès-verbal de gendarmerie ?** | OUI | | NON | | un **rapport de police ?** | OUI | | NON |

Si oui : Brigade ou Commissariat de ————————————————————

4. conducteur du véhicule assuré : Est-il le conducteur habituel du véhicule ?................ | OUI | | NON |

Réside-t-il habituellement chez l'Assuré ? | OUI | | NON | Est-il célibataire?........ | OUI | | NON |

Date de naissance ————————————— Est-il salarié de l'Assuré ? | OUI | | NON |

Sinon à quel titre conduisait-il ?————————————————————

5. véhicule assuré : Lieu habituel de garage————————————————————

Quel était le motif du déplacement ?————————————————————

EXPERTISE des DÉGATS : Garage où le véhicule sera visible ——————————————

Quand ?—————————————— Éventuellement téléphoner à : ——————————

Si le véhicule {

– a été **volé**, indiquer son numéro dans la série du type (voir carte grise) —————————

– est **gagé** : nom et adresse de l'Organisme de crédit————————————

– est un **poids lourd** : poids total en charge —————————————

– était **attelé** à un autre véhicule (tractant ou remorqué) au moment de l'accident, indiquer le n° d'immatriculation de **cet autre** véhicule ——————————— poids total en charge ——————————

nom de la Société qui l'assure : ——————————— n° police dans cette Société : —————

6. dégâts matériels autres qu'aux véhicules **A** et **B** (nature et importance ; nom et adresse du propriétaire) :

_____

7. blessé(s) NOM		
Prénom et âge.....................		
Adresse		
Profession		
Degré de parenté avec l'assuré ou le conducteur		
Est-il salarié de l'assuré ?	OUI NON	OUI NON
Nature et gravité des blessures		
Situation au moment de l'accident (conducteur, passager avant ou arrière du véhicule A ou B cycliste, piéton)	OUI NON	OUI NON
Portait-il casque ou ceinture ?.......		
1ers soins ou hospitalisation à		

A ——————— le ———— 19——

Signature de l'Assuré :

© Comité Européen des Assurances

107

10. La publicité

Paul : Monsieur, regardez cette publicité que le magazine Le Point a envoyée à un de mes amis. C'est génial !

Perrier : Oui, c'est excellent. Savez-vous que les TROIS BELGES ont fait appel à ce même dessinateur de B.D. pour la publicité des kits, pour illustrer la façon de monter les meubles, et c'est plein d'humour...

D'après les derniers sondages leurs ventes de kits — et par conséquent les nôtres — ont quadruplé depuis qu'ils publient cette annonce. Mais vous savez qu'ils ont un gros budget pour la publicité afin de promouvoir leurs articles et qu'ils font aussi appel à d'autres supports. Avez-vous vu le film de Jean Mineur sur ces fameux kits ? Un coup de baguette magique et toutes les pièces viennent se placer là où il faut et le meuble est terminé... un jeu d'enfant !

Paul : Non, je n'ai pas vu ce film, mais j'ai vu un spot publicitaire à la télé : la vieille dame qui s'installe dans son salon pour monter ses meubles de jardin et qui dit : "Eh bien, je pourrai dire à mon petit-fils que je n'ai pas eu besoin de lui pour faire cela, et moi, je n'ai jamais joué avec un Mécano dans ma jeunesse !"

Perrier : Oui, et vous avez remarqué que toute cette gamme de meubles est très photogénique, j'espère !

Paul : Oui, c'est très joli... même à côté de meubles Louis XV ! Mais quand la vieille dame installe son salon de jardin sur cette terrasse qui domine tout Paris, cela fait rêver...

La télévision est un des médias les plus puissants et les plus persuasifs, beaucoup plus qu'un catalogue ou une brochure. En fait, j'aime bien la pub à la télé française car cela n'interrompt jamais les émissions comme aux Etats-Unis.

Perrier : Oui, vous avez raison, mais j'aime aussi beaucoup les catalogues, les dépliants... L'image s'évanouit sur l'écran, tandis que la reproduction reste dans le catalogue avec tous les renseignements pertinents : dimensions, couleurs, prix, délai de livraison, etc.

Paul : Mais le mieux, c'est encore de voir l'objet lui-même ! A ce propos, j'ai vu dans le métro des affiches annonçant l'ouverture de la Foire de Paris, est-ce que nous exposons ?

Perrier : Mon cher, les grands esprits se rencontrent ! J'allais justement vous proposer d'aller à notre stand pendant la durée de la Foire, c'est une très importante manifestation à laquelle nous participons chaque année, cela nous permet de prendre des contacts avec des clients éventuels, et même de trouver des fournisseurs nouveaux parmi les exposants. Il est toujours bon d'entretenir son image de marque !

Pendant la durée de la Foire, nous accordons, en plus de la remise spéciale "Foire de Paris", des prix de lancement pour nos nouveaux articles, les meubles "informatiques" qui permettent de loger les micro-ordinateurs, les écrans, les claviers et les imprimantes et qui possèdent des tiroirs fermant à clé pour assurer la protection des disquettes.

Nous comptons aussi exposer ces meubles au S.I.C.O.B. en plus de la gamme des bureaux "Ministre".

Paul : Tous ces salons, ces foires, ces expositions permettent de créer un véritable réseau de contacts, de distribuer des tonnes de prospectus et de circulaires pour attirer l'attention des visiteurs sur les articles, mais est-ce que c'est rentable ?

Perrier : Sans aucun doute. Il est d'ailleurs difficile d'obtenir une place disponible, ou un nouveau stand bien placé pour un nouvel exposant, ce qui en dit long sur le succès de ces manifestations. Le nombre impressionnant de visiteurs n'est pas non plus à négliger. Certains viennent de l'autre bout de la France pour voir les nouveaux modèles, emporter quelques échantillons, goûter de nouveaux produits, et passer commande à la Foire, pour profiter des réclames et épargner ainsi quelques centaines de francs...

Paul : Oui, c'est juste, je me souviens que mon professeur de français disait que les congressistes allaient toujours voir les éditeurs-exposants dans les congrès pour découvrir les nouveautés, mais aussi pour obtenir des specimens gratuits ou bénéficier des remises spéciales sur le prix des livres, ou d'abonnements à prix réduit pour des magazines ou des revues.

Perrier : Ce qui m'a beaucoup frappé aux Etats-Unis, c'est le nombre de ventes-réclames ou de soldes ! Pour le 4 juillet, pour les anniversaires des Présidents, pour Thanksgiving, pour Noël bien sûr, pour Memorial Day, et je suis certain d'en oublier ! Ici, nous avons des soldes de fins de série, ou d'inventaires, et des prix spéciaux de lancement, mais c'est à peu près tout.

Paul : Est-ce que vous faites appel à des publicitaires pour organiser vos campagnes ?

Perrier : Au début, nous faisions notre publicité nous-mêmes, nous cherchions des slogans, nous préparions nos annonces et nous achetions de l'espace dans les différents journaux et périodiques pour publier nos réclames. Mais maintenant nous utilisons les services d'une agence de publicité et... je dois avouer que le rendement est nettement supérieur... En fait, notre budget publicité, s'il est plus élevé qu'autrefois, est loin d'être une dépense inutile, les ventes réalisées grâce à la publicité nous ont permis de baisser nos prix et... donc de vendre encore plus.

Paul : Vous n'avez pas de service de relations publiques ? Je ne sais plus qui a comparé ce service pour l'entreprise au syndicat d'initiative pour une ville...

Perrier : Non, car nous ne faisons pas "visiter" et les différents vendeurs prennent directement soin des gens qui viennent au magasin. D'autre part, nous n'avons pas vraiment de relations avec la presse, et comme vous avez pu le constater vous-même, nos clients comme les TROIS BELGES ou CROISEMENT font énormément de publicité, dont nous bénéficions indirectement...

Paul : Pour récapituler, on peut dire que nous utilisons presque toutes les formes de publicité, le film de Jean Mineur est une excellente **publicité de lancement** pour les kits ; l'envoi ou la distribution des circulaires, des dépliants, des catalogues constitue la **publicité directe** ; à la Foire de Paris, puisque les clients éventuels peuvent voir, toucher, essayer les meubles, c'est de la **publicité naturelle** ; mais pendant la durée de la Foire, on fait aussi de la **publicité de rendement** pour vendre le plus d'articles pendant un temps déterminé. En fait, on peut même parler de **publicité de prestige** avec la distribution de porte-clefs, de stylos, de briquets publicitaires car cela entretient dans l'esprit du public le nom, la raison sociale de la maison. Il n'y a guère que pour la **publicité collective** que je n'arrive pas à trouver d'exemples...

Perrier : C'est plutôt pour les denrées alimentaires que l'on fait de la publicité collective. Les producteurs s'associent pour payer une campagne publicitaire collective ayant pour but de faire vendre rapidement leurs récoltes par exemple. Vous vous souvenez peut-être de ces slogans : "Des pêches... et vous" ou "On a toujours besoin de petits pois chez soi."

Paul : Non, je ne connaissais pas ces slogans...

Mais, c'est curieux, le second me rappelle quelque chose de familier...

Perrier : "On a souvent besoin d'un plus petit que soi." ?

Paul : Oui, c'est cela, la fable de La Fontaine Le Lion et le rat !

Perrier : Excellent, n'est-ce pas ! Et cela vient se superposer dans le subconscient à cet alexandrin appris par cœur dans l'enfance.

Le Salon du Livre au Grand Palais à Paris

VOCABULAIRE

la publicité : *advertising, advertisement, an ad*
une B.D. (bande dessinée) : *a cartoon, a comic*
un sondage : *a poll, a survey*
une annonce : *an ad*
promouvoir : *to promote*
un support : *a medium*
un spot publicitaire : *a short commercial*
les médias (f) : *the media*
un catalogue : *a catalog*
une brochure : *a booklet, a brochure*
la pub : *short for "publicité"*
un dépliant : *a folder, a leaflet*
un écran : *a screen*
une affiche : *a poster*
une foire : *a fair*
exposer : *to exhibit*
un stand : *a booth*
une manifestation : *an exhibition, a show*
prendre des contacts : *to make contacts*
un exposant : *an exhibitor*
une image de marque : *a brand/corporate image*
une remise : *a discount*
un prix de lancement : *an introductory offer/price*
un micro-ordinateur : *a personal computer*

un écran : *a monitor*
un clavier : *a keyboard*
une imprimante : *a printer*
une disquette : *a diskette, a floppy (disk)*
S.I.C.O.B. : *Salon des Industries du Commerce et de l'Organisation du Bureau*
un salon : *a show*
une exposition : *a show, an exhibit (of goods)*
un réseau : *a network*
un prospectus : *a hand-out, a flyer, a leaflet*
une circulaire : *a circular (letter)*
une place disponible : *available space, a vacancy*
un visiteur : *a visitor*
un échantillon : *a sample*
une réclame : *a special offer*
épargner : *to save*
un congressiste : *a convention participant*
un specimen : *a complimentary copy*
un abonnement : *a subscription*
une vente-réclame : *a bargain sale*
des soldes (m) : *sales, stocking sales, end-of-season sales*
un publicitaire : *an ad-man*
une campagne (publicitaire) : *an advertising compaign, a publicity drive*
un slogan : *a slogan*
un périodique : *a periodical, a magazine*
une agence de publicité : *an advertising agency*
le service de relations publiques : *public relations*
un syndicat d'initiative : *a tourist information office*
une denrée : *produce, commodity*

QUESTIONS ORALES

1. Que peut-on faire pour promouvoir un produit ?
2. Quels sont les supports publicitaires que vous connaissez ?
3. Quelle différence faites-vous entre un catalogue, une brochure, un dépliant et un prospectus ?
4. Comment appelle-t-on une grande exposition commerciale périodique où des branches variées de l'industrie et du commerce sont représentées ?
5. Comment appelle-t-on une exposition commerciale où seul un secteur industriel et/ou commercial bien défini est représenté ?

6. Comment appelle-t-on l'emplacement que les exposants louent pour montrer leurs produits aux visiteurs ?
7. Que distribue-t-on aux consommateurs pour leur permettre d'essayer ou de goûter un nouveau produit ?
8. Qu'entend-on par le mot « soldes » ? Quand en fait-on en France ? dans votre pays ?
9. Quel est le rôle d'une agence de publicité ?
10. A votre avis, quelles sont les entreprises qui ont besoin d'un service de relations publiques ?

EXERCICES ÉCRITS

1. Ecrivez le mot ou l'expression qui vous paraît convenir :

1. La radio et la télévision constituent de nos jours le principal . . . . de la diffusion de l'information.

- récepteur
- ✓ support
- objectif
- code

2. La publicité contribue à l' . . . . du prix de revient quand elle augmente les ventes d'un produit.

- ✓ abaissement
- élévation
- affaissement
- élargissement

3. Les relations . . . . ont pour objet de créer des liens étroits entre l'entreprise et sa clientèle.

- sociales
- humaines
- ✓ publiques
- privilégiées

4. Chaque année, nous éditons une . . . . qui présente à nos clients l'ensemble de nos campagnes publicitaires.

- couverture
- exposition
- participation
- ✓ brochure

5. Pour . . . . nos produits, nous faisons de plus en plus appel à la publicité.

- percevoir
- ✓ promouvoir
- acheter
- concevoir

6. C'est . . . . de Lyon qu'on expose les biens d'équipement.

- à la messe
- au salon
- au marché
- ✓ à la foire

7. L'action publicitaire qui devait . . . . ce nouveau produit a été un grand succès.

- justifier
- ✓ lancer
- légaliser
- léser

8. Nous prions instamment nos annonceurs d'avoir l'. . . . . de répondre à toutes les lettres qu'ils reçoivent.

- attention
- obligation
- ✓ obligeance
- honneur

9. A Biarritz, plus de 1 500 . . . . , représentant des entreprises de l'industrie et du commerce, ont assisté au 25e festival national du film d'entreprise.

- manifestants
- estivants
- ✓ congressistes
- parlementaires

10. Le but de la publicité est . . . . les clients à acheter.

- ✓ d'exciter
- d'inciter
- d'exposer
- d'imposer

11. Les informations que nous publions nous sont communiquées par les organisateurs . . . . de changements de dernière minute.

- à l'exception
- sous réserve
- en regard
- sous caution

12. Toute annonce téléphonée doit être . . . . confirmée par télex ou courrier.

- impérativement
- vraiment
- certes
- indubitablement

2. Mettez au pluriel les phrases suivantes :

1. Le catalogue te sera adressé gratuitement sur demande.
2. Un succès publicitaire n'est pas forcément un succès de vente.
3. Le commerçant organise un jeu publicitaire qui permettra au gagnant de recevoir un cadeau.

3. Associez chacun des termes ci-dessous à l'une des définitions proposées :

- brochure
- catalogue
- dépliant
- prospectus
- tarif

– . . . . : liste de prix d'articles proposés par un fournisseur.

– . . . . : imprimé publicitaire consistant en une feuille pliée plusieurs fois.

– . . . . : livret publicitaire consacré, par exemple, à la présentation d'un nouvel article.

– . . . . : feuillet publicitaire présentant un ou plusieurs articles.

– . . . . : livret décrivant les articles proposés par un fournisseur.

4. Faites une phrase en employant les mots ou groupes de mots suivants :

– Catalogue - publicité - rentrée scolaire.
– Plaisir - informer - lancer - nouvelle collection - meubles - bureau.

5. Complétez le texte avec les mots proposés :

classe - demande - effet - exclusion - fonction - jeu - métropolitaine - obligation - réseau - résidant - saisir - salon - tirage - vol.

EXTRAIT DU RÈGLEMENT

Olivetti organise pendant toute la durée du . . . . un grand jeu sans . . . . d'achat qui peut vous faire gagner un week-end pour deux personnes à Venise. Le week-end sera organisé avant le 1er décembre 1995, en . . . . des dates fixées par le ou la gagnante et des disponibilités du voyagiste choisi par Olivetti. Il comprend le . . . . aller-retour Paris/Paris pour deux personnes en . . . . économique et une chambre double avec petit déjeuner pour la nuit.

Pour participer au . . . . au sort, il vous suffit de . . . . vos coordonnées sur l'ETV 4 000 S destinée à cet . . . . et mise à votre disposition sur le stand Olivetti.

Le . . . . est ouvert à toute personne majeure . . . . en France . . . . , Corse comprise, à l'. . . . . des membres du personnel et du . . . . Olivetti et leur famille.

Règlement complet disponible sur . . . . écrite faite à Olivetti – Direction de la Communication, cedex 69, 92047 PARIS LA DEFENSE – avant le 30 juin 1995.

6. Version :

1. Je vous donnerai les résultats de ce sondage dès que je les connaîtrai.

2. Le Salon International de l'Alimentation est au premier rang des manifestations internationales.

3. Exposants et visiteurs savent qu'ils pourront y prendre des contacts nombreux.

4. Avez-vous acheté la machine à écrire qui est actuellement en réclame ?

5. Les publicitaires consacrent beaucoup de temps et d'argent pour essayer de déterminer si les résultats de tous leurs efforts sont effectifs.

6. C'est le syndicat d'initiative de Paris qui m'a fait parvenir cette brochure.

7. Parmi les visiteurs étrangers dont le nombre s'est accru de 8 % par rapport à l'an dernier, on a remarqué de nombreux industriels japonais.

8. Cette rencontre internationale commence après-demain et va durer quatre jours.

9. Du 8 au 15 mars 1995, Paris redeviendra l'annuelle capitale mondiale de l'agriculture avec le 32e Salon International de l'Agriculture.

10. Les résultats de l'enquête n'ont pas encore été rendus publics.

11. 1,1 million d'entrées en 1992 : le Salon Mondial de l'Automobile de Paris vient de battre son record de fréquentation.

12. Les salons spécialisés constituent un apport précieux pour le développement régional et l'emploi.

7. Thème :

1. You will find enclosed a copy of our latest catalogue giving full detail of our activities.

2. As a new subscriber to the International Herald Tribune you can save up to 46 % of the newsstand price, depending on your country of residence.

3. For details on the special introductory offer, write the International Herald Tribune Subscriptions Department.

4. Attention Businessmen : Publish you message in this newspaper, where more than a third of a million readers worldwide, most of whom are in business and industry, will read it.

5. Just telex us before 10 a.m., ensuring that we can telex you back and your message will appear within 48 hours.

6. We enclose a copy of our catalogue showing the products currently handled as well as a brief write-up on the history and development of our company.

7. Paying guests welcomed on luxurious house-boat at Chelsea, London. Some vacancies for July and August from £ 75 per week.

8. We will place at your disposal our network.

9. The new issue of our catalogue will be mailed to your shortly.

10. Our brand image keeps improving.

11. Enclosed please find a catalogue from the fair held in August 1990. Please do not hesitate to contact us for further information.

12. I was mislead by the wording of the advertisement.

8. Correspondance :

1 Une entreprise d'appareils électro-ménagers qui vous emploie animera, cette année, un stand au Salon des Arts Ménagers à Paris. C'est la première fois qu'elle est appelée à participer à cette importante manifestation annuelle où il s'agit de mettre en valeur ses produits et de présenter les nouveautés.
Vous êtes chargé(e) d'écrire une lettre-circulaire à l'intention des principaux clients de cette entreprise. Elle aura pour but de les informer et de les inviter à vous rendre visite. Une carte d'entrée gratuite y sera jointe.
Rédigez cette lettre-circulaire.

2 Vous souhaitez vous rendre au Salon des Luminaires qui aura lieu du 10 au 16 mars prochain.
Vous **écrivez** au comité directeur de ce salon pour demander la liste des exposants et des différents catalogues de cette manifestation.

3 Intéressé(e) par l'annonce ci-dessous parue dans la presse et désireux(se) de fêter agréablement un événement, vous **écrivez** au restaurant :
• pour retenir une table en donnant les renseignements nécessaires,
• pour demander les précisions que vous jugez utiles.

PALAIS DE CHAILLOT

MUSÉE DE L'HOMME

Restaurant « LE TOTEM »

Esplanade du Trocadéro - 75016 PARIS

Le plus belle
terrasse panoramique de Paris

Conditions spéciales pour les groupes

• Réceptions • Cocktails • Mariages

10 h à 24 h

ouvert le dimanche, fermeture le mardi

---

4 Vous avez relevé l'annonce suivante dans le journal France-Soir du 20 décembre :
« Alpes Haute-Provence Praloup. Station ski. Appartement 6 pers. Studio 4 pers. Petit studio 2 pers. Location sem. ou quinzaine. Ecrire à M. LEGRAND, 24 Grande Rue, 04300 Forcalquier. »
Vous êtes intéressé(e) par ces propositions. Vous **écrivez** pour demander toutes les précisions que vous souhaitez obtenir en vue d'une location éventuelle correspondant à vos besoins.

5 Après un stage professionnel de plusieurs mois dans une entreprise française de province, vous envisagez de vous offrir une détente. L'annonce suivante retient votre attention :

« L'Agence **MONDOVISION**
vous propose des voyages à la carte
et sur brochure
l'Égypte avec **EGYPTOUR**
la Grèce avec **GRECORAMA**
la Méditerranée avec **ORIENTALES**...
Pour toutes destinations, nous
orienterons votre choix vers les
meilleurs programmes des sociétés
spécialisées.

Nous pouvons tenir à votre disposition
toutes réservations et billets de train et
avion, voitures, hôtels, spectacles,...
Nous livrons à domicile ».

Selon vos goûts, vous **écrivez** à MONDOVISION – 124, rue de Rivoli, Paris 4e – pour obtenir précisément toute la documentation nécessaire à un voyage éventuel.

6 ELECTRONIC, l'entreprise d'appareils électro-ménagers qui vous emploie animera du 10 au 16 mars prochain, un stand au Salon des Arts Ménagers à Paris. C'est la première fois qu'elle est appelée à participer à cette importante manifestation annuelle où il s'agit de mettre en valeur ses produits et de présenter les nouveautés.
Vous êtes chargé(e) de concevoir une carte d'invitation destinée aux clients de l'entreprise ; cette carte a pour but de les informer et de les inviter à vous rendre visite sur le stand. Elle donne droit à l'entrée gratuite au Salon des Arts Ménagers.
a. **Rédigez** et **présentez** la carte d'invitation.

Par ailleurs, vous adressez au comité directeur de ce salon un chèque de 75 492 francs, accompagné d'une carte de visite confirmant la réservation du stand B-024.

b. **Établissez** le chèque bancaire et **écrivez** les quelques mots d'accompagnement sur la carte de visite (voir fac-similé de chèque p. 189).

7 Vous vous chargez, pour un groupe de compatriotes, d'organiser la visite des Établissements PERNOD – 120, Avenue du Maréchal Foch, 94015 CRÉTEIL CEDEX.
Écrivez au service des Relations Extérieures pour formuler votre demande et donner toutes les précisions utiles.

8 Une entreprise de votre pays, où vous travaillez comme stagiaire, participe pour la première fois à une importante foire exposition annuelle qui se tient dans la capitale.
On vous charge d'inviter, par lettre personnalisée, les principaux clients français de l'entreprise, en justifiant des raisons essentielles de cette invitation.
Rédigez cette lettre personnalisée.

9 L'entreprise où vous travaillez pratique la vente par correspondance de meubles en kit* et d'articles pour la maison. Elle a conçu pour la France un catalogue de 200

pages, très précis et détaillé, abondamment illustré et propose, à titre promotionnel, 20 % de réduction sur toute première commande.

Vous êtes chargé(e) de **rédiger une lettre publicitaire** pour annoncer la diffusion de ce catalogue qui sera envoyé gratuitement sur simple demande.

À la suite de cette lettre publicitaire, l'entreprise a reçu un grand nombre de demandes d'envoi de catalogue. Vous êtes alors chargé(e) de **concevoir une lettre d'accompagnement** qui mettra en valeur l'efficacité du système d'achat par correspondance et rappellera l'aspect promotionnel (20 % de réduction sur toute première commande) pour inciter les destinataires à passer commande.

(*) kit : ensemble d'éléments vendus avec un plan de montage et que l'on peut assembler soi-même.

10 M. BOUGEAUD, directeur technique dans votre entreprise (la Société S.M.W. – 145, rue Jules Verne – 44000 NANTES), à l'intention de se rendre au salon professionnel LOGISTIC à Bordeaux. Il souhaite y passer les mardi et mercredi 16 et 17 septembre et assister à la journée franco-espagnole.

a. **Remplissez** le coupon d'inscription au salon ci-dessous.

b. **Rédigez** l'enveloppe d'expédition de ce coupon.

Villes desservies	du	Validités au et du	au	Départ	Arrivée	N° vol	Jours	✈
Départ NANTES (NTE)							res. TAT tél. 40.84.82.82	
BORDEAUX (BOD) ☎ 61.30.04.93	28/03-14/07	04/09-27/10		07.00	08.00	IJ 871	1234	SWM
	17/07-01/09			07.00	08.00	IJ 871	12345	SWM
	10/04-13/07	04/09-28/10		16.00	17.00	IJ 875	345	SWM
	28/03-14/07	04/09-27/10		18.10	19.10	IJ 877	2345	SWM
	17/07-01/09			18.10	19.10	IJ 877	2345	SWM
LILLE (LIL) ☎ 20.87.51.11	01/07-13/07			09.55	11.20	IJ 962	12345	EM2
	28/03-30/06	04/09-27/10		10.10	11.45	IJ 962	12345	FK7
	01/07-03/09			20.20	21.55	IJ 988	12345	FK7
	28/03-30/06	04/09-27/10		20.55	22.00	IJ 988	2345	B14
MARSEILLE (MRS) ☎ 42.75.17.17	28/03-30/06			08.00	T	IJ 301/	123	B14
T : via Toulouse					10.00	IJ 442	1	FK7
	01/07-01/09			08.30	T	IJ 301/		FK7
					11.30	IJ 442	12345	FK7
	28/03-30/06	04/09-27/10		18.20	T	IJ 307/	2345	FK7
					21.20	IJ 448	2345	FK7
	01/07-13/07			18.35	T	IJ 307/	2345	EM2
					21.20	IJ 448	2345	FK7

VOLS VACANCES à 1 200 Francs (aller - retour) = VOLS ENCADRÉS

du	Validités au et du	au	Départ	Arrivée	N° vol	Jours	✈	Liaisons Villes/Aéroport
Destination NANTES (NTE)								
01/07-02/09			17.50	19.30	IO 854	6	F28	Aéroport de NANTES Atlantique (15km)
01/07-02/09		B	10.05	13.20	IO 535	6	F28	Point de vente Tél. 40.84.82.83 Navette Taxi
28/03-27/10			08.20	09.20	IJ 872	234	SWM	
10/04-13/07	04/09-28/10		17.20	18.20	IJ 876	345	SWM	
28/03-27/10			19.45	20.45	IJ 878	2345	SWM	
28/03-30/06	04/09-28/10		06.35	07.40	IJ 961	12345	B14	
01/07-03/09			06.35	08.10	IJ 961	12345	FK7	
28/03-30/06	04/09-28/10		16.00	18.00	IJ 965	12345	FK7	
01/07-13/07			16.50	18.15	IJ 965	12345	EM2	
28/03-13/07	04/09-27/10		06.50	T	IJ 441/	1234	FK7	
				09.50	IJ 302	12345	FK7	
01/07-03/09			17.00	T	IJ 445/	2345	FK7	
				20.00	IJ 308	2345	FK7	
28/03-30/06	04/09-27/10		18.35	T	IJ 445/	2345	B14	
				20.35	IJ 308	2345	B14	

Après avoir choisi dans l'horaire les vols pour le voyage de M. BOUGEAUD (aller le mardi matin, retour le mercredi soir) et les avoir réservés par téléphone auprès de votre agence de voyage (NANTES-EVASION), vous confirmez par télex votre réservation et demandez qu'elle émette le billet d'avion.

c. **Rédigez** ce télex.

Vous passez enfin un second télex à l'Hôtel NOVOTEL de Bordeaux pour réserver une chambre pour M. BOUGEAUD.

d. **Rédigez** ce second télex.

9. Secrétariat :

Vous travaillez pour « ALPHA FRANCE SERVICES », société d'assistance dépannage en plomberie, électricité, serrurerie, chauffage.
Implantée au 3 ter, rue Castérès, 92110 CLICHY – tél : 05 22 29 99 – cette société est ouverte 7 jours sur 7 de 8 h à

...nuit. Le numéro de téléphone est un « Numéro Vert » (appel gratuit).

Pour toute intervention, le coût du déplacement est de 75 F T.T.C. et la main d'œuvre est facturée 110 F T.T.C. l'heure.

a. Concevez une carte publicitaire qui sera distribuée sur la voie publique et dans les boîtes à lettres.

b. Rédigez sur une carte de visite une commande de 1 000 étiquettes auto-collantes blanches à la Société NOMY.

10. Compréhension de texte :

LE RENDEZ-VOUS DES AFFAIRES

Des centaines de stands dans le nouveau hall 6 du parc de Villepinte, pour le grand SICOB version 90. Des bateleurs qui vantent les mérites d'un robot ménager « ultra-moderne » à la Foire de Paris, au parc des expositions de la porte de Versailles. Une première de cinéma au CNIT de La Défense, à l'ombre inspiratrice de la Grande Arche. 12 000 personnes venues assister au congrès de radiologie, organisé au Palais des Congrès de la porte Maillot...

En un échantillon éclair, la région parisienne dévoile ses batteries. Ancienne région de foires – dès le onzième siècle, celle du Lendit, à Saint-Denis, était un des temps forts du commerce de l'Europe médiévale – l'Ile-de-France entend bien garder sa place dans le peloton de tête.

Le temps des foires est plus que jamais de retour. Alors que jamais les techniques de communication à distance n'ont été aussi performantes, le besoin de contacts directs se fait croissant. Congrès et salons sont devenus les lieux de passage obligés pour « être au courant » et d'indispensables portes sur le monde extérieur. On y apprend ce qui se fait « ailleurs ». Le salon, selon le mot d'un de ses plus fervents promoteurs, c'est le « média aux cinq sens », celui où le lien physique avec des produits et des hommes s'établit enfin. Et, si possible, autour d'une bonne table.

À tous ceux qui, avidement, cherchent cette rencontre professionnelle et commerciale, la région parisienne offre son hospitalité. Il faut dire que le marché mondial laisse rêveur : 385 milliards de francs et un potentiel de croissance de 10 % par an pour le secteur des congrès ; 100 milliards de francs, pour la seule Europe, pour celui des salons et expositions, avec une croissance annuelle de 12 à 15 % depuis 1984.

Au palmarès des organisateurs de ces manifestations, Paris et sa région se taillent la part du lion. En 1989, la capitale, pour la onzième année consécutive, a été classée au premier rang. Battant tous ses précédents records, la région parisienne (110 000 sièges disponibles par jour !) a accueilli l'année dernière 388 congrès internationaux, contre seulement 261 pour Londres, son éternelle rivale.

Cette même année, Paris se classait également numéro un dans le secteur des salons et expositions. Une centaine de salons ont pris place dans les différents parcs franciliens : c'est deux fois plus qu'à Milan. De même, 2 000 000 m² ont été loués, contre 1 200 000 dans la capitale lombarde.

Mais si Paris se chauffe depuis dix ans à la meilleure place, c'est, une fois de plus, « grâce » au désert français. Comme dans tant d'autres secteurs, la tradition centralisatrice de la France se fait nettement sentir et n'a fait que s'accentuer au fil des années. Alors qu'en Allemagne, quatre ou cinq grandes villes se partagent le gâteau, Paris à un appétit d'ogre. Aux cités de province, elle laisse volontiers le marché régional et national.

Mais c'est à Paris qu'ont lieu les manifestations d'envergure internationale et celles qui attirent le plus de visiteurs étrangers – et donc de devises – dans nos frontières. Le charme de la vieille capitale, renouvelé par l'architecture récente, le prestige de la « plus belle ville du monde » n'expliquent pas tout.

Aux exposants qui souhaitent marier convivialité et affaires, Paris propose aussi les attraits, plus modernes, du confort et des facilités d'accès. 100 000 chambres d'hôtel sont disponibles, dispersées entre Paris intra-muros et les abords immédiats des aéroports. Un atout indispensable quand on sait que le séjour moyen d'un « touriste d'affaires » est de trois jours, pendant lesquels il dépense sur place, en moyenne toujours, 1 525 francs.

Au total, la Chambre de Commerce et d'Industrie de Paris estime à 14 milliards de francs les retombées économiques directes et indirectes de l'activité « salons et expositions », L'Ile-de-France recueillant les trois-quarts de cette manne (20 milliards de francs pour l'ensemble de la France). L'Office du Tourisme annonce, quant à lui, un chiffre d'affaires direct de 3,1 milliards de francs en ce qui concerne les congrès et les séminaires.

Forts de tels résultats, les organisateurs de la région parisienne pourraient être tentés de s'endormir sur leurs lauriers. Il n'en est rien. Les professionnels n'ont qu'un mot à la bouche : plus. Plus d'espaces, plus de sièges, plus de routes pour y accéder, plus de restaurants pour se sustenter, plus de parkings pour se garer... Une véritable boulimie. Et à ceux qui évoquent un éventuel risque de suréquipement, ils opposent les longues listes d'attente d'exposants en mal de place et agitent, comme un étendard, cette première place qu'il va falloir défendre contre Berlin, Londres ou Bruxelles.

D'après un article de Judith Rueff,
Le Monde, 6 juin 1990.

A **Complétez**, à l'aide du texte, la fiche de synthèse ci-dessous :

1. Thème de l'article :

2. À quelle époque remonte la tradition des foires en Ile-de-France ?

3. 4. Identifiez quatre grands lieux d'expositions et de congrès en région parisienne.

5. Citez deux exemples de manifestations organisées en ces lieux.

6. Quelle est l'utilité de tous ces congrès, salons, etc. ?

7. Quelle place occupent Paris et sa région en tant qu'organisateurs ?

8. Relevez deux chiffres qui le prouvent.

9. Qu'est-ce qui explique aussi la place occupée par Paris ?

10. Comment se répartit le marché entre Paris et la province ?

11. Quel est l'intérêt d'attirer des visiteurs étrangers ?

12. Qu'est-ce qui, traditionnellement, les fait venir à Paris ?

13. Pour quelles raisons les exposants choisissent-ils Paris ?

14. Quel est l'apport financier ?

– des salons et expositions : ....

– des congrès et séminaires : ....

15. Que veulent les organisateurs professionnels ?

16. Citez les deux raisons données à l'appui de leur demande.

B « Alors que jamais les techniques de communication à distance n'ont été aussi performantes, le besoin de contacts directs se fait croissant ».
Qu'en pensez-vous ? **Exprimez** votre avis en toute liberté. (15 lignes).

11. Jeu de rôles :

Vous êtes au stand à la Foire de Paris et vous proposez aux visiteurs les articles que vous exposez. (Vos camarades joueront le rôle des visiteurs.)

Notes sur la lecture :

Un mode d'emploi : est une notice qui indique comment utiliser un produit ou comment faire marcher un appareil.

Le Canard Enchaîné : est un périodique politique satirique indépendant.

un abonnement : est un contrat qui prévoit le paiement d'une somme forfaitaire par l'abonné contre le service d'un journal, d'un magazine par l'éditeur pendant une durée déterminée (six mois, un an, etc.).

les petites annonces : section d'un journal où les lecteurs peuvent, moyennant le paiement d'une certaine somme, faire publier des offres de marchandises, des demandes d'emploi, etc.

la force de vente : est l'ensemble de toutes les personnes chargées de la vente d'un produit ou d'un service. On dit aussi le "réseau de distribution".

un annonceur : est une personne qui fait insérer une annonce dans un journal, ou qui assume les frais d'une émission publicitaire.

le lectorat : l'ensemble des lecteurs.

affiné : rendu plus fin, plus subtil, ici : mieux défi...

pointu : ici : poussé, précis.

positionner : synonyme de "situer", terme mi...
taire : indiquer les coordonnées géographiques pe...
mettant de situer une armée. En comptabilité o...
parle aussi de positionner un compte, c'est-à-dir...
calculer le solde d'un compte (différence entre cré...
dit et débit).

entropie : selon le *Larousse*, il s'agit d'un term...
de physique qui veut dire : grandeur qui, en the...
modynamique, permet d'évaluer la dégradation d...
l'énergie.

la cible : le point de mire, le but (target).

une centrale d'achat : a central purchasin...
office.

le maquis : au propre une zone de végétation tou...
fue, au figuré une complication inextricable.

une épreuve de force : un affrontement.

une société de régie : une société de gestio...
d'un service public.

La pub mode d'emploi

La publicité, par les ressources qu'elle apporte aux journaux, est le seul vrai garant du pluralisme. Sauf que son aide, surtout en période de crise, est forcément sélective

Sans le secours de la publicité, il faudrait vendre le *Matin* huit francs. Cela seul explique la présence d'annonces commerciales dans la quasi-totalité des journaux et magazines que vous achetez. Car, hormis *le Canard enchaîné* auquel sa structure légère et la fidélité d'un lectorat important permettent d'éviter de recourir à la « réclame », tous les autres titres de la presse française ou presque n'existeraient pas sans publicité.

Grâce à elle, les journaux peuvent se vendre la moitié, si ce n'est le quart, de leur prix de revient. Sans elle, ils seraient des produits de luxe.

L'équilibre parfait entre les recettes des ventes et des abonnements et celles de la publicité serait bien entendu une répartition à part égale : 50/50, mais une telle proportion est illusoire, et le partage varie selon les journaux. A titre d'exemples, citons *le Monde,* qui tire 43 % de ses recettes des ventes et 57 % de la publicité, *le Figaro* : 27 % et 73 %, *le Matin* : 54 % et 46 %. A noter que les recettes des petites annonces sont assimilées à la publicité, ce qui permet de comprendre l'écart important constaté pour *le Figaro,* qui est très riche en petites annonces. La publicité est donc la garantie de l'existence et du développement de la presse écrite, mais aussi de son indépendance rédactionnelle, puisque représentée en partie par une multitude d'annonceurs différents.

Comme tout produit de consommation, un journal est équipé d'une force de vente : c'est le service de publicité, dont le but est la promotion du titre auprès des annonceurs (sociétés faisant de la publicité), des agences de publicité.

Il ne s'agit pas de vendre le journal mais ses lecteurs. Pour chaque support de presse, quotidien ou magazine, le lectorat est étudié quantitativement — sexe, âge, catégorie socio-professionnelle, niveau d'instruction, lieu d'habitation, structure familiale — et qualitativement en terme de consommation — loisirs, équipement, revenu, mode de vie... Cette méthode permet de définir un profil du lecteur type le plus affiné possible. Des études de plus en plus pointues permettent de positionner les supports de presse, c'est le cas du CCA (Centre de communication avancée), qui définit la place de chaque titre dans l'univers de la presse en terme de style de vie, selon quatre paramètres : positivisme, évasion, défense et entropie. L'agence de publicité et l'annonceur se réfèrent à ces études lorsqu'ils ont défini la cible de la campagne, c'est-à-dire le public qu'ils veulent toucher. Par exemple, le scooter Peugeot s'adresse à des hommes et des femmes plutôt jeunes, entre vingt et quarante ans, plutôt citadins, de catégorie socio-professionnelle moyenne et supérieure (classification INSEE) et ouverts à la nouveauté. Les annonces de publicité ont donc été programmées dans des supports qui répondaient à ces critères, dont *le Matin Magazine,* puisque le profil de son lectorat correspond à ces caractéristiques.

Le service de publicité d'un journal vend son espace publicitaire à des tarifs différents en fonction de plusieurs critères : emplacement (certains sont plus en vue que d'autres : première page d'un quotidien, dos ou recto de la couverture d'un magazine...), taille de l'annonce, fréquence de parutions (des tarifs dégressifs sont appliqués selon le nombre de parutions successives dans un même journal), la présence ou non de couleur. Les tarifs varient bien sûr d'un support à l'autre selon la diffusion et la qualité de l'audience. Le service de publicité traite soit directement avec l'annonceur, ce qui est peu fréquent pour les gros budgets, soit avec les agences de publicité, ou avec des centrales d'achat d'espace. Les centrales d'achat d'espace ont d'abord été créées par des groupes importants ayant de nombreux produits dont les budgets de publicité sont répartis dans différentes agences de publicité. Leur but : rassembler l'achat d'espace de leurs produits, et ainsi bénéficier des tarifs dégressifs sur l'achat d'espace cumulé. Mais les dégressifs ne sont pas les seuls facteurs, car les acheteurs négocient aussi le prix et la qualité des emplacements. A plus forte raison lorsqu'une centrale qui manage plusieurs produits manipule des sommes très importantes. Tout le monde négocie peu ou prou les emplacements ou les tarifs. Ce maquis de plus en plus sophistiqué nécessite des interlocuteurs très puissants, la négociation des supports de presse étant une véritable épreuve de force. C'est ce qui a incité à la création de certaines centrales d'achat d'espace, regroupant tous les produits d'une même société, comme celles de Nestlé, L'Oréal ou de Lever, achetant de l'espace « en gros » qu'elles répartissent ensuite sur leurs différents clients.

Face à ces nouvelles puissances, il faut être très fort. C'est sans doute ce qui a provoqué le regroupement de certains journaux en régies. Par exemple, Interdéco, qui regroupe environ 22 titres, dont *Paris-Match, Elle,* le groupe *Femmes d'aujourd'hui, Télé-7-Jours.* Les groupes Havas et Publicis ont eux-mêmes créé des sociétés de régie.

La concurrence est âpre, surtout pour la presse, qui est extrêmement diversifiée (environ 350 magazines et une trentaine de quotidiens nationaux et régionaux), d'autant plus que l'on assiste constamment à l'émergence de nouveaux supports, comme l'ouverture de FR3 à la publicité depuis janvier 1983.

Cette mesure, qui, à fin 1983, aura rapporté à la chaîne environ 265 millions de francs de recettes publicitaires (15 millions venant des campagnes menées par des groupements d'intérêts collectifs et 250 millions pour les produits de marque), porte un sérieux coup aux autres médias. Car, même si les budgets de publicité évoluent sensiblement (14 020 millions de francs en 1981 pour 16 420 millions de francs en 1982, source IREP), la répartition entre la presse et la télévision montre en pourcentage une régression de 1 % en ce qui concerne la presse. Présage d'un dur avenir lorsque FR3 Régions ouvrira à son tour ses portes à la publicité. Influente également, l'augmentation de la redevance TV, qui a, par voie de conséquence, entraîné l'accroissement du quota autorisé pour les recettes publicitaires. En effet, par principe, les recettes publicitaires ne dépassent pas 25 % des recettes totales de l'audiovisuel. Ces recettes ayant augmenté en 1983 grâce à la redevance TV, la part des 25 % a également pris de l'ampleur. (En francs constants, les recettes publicitaires cumulées sur les trois chaînes sont passées de 1,7 milliard de francs en 1982 à 2,4 milliards de francs en 1983). A noter également une hausse moyenne des tarifs de 8% en 1983 par rapport à 1982.

Les budgets publicitaires de marques n'étant pas, surtout en périodes de crise, extensibles, il a bien fallu que les annonceurs enlèvent aux uns ce qu'ils donnaient aux autres. Pas étonnant dans ce cas que l'équilibre financier des journaux soit sans cesse menacé.

Isabelle Merlet
Le Matin Magazine (25-6-83)

11.
Import-export-Douanes

Paul : Bonjour, Monsieur, vous avez l'air <u>rayonnant</u> !

Grosjean : Oui, je suis plutôt content ! Vous vous souvenez de Xiffre, notre voyageur qui est maintenant dans le Roussillon pour être plus près de sa famille ? Eh bien, il vient d'<u>enlever un gros marché</u> avec un importateur de Casablanca, pour les meubles de jardin…

Paul : Ah, ça c'est formidable ! Mais, je suppose qu'il va y avoir de nombreuses <u>formalités</u> à remplir pour exporter…

Grosjean : Il faudra obtenir une <u>licence d'exportation</u>, nous devrons aussi demander à la Chambre de Commerce ou au <u>Bureau des Douanes</u> un <u>certificat d'origine</u> pour nos marchandises… En fait, nous nous adresserons à un <u>transitaire</u>.

Paul : A un transitaire, pourquoi ? Il ne s'agit pas de transit…

Grosjean : Le transitaire, qu'on appelle aussi "commissionnaire en transport" est un intermédiaire qui se charge de toutes les formalités administratives douanières pour <u>passer en douane</u> c'est-à-dire, faire entrer, traverser et sortir des marchandises d'un pays.

Paul : Si j'ai bonne mémoire, je crois avoir appris que, dans le commerce extérieur, on utilisait des <u>factures "pro forma"</u>…

Grosjean : C'est exact. Ce sont des factures fictives qui servent à l'acheteur pour prouver le montant de devises dont il a besoin pour régler son achat. C'est surtout utile dans les pays qui ont un <u>contrôle des changes</u>.

Paul : Est-ce que l'importateur marocain va devoir payer des <u>droits de douane</u> ? Comment sont-ils calculés ?

Grosjean : Comme le Maroc n'est pas membre de la <u>C.E.E.</u>, il y aura en effet des droits de douane à payer. Ils sont en général calculés "ad valorem", c'est-à-dire que, selon la valeur des marchandises, on ajoute un certain pourcentage. Mais, comme vous le savez déjà, la T.V.A. n'affecte pas les ventes à l'exportation, par conséquent on applique le tarif H.T. et bien souvent, en dépit des droits de douane, le prix de revient de la marchandise à l'étranger, même en comprenant le transport et l'assurance, est inférieur au prix de vente en France !

Paul : Cela semble invraisemblable…

Grosjean: Le Gouvernement encourage les exportations, parce que cela améliore la balance commerciale, c'est-à-dire la différence entre les importations et les exportations. Si les importations l'emportent sur les exportations, la balance est déficitaire, au contraire si les exportations sont supérieures, alors la balance commerciale est excédentaire, le pays a beaucoup de devises étrangères et s'enrichit. C'est pourquoi les gouvernements tentent de freiner les importations et favorisent les exportations.

Paul: Cela peut être compréhensible, mais, aux États-Unis, nous sommes partisans du libre-échange.

Grosjean: Mais le Marché Commun est une zone de libre-échange ! Il n'y a plus de barrières douanières aux frontières entre les pays membres. Quant au protectionnisme, il n'a pas que des avantages, c'est certain, mais, en période de crise économique, cela permet de protéger les industries nationales qui ne pourraient peut-être pas faire face à la concurrence étrangère.

Paul: Est-ce que les douaniers vérifient toutes les caisses ?

Grosjean: Ils peuvent le faire, mais en général, ils effectuent des vérifications par épreuve, c'est-à-dire qu'ils ouvrent quelques caisses au hasard et s'assurent que les marchandises qui s'y trouvent correspondent en tous points à la description, quantité et qualité indiquées sur la déclaration.

Paul: Et si cela n'est pas conforme ?

Grosjean: Les marchandises sont confisquées et l'expéditeur doit payer une lourde amende et il peut même aller en prison, s'il a tenté de faire passer en contrebande des marchandises illicites (des drogues par exemple).

Paul: En fait, ce sont surtout les marchandises importées qui doivent être très surveillées, beaucoup plus que les exportations.

Grosjean: Oui et non ! Il y a des interdictions d'exporter certaines choses, des produits rares, des œuvres d'art, des machines dont le procédé de fabrication doit rester secret, certaines pièces d'armement par exemple... et c'est aussi le rôle des douaniers d'empêcher leur sortie du pays. Mais, il est bien évident que la vérification des importations est leur responsabilité majeure.

Paul: Quand je suis arrivé à l'aéroport de Roissy-en-France, j'ai remarqué que les formalités de police étaient certes beaucoup plus rapides pour les ressortissants de la C.E.E. que pour les passagers en provenance des autres pays, mais qu'ils devaient cependant présenter leur passeport. Je pensais que, pour eux, maintenant il n'y avait plus de frontières...

Grosjean: C'est exact, mais, ne serait-ce que pour s'assurer que des étrangers en provenance d'autres pays ne s'infiltrent pas parmi eux, il y a tout de même lieu de vérifier les passeports ou les cartes nationales d'identité.

Paul: Oui, cela se comprend, d'autant plus qu'à la douane, j'ai remarqué que les passagers avaient le choix entre deux sorties dont l'une indiquait : « Rien à déclarer » et tous les douaniers se tenaient près de l'autre sortie. Inutile de dire que tout le monde prenait la sortie « Rien à déclarer »...

Grosjean: Là encore les douaniers peuvent effectuer des vérifications par épreuve, il y a des inspecteurs des douanes en civil qui peuvent arrêter un voyageur au hasard et lui demander de retourner à la douane s'il dit qu'il n'a rien à déclarer, et si l'on trouve des objets illicites, des bijoux, plus d'alcool que la tolérance douanière permet d'introduire en franchise, c'est-à-dire sans payer de droits, alors tout sera confisqué et il devra payer une amende très forte, bien supérieure aux droits qu'il aurait normalement dû acquitter.

Paul: Aux États-Unis, les douaniers ouvrent tous les bagages et vérifient tout ! Alors les passagers déclarent très honnêtement tout ce qu'ils ont acheté à l'étranger...

Grosjean: « La peur du gendarme est, dit-on, le commencement de la sagesse ! » Mais, excusez-moi, Paul, j'ai encore beaucoup de choses à terminer et je dois rattraper le temps perdu !

VOCABULAIRE

rayonnant : *beaming*
enlever un marché : *to get a contract/a deal*
des formalités (douanières) (f) : *formalities/customs formalities*
une licence d'exportation : *an export licence*
le Bureau des douanes : *Customs house*
un certificat d'origine : *a certificate of origin*
un transitaire : *a forwarding agent, transit agent*
un agent en douane : *a customs broker*
passer en douane, dédouaner : *to clear through customs*
une facture "pro forma" : *a pro forma invoice*
le contrôle des changes : *exchange control*

un droit de douane : *a customs duty*
la CEE : *E.E.C.*
la balance commerciale : *trade balance*
une balance déficitaire : *negative trade balance, trade deficit*
une balance excédentaire : *positive trade balance, trade surplus*
freiner : *to curb, to restrain*
le libre-échange : *free trade*
la frontière : *the border*
un douanier : *a customs officer*
la vérification par épreuve : *customs examination*
une amende : *a fine*
passer en contrebande : *to smuggle in/out*
rien à déclarer : *nothing to declare*
un bijou : *a jewel*
en franchise : *duty-free*
rattraper le temps perdu : *to make up for lost time*
un entrepôt de douane : *a bonded warehouse*
une cible : *a target, objective*

QUESTIONS ORALES

1. Pourquoi M. Grosjean est-il rayonnant ?
2. Quelles sont les formalités à remplir pour l'exportation ?
3. Quelles sont les fonctions d'un transitaire ?
4. À quoi sert une facture « pro forma » ? Doit-on la payer ?
5. Comment calcule-t-on les droits de douane ?

6. Quand la balance des paiements est-elle déficitaire ?
7. Quel est le contraire du protectionnisme ?
8. Comment les douaniers s'assurent-ils que les marchandises correspondent à la déclaration ?
9. Que se passe-t-il quand un douanier découvre les objets que l'on a tenté d'introduire en contrebande ?
10. Que veut dire l'expression « en franchise » ?

EXERCICES ECRITS

1. Ecrivez le mot ou l'expression qui vous paraît convenir :

1. Si les importations sont supérieures aux exportations, on dit que la balance commerciale est . . . .
   - déficitaire
   - en équilibre
   - excédentaire
   - en déséquilibre

2. Pour . . . . à la concurrence, il est nécessaire de développer notre . . . . internationale.
   - affronter
   - faire face
   - gagner
   - exposer
   - implantation
   - sollicitation
   - opposition
   - variation

3. La . . . . du marché à l'exportation s'élève à 40,3 % contre 37,7 % l'année précédente.
   - provision
   - part
   - cible
   - section

4. La . . . . des marchés extérieurs étant très complexe, la plupart des exportateurs doivent s'adresser à des organismes spécialisés.
   - perspective
   - prospérité
   - potentialité
   - prospection

5. Le système du . . . . s'oppose bien évidemment au protectionnisme.
   - libre choix
   - libre arbitre
   - libre échange
   - libre service

6. Pour un industriel qui envisage d'exporter, la première démarche est d'identifier les risques et les dommages que peut . . . . l'entreprise.
   - soumettre
   - assujettir
   - suivre
   - subir

7. Pour prendre soin des formalités douanières, nous ferons appel à un . . . .
   - transitoire
   - transitaire
   - transporteur
   - transistor

8. Il a dû payer une . . . . parce qu'il avait essayé de passer de l'alcool en contrebande.
   - amante
   - aimánte
   - amande
   - amende

9. Pour éviter les fuites de capitaux, il y a, en France, un contrôle . . . .
- • d'échange
- • des chances
- • des changes
- • d'échéance

10. Les États-Unis sont membres . . . .
- • de la C.E.E.
- • de l'O.T.A.N.
- • du Commonwealth
- • du Comecon

11. L'après-vente et la maintenance ne sont pas les points forts de l'entreprise exportatrice française ; c'est . . . . dommage que le service entre de plus en plus dans les motivations d'achat du consommateur étranger.
- • encore plus
- • d'autant plus
- • fort
- • bien

12. Le « Moniteur du commerce international » prépare son traditionnel numéro annuel consacré au classement des sociétés françaises les . . . . exportatrices.
- • très
- • plus
- • mieux
- • cent

2. Faites une phrase avec les mots suivants :

– Balance commerciale - équilibre.
– Déclarer - objets de valeur - douane - amende.
– Douanier - déclarer - touriste.
– Il s'agit de - matières premières - développement.

3. Mettez au pluriel :

Pour freiner l'importation du café, on l'a taxée.

4. Choisissez, dans les listes fournies, l'expression qui convient et écrivez-la sur la ligne correspondant à sa définition :

a. Valeur en douane - valeur nominale - valeur marchande - valeur vénale - valeur d'usage.

– . . . . : Prix moyen probable que l'on pourrait obtenir par la vente d'un bien déjà usagé et dans son état actuel.

– . . . . : Valeur théorique d'émission ou de remboursement d'une monnaie, d'un titre ou d'un effet de commerce.

– . . . . : Valeur commerciale d'un produit, c'est-à-dire sa valeur d'échange.

– . . . . : Valeur de la marchandise déclarée ou forfaitaire au moment où elle pénètre sur le territoire national.

– . . . . : Appréciation de la qualité d'un bien ou d'un service en fonction de la satisfaction que l'on tire de son utilisation.

b. Autoconsommation - besoin - devise - régime douanier.

– . . . . : Consommation finale de biens et de services par leur producteur.

– . . . . : Réglementation applicable aux marchandises traversant la frontière d'un État.

– . . . . : Moyens de paiement libellés dans une monnaie étrangère.

– . . . . : Manque ressenti par l'individu ou la communauté.

5. Version :

1. Nos échanges ne sont pas à la hauteur de nos espérances, nous sommes décidés à les développer.

2. Trois pays d'Europe centrale négocient actuellement avec la C.E.E. des accords d'association pour lever progressivement les barrières limitant l'entrée de leurs produits sur le marché communautaire.

3. La plupart des pays européens devront exporter davantage s'ils veulent équilibrer leur balance commerciale.

4. Le poste de responsable régional sera créé prochainement pour développer nos ventes en Europe du Nord.

5. Nos ventes à l'exportation ont augmenté de 15,5 % en valeur par rapport à l'année dernière.

6. Pour rattraper le temps perdu dans le domaine des investissements à l'étranger, la France a encore un long chemin à parcourir.

7. Il est de plus en plus difficile de faire face à la concurrence étrangère.

8. Savez-vous que les droits de douane ont été relevés de 5 % ?

9. C'est le transitaire qui va s'occuper des formalités douanières.

10. La Chambre de Commerce informe les producteurs sur les débouchés possibles à l'étranger.

11. Les grands exportateurs français se posent tous la question : les pays d'Europe centrale et orientale vont-ils réellement offrir davantage de débouchés et de possibilités d'affaires ?

12. Malgré la suppression des barrières douanières intra-communautaires le 1er janvier 1993, le contrôler douanier peut toujours être effectué, notamment à l'expédition ou à destination.

6. Thème :

1. Customs broker looking for Canadian buyers for his company.

2. You will be receiving copies of packing lists, certificate of origin and commercial invoices from Messrs Harrington Bros.

3. The goods will have to be cleared through customs by the end of the week.

4. Americans are again turning increasingly to home-made goods rather than imports.

5. Maker of beautiful French jewellery looking for Canadian importers.

6. The merchandise will have to be stored in a bonded warehouse.

7. We would be grateful if you would send us a pro forma invoice.

8. We import our raw materials from Africa.

9. The importer will have to produce a certificate of origin.

10. Japanese companies are using their high-tech facilities to test sophisticated products that they hope will sell both at home and abroad.

11. For several years it has looked as if frontier controls in Europe would be dismantled on January 1, 1993, and EC travelers would only be allowed to buy duty-free when leaving the Community.

12. Japan is more open than it used to be to Western imports and investment.

7. Lors de la rédaction de cette annonce publicitaire, un certain nombre de mots et de verbes ont été « oubliés ». Avant l'impression définitive, complétez le texte à l'aide de la liste qui vous est fournie (dans l'ordre alphabétique) et en rétablissant, le cas échéant, la forme verbale correcte :

1. aider	apporter	consulter	juger	réaliser	s'équiper
adapter	assister	exporter	prospecter	s'adresser	vendre

QUI VOUS .... A GAGNER LES MARCHÉS ÉTRANGERS ?

. . . . est nécessaire pour votre entreprise. Mais comment . . . . cette percée sur l'étranger ?

Vous . . . . ?... le crédit prospection du Crédit Lyonnais vous donne les moyens d'aller . . . . sur place les possibilités d'affaires.

Vous . . . . ?... le Crédit Lyonnais vous . . . . pour le recouvrement de vos créances ou vous . . . . les financements nécessaires.

Vous . . . . ?... au Crédit Lyonnais on choisit avec vous le crédit (à moyen ou long terme) . . . . au développement ou la modernisation de votre équipement.

Pour mieux réussir à l'étranger, ... le Crédit Lyonnais. Il est présent dans le monde entier.

En France, ... à l'agence la plus proche (il y en a plus de 2 000) ou aux Affaires Internationales, Département du Commerce Extérieur, 16 rue du Quatre-Septembre, 75002 PARIS. Tél. : 42.95.13.70.

CREDIT LYONNAIS
VOTRE PARTENAIRE

Formation et répartition de la valeur ajoutée

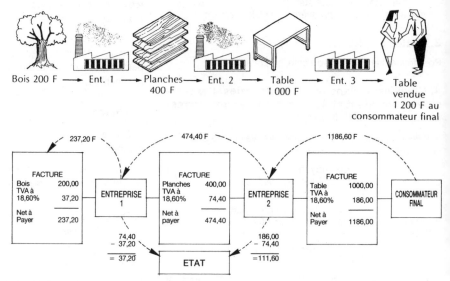

L'entreprise E1 facture ses planches à l'entreprise E2 au prix de 474,40 F T.V.A. incluse. Mais elle a payé son bois 237,20 F, montant qui inclut également de la T.V.A. Elle versera donc à l'État la différence entre la T.V.A. perçue auprès de E2 et celle versée au vendeur de bois.

---

8. Correspondance :

1 Vous êtes importateur de vins aux États-Unis.
Vous désirez recevoir des vins d'Alsace et vous écrivez à G. HUMBRECHT, propriétaire-viticulteur à 68420 HERRLISHEIM pour lui demander son dernier prix-courant, ainsi que les conditions de vente de ses vins à l'exportation.
a. **Rédigez** votre lettre à G. HUMBRECHT.
b. **Rédigez** sa réponse.

2 Travaillant dans une entreprise de transports internationaux, vous êtes intéressé(e) par le prochain forum mondial pour l'exportation française : « Partenaires export 1996 ».
Vous **écrivez** au Centre Français du Commerce Extérieur – organisateur de cette manifestation – pour demander l'ensemble des informations nécessaires pour être exposant.

3 Vous travaillez à la C.G.M. – Tour Winterthur, 102, quartier Boieldieu, 92085 LA DÉFENSE CEDEX 18.

Vous devez expédier, le 20 du mois prochain, deux tableaux de maîtres aux États-Unis pour une exposition ; or, le bureau des douanes exige que les œuvres d'art soient photographiées en deux exemplaires avant de quitter le territoire français.

Vous **écrivez** à M. MESTRAL, photographe agréé – 50, rue des Acacias, 75017 PARIS – pour le charger de réaliser les clichés et lui proposer un rendez-vous.

9. Compréhension de texte :

Connaissez-vous Charles Doux et sa physionomie de Breton carré ? Non sans doute. Pas plus que le sigle de l'entreprise de Châteaulin dont les camions sillonnent la Bre-

tagne. Pourtant, M. Doux et son frère sont à la tête du numéro un européen du poulet congelé, deuxième exportateur mondial et troisième grand de la planète avec près de 5 milliards de francs de chiffre d'affaires, derrière les Américains Tyson Foods et Conagra.

Créée au début des années 60 par le père, Pierre Doux, sous la forme d'un petit abattoir implanté à Nantes puis dans le Finistère, cette entreprise, l'un des premières en France à remplacer le plumage manuel par le plumage mécanisé, multipliant ainsi sa production par dix, décide de se lancer dans l'exportation de poulets, désormais nourris intensivement au maïs et au soja, et congelés aussitôt après l'abattage.

Sur des marchés extérieurs finalement très étroits (3 % des 35 millions de tonnes de volailles produits chaque année dans le monde), Doux prend pour cible le Proche-Orient, qui va représenter, au début des années 80, jusqu'à 85 % de ses ventes (250 000 tonnes). C'est alors la crise avec l'effondrement des marchés à commerce d'État comme l'Iran et l'Irak et le dumping (1) sauvage d'un nouvel exportateur, le Brésil.

La très forte structure financière de Doux lui permet d'affronter cette crise qui ampute ses ventes de 25 % et même d'absorber en 1982 son concurrent et voisin Unaco, en même temps que s'effondre en 1986 son vieil ennemi Tilly, repris par la maison Bourgoin, aujourd'hui numéro deux de l'abattage breton avec 3 milliards de francs environ de chiffre d'affaires.

Mais la leçon a porté : plus de micro-exportations vers des pays « explosifs », mais un recentrage sur l'Europe où la consommation de poulets est souvent très forte (19 kilos par an pour un Espagnol contre 10 kilos en France). Inversement, un Allemand ne consomme que 6 kilos par an, c'est donc un consommateur en puissance.

Doux décide de devenir européen en s'implantant au cœur même du marché. En 1988, l'entreprise bretonne rachète le numéro deux allemand du poulet, Guts Gold, et se retrouve aujourd'hui avec 25 % du marché de l'Allemagne. En 1989, elle fait l'acquisition de deux établissements espagnols.

Aujourd'hui, les ventes du groupe Doux sont réalisées à 19 % en France, à 40 % dans l'Europe de la C.E.E. et à 41 % dans d'autres pays, celles effectuées hors d'Europe, au sens large, ne représentant plus que 22 %, dont 15 % pour l'Arabie saoudite, très gros consommateur.

Dans toutes ces zones de production, Doux applique ses méthodes, c'est-à-dire l'intégration complète de toutes les composantes de la filière avicole. Ses filiales spécialisées fournissent les œufs, poussins et aliments à 1800 aviculteurs qui financent et gèrent eux-mêmes leurs installations hors sol.

Cette impeccable organisation permet à Doux de réaliser, en 1990, un chiffre d'affaires voisin de 4,6 milliards de francs avec près de 4000 salariés dont 2200 en France, son bénéfice devant atteindre environ 185 millions de francs cette année.

Une si belle réussite devait logiquement inciter le groupe financier Paribas, déjà actionnaire de Doux à 15 %, à mettre en œuvre les synergies existant avec sa propre filiale agroalimentaire, Guyomarc'h. Les deux entreprises ne sont pas concurrentes, l'une étant orientée sur l'étranger, l'autre sur la France. Doux ne vend pas de produits d'alimentation du bétail, grande spécialité de Guyomarc'h, numéro un français avec 18 % du marché et 3 millions de tonnes par an.

Pour le groupe Paribas, l'opération a pour intérêt d'augmenter sa puissance dans son secteur alimentaire, désormais au troisième rang français. Paribas entend donc pousser la filière poulets (congelés, cuisinés ou fumés) et veut tirer parti de l'appétit croissant des consommateurs pour les viandes blanches au détriment des viandes rouges, en recul constant.

C'est un des cas de figure où une banque d'affaires peut jouer un rôle de fédérateur, en choisissant la société la mieux placée dans sa catégorie, en l'occurence Doux, pour la renforcer sans lui ôter son indépendance, surtout quand elle est ombrageuse et fondée légitimement sur une réussite exemplaire.

D'après un article de François Renard,
Le Monde, 12 octobre 1990.

(1) dumping : pratique qui consiste à vendre sur les marchés extérieurs à des prix inférieurs à ceux pratiqués sur le marché national.

A **Complétez**, à l'aide du texte, la fiche de synthèse ci-dessous :

1. Thème de l'article : . . . .
2. Historique de l'entreprise :
   • fondateur : . . . .
   • date de création : . . . .
   • activité initiale : . . . .
3. Comment cette entreprise s'est-elle développée ?
4. Actuellement, quelle est l'activité de la société Doux ?
5. Caractéristiques de la société :
   • effectif global : . . . .
   • chiffre d'affaires en 1990 : . . . .
6. Place de la société sur le marché européen et mondial :
   . . . .
7. Indiquez, chiffre à l'appui, quel était le principal marché de Doux dans les années 80.
8. Quelles ont été les conséquences de la crise économique ?
9. Donnez deux raisons pour lesquelles Doux a opéré un recentrage sur l'Europe.
10. Concrètement, comment se traduit cette volonté d'implantation européenne ?
11. Actuellement, comment se répartissent les ventes dans les différents pays ?
12. Retracez l'organisation de la filière avicole : qui fournit ? Qui élève ? Qui transforme ?
13. En quoi la société Guyomarc'h se distingue-t-elle de Doux ?
14. Pour le groupe Paribas, quel est l'intérêt du rapprochement entre Doux et Guyomarc'h ?
15. Le marché de la volaille est-il appelé à se développer ?
16. Pour Doux, l'intervention de Paribas est-elle bénéfique ou dangereuse ? Pourquoi ?

B Connaissez-vous dans votre pays, une entreprise qui ait bien réussi ?

Présentez-la en expliquant son activité et en indiquant, selon vous, les raison de son succès (15 lignes environ).

10. Jeu de rôles :

Vous allez au bureau des douanes pour dédouaner des marchandises. Mais vous avez quelques problèmes : il manque une caisse et vous n'avez pas le certificat d'origine pour l'un des produits expédiés.
Imaginez votre conversation avec :
1. le douanier,
2. l'inspecteur des douanes.

EN VOIE DE DISPARITION?

Depuis le 1er janvier 1993, il n'y a plus de contrôle douanier aux frontières entre les pays membres de la C.E.E. en ce qui concerne les marc dises. Mais, un contrôle «volant» est possible pour éviter la circulation de marchandises illicites (drogues, armes, etc.) dans les camions et/ou tures immatriculés hors de France. Par contre, les douanes existent toujours dans les ports sur la Manche, l'Atlantique et la Méditerranée, aéroports, pour les marchandises en provenance des pays non membres de la C.E.E.

Dannon : le yaourt français au goût américain

Danone a américanisé son nom et son goût.
Depuis 50 ans, le numéro un mondial du yaourt poursuit sa conquête de l'ouest.

Il était une fois, un biologiste du nom d'Isaac Carasso qui s'intéressait au problème de digestion chez les enfants. Il commercialisa, en Espagne et en France, un yaourt sous le nom de Danone - diminutif de Daniel, le prénom de son fils.

1942. C'est la guerre. La famille Carasso émigre aux États-Unis et s'installe à New York. Un an après leur installation, les Carasso, père et fils s'allient à un industriel d'origine suisse, Joe Metzger, et son fils Juan, et fondent une société : le yaourt Dannon – nom américanisé du produit français – part à la conquête de l'Amérique.

Dans les années 70, la commercialisation s'appuie sur une nouvelle culture : celle de la diététique et de la forme physique dont le yaourt devient un symbole.

Mais revenons aux débuts. A l'époque, les Américains n'étaient pas habitués au goût du yaourt et la distribution était limitée à la région new-yorkaise. L'usine du Bronx ne produisait que 648 pots par jour. Ce n'était qu'un début. Et en 1948, les ventes marchant bien, Daniel Carasso rentre en France pour diriger l'entreprise familiale.

Les années 50 voient le produit décoller définitivement avec l'introduction des parfums (fraise, framboise, etc.), et d'une formule légère (low fat). Le réseau de vente s'étend à Philadelphie et Boston.

En 1959, la société est vendue à la chaîne Beatrice Foods et la distribution de Dannon s'étend à l'ouest américain : en 1979, Dannon est la première denrée périssable à être vendue sur tout le territoire américain, d'est en ouest.

C'est en 1981 que le groupe français BSN (Boussois Souchon Neuvesel) en train de devenir le premier groupe agro-alimentaire mondial, rachète la marque Dannon à Beatrice Foods après avoir repris Danone dans les autres pays.

Danone est aujourd'hui le numéro un mondial du yaourt et le leader national aux États-Unis, avec un chiffre d'affaires de près de 400 millions de dollars.

C'est au siège de la société à White Plains, au nord de New York City, que le patron français de Dannon aux États-Unis, Monsieur Patrick Gournay, nous a reçus pour répondre à nos questions.

France-Amérique : Quelle différence y-a-t-il entre les produits Danone français et les produits Dannon américains ?

Patrick Gournay : Il y a des incompatibilités entre les goûts français et américain. Or, le yaourt est naturellement acide, il a fallu adapter un produit qui n'est pas, à priori, compatible avec les préférences américaines pour ce qui est doux, sucré et épais.

Par ailleurs, les Américains n'ont pas les mêmes habitudes alimentaires que les Français. Aux États-Unis, le yaourt est un « snack » et il doit être vendu dans des pots plus grands : les portions sont de l'ordre de 8 « ounces » (227 grammes), alors qu'en France elles ne sont que de 125 grammes pour être consommées en fin de repas.

Qu'est-ce qu'il y a de français dans Dannon ?

Essentiellement l'actionnariat et la stratégie. La priorité pour BSN est de développer le marché du yaourt dont la consommation est dans un rapport de 1 à 8 par rapport à la moyenne européenne. Pour y parvenir, nous devons impérativement faire du yogourt un produit que les Américains aiment, qui colle au « goût américain » (désolé pour tous mes amis français) et qui devienne aussi quotidien que le jus d'orange et les céréales. La deuxième condition du succès, c'est la communication, qu'elle soit sous forme de publicité traditionnelle ou de relations publiques. Dannon dépense annuellement plus de 20 millions de dollars en publicité, soit un montant comparable à celui des grandes marques alimentaires américaines. C'est un investissement payant puisque pendant les deux dernières années le taux de croissance du marché est passé de + 5 % en 91 à + 12 % en 92 et à + 20 % en ce début d'année.

Pour en revenir à votre question, l'apport de BSN ne consiste pas à exporter un modèle français ou européen mais à utiliser son savoir faire dans le domaine des produits laitiers, dans le développement des produits spécifiquement adaptés au marché des États-Unis.

Pour ce faire, nous n'avons pas besoin d'exporter massivement des cadres ou techniciens français. Aujourd'hui, il n'y a que 6 Français chez Dannon US, principalement en usine. Mais nous avons aussi un nombre équivalent d'Américains expatriés en Europe.

Comment la mode diététique a-t-elle affecté votre stratégie ?

La formule légère (« Light ») est le plus grand succès de Dannon aux États-Unis : 10 % du marché du yaourt. C'est le yaourt le plus vendu dans ce pays. Nous nous sommes basés sur les attentes des consommateurs en fabricant un yaourt à faible teneur en calories et en sucre mais riche en potassium, en calcium et en sels minéraux. Nous avons profité de la mode diététique aux États-Unis. D'une façon générale, la sensibilité aux taux de matière grasse est beaucoup plus importante aux États-Unis qu'en Europe. Pour simplifier, en Europe l'ennemi c'est le sucre, ici c'est le gras.

Et le « Frozen Yogurt » ?

Dannon fait du vrai yaourt glacé, contrairement à certains concurrents qui vendent de la glace sous le nom « Frozen Yogurt ». Nous proposons deux lignes : une classique avec des formules nouvelles comme « cookies and cream », au delà des parfums traditionnels. Ensuite, une ligne légère, sans sucre ni matière grasse. Ces produits ont été testés avec succès à Chicago pendant un an, puis à Boston, Miami et Orlando. Les deux lignes seront distribuées sur la moitié des États-Unis début 1993, et sur le reste du pays, dont New York début 1994. Par ailleurs, dans le cadre d'une « joint venture » BSN - Unilever, nous devons introduire prochainement une gamme de yaourts glacés en France et en Espagne.

Vous êtes sur le marché américain depuis cinquante ans. Comment voyez-vous l'avenir ?

Nous n'avons pas été touchés par la crise économique. Nous avons une politique de prix raisonnables, et les innovations de ces dernières années nous permettent de maintenir une croissance forte. Je suis optimiste quant à l'avenir et je pense que nous réussirons à maintenir un taux de croissance annuel de l'ordre de 10 %. Dannon vient de célébrer son 50e anniversaire – 50 ans de qualité et d'innovations. Dannon est devenu, comme le précise son slogan publicitaire, « A very healthy habit. For life ».

Propos recueillis par Sarah Baxter,
France-Amérique, 6-12 mars 1993.

Note sur la lecture :

Le yaourt : mot d'origine turque, encore appelé « yogourt ».

12. La bourse

LIGNE N° 3 **BOURSE** LIGNE N° 3

Sophie : Je vais à la <u>Bourse</u> de Paris, voulez-vous m'accompagner ?

Paul : Avec plaisir, j'ai toujours eu envie de la visiter. Vous y allez pour acheter des <u>titres</u> ?

Sophie : Non, c'est impossible...

Paul : Impossible ? Pourquoi, je croyais que la Bourse était un marché oú l'on achetait et vendait des <u>valeurs mobilières</u>, c'est-à-dire des actions, des <u>obligations</u> et des <u>fonds d'état</u> !

Sophie : C'est vrai, mais les particuliers ne peuvent pas agir directement. Depuis 1988, seules les Sociétés de Bourse sont habilitées à effectuer les transactions, c'est-à-dire qu'elles ont le <u>monopole</u> des négociations en bourse. Auparavant ceux qui avaient cette exclusivité étaient les Agents de Change.

Paul : Je croyais que les agents de change changeaient l'argent, par exemple les dollars en francs et vice-versa !

Sophie : Il y a bien longtemps qu'ils ne s'en occupent plus. Maintenant ce sont les cambistes qui font le change, les agents de change étaient des intermédiaires…

Paul : Des courtiers ?

Sophie : Oui, mais d'un genre particulier parce que la bourse est un marché réglementé placé sous l'autorité du gouvernement. Un agent de change était un officier ministériel, c'est-à-dire qu'il était nommé par le gouvernement. Maintenant, les Sociétés de Bourse doivent être agréées par le Conseil des Bourses de Valeurs. Les charges d'agents de change existantes à la date de la publication de la loi de 1988 sont automatiquement devenues des Sociétés de Bourse. Il y en a 61, dont 45 à Paris et 16 dans les six autres bourses de province, à Lille, Nancy, Lyon, Marseille, Bordeaux et Nantes. Aucune autre n'a été agréée jusqu'au 31 décembre 1991. Depuis cette date, le "numerus clausus" a disparu, mais non le monopole. L'accès à la Bourse peut être ouvert à d'autres sociétés, si le Conseil des Bourses décide d'accroître le nombre de sièges.

Paul : Cela semble bien compliqué ! … Et que font ces Sociétés de Bourse en plus de l'achat et de la vente de valeurs mobilières ?

Sophie : L'Etat a décloisonné le marché des capitaux et elles peuvent maintenant intervenir sur le marché financier primaire comme les banques et même avoir accès au marché monétaire. De plus, il faut mentionner, à côté du Hors Cote, la création du Second Marché, pour les valeurs non encore admises à la cote officielle et le lancement du MATIF, le marché à terme des instruments financiers.

Paul : Mais, au fait, vous ne m'avez toujours pas dit ce que vous alliez faire à la Bourse…

Sophie : J'ai un ami belge, Didier Wauters, qui fait un stage dans une Société de Bourse. Je lui ai parlé de vous et il m'a dit de vous amener si vous étiez intéressé.

Paul : C'est très aimable à lui !

Sophie : Ah, voici Didier !

Didier : Bonjour Sophie, bonjour… Paul !

Sophie : Pour les Français, la Bourse est toujours un peu mystérieuse et pour ceux qui ont lu le roman de Zola *L'argent* elle est même dangereuse ! Les femmes n'avaient pas le droit d'y entrer et ce n'est que depuis 1972 que la Bourse de Paris a ouvert au public cette "Galerie des visiteurs" où nous sommes. Pour beaucoup, la bourse est une sorte de casino où l'on joue et où l'on perd des fortunes !

Didier : C'est tout de même beaucoup plus sérieux, croyez-moi la bourse est nécessaire. Pour que leur capital soit souscrit, les sociétés anonymes font appel à l'épargne publique par le truchement des banques d'affaires qui placent leurs actions. Les actionnaires ont donc investi une certaine somme dans ces actions or, il se peut qu'ils aient besoin de cet argent par la suite, ou qu'ils désirent en investir davantage, ils vont donc vouloir soit revendre leurs titres, soit en acheter d'autres. Mais comment estimer la valeur d'une action ? C'est là qu'intervient la bourse. C'est la loi de l'offre et de la demande qui va permettre de déterminer la cote de l'action à toute heure du jour et de la nuit grâce à la cotation continue assistée par ordinateur qui permet de se relier à toutes les places étrangères. Si tout le monde veut acheter et personne ne veut vendre, les cours montent en flèche, et si, au contraire, tout le monde veut vendre et personne ne veut acheter, les cours s'effondrent. Maintenant les raisons pour lesquelles les actionnaires veulent vendre ou acheter sont multiples, comme on vient de le voir, il y a le besoin de liquidité qui amène l'actionnaire à revendre et le désir d'investir qui le pousse à acheter, mais il y a aussi la crainte de perdre de l'argent quand une société est victime d'une crise économique ou d'une mauvaise gestion et ne fait plus de bénéfices, ses actions baissent et l'actionnaire cherche à s'en débarrasser pour limiter sa perte. Par contre si la société est prospère et fait de gros bénéfices, elle verse de gros dividendes à ses actionnaires et ses actions sont recherchées… Mais il n'y a pas que les actions qui sont négociées en bourse, il y a aussi des obligations et des emprunts d'état.

Paul : Oui, c'est ce que je n'ai jamais très bien compris. Quelle différence y a-t-il entre une action et une obligation par exemple ?

Didier : Lorsque l'Etat ou les collectivités publiques (villes, départements, services publics comme La Poste, France Télécom, la S.N.C.F. ou l'E.D.F.-G.D.F.) ont besoin d'argent en plus de l'apport constitué par les divers impôts, ils font appel à l'épargne publique et lancent un emprunt. Les obligations sont des titres qui représentent ces prêts à l'Etat ou aux collectivités qui rapportent un intérêt et sont amortissables, c'est-à-dire remboursables à une certaine date. Le titulaire d'une obligation, l'obligataire, est un créancier tandis que l'actionnaire est un associé. L'action rapporte des dividendes variables, qui sont des fractions de bénéfices, tandis que l'obligation rapporte un intérêt généralement fixe… Il y a aussi les emprunts d'Etat et les Bons du Trésor…

Sophie : Tu sais Didier, je trouve que cette visite de la Bourse est beaucoup moins spectaculaire qu'avant ! Il n'y a plus toute cette agitation, tout ce bruit ! Maintenant on ne voit plus que des gens rivés devant leurs écrans télématiques…

Didier : Oui, c'est vrai : il n'y a plus grand chose à voir ! D'autant plus que maintenant, les cotations ont cessé de se dérouler dans un lieu unique le Parquet, mais peuvent tout aussi bien se faire depuis les Sociétés de Bourse opérant à partir de terminaux reliés à un ordinateur central. Autrefois tout se passait autour de la Corbeille et la cotation à la criée était très spectaculaire, mais c'était quand même lent, alors il y avait aussi un autre système, la cotation par casier, les ordres d'achat et de vente étaient déposés dans une boîte – le casier – et étaient dépouillés par un commis.

Sophie : Quand le cours est fixé, comment se passent les transactions ?

Didier : Les opérations peuvent s'effectuer au comptant et dans ce cas, le paiement et l'inscription des titres suivent de près la transaction, ou bien à terme – et c'est ce marché-là qui est spéculatif – l'inscription et le paiement d'un montant immédiatement stipulé sont reportés à une date fixe – la liquidation – qui constitue le terme du marché – ce qui laisse à l'acquéreur la possibilité de revendre à meilleur prix des titres qu'il n'a pas encore payés (ni touchés d'ailleurs) et au vendeur la possibilité d'acheter à un cours plus bas les actions qu'il a vendues sans les avoir ! L'acheteur est un haussier puisqu'il spécule à la hausse, alors que le vendeur est un baissier.

Paul : Et bien cela n'est pas simple ! Je me sens de plus en plus français en ce qui concerne la bourse !!! Est-ce que les bourses de commerce fonctionnent de la même façon ?

Didier Plus ou moins, oui. Il y a 33 bourses de marchandises en France qui permettent de coter les marchandises, le sucre, le café, la laine, etc. La cote officielle s'appelle la mercuriale.

Paul A cause de Mercure, le dieu romain du commerce, des voleurs et… des médecins

Didier Oui, cela se passe de commentaires Au sous-sol de ce bâtiment, il y a d'autres salles où sont fixés le cours de l'or et des métaux précieux et le cours des changes.

Sophie Moi, j'aimerais que tu m'expliques ce que veulent dire ces sigles S.I.C.A.V. et S.I.C.O.V.A.M.

Didier : Maintenant que les valeurs mobilières sont dématérialisées, c'est-à-dire qu'au lieu d'être représentées par des titres imprimés sur papier avec des coupons à découper et à présenter pour pouvoir toucher les dividendes, elles sont maintenant enregistrées dans la mémoire de l'ordinateur central et tous les mouvements se font par simple virement d'un compte à un autre. La S.I.C.O.V.A.M. est l'organisme qui se charge de transférer ainsi les titres d'un vendeur à un acheteur. Quant aux S.I.C.A.V., ce sont des Sociétés d'Investissement à Capital Variable qui ont pour but de gérer, pour le compte de leurs actionnaires, un portefeuille de valeurs mobilières.

Sophie Didier, tu es un puits de science, mais est-ce que tu as des tuyaux sur les bonnes affaires ?

Didier Les experts, eux-mêmes, ne sont pas toujours d'accord ! On peut se tromper… Mais je pense que les fonds d'état sont des placements "de père de famille", des investissements sûrs, même s'ils ne rapportent pas beaucoup.

Sophie : Je vais avoir l'air bête, mais on parle toujours de l'Indice C.A.C. 40, pourrais-tu m'expliquer ce que c'est ?

Didier : Oui, c'est un indice qui est calculé sur un échantillon de 40 actions françaises négociées sur le marché à règlement mensuel, et qui exprime le rapport de la capitalisation boursière de ces 40 actions avec leur capitalisation boursière de référence — base 1000 — au 31.12.87.

Paul : Alors, c'est comme le Dow Jones Industrial Average. Cette visite était très intéressante, merci Didier. J'ai de l'argent à placer et je vais l'investir dans … un restaurant ! Venez, il est tard et nous n'avons pas déjeuné : je vous invite.

VOCABULAIRE

La Bourse : *the Stock Exchange, the stock market*
un titre : *stock, security*
les valeurs mobilières (f) : *stocks and bonds, transferable securities*
une obligation : *a bond*
des fonds d'état (m) : *government stocks/securities*
une Société de Bourse : *a Stock Exchange Company*
le monopole : *monopoly*
un cambiste : *foreign exchange dealer/broker*
un agent de change : *a stock broker*
changer : *to exchange*
le change : *exchange*
un courtier : *a broker*
une charge : *an office*
hors cote : *unlisted, off-board*
l'offre et la demande : *supply and demand*
la cote : *quotation*
le cours : *quotation, price*
s'effondrer : *to collapse*

un dividende : *a dividend*
une rente : *a government bond*
lancer un emprunt : *to issue/to float a loan*
amortissable : *redeemable*
un obligataire : *a bond holder*
rapporter un intérêt : *to bear an interest*
un emprunt d'État : *a government bond*
un Bon du Trésor : *a Treasury bond*
le Parquet : *the trading floor*
la corbeille : *the trading floor*
la cotation à la criée : *quotation by oral bid*
la cotation par casier : *quotation by written bid*
dépouiller : *to analyse, to sort/(am. analyze)*
le marché à terme : *forward market/options market*
un haussier : *a bull*
un baissier : *a bear*
la Bourse de commerce : *the commodity exchange*
la Bourse des marchandises : *the commodity exchang*
la mercuriale : *the market price-list*
le cours de l'or : *the rate of gold*
un coupon : *a coupon*
la S.I.C.O.V.A.M. : *Société Interprofessionnelle de COmpensation des VAleurs Mobilières*
une S.I.C.A.V. : *mutual funds*
le C.A.C. 40 : *Cotation Assistée en Continu : Paris Stock Exchange Index*

QUESTIONS ORALES

1. Qu'appelle-t-on valeurs mobilières ?
2. Où sont-elles négociées ?
3. Qui a le monopole de ces transactions ?
4. Comment appelle-t-on les gens qui changent l'argent ?
5. Que peuvent faire les Sociétés de Bourse ?
6. Quand les cours montent-ils ?

7. Quand s'effondrent-ils ?
8. Quelles différences y a-t-il entre une action et une obligation ?
9. Qu'est-ce qu'un haussier ? un baissier ?
10. Comment s'appelle la cote officielle à la bourse des marchandises ?

EXERCICES ECRITS

1. Écrivez le mot ou l'expression qui vous paraît convenir :

1. L'opération de . . . . consiste à acheter ou à vendre des monnaies étrangères.

- escompte
- change
- crédit
- cours

2. C'est à la . . . . que s'effectuent les opérations relatives aux valeurs mobilières.

- Bourse de commerce
- banque de dépôt
- Bourse des valeurs
- banque mobilière

3. Un . . . . est une valeur mobilière.

- titre
- chèque
- crédit
- mobilier

4. Les bourses sont des marchés . . . . placés sous l'autorité du gouvernement.

- réglementés
- administrés
- commissionnés
- régularisés

5. En ce qui concerne l'émission de nos nouvelles actions, vous pouvez . . . . auprès des établissements bancaires et des Sociétés de Bourse.

- vous associer
- souscrire
- remplir
- émettre

6. . . . . aux termes de l'article 20 du règlement 89-03 de la COB, le présent communiqué a été soumis à l'approbation de cet organisme.

- conformément
- conjointement
- respectivement
- légalement

7. Les mouvements de la Bourse sont déterminés par la loi . . . .
- • du talion
- • du plus fort
- • de l'offre et de la demande
- • divine

8. On dit souvent que les rentes d'État sont des placements de . . . . famille.
- • grande
- • père de
- • nom de
- • fils de

9. Les . . . . sont chargés du change.
- • agents de change
- • chargeurs
- • échangeurs
- • cambistes

10. Les épargnants français investissent nettement moins en actions, ... et autres formes de placement boursier, depuis novembre 1987.
- • traites
- • obligations
- • agents de change
- • billets

11. Malgré les prophètes de malheur qui annoncent périodiquement le risque d'un nouveau . . . . , la Bourse de Paris a établi un record historique en août 1989.
- • choc
- • craquement
- • chaos
- • krach

12. Les grandes sociétés peuvent se procurer des ressources financières en faisant un appel public à l'. . . . . , sur le marché officiel de la Bourse des Valeurs.
- • actif
- • épargne
- • effectif
- • économie

2. Faites une phrase cohérente avec chacun des mots suivants :
- • prêter
- • investissement
- • épargne
- • marché

3. Mettez au pluriel la phrase suivante :
Le capital investi a vite été rentabilisé.

4. Vrai ou faux :

1. La France compte 33 bourses des valeurs. ☐ VRAI ☐ FAUX

2. Les Sociétés de Bourse ont le monopole des transactions en bourse. ☐ VRAI ☐ FAUX

3. Les spéculateurs font des placements de père de famille. ☐ VRAI ☐ FAUX

4. Quand il y a une crise économique les cours montent en flèche. ☐ VRAI ☐ FAUX

5. Choisissez ci-dessous l'expression qui convient et écrivez-la sur la ligne correspondant à sa définition :
- • marché des changes
- • marché potentiel
- • marché noir
- • marché captif
- • marché d'un produit

– . . . . : partie ou totalité d'un marché dans lequel un seul producteur vend un bien ou un service.

– . . . . : ensemble des acheteurs actuels ou potentiels d'un produit qui se trouve sur un territoire déterminé.

– . . . . : marché au comptant ou à terme des devises étrangères.

– . . . . : marché dont les transactions sont opérées dans le non-respect des lois et des règlements économiques.

– . . . . : ensemble des consommateurs possibles d'un bien ou d'un service.

6. Lors de la rédaction de ces textes, un certain nombre de mots ont été « effacés ». Avant l'impression définitive, complétez les textes à l'aide des listes de mots qui vous sont fournies dans l'ordre alphabétique :

1. affaires - avoirs - code - corbeille - cotations - cours - obligations - portefeuille - risques - sélection - système - talents - utilisateurs - valeur.

BOURSE
CONFIEZ-NOUS
VOTRE PORTEFEUILLE PERSONNEL

Et tous les jours, nous vous indiquons l'évolution de chaque . . . . et nous calculons pour vous le montant global de votre . . . . C'est la . . . . en direct. Dès la clôture de la Bourse, vous connaissez les . . . . du jour. Vous êtes informé sur-le-champ.

POUR REAGIR PLUS VITE

Vous pouvez tout nous demander. A tout moment, tout au long de la journée. Nous suivons l'intégralité des . . . . à la Bourse de Paris : même le hors-cote, les . . . . et les SICAV. En tout : 4 500 valeurs. A vous de dénicher les bonnes . . . .

ET PAS DE . . . . D'INDISCRETIONS

Nous vous attribuons un . . . . personnel et secret qui vous donne accès à la . . . . de valeurs que vous avez vous-même établie. Le Monde sur minitel gère déjà 35 000 portefeuilles. Le . . . . est simple et il rend service. Il paraît d'ailleurs que certains . . . . ne possèdent pas un vrai portefeuille mais en profitent pour mettre à l'épreuve leurs . . . . d'opérateur.

UNE SAGE PRÉCAUTION !

D'autres se sont constitué plusieurs portefeuilles : un avec leurs véritables . . . . et d'autres – fictifs – pour mieux suivre certaines valeurs. Et acheter au bon moment.

INGÉNIEUX ET EFFICACE, NON ?

Sur votre Minitel, faites le 36-15 et tapez LE MONDE.

2. capitaux - finances - investisseurs - lois - mutuelles - opportunités - particuliers - placements - Pouvoirs - produits - risques - valeurs.

QUAND ON PREND DES RISQUES
IL FAUT DIVERSIFIER SES ACTIFS

Après l'ouverture internationale du marché financier, il est nécessaire aujourd'hui de profiter de toutes les . . . . La mutation qui se produit actuellement sur la place de Paris permet de mieux gérer les . . . . en diversifiant ses actifs.

L'État a, en effet, décloisonné le marché des . . . . Désormais, tous les . . . . , entreprises, ... , banques, ... , peuvent y accéder . Les . . . . Publics souhaitent la concurrence. Mieux, ils la jouent. Le Trésor a décidé de se plier aux . . . . du marché. A son incontestable solidité, le Trésor ajoute la meilleure liquidité.

Les nouveaux . . . . financiers du Trésor sont négociables au jour le jour, pour une gamme de placements allant de trois mois à vingt-cinq ans. Idéal pour gérer ses risques !

Les nouvelles . . . . du Trésor ont la cote. Les investisseurs ne s'y trompent pas : elles sont compétitives pour gérer les trésoreries et diversifier les . . . .

Si vous voulez vous-même vous initier à ce marché, demandez la brochure « les Valeurs du Trésor » au Ministère de l'Économie, des . . . . et de la Privatisation.

7. Trouvez le mot qui manque dans les phrases suivantes (le même mot dans les phrases a, b et c) et faites ensuite une phrase (d) en utilisant ce même mot :

• 1er mot :

a. Le . . . . du jour des actions est publié dans la cote officielle.

b. Ce billet de banque a été retiré de la circulation ; il n'a plus . . . . légal.

c. Ne vous inquiétez pas de notre silence momentané, l'affaire suit son . . . .

d. . . . .

• 2e mot :

a. La lettre de . . . . est un moyen de paiement très utilisé par les entreprises.

b. L'agent de . . . . avait un rôle d'intermédiaire dans la négociation des valeurs boursières.

c. En troquant son vieux vélo contre un blouson de cuir presque neuf, il n'a pas perdu au . . . .

d. . . . .

• 3e mot :

a. À la Bourse, seules certaines valeurs sont négociées à . . . .

b. Malgré leurs différends, ils se sont quittés en bons . . . .

c. Dans cet exercice, il faut trouver le . . . . exact.

d. . . . .

8. Version :

1. Depuis juillet 1979 le cours de l'or a doublé.

2. De nos jours, il est plus intéressant d'acheter des actions que des obligations.

3. Tout spéculateur cherche toujours à revendre plus cher qu'il n'a acheté.

4. Quand il y a une crise économique, les cours s'effondrent.

5. Les petits épargnants cherchent des investissements sûrs.

6. Notre banquier a exigé des titres en garantie avant de nous accorder un prêt.

7. Les devises sont cotées chaque jour sur le marché des changes.

8. Le gouvernement vient d'annoncer sa décision de faire flotter le franc.

9. La spéculation internationale va forcer le gouvernement à soutenir le franc.

10. Les titres d'état sont considérés comme un placement de père de famille.

11. Le dividende distribué cette année s'élève à 17 F par action.

12. L'indice boursier le plus utilisé pour suivre l'évolution de la Bourse de Paris s'appelle le C.A.C. 40.

9. Thème :

1. Commodity exchanges operate according to the same principles as stock exchanges.

2. The London Stock Exchange, while ranking behind the New York and Tokyo Exchanges in terms of the value of the securities quoted, today lists almost 8 000 separate issues.

3. They have a large porfolio of tax-free bonds.

4. Shareholders receive a dividend which may vary, while bondholders are paid a fixed interest.

5. Bulls as well as bears contribute to the activity of the market.

6. Economists do not understand this new upward trend.

7. The interest yielded is 10 %, it is a good investment.

8. No doubt the fear of a devaluation of the franc can explain this downward trend.

9. Would the distribution of dividends be worth the investment ?

10. The number of stock-holders in France has risen to 7.5 million.

11. Our shareholders have been rewarded with substantial increases in the value of their stock.

12. You can invest in any or all of our four top-performing investment companies.

10. Correspondance :

Vous avez passé par téléphone un ordre d'achat pour un lot d'actions d'une société d'électronique et un ordre de vente d'obligations des Aciéries de France à une Société de Bourse.
Vous **écrivez** une lettre pour confirmer votre communication téléphonique.

11. Compréhension de texte :

LES PISTES DU PLACEMENT SANS RISQUES

Dans les années 70, les Français étaient un peu masochistes : leur épargne fondait comme neige au soleil à cause de l'inflation, mais ils faisaient sans cesse de nouvelles économies. Maintenant ils épargnent moins mais mieux, exigent des placements sûrs, rentables et disponibles. Ils les ont grâce aux sicav monétaires. Les Français ont plébiscité cette mystérieuse formule aussi efficace que sophistiquée. Signe que, désormais, ils gèrent leurs placements sans complexes. Et sans risques. La logique sécuritaire propre à l'épargnant français a rencontré le goût du gain. Et c'est l'explosion !...

Les Français ne sont plus les « Japonais de l'épargne », titre élogieux que leur valait, il y a vingt ans, leur belle rage à mettre de l'argent de côté : à l'époque, ils y consacraient jusqu'à 20 % de leurs revenus. Aujourd'hui, ce chiffre est tombé à 12 %. Pourquoi ? Denis Kessler, économiste spécialisé dans l'étude des patrimoines et président de la Fédération Française des Sociétés d'Assurances, prévient : « L'épargne est un fait social total. Il est donc complexe à analyser. Des éléments comme le divorce ou le travail des femmes ont une importance considérable. » Exemple : un couple qui gagne deux fois 100 000 francs par an aura moins tendance à épargner que celui où le mari ramène 200 000 francs à lui seul. Dans le premier cas, c'est la loi du chacun pour soi et on renonce plus difficilement aux plaisirs de la consommation. L'économie compte aussi : avec le recul de l'inflation et la hausse des taux d'intérêt, l'épargne s'est trouvée, pour une fois, bien rémunérée. Elle s'entretient donc d'elle-même, et il n'est pas nécessaire de consentir de nouveaux efforts pour en maintenir le niveau.

Depuis quelques mois, pourtant, le taux d'épargne des Français semble décoller légèrement au-dessus de 12 %. « L'explication est psychologique, estime André Babeau, directeur général du Centre de Recherche sur l'Épargne. La crise du Golfe, puis la montée du chômage et des incertitudes économiques ont incité les Français à la prudence. » Le phénomène sera-t-il durable ? En tout cas, la valeur épargne a le vent en poupe « Il y a quelques années, certains la rejetaient au profit d'une philosophie du consommer tout, tout de suite. Aujourd'hui, cette tendance a disparu. Y compris chez les jeunes, même les plus défavorisés, qui y voient une manière de s'intégrer, d'être conformes », explique Monique Deterne, directeur adjoint au Centre National des Caisses d'Épargne et de Prévoyance (Cencep). Pour la Cofremca, organisme qui étudie les mœurs des Français, les gens goûtent l'épargne, notamment par défaut. « Nous avons observé la montée régulière de ce comportement depuis 1987. Il est dû non pas à un retour du besoin traditionnel d'accumuler, mais à une moindre envie de consommer, explique Catherine Montrade, consultante à la Cofremca, et il émane surtout des populations modernes (jeunes, urbains, etc.) celles-là même qui se précipitent sur les sicav monétaires. »

D'après un article de Corinne Lhaïk,
L'Express, 24 janvier 1992.

A **Complétez**, à l'aide du texte, la fiche de synthèse ci-dessous :

1. Thème de l'article : ....
     publié par : ....

2. Réalisation
     au mois de : ....

3. Pourquoi les Français étaient-ils un peu masochistes dans les années 70 ?

4. Qu'est-ce qu'ils recherchent maintenant ?

5. Qu'est-ce qui leur apporte ce qu'ils recherchent ?

6. Pourquoi les appelait-on les « Japonais de l'épargne » ?

7. Quelle part de leurs revenus consacraient-ils à l'épargne ?

8. Quelle est cette portion aujourd'hui ?

9. Quels sont les éléments qui ont une importance considérable sur l'épargne ?

10. Qu'est-ce qui fait que l'épargne est mieux rémunérée ?

11. Quels événements ont aussi incité les épargnants à la prudence ?

12. Quelle était la philosophie prédominante auparavant ?

13. Comment les jeunes, même les plus défavorisés, voient-ils l'épargne ?

14. Comment expliquez-vous cette phrase : « Les gens goûtent l'épargne par défaut. » ?

15. Qui se précipite sur les sicav monétaires ?

16. Que savez-vous sur les sicav ?

B Que pensez-vous de l'épargne ? Quelle est la situation dans votre pays à ce sujet ? **Exprimez** votre point de vue en une dizaine de lignes.

12. Jeu de rôles :

Vous avez visité la Bourse des Valeurs de Paris, et vos camarades vous posent des questions. Vous leur répondez en leur expliquant le fonctionnement de ce marché.

ECOND MARCHÉ

VALEURS	Préc.	Jour
...ard	395	395
...n Techno 2 #	480	470,90
...(exHardy-Tort)	99,90	
...e (ex.Segin)	250	255
...a Tarneau (B)	188	187
...a Vernes	670	669
...phone	163	
...eteau #	325	333,10
...M P 2	95	
...on (Ly) 2 #	637	632
...rdif SA 1	1045	1045
...scades	29	29
...JPE(exGAN part)#	105,50	105
...PI	224	224
...der Sante SA #	144,40	144
...MM Industries	17,50	1260
...N.I.M 1	1260	225
...odetour	225	140
...omp.Euro.Tele-CET	141	
...omputel	26	960
...A. Paris IDF 1	970	168
...reeks	160	401
...rometal	389,90	182
...apta-Mallinjoud 2	181,10	76
...amal Expansion#2	75	
...Dauphin OTA	285	285

VALEURS	Préc.	Jour
Desquenne Gi̦al	233,50	231
Devanlay 2	1175	
Devernois (Ly)	420	420
Deville	89	148,30d
Ducros Serv.Rapide	165	
Editions Belfond	115	33
Elysee Inv. 1	30	311
Europ Propulsion 2	300,50	77
Eurosic	77	379,90
Expand 2	366	167,10
Finabail	169,80	175
Finacor	171	111,90
Frankoparis 2	112	665
Fructivie 2.	655	404
Gautier France 2#	415	291
GFI Industries #	291	995
G.L.M. S.A.	950	
Go Sport	199,90	286
Grandoptic.Photo #	284,80	213
Gravograph	210	267
Groupe Kindy S.A.	266,20	393
Guerbet 2	400	258
Henri Maire (Ly)	258	536
Hermes internat.#	538	219
I.C.C. 2.	219	74,90
Idianova	77	241
Immob.Hotel. 2 #	241	142
IMS(Int.Metal.Ser)	480	615
Initiative Fin."A"	142	18
Installux (Ly)2#	615	135
International CPU	18,55	
Invest.Paris	139	

IPBM	81	79,50
Jacques Bogart	308,50	323,90
Labor.Dolisos	175	175
Lambert-Riviere	319	319
Manitou #	1375	1385
Marie Brizard 2	1215	1215
M.B.Electronique	700	
Mecadyne	161	161
Mecelec (Ly)# CB	140	140
MJ Develop. (Ly)	55	55
Nissan France SA	779	660
OGF Omn Gest.Fin.2	661	
O.H.F. Etudes Part.	55	
Onet	989	1015
Orsan 2	215	217,50
Paul Predault #	195	204
Petit Bateau	36,10	36,10
PetitJean	136	
Pochet	1225	1222
Ralye(Cathiard)Ly	188	191
Reydel Indust.(Li)	781	780
Robertet #	1039	1050
Robertet (Cl)	669	686
Saci (Ly)	135	135
S.A.G.A.L	492,10	467,50
Seribo CB	465	465
Services et Trans.	271	280
SIACI	1045	
Siaco	415	415
Siparex (Ly) #	80	79
Sofibus	421	
Sogeparc (Fin) 1	725	735

Sopra	320	310
Spir Communication	870	885
Teisseire-France	222	220
TF1-1	451	454
Thermador Hold(Ly)	420	418
Unilog	304,50	300
Union Assur.Fdal.	572	580
Union Fin.France 1	700	690
Viel et Cie #	220	220
Vilmorin et Cie#2	370,50	374,90
Virbac	840	849

HORS COTE

VALEURS	Préc.	Jour
Air fce(exUTA)nom	315	283,50
Air Inter nom	1750	
A.M.S.Packaging	20,10	
Anthena (ex.SFM)	119	
Applicat.Hydr.	2180	
Bque Petrofigaz#	16,60	
Benedictine ● nom.	6150	76,90
Bertin ●	70	
Borie SAE ●	271	
Bras.Heineken nom+	244	99,05
Calciphos ●	102,50	
Calif nom ●	800	
C.A.T.C. ●	190,10	
Catteau Prior(Li) ●	648	
CEAC. ●	80	123
Cellulose du Pin ●	122,90	5370
Champ.Pommery nom.	5370	370
Clause nom ●	340,20	552
Coparex Inter. ●	555	434,30
Cr.Universel (Cie)	395	
CSS (Sablieres)nom	2050	
C.T.M.	1362	
Demachy Worms Cie ●	271	
Dickson nom (Li) ●	355	
Dock.Cofradei(Ly)●	2894	
Docum Gest Sadoge	150	

Fabriques Sucre ●	361	357
FDM Pharma nom ●	346,50	
F.AngersNs ● ex.sous.	82,95	2406
Fininvest nom	2499	390
Fse Exxon Chemic. ●	420	
Gle Gds Magasins.	45,50	
COF (Occ.Forest.) ●	180	
Gde M.Blanc nom ●	363	
Guintoli ●	725	
G.W.K.Wieg. ● nom Li.	55,50	
Haribo Ricqles-Zan ●	67	
Herliçq ●	1800	
Immob.Com.Banville ●	650	
IPA nom (Ny) ●	224	224
JAJ Distrib.nom ●	200	
Lait Mt-Blanc nom ●	70	70
Locamic ●	985	1020
Louis Vuitton nom ●	70	
Mag.Reunis Est Ny ●	192	
Mat.Const ● nom		
Molho Gamen ●	685	
Moria ●	842	
Mumm ●	672	
Nicolas nom ●	118,10	848
Nobel ●	848	14,25d
Off.Com.Pham. ●	24	1250
Olivetti Fr.nom. ●	1210	
Parc Expo Paris ●	210	
Partic.Percier ●	180	
Paul Dumas nom. ●	680	
Platres Lafarge M ●	446,50	
Pompes Fun Gles ●		

Pt-a-Mousson (Ny) ●	1350	1470
Poron nom ●	125	
PPG Indust.nom Li ●	2166	
Prod.Chim Mulh(Ny)	89,40	
Pronuptia nom ●	104	
Quillet nom (Ny) ●	800	
Random ●	1,90	
Ruche Merid.(B) ●	4500	
Safaa	215	
St-Dominique(Fin) ●	151	
St Gobain Emball. ●	1895	
Saxby ●	5,05	
SCETA nom ●	712	700
SCR nom ● ex.dt div	1120	489
Sema Metra nom ●	500	
SEPR ●	919	
Sogea (ex Sobea) ●	1300	
SPEI "A" nom ●	1515	
SPR "B" nom ●	255,60	
Table France ●	350	
Thann Mulhouse ●	845	
Tournus (Ly) ●	3,50	
Truffaut (Fin) ●	183	
Verlinde (Li)+ ●	400	
Waterman ●	980	
Codec-Una part.84	1,71	
Mumm 3%-88 CV	800	
Afric.Safa.	80	
BAT Industries Plc.	31,90	80,20
Canadien Pacifique	77,80	
Charter Plc sico.	58,90	
Econocom Intl	50	

Grace and Co	200	
I.H.C. Caland.	99,30	
Oce-Van D.Grinten.	101,50	
Pan Holding SA	2873	262,70
Rorento	265,30	
Sasol	20,10	1569
SBS port.titre NV	1587	
Thorn E.M.I. Plc	88,50	50,75
Total Petroleum	56,35	
Toyo Trust Bking	55	
Warner-Lambert	377	

Bourse :
les dix commandements

L'impératif de sécurité s'impose aussi aux adeptes – il en reste – du placement en actions en direct. Le manque de visibilité et les à-coups du marché de Paris, qui a connu quatre krachs en quatre ans, mettent plus que jamais à l'ordre du jour l'observation de quelques règles essentielles, qui peuvent être résumées sous la forme de dix commandements.

1. Ne pas investir au-dessus de ses moyens. L'argent placé dans des valeurs mobilières doit, à tout prix, provenir d'un surplus d'épargne. Trop de particuliers inexpérimentés commettent l'erreur de «jouer» une partie de leurs ressources indispensables. Lorsque les cours évoluent à contre-courant du sens souhaité, ils sont acculés à sortir du marché dans les pires conditions.

2. Éviter les opérations aventureuses. À moins d'avoir un tempérament de «spieler» (spéculateur) et d'accepter de prendre de très gros risques, le bon sens commande de ne pas se lancer systématiquement dans des opérations à fort effet de levier, via le marché à règlement mensuel (achats ou ventes à découvert), celui des options ou les contrats à terme sur indice boursier. Un investissement de ce genre est extrêmement dangereux. Car l'effet de levier joue dans les deux sens.

3. Concentrer ses efforts pour être efficace. Se disperser sur un trop grand nombre de valeurs à la fois, c'est rendre son portefeuille ingérable, multiplier inutilement les frais de transaction et diluer les chances de gain. Mieux vaut avoir à surveiller une dizaine d'entreprises, en prenant soin de constituer, pour chacune, des « lignes » d'un montant à peu près semblable : par exemple, pour un capital investi de 200 000 francs, 20 000 francs d'actions par affaire sélectionnée.

4. Savoir choisir. C'est l'exercice le plus délicat. La sagesse impose de s'intéresser d'abord aux actions d'entreprises

La Bourse à Paris.

dont la solidité financière est indiscutable, la qualité de la gestion unanimement reconnue et les perspectives de résultats suffisamment claires, en dépit des incertitudes économiques. La plupart des « blue chips » entrant dans la composition de l'indice CAC 40 répondent à ces critères. Encore ne faut-il pas les payer trop cher.

5. Bien acheter. Plusieurs critères d'appréciation permettent de se forger une idée sur le degré d'exposition aux risques, variable selon l'état du marché. Le plus couramment utilisé est le PER (« price earning ratio ») ou rapport cours/bénéfice estimé par action. Actuellement, le marché de Paris capitalise, en moyenne, de 11 à 12 fois les bénéfices que les entreprises françaises cotées devraient annoncer pour 1991. Ce taux de capitalisation paraît raisonnable quand on se souvient que, avant le krach d'octobre 1987, il avait grimpé à 17 ou 18 fois.

6. Se méfier des cotations en continu. A une époque où la volatilité des cours est devenue très grande (les écarts des cours peuvent atteindre 20 % d'une séance à l'autre), il est indispensable de se fixer une limite précise à l'achat. Il peut être en effet très dangereux de courir après les titres que l'on convoite en passant des ordres à des prix supérieurs à ceux qui sont pratiqués au moment même sur le marché. Car, comme par hasard, ils seront toujours exécutés au plus haut niveau.

7. Diversifier les risques. Un portefeuille d'actions ne doit pas être uniquement composé de valeurs à la mode ou spéculatives, sujettes à d'importantes variations, à la baisse comme à la hausse. Pas question non plus de concentrer ses choix sur les titres d'un seul secteur d'activité ou d'une seule zone géographique.

8. Etre mobile. Chaque valeur en portefeuille exige une surveillance attentive. Les circonstances peuvent imposer des arbitrages, parfois même des décisions douloureuses. Inutile de s'entêter sur une valeur dont le cours ne cesse de reculer. De grosses difficultés financières en sont peut-être l'explication.

9. Bien vendre. Afin de ne pas laisser passer sa chance, il est nécessaire de se fixer, pour chaque valeur détenue en portefeuille, un plafond d'espérance de gain, plus ou moins élevé selon l'état de santé du marché. Ou encore, de profiter d'un soudain accès de fièvre à la hausse pour alléger ses positions. Ne pas vendre au plus haut n'a jamais été honteux.

10. Garder un volant de liquidités. Un portefeuille investi à 100 % manque nécessairement de souplesse. Il convient de disposer en permanence d'une marge de manœuvre pour pouvoir saisir une occasion. Dans l'attente d'un éventuel emploi, ces disponibilités doivent être placées dans des sicav ou des fonds communs monétaires. ∎

L'Express, 24 janvier 1992.

Notes sur la lecture :

acculés : forcés

se forger une idée : se faire une idée.

un volant de liquidités : une marge d'argent disponible.

LA VIE DES MARCHÉS
BOURSE DE PARIS

							Schneider 1	351,60	360	360	349	349,80	- 0,51
							SCOA act.regroup.	121,10	118,50	121	118,50	118,60	- 2,06
							SCOR S.A 1	122	121	122	121	121	- 0,82
or Intl 1	689	685	715	685	710	+ 3,05	370	S.E.B 1	487,20	497	506	488	498	+ 2,22
or Intl ADP 1	535	512	527	507	527	- 1,50	129	Sefimeg 1	440	437,10	440	434	436,80	- 0,73
o 1	957	960	963	950	960	- 0,82	124	Selectibanque 1	182	177,10	183,90	177,10	181,40	- 0,33
afrance 1	1953	1952	11,80	1891	1895	- 2,97	495	SFIM 2	1000	1000	207,50	999	999	- 0,10
o Disney 1	11,75	11,60	638	11,25	11,25	- 4,26	435	SGE 1	208,50	205	860	202.10	203,80	- 2,25
o RSCG W.W 1	634	630	1750	627	635	+ 0,16	176	Sidel 1	859	856	525	849	850	- 1,05
rope- 1	1700	1750	22,60	1682	1682	- 1,06	1000	Simco 1	510	525	720	511	514	+ 0,78
rotunnel 1	22,25	22,25	870	22,15	22,50	+ 1,12	210	S.I.T.A 1	680	680	1940	679	700	+ 2,94
ipacchi Medias1	862	860	125	850	858	- 0,46	800	Skis Rossignol 1	1950	1940	431	1931	1931	- 0,97
nextel 1	124,20	124,20	603	123,10	124,80	+ 0,48	485	Sligos 1	438,70	431	559	422	432	- 1,53
ves-Lille 1	625	603	4850	603	603	- 3,52	680	Societe Gale A 1	559	559	50,60	551	560	+ 0,18
romageries Bel 1	4775	4820	2050	4810	4840	+ 1,36	1970	Sodecco (B) 2	51,90	50,60	43,50	53	53	+ 2,12
aleries Lafayet. 1	2087	2048	395	2048	2050	- 1,77	465	Sodero (Ns) 2	44,20	44,10	915	44,10	44,10	- 0,23
AN 1	392	392	460	385,20	387	- 1,28	575	Sodexho 1	930	915	132,90	922	930,10	- 0,86
ascogne (B) 1	460	460	1980	448	448	- 2,61	42	Sogenal (Ny) 2	135,70	130,10	1831	130,10	130,10	- 4,13
az Eaux(Fin.Ind)1	1950	1948	583	1941	1965	+ 0,07	39	Sommer-Allibert 1	1865	1831	405,50	1810	1831	- 1,82
eophysique 1	585	583	441	566	575	- 1,71	920	Sophia 1	403,50	404,50	520	388	388	- 3,84
.G.F.C 1	435	441	569	430	435	+ 0,18	130	Sovac 1	534	520	349	505	514	- 3,75
roupe Andre S.A.1	568	569	753	550	569	+ 1,07	1830	Spie Batignolles 1	350	345	670	340	340	- 2,86
roupe De La Cite 1	745	740	425	740	753	- 2,38	445	Strafor Facom 1	627	265	266,80	627	650	+ 3,67
TM-Entrepose 1	420	425	510	408,10	410	+ 2,82	500	Suez 1	264,50	191,10	195	261,60	262,70	- 0,68
uilbert 1	496	500	1400	500	510	- 1,85	345	Synthelabo 1	193,30	164,40	155	191,10	194	+ 0,36
uyenne Gascogne 1	1406	1400	432	1380	1380	- 1,41	625	Thomson-CSF 1	154,20	159	164,40	161,20	161,20	+ 4,54
avas 1	425	432	186	415	419		275	Total 1	313,60	314,50	137,10	303	303,80	- 3,13
.D.I.A 1	186	186	545	183	186	- 0,92	188	UAP 1	141,10	140	144	138	138	- 2,20
metal 1	543	545	491	538	538	- 0,20	175	UFB Locabail 1	405	398	417	398	409	+ 0,99
mmeubl.France 2	491	491	77,90	485	490	+ 0,52	315	UGC DA (M) 1	232,40	231	231	222,10	231	+ 0,60
mmob.Phenix 1	77,50	76,40	117	75,70	77,90	- 3,33	145	UIC 1	410	400,10	409	400,10	409	- 0,24
ngenico 1	117	117	453	113,10	113,10	+ 2,03	425	UIF 1	524	525	540	525	526	+ 0,38
nterbail 1	444	452	605	440	453	- 1,94	230	UIS 2	1047	1047	1047	1011	1011	- 3,44
ntertechnique 1	617	605	1105	605	605	+ 0,09	410	Unibail 1	448	258	454	445	450	- 6,25
ean Lefebvre 1	1100	1100	635	1100	1101		520	Valeo 1	258,80	280	284	247,50	252	- 2,63
lepierre 1	630	631	695	630	630	- 1,14	440	Vallourec 1	282,90	400	400	278	281	- 0,67
abinel 1	700	695	410	692	692	- 0,13	235	Via Banque 1	400	270	270	395	395	- 1,25
afarge Coppee 1	398	400	124	393,60	397,50		285	Worms & Cie 1	276	292,50	292,50	265	265	- 3,99
agardere (MMB) 1	122	122	304,50	117,50	122		285	Z Gr.Zannier #Ly 1	308	305	305	292,50	305	- 0,97
apeyre C1	303,10	304,50	319	303,10	303,10	- 1,82	370	Zodiac 1	2195	2195	2195	2140	2160	- 1,59
ebon 2	335	319	5700	328,90	328,90	+ 1,99	265	Elf Gabon 1	1060	1070	1070	1030	1040	- 1,89
egrand 1	5540	5700	4155	5560	5650		2200					131	131,80	- 0,90
egrand ADP 1	4125	4125	280	4125	4125	+ 2,94	1170	American Barrick 1	133	132	132,80	141,20	145	+ 3,57
egnis indust. 1	272	276	995	276	280	- 1,50		American Express 1	140	141,20	145	264,50	270,80	- 0,07
ocindus 1	1000	995	876	985	985	+ 0,96	134	Anglo American 1	271	269,50	270,90	504	504	+ 2,86
VMH Moet Vuitton1	837	865	505	835	845	- 0,98	146	Arngold 1	490	300	301,90	299,30	301,90	+ 0,50
yonnaise Eaux 1	498	505	109,90	490,10	493,10	- 0,78	280	A.T.T. 1	300,40	212,40	212,40	199	199	+ 1,58
arine Wendel 1	383	505	76,70	380	380	+ 1,76	505	Banco Santander 1	195,90	1016	1050	1016	1050	- 0,17
atra-Hachette 1	108	107,40	10,65	107,40	109,90	- 2,22	305	B.A.S.F. 1	1050	1180	1207	1180	1199	
etaleurop 1	76,70	76,70	228	74	75	- 0,93	193	Bayer 1	1201	26,90	26,90	26,90	27	+ 0,77
etrologie Intl 1	10,70	10,65	133,40	10,35	10,60	+ 0,31	1030	Blenheim Group 1	27	52,40	52,80	52,40	52,40	- 0,42
ichelin 1	226	128,60	968	224,30	226,70	+ 1,76	1200	Buffelsfontein 1	52	211,50	211,50	211,50	211,50	- 3,76
oulinex 1	131	985	146	128,80	133,30	- 0,93	27	Chase Manhattan 1	212,40	2521	2521	2458	2458	+ 0,41
avigation Mixte 1	969	135,30	567	950	960	+ 1,97	53	Daimler Benz 1	2554	122,10	123	121	123	+ 2,14
	137,40	135,30	564	135,30	140,10	- 3,41	205	De Beers 1	2521	2384	2335	1271	1300	+ 1,56
				551	567	- 1,91	2460		2332		1318			

13.
Les impôts - les syndicats

Paul : M. Verdier n'est pas très souriant aujourd'hui. Je ne sais pas ce qu'il a.

Mlle Simon : Il est en train de préparer la <u>déclaration d'impôt</u> pour la remettre à M. Lecomte, l'expert-comptable, qui la vérifie et la signe avant de l'envoyer, c'est très complexe et cela doit être fait avant le 22 février, alors cela explique sa mine soucieuse !

Paul : A propos d'impôt, j'ai déjà entendu le mot "<u>fisc</u>", mais je ne sais pas très bien ce que cela signifie...

Mlle Simon : On appelle "fisc" l'administration chargée de calculer et de <u>percevoir</u> les impôts.

Paul : Ah, oui, je vois, c'est l'équivalent de notre I.R.S. alors. Est-ce que les sociétés paient beaucoup d'impôts ici aussi ?

Mlle Simon : En principe, pour les sociétés de capitaux, les bénéfices sont <u>imposables</u> à 50 %, mais il y a des <u>dégrèvements</u> et des <u>exonérations</u> pour aider certains secteurs de l'industrie.

Paul : Et les <u>particuliers</u> ? Aux Etats-Unis, nous payons beaucoup de <u>taxes</u> sur le <u>revenu</u>.

Mlle Simon : Je crois que vous voulez dire : impôt, car on emploie le mot "taxe" uniquement pour les impôts indirects qui ne frappent que le <u>consommateur</u> ou l'utilisateur puisqu'ils sont perçus à l'achat de certaines marchandises ou lors de l'utilisation de certains services. La principale de ces taxes est la T.V.A., vous savez, la taxe dont vous devez indiquer le montant sur les factures...

Paul : A ce propos, je viens de lire un article sur la <u>C.E.E.</u> où l'on disait que c'était en France que la T.V.A. était la plus élevée. Est-ce que cela a posé des problèmes en 1993 ?

Mlle Simon : Oui, bien sûr les 12 membres de la Communauté Économique Européenne tentent de se mettre d'accord sur un <u>taux</u> commun qui sera certainement inférieur à notre taux de 18,6 %... Quand on sait que la T.V.A. rapporte plus de 40 % à l'État, cela va faire un énorme <u>manque à gagner</u> qu'il va falloir compenser d'une manière ou d'une autre ! Mais cette diminution de taxe va augmenter d'autant le pouvoir d'achat des consommateurs et par conséquent cela aura un retentissement favorable sur l'économie.

Paul : En plus de la T.V.A., y a-t-il d'autres taxes ?

Mlle Simon : Oui, sur les spectacles, sur l'essence, sur les tabacs, etc. Elles sont toujours incluses dans le prix de vente, il y a une taxe spéciale sur la circulation de l'alcool qu'on appelle "congé" et qui confère l'autorisation de transporter des bouteilles de vin ou de liqueur dans sa voiture ou dans ses bagages... Pour être encore plus précis, il faut aussi ajouter les droits de douane, les <u>droits d'enregistrement</u>, de succession, et aussi la vignette pour les automobiles : une taxe proportionnelle à la puissance et à l'âge de leur véhicule que les automobilistes doivent payer chaque année. Pour les sociétés, il y a aussi la taxe d'apprentissage, et, maintenant une contribution pour le fonds de chômage. Quant à l'impôt sur le revenu, l'I.R.P.P., cela équivaut à peu près à un mois et demi ou deux mois de salaire.

Paul : Comment calcule-t-on ? Est-ce que vous savez le faire ?

Mlle Simon : Bien sûr. En général les Français établissent eux-même leur déclaration de revenus, sans faire appel à un conseiller fiscal. Il faut tout d'abord pour établir l'assiette fiscale, c'est-à-dire la somme imposable, faire le total de ses revenus : son salaire, plus les dividendes touchés si l'on possède des actions, les loyers encaissés si l'on est propriétaire, les intérêts de l'argent placé, les rentes, les pensions alimentaires, etc., puis on déduit de ce total les frais professionnels soit de façon forfaitaire, c'est-à-dire un certain pourcentage admis, soit ses frais réels, à condition de pouvoir les justifier en cas de contrôle. On déduit aussi les exonérations auxquelles on a droit et on détermine ensuite le nombre de parts, c'est-à-dire le nombre de personnes dans le ménage, y compris les personnes à charge, enfants, parents âgés, etc. On divise le revenu imposable par le nombre de parts pour déterminer ainsi la tranche d'imposition à laquelle on appartient et on trouve, grâce au barème, le montant de l'impôt à payer. Et j'allais oublier la C.S.G., la Contribution Sociale Généralisée, dont le montant s'élève à 2,4% !

Paul : Eh bien, cela n'a pas l'air tellement facile... Et une fois que l'on a réussi à faire cette déclaration, que se passe-t-il ?

Mlle Simon : On l'envoie à l'Inspecteur des Contributions Directes qui va la vérifier et l'inscrire sur le rôle — la liste des contribuables et de leur contribution — qu'il enverra au percepteur chargé du recouvrement.

Paul : Aux Etats-Unis, l'employeur retient les impôts chaque mois sur les salaires et les verse directement à l'I.R.S. En fin de compte, le contribuable paie la différence, si la retenue est inférieure à l'impôt, mais c'est bien souvent le contraire qui se produit et il reçoit un chèque du Trésor pour le trop-perçu.

Mlle Simon : En France, en général, on paie des tiers provisionnels basés sur l'impôt de l'année précédente et en fin d'exercice fiscal, en faisant le calcul que je viens d'indiquer, on sait combien on doit payer en soustrayant les tiers déjà versés, il ne reste que le reliquat à envoyer à la recette Perception. Si on a trop versé, le Ministère des Finances vous accorde un avoir à déduire de vos prochains impôts... pas de remboursement !

Paul : En définitive, c'est partout la même chose, plus on gagne d'argent, plus on paie d'impôts, mais je crois qu'aux Etats-Unis le contribuable paie l'équivalent de deux mois et demi de son salaire en impôt. On dit que c'est à partir du 15 mars que l'on commence à travailler pour soi ! Lorsqu'on est employé, l'impôt est assez facile à calculer puisque l'employeur le déclare et que l'employé en fait autant de son côté, mais que se passe-t-il pour les commerçants ?

Mlle Simon : Ils doivent déclarer leur chiffre d'affaires, mais bien souvent ils sont imposés au forfait, c'est-à-dire que le fisc estime le bénéfice qu'ils ont pu faire sur leur chiffre d'affaires et ils sont taxés sur cette somme. S'ils pensent qu'ils ont fait moins de bénéfices, alors ils peuvent dénoncer le forfait en fournissant des preuves. L'administration peut aussi augmenter le forfait si elle estime que le chiffre d'affaires étant supérieur, les bénéfices ont aussi augmenté. C'est toujours au commerçant qu'appartient de faire la preuve.

Paul : Et pour les membres des professions libérales ?

Mlle Simon : Les médecins, par exemple... S'ils sont conventionnés, c'est-à-dire s'ils ont signé une convention avec la Sécurité Sociale, leurs honoraires sont connus car ils figurent sur les feuilles de soins ou de maladie que les patients envoient à la Sécurité Sociale pour être remboursés de leurs frais médicaux ; s'ils ne le sont pas, ils sont aussi imposés au forfait. De même pour les architectes, les avocats, etc.

Paul : Vous avez parlé d'honoraires pour les médecins... cela me fait penser à vous demander la différence qu'il y a entre le traitement, les appointements, les émoluments...

Mlle Simon : C'est surtout une question de vocabulaire, car il s'agit de rémunération dans tous les cas, ou de salaire si vous voulez. Un employé touche des appointements, un fonctionnaire un traitement et un officier ministériel reçoit des émoluments pour sa rétribution. On parle aussi de gages pour les domestiques et gens de maison, de cachet pour les vedettes et de solde pour les soldats.

Paul : Cela je le savais, c'est même pour cela que sous la Restauration on appelait les soldats de Napoléon des demi-soldes... Mais puisqu'on parle de salaire, comment obtient-on des augmentations ?

Mlle Simon : Bonne question ! Par la qualité de son travail, à l'ancienneté, et aussi grâce à l'action syndicale qui oblige souvent le patronat à accorder des avantages aux ouvriers et employés. Les syndicats qui, comme vous le savez, sont des groupements formés pour la défense des intérêts communs à la profession, ont beaucoup contribué à l'amélioration du sort des travailleurs. Ils ont obtenu, dès 1936, le droit aux congés payés — deux semaines à l'époque et cinq maintenant — la semaine de 40 heures et de 39 maintenant en attendant celle de 35 heures. Ils ont fait ratifier les conventions collectives entre employeurs et employés pour réglementer les conditions de travail. Ils ont aussi obtenu la création des comités d'entreprise dans les usines et firmes employant plus de 50 personnes et la présence de délégués du personnel lors des réunions de la Direction. De même on peut leur attribuer le S.M.I.C., c'est-à-dire le Salaire Minimum Interprofessionnel de Croissance qui est le salaire minimum légal que l'on puisse donner à un ouvrier.

Paul : Nous aussi nous avons un tarif horaire minimum pour les gens qui travaillent. J'ai entendu parler de "temps posté" à propos des horaires de travail, mais je ne sais pas très bien ce que cela représente...

Mlle Simon : C'était surtout dans les usines que cela se produisait : l'usine tournait jour et nuit, sans arrêt et les ouvriers se relayaient par équipes et ils travaillaient à ce poste pendant 8 heures de suite.

Paul : C'est ce que je pensais, on appelle ces équipes des "shifts" aux Etats-Unis, mais vous avez employé le passé, cela ne se fait plus ?

Mlle Simon : En tout cas, beaucoup moins que dans les années 50, c'est un peu comme le travail à la chaîne, maintenant beaucoup de ces tâches sont exécutées par des robots...

Paul : Oui, mais cela supprime des postes et accroît le chômage !

Mlle Simon : Hélas, vous avez raison. Dans la conjoncture économique actuelle, ce sont les jeunes et les femmes qui sont les plus défavorisés sur le marché de l'emploi et les plus touchés par le chômage. Les syndicats font pression sur le gouvernement et le patronat pour éviter les licenciements en proposant comme solution la formation professionnelle allongée pour les jeunes ou le recyclage, ou bien la retraite anticipée ou même le travail à temps partiel, voire à mi-temps pour libérer des emplois pour les demandeurs d'emploi... Lorsque les pourparlers avec l'administration ou les pouvoirs publics échouent, les syndicats lancent alors un mot d'ordre de grève et le travail cesse.

Paul : Aux Etats-Unis, nos "unions" se préoccupent plus du renouvellement des contrats et des salaires que des conditions de travail. Vous avez parlé surtout des syndicats ouvriers. Tout le monde connaît la C.G.T., mais y en a-t-il d'autres ?

Mlle Simon : Oh, oui, en plus de la C.G.T. d'obédience communiste, qui était l'un des syndicats les plus puissants, il y a F.O., qui est de tendance socialiste mais plus centriste que la C.F.D.T. en majorité socialiste mais plus à gauche. Citons aussi la C.F.T.C. et n'oublions pas la C.G.E., la Confédération Générale de l'Encadrement, qui remplace la C.G.C. pour les cadres. Même les patrons se sont syndiqués en créant le C.N.P.F. pour les grandes entreprises alors que les dirigeants des P.M.E. et des P.M.I. se sont regroupés dans la C.G.P.M.E..

Paul : Je sais qu'il y a des délégués du personnel dans cette entreprise, est-ce que ce sont des délégués syndicaux ?

Mlle Simon : Théoriquement non, ce sont des ouvriers ou des employés élus par leurs camarades pour les représenter auprès de l'administration, mais pratiquement oui, car les candidats sont presque toujours des syndicalistes convaincus. Nous avons aussi un comité d'entreprise présidé par M. Perrier. Il comprend aussi des représentants du personnel qui assistent aussi aux réunions de la Direction. Bien que son rôle soit consultatif, cet organisme permet à la direction de mieux connaître les besoins et les vœux du personnel et de les satisfaire lorsque c'est possible. En plus ce comité est chargé d'organiser les fêtes du personnel, le gala et l'arbre de Noël, les excursions, etc., il prend aussi soin des œuvres sociales et d'entr'aide et il assure même le roulement pour les permanences et les congés annuels.

Paul Ce n'est pas une mauvaise idée, cela allège la tâche de l'administration et cela permet — sans doute — de faire plaisir au personnel !

138

VOCABULAIRE

La déclaration d'impôt : *income tax return form*
le fisc : *internal revenue service*
percevoir : *to collect, to levy*
imposable : *taxable*
un dégrèvement : *a tax cut, tax relief*
une exonération : *an exemption*
un particulier : *a private individual*
une taxe : *a tax, a duty*
le revenu : *revenue*
un consommateur : *a consumer*
la C.E.E. : *E.E.C.*
un taux : *a rate*
un manque à gagner : *lost opportunity of receiving (making) money*
les droits (m, pl) d'enregistrement : *registration fees/dues*
les droits (m, pl) de succession : *inheritance tax*
la vignette : *sticker/tax on vehicles*
une taxe d'apprentissage : *a training tax*
le chômage : *unemployment*
I.R.P.P. : *Impôt sur le Revenu des Personnes Physiques*
le salaire : *salary, wages*
établir : *to draw up*
un conseiller fiscal : *a tax consultant*
l'assiette fiscale (f) : *taxable income*
le loyer : *the rent*
une rente : *unearned income*
la pension alimentaire : *alimony*
déduire : *to deduct*
le contrôle : *auditing*
la tranche d'imposition : *the tax bracket*
le barème : *the table*
la C.S.G. : *Contribution Sociale Généralisée*
Inspection des Contributions Directes : *Direct Taxation Office, I.R.S.*
le rôle : *the list, record*
le contribuable : *the tax payer*
le percepteur : *the collector*
le recouvrement : *collection*
le trop-perçu : *over payment*
un tiers provisionnel : *interim tax payment (1/3 of the tax paid the previous year)*
un exercice fiscal : *financial year*
le reliquat : *the remainder, the balance*

la recette-perception (ou perception) : *the tax collector's office*
gagner : *to earn*
un forfait : *a flat rate*
dénoncer un forfait : *to denounce the agreement*
les membres des professions libérales : *professional people*
les honoraires (m) : *fees*
le traitement : *salary*
les appointements (m) : *salary*
les émoluments (m) : *salary, fee*
une rémunération : *salary, remuneration*
un fonctionnaire : *a civil servant*
une rétribution : *salary, reward*
les gages (m) : *wages, salary*
un cachet : *artist or performer fee*
une solde : *soldier's pay*
un syndicat : *a trade-union*
un travailleur, les travailleurs : *a worker, labor force*
les congés payés (m) : *paid leave, paid vacation*
les conventions collectives (f) : *collective bargaining agreement*
un comité d'entreprise : *works council*
une usine : *a plant, a factory*
un délégué du personnel : *a personnel representative*
le S.M.I.C. : *Index linked guaranteeed minimum wage*
le marché de l'emploi : *the job market*
touché : *hit, hurt*
le chômage : *unemployment*
un licenciement : *lay-off*
la formation professionnelle : *employee training*
le recyclage : *retraining*
la retraite anticipée : *early retirement*
le travail à temps partiel : *part time employment*
le travail à mi-temps : *half time employment*
un demandeur d'emploi : *a job applicant*
lancer un mot d'ordre de grève : *to call a strike*
la C.G.T. : *Confédération Générale du Travail*
F.O. : *Force Ouvrière*
C.F.D.T. : *Confédération Française Démocratique du Travail*
C.F.T.C. : *Confédération Française des Travailleurs Chrétiens*
C.G.C. : *Confédération Générale des Cadres*
se syndiquer : *to unionize*
C.N.P.F. : *Conseil National du Patronat Français*
les P.M.I. : *Petites et Moyennes Industries*
la C.G.P.M.E. : *Confédération Générale des Petites et Moyennes Entreprises*
un délégué syndical : *a union representative*
une excursion : *an outing*
un roulement : *a rotation*
une permanence (être de permanence) : *duties (to be on duty)*

1. Qu'est-ce que le « fisc » ?
2. Quelle différence faites-vous entre un impôt et une taxe ?
3. Que fait un percepteur ?
4. Comment sont généralement imposés les commerçants ?
5. Donnez des synonymes de « salaire » pour les médecins, les fonctionnaires, les employés, les ouvriers, les domestiques, les vedettes, les soldats et les officiers ministériels.

6. Quel est le rôle des syndicats ?
7. Qu'est-ce que le S.M.I.C. ?
8. De quelle « arme » disposent les syndicats en cas d'échec des pourparlers ?
9. Quels sont les syndicats français que vous connaissez ?
10. A quoi servent les comités d'entreprise ?

EXERCICES ECRITS

1. Ecrivez le mot ou l'expression qui vous paraît convenir :

1. Pour un particulier, les . . . . sont établis, perçus et contrôlés par l'Administration des Finances.

- revenus
- bénéfices
- dépenses
- impôts

2. Les architectes, médecins et avocats exercent une profession libérale et perçoivent des . . . . qui rétribuent leur travail.

- appointements
- salaires
- honoraires
- traitements

3. La plupart du temps, les revenus déclarés sont inférieurs aux revenus . . . .

- indirects
- réels
- fiscaux
- directs

4. L'abréviation T.V.A. signifie taxe à la valeur . . . .

- additionnelle
- additive
- ajoutée
- accumulée

5. Chaque année, nous devons faire . . . . à notre percepteur.

- un cadeau
- un serment
- une déclaration de nos bénéfices
- une déclaration de nos revenus

6. Les contribuables devront s'acquitter dès cette année d'une nouvelle contribution égale à 2,4 % de leur revenu . . . .

- imposant
- contribuable
- assujetti
- imposable

7. Cette usine tourne 24 heures sur 24, les ouvriers sont soumis au régime du travail . . . .

- posté
- à mi-temps
- à plein temps
- à temps partiel

8. De plus en plus les entreprises misent sur . . . . pour créer un nouveau climat social.

- la pratique
- la formation
- la concordance
- la procédure

9. Les syndicats ont le droit d'. . . . . le tribunal de commerce des difficultés des entreprises et donc d'en favoriser le sauvetage, avant qu'il ne soit trop tard.

- alarmer
- alerter
- avouer
- aveugler

10. Le patronat a signé . . . . avec les syndicats.

- des conventions collectives
- un constat
- un traité
- des accords

11. Avec le Plan Epargne Retraite, vous pouvez vous constituer un capital tout en bénéficiant chaque année d'importantes . . . . d'impôts.

- retenues
- déductions
- épargnes
- remises

12. Il est impossible de remettre en cause certains acquis sociaux sans . . . . préalable.

- innovation
- conversation
- concertation
- concentration

13. Le 29 octobre, les dockers du port autonome de Dunkerque, en . . . . depuis le 27 septembre, ont voté la reprise du travail.

- cessation
- grève
- chômage
- réunion

14. Les négociations sur une nouvelle convention collective de la profession boursière ont . . . . et un accord a été signé.

- assujetti
- affiné
- échoué
- abouti

15. Une . . . . de l'INSEE montre qu'il y a plus de demandeurs d'emploi au sud qu'au nord de la France.

- audience
- procédure
- enquête
- requête

2. Complétez les phrases suivantes :

1. Désormais, la durée du travail . . . .
2. Bien que le chômage . . . . '

3. Utilisez dans une seule phrase les mots suivants :

– chômage - mesures - enrayer

– comité d'entreprise - dirigeant - être tenu.

4. Vrai ou faux :

1. L'abréviation T.V.A. signifie Taxe à la Valeur Ajoutée. | VRAI | | FAUX |

2. L'impôt sur le revenu est un impôt direct. ☐ VRAI ☐ FAUX

5. Choisissez dans la liste de mots ci-dessous celui qui correspond à sa définition et écrivez-le sur la ligne correspondant au bon choix :

chiffre d'affaires - bénéfice - actionnaire - détaillant - pouvoir d'achat - bilan - raison sociale - impôt.

.... : inventaire périodique de ce qui est possédé et de ce qui est dû par une entreprise.

.... : détenteur d'une fraction du capital d'une société.

.... : quantité de biens et de services qu'une somme d'argent permet d'acheter.

.... : appellation sous laquelle fonctionne une entreprise.

.... : ultime échelon entre le producteur et le consommateur.

.... : contribution obligatoire des membres d'une collectivité aux dépenses de l'État.

.... : montant total des ventes pour une période donnée.

.... : produit net d'une entreprise au terme d'un exercice.

6. Version :

1. Le directeur du personnel se rend de toute urgence dans notre succursale de Tours pour éviter une grève.

2. Si la demande des consommateurs se stabilise ou décroît, les employeurs n'auront finalement plus d'autre choix que de licencier du personnel.

3. Notre entreprise emploie sur ses chantiers un grand nombre de travailleurs étrangers de diverses nationalités.

4. On craint une brusque augmentation du nombre des chômeurs.

5. Un accord vient d'être signé entre les syndicats représentés dans l'entreprise et la direction de celle-ci.

6. Les contribuables remplissent une déclaration grâce à laquelle l'inspecteur des Contributions Directes établit le rôle d'imposition.

7. Nous sommes à votre disposition pour vous fournir toutes les pièces justificatives dont vous pouvez avoir besoin.

8. Il a dû payer une forte amende parce qu'il n'avait pas payé ses impôts en temps voulu.

9. Certains revenus ne sont pas imposables.

10. Les bénéfices agricoles sont imposés selon un régime forfaitaire largement favorable au contribuable.

11. L'impôt sur les bénéfices des sociétés en France est passé à 34 % le 1er janvier 1993.

12. Sur 2,6 millions de personnes travaillant à temps partiel en France, soit 12 % de la population active, 2,2 millions sont des femmes.

7. Thème :

1. The wages they are paid are barely sufficient for them to live on.

2. Income tax forms must be filled out and sent to the I.R.S. before April 15.

3. The unemployment rate has gone up by 3 %.

4. The present state of the economy makes it impossible to meet the union demands.

5. The French value added tax is as high as 33 % on many items.

6. Earned income is income you receive for personal services you have performed. It includes wages, salaries, tips and professional fees.

7. You may deduct contributions to organizations, that are religious, charitable, educational, scientific or literary in purpose.

8. Salaries below a certain amount may be exempt from income tax.

9. The Union leaders have called a strike.

10. They are asking for a 5 % increase in their salaries.

11. The postal services were disrupted for several weeks by the strike.

12. Many unemployed workers find themselves faced with a distressing dilemma : either accept a job with no promotion prospects or take a course in continuing education.

8. Correspondance :

1 Vous venez de recevoir un courrier d'un de vos correspondants français vous demandant de lui trouver un stage pour l'été dans une entreprise industrielle.
En fonction des recherches que vous avez effectuées, vous lui répondez en lui décrivant, par la même occasion, la situation actuelle de l'emploi dans votre pays.
Rédigez la lettre demandée.

2 DÉCOUVREZ LA VIE AVEC MOINS D'IMPÔTS
ÉPARGNE - FISCALITÉ

Imaginez que vous puissiez payer moins d'impôts pour mieux profiter de votre argent.
Avec les conseils de notre banque c'est possible. Nous vous donnons les moyens de diminuer vos impôts en épargnant intelligemment.
Parmi les produits qui bénéficient d'avantages fiscaux, nous vous aidons à choisir ceux qui correspondent le mieux à votre cas particulier, au regard de votre situation fiscale.
Par exemple : Plan d'Épargne-Vie, investissements exonérés d'impôts, etc.
Prendre le temps de vous conseiller efficacement, c'est notre manière de créer des relations basées sur la confiance.

Notre banque, un banquier à votre service.
106 succursales dans la Région Parisienne.
(d'après une publicité parue dans la presse)

Intéressé par cette annonce, vous **écrivez** à cette banque pour exposer votre situation, demander des précisions, prendre rendez-vous…

BULLETIN DE SALAIRE

9. Compréhension de texte :

UN RENDEZ-VOUS VITAL
POUR LES CHEFS D'ENTREPRISE

L'INNOVATION est un thème cher au patronat puisqu'en moins de dix ans ce sera, les 23 et 24 octobre prochains, la troisième fois que le CNPF consacrera ses assises à cette question. En 1972, en effet, les chefs d'entreprises s'étaient penchés sur le problème de l'amélioration des conditions de travail.

Déjà, à cette époque, l'innovation sociale apparaissait comme, tout à la fois, le complément et la conséquence du progrès technique. En 1977, le patronat a voulu faire juge le public de l'élan qui avait été donné cinq ans plus tôt. Plusieurs expériences avaient alors été présentées qui devaient traduire l'effort accompli par les entreprises. 1980 sera donc pour la troisième fois une année de l'innovation.

Le renchérissement des matières premières, la concurrence de plus en plus vive de pays qui, il y a quelques années à peine, n'avaient pas ou peu de structures industrielles sont d'autant d'éléments qui demandent que les entreprises françaises multiplient leurs actions pour gagner en productivité et accroître leur compétitivité.

Dans ce que le président du CNPF définit comme un « combat », les chefs d'entreprises ont pour allié potentiel « la prodigieuse accélération du progrès technique de ce début des années 80 ». Les chefs d'entreprises doivent avoir pour objectif essentiel d'agir avec ce progrès ; l'ignorer serait renforcer leurs concurrents et, à terme, se condamner à disparaître.

Les prochaines assises de Strasbourg auront donc pour principal objet de susciter chez les dirigeants français un puissant désir d'innovation leur permettant d'être à la pointe de cette nouvelle révolution industrielle. Pour en arriver là, les responsables patronaux ont prévu trois clés. La première est d'alerter.

Il est, en effet, nécessaire de faire prendre à tous les participants de ces assises « la mesure des défis d'un monde en pleine transformation et des menaces que les moyens mis en œuvre par les pays industrialisés font peser sur les débouchés des produits nationaux ». Il faut ensuite échanger. C'est, en effet, dans la confrontation des expériences, dans la diffusion des technologies que les chefs d'entreprise pourront puiser les armes de l'innovation.

La troisième clé est celle de l'information. L'innovation ne pourra se développer dans l'entreprise que si elle emporte l'adhésion de l'ensemble des salariés. S'il est, en effet, nécessaire d'intensifier l'effort de recherche, s'il faut libérer les entreprises des entraves administratives, si une plus grande collaboration est indispensable entre les chercheurs et les chefs d'entreprise, il est tout aussi important d'enlever l'adhésion du personnel.

Les craintes qui pèsent sur l'emploi dès que l'on parle de mettre en place de nouvelles techniques sont un frein à celle-ci.

Les responsables sont convaincus que ces craintes ne seront surmontées que si les chefs d'entreprise font un véritable effort de formation et d'information. L'innovation, c'est aussi ce défi social.

Jérôme Faure,
Les Echos, 24.09.1980.

A **Répondez** aux questions :

1. Donnez un autre titre à cet article.

2. Quelles sont les trois clés de l'innovation prévue par les chefs d'entreprise ?

3. Qu'est-ce qui contribue essentiellement à freiner l'innovation ?

4. Pourquoi les entreprises françaises doivent-elles nécessairement accroître leur productivité ?

5. En général, êtes-vous personnellement partisan du changement ? Justifiez brièvement votre attitude en quelques phrases.

B **Dégagez** les idées principales exprimées dans cet article (12 lignes maximum).

10. Jeu de rôles :

Vous n'êtes satisfait ni de vos conditions de travail, ni de votre salaire. Vous en parlez avec vos camarades de travail, puis avec le délégué syndical.

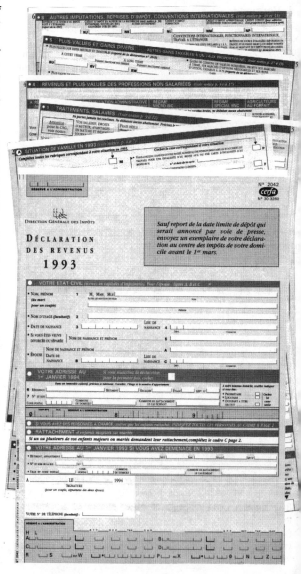

Assurance-chômage : danger d'explosion en 1993

L'inexorable progression du chômage va, une nouvelle fois, mettre en péril le système paritaire d'assurance-chômage. Le maintien de la cotisation supplémentaire décidée en juillet à un taux de 0,8 %, alors qu'elle devait être ramenée en janvier à 0,5 %, ne donne qu'une petite bouffée d'oxygène.

Le passif de l'Unedic s'établit à 9 milliards de francs pour 1992, ce qui correspond en gros à un mois d'allocations versées. Il atteindra, si l'on retient l'hypothèse d'une augmentation du nombre de chômeurs de 230 000 et d'une réduction parallèle de la population salariée de 0,5 %, 7,2 milliards supplémentaires en 1993. Le besoin de financement pour les six prochains mois est donc de 3,6 milliards alors que la cotisation supplémentaire ne rapportera que 2,5.

A ces difficultés « techniques » s'ajoutent celles nées de l'incertitude politique. « Les comptes de l'Unedic, malgré les mesures très rigoureuses prises récemment, ne cessent de se détériorer », observe Jean-Yves Chamard, le porte-parole de l'opposition pour les Affaires sociales. Il dénonce, à la suite de l'intervention du président de la République, « l'immobilisme qui tient actuellement lieu de politique du gouvernement qui semble répondre en fait à la seule préoccupation de passer le mistigri à ceux qui géreront le pays au printemps ».

Peau de chagrin

Comme l'a fait remarquer la CFDT à l'issue de la rencontre qui s'est déroulée mercredi entre les gestionnaires patronaux et syndicaux de l'Unedic et les représentants de la délégation à l'Emploi, « de 1982 à 1992, la participation de l'État concernant l'indemnisation du chômage est passée de 33 % à 23 % ».

Les deux parties se retrouveront le 6 janvier, car cette réunion « n'a pas permis de concrétiser les engagements pris », selon le représentant de la CFDT, Gérard Dantin, qui a estimé que « l'État doit assumer le coût financier des mesures qui sont de sa responsabilité, et qui vont au-delà des accords conclus avec les partenaires sociaux ». Pour ce syndicat, qui assure la présidence de l'Unedic, les contrats emploi-solidarité, dont les bénéficiaires sont à la charge de l'Unedic après la fin de leur emploi, « coûteront pour l'année 1993 à l'Unedic 1,846 milliard ».

Reste à savoir quelle sera la marge de manœuvre des pouvoirs publics. La CFDT juge que « la volonté gouvernementale », manifestée par le premier ministre Pierre Bérégovoy (*) lors d'une entrevue avec le bureau de l'Unedic le 21 décembre, « semble s'être réduite à peau de chagrin ».

« L'État et les entreprises doivent prendre conscience des réalités, mesurer et clarifier leur part de responsabilité », estime ce syndicat.

Mais le CNPF a d'ores et déjà fait savoir qu'il était dorénavant hors de question d'envisager une quelconque augmentation de cotisations pour remettre à flots l'Unedic.

Quant au premier ministre, il est toujours aussi résolu à maintenir le cap de sa politique économique. Matignon se félicite du fait que le « rythme de progression du nombre de demandeurs d'emploi s'est ralenti », passant de 5,1 % sur un an contre 11,8 % un an auparavant. Et les services de Pierre Bérégovoy font remarquer que « les pays qui ont dévalué dans la période récente enregistrent des taux de chômage supérieurs ».

Même si Matignon souhaite que la progression du « nombre de demandeurs d'emploi ne soit pas l'enjeu d'une exploitation politique », le débat ne peut guère être éludé.

Jean-Louis Validire,
Le Fig-Eco, 2.01.1993.

(*) Pierre Bérégovoy, qui a été remplacé par Édouard Balladur au printemps 1993 lorsque la droite est revenue au pouvoir, s'est suicidé le 1er mai 1993.

Notes sur la lecture :

Unedic : Union Nationale pour l'Emploi Dans l'Industrie et le Commerce, créée en 1958 avec les ASSEDIC (ASSociations pour l'Emploi Dans l'Industrie et le Commerce) par la Convention CNPF/syndicats instituant un régime d'assurance-chômage.

passer le mistigri : fait allusion à un jeu de cartes, le « mistigri » étant une mauvaise carte dont le joueur qui l'a tirée doit se débarrasser au plus vite. Le perdant est le joueur qui a en main le mistigri en fin de partie.

peau de chagrin : le chagrin est un cuir utilisé en reliure, mais il est, ici, fait allusion au roman de Balzac « La peau de chagrin » qui a pour caractéristique de rétrécir de plus en plus.

Matignon : résidence du premier Ministre. Par extension on entend par « Matignon » le cabinet du premier Ministre, de même qu'on entend par « Elysée » (résidence du président de la République) la Présidence en langage journalistique et politique.

Chambre de Commerce et d'Industrie à Paris

14. Chambres de Commerce & d'Industrie - l'économie

Perrier : Ah, Paul, vous voici, j'allais vous appeler... Il y a cet après-midi à la Chambre de Commerce et d'Industrie de Paris un important <u>colloque</u> sur l'économie, auquel prendront part des économistes très brillants, Raymond Barré, Jacques Esther et bien d'autres. J'ai pensé que cela vous intéresserait. J'ai une invitation mais je ne peux pas y aller, alors, profitez-en ! Vous me ferez un compte-rendu...

Paul : Merci beaucoup, Monsieur... Je venais justement vous demander la permission d'y aller ! C'est la C.C.I.P. qui organise ce colloque... cela m'amène à vous demander quel est exactement le rôle d'une Chambre de Commerce.

Perrier : Les Chambres de Commerce et d'Industrie, dont les membres sont élus par les commerçants et les industriels de la circonscription, assurent le lien entre les Pouvoirs Publics et leurs membres. Elles ont trois grandes missions. Une mission représentative : elles défendent les intérêts des commerçants et des industriels auprès des Pouvoirs Publics, mais à cette mission en correspond une autre, consultative cette fois : les C.C.I. informent leurs membres des changements survenus dans les réglementations juridique, fiscale, sociale ou financière. Elles peuvent aussi aider les industriels qui désirent exporter leurs produits, il y a un service d'assistance technique pour la décentralisation et l'implantation de nouvelles industries, en province par exemple.

Les C.C.I. publient des brochures, des annuaires pour renseigner leurs adhérents. Mais ce rôle consultatif n'est pas à sens unique, puisque les C.C.I. donnent aussi des avis aux Pouvoirs Publics en vue de la promotion de l'économie. De plus elles sont aussi chargées de la gestion des ports, des aéroports, des magasins généraux, etc., et enfin, un rôle que vous connaissez bien : je veux parler de leur mission éducative, puisque les C.C.I. ont fondé de grandes écoles de commerce, H.E.C., SupdeCo, entre autres, et qu'elles organisent des examens pour les étrangers comme celui que vous avez passé...

Paul : Ah oui, je comprends mieux maintenant pourquoi cette conférence a lieu à la C.C.I.P. plutôt qu'à H.E.C. par exemple.

Le lendemain

Perrier : Alors, ce colloque ?

Paul : C'était très intéressant, mais assez difficile à suivre.
Barré a parlé des grands problèmes actuels, le chômage, le travail clandestin, au noir, et des sanctions qu'il faudrait prendre ainsi que des dispositifs à mettre en place pour développer l'économie. Il a parlé de l'autofinancement qu'il préconise pour relancer l'économie. Après avoir rappelé les conséquences désastreuses de l'embargo sur le pétrole par l'O.P.E.P. en 1973, il a insisté sur la nécessité de faire des économies d'énergie, il semble penser que les réacteurs nucléaires ne sont pas toujours très fiables et qu'il pourrait être dangereux de continuer à implanter d'autres centrales atomiques. Il y avait aussi un sigle qui revenait très fréquemment dans son discours : P.N.B. mais je ne sais pas très bien ce qu'il signifie...

Perrier : C'est le Produit National Brut, c'est-à-dire le total des biens et services, y compris les investissements et amortissements produits dans un pays pendant un an.

Paul : Ah, je vois, c'est ce que nous appelons G.N.P. ! Il y a aussi une autre chose que n'ai pas très bien comprise... Attendez que je consulte mes notes... Ah voilà, il a parlé à plusieurs reprises des beaux commerciaux...

Perrier : Des baux, c'est le pluriel de bail ! Un bail est un contrat par lequel le propriétaire d'un local en cède la jouissance à un tiers, le locataire, pendant une période déterminée et moyennant le paiement d'une certaine somme appelée le loyer. Les commerçants et les industriels ont un droit au bail, c'est-à-dire que le propriétaire ne peut refuser le renouvellement du bail que sous certaines conditions – non paiement du loyer par exemple, ou pour occupation personnelle des locaux par lui-même, ses enfants ou ses parents, et ce, pendant une période de cinq ans minimum. Comme vous le voyez, la jurisprudence protège les commerçants.

Paul : Je corrige tout de suite, cela n'a rien à voir avec la beauté ! C'est d'autant plus stupide de ma part que je connaissais le mot bail au singulier !
Esther a fait un exposé sur l'économie en remontant à l'origine et en parlant du troc pour souligner qu'aujourd'hui on revient à cette forme d'échange avec les pays du Tiers Monde qui sont encore sous-développés et qui troquent des matières premières contre des produits finis. Il a fait allusion, lui aussi, aux problèmes actuels et il pense que l'autogestion est un moyen de rentabiliser les entreprises. Il a aussi parlé des nationalisations et des privatisations, de leurs conséquences sur l'économie française. Il a expliqué les problèmes qui proviennent de l'appartenance de la France à la C.E.E., de sa participation à l'O.C.D.E. et au F.M.I., et bien sûr des difficultés qui découlent des fluctuations du dollar, et des problèmes avec l'AGETAC.
J'ai cru comprendre que tous deux penchaient pour la planification en économie plutôt que pour l'économie de marché. Tous deux ont évoqué le grand marché européen, mais je ne sais pas très bien s'ils le souhaitent ou le redoutent pour la France ! Ils ont envisagé les répercutions que cela va avoir sur l'économie française, les problèmes que va poser l'harmonisation de la T.V.A. dans les pays de la C.E.E., etc. Et bien sûr, ils ont parlé d'inflation, de stagflation, de récession, de dépression, de la balance des paiements, et de relance de l'économie, de croissance, d'expansion... Ils suivent de très près les "clignotants". A ce propos, j'ai une question : je croyais que les clignotants étaient, sur une voiture, ce qui servait à indiquer les changements de direction...

Perrier : Oui, vous avez raison, mais on appelle également ainsi les indicateurs, c'est-à-dire l'indice des prix, le taux d'inflation, de chômage, le pouvoir d'achat, le panier de la ménagère, etc.

Paul : Ce qui m'a surtout frappé c'était les disparités entre les solutions proposées pour <u>pallier</u> la crise. Lorsqu'on écoute le premier conférencier, on ne peut s'empêcher d'être d'accord avec son analyse et les remèdes proposés, mais lorsqu'on entend le second, sa démonstration semble tout aussi valable, si bien qu'en définitive, on ne sait plus que penser !

Perrier : Effectivement, le problème est des plus complexes et n'oubliez pas que ces deux économistes sont aussi des politiciens !

Paul : En tout cas, ce colloque m'a fait prendre conscience de mes déficiences en matière d'économie... Je vais <u>m'abonner</u> à une revue, car il faut absolument que je me tienne au courant. Quel magazine me conseillez-vous ?

Perrier : Il y en a plusieurs... Je pense à l'*Expansion* ou à *Vie Française* par exemple car en ce moment ils offrent des <u>abonnements</u> à des prix vraiment intéressants, ce qui met le numéro nettement au-dessous de son prix au <u>kiosque</u>.

Paul : Alors je vais en profiter. En ce qui concerne le colloque, je ne suis pas sûr d'avoir pu vous donner un compte-rendu vraiment précis, mais au début de la séance, on nous a dit que si nous voulions recevoir gratuitement les Actes du Colloque, il suffisait d'inscrire ses nom et adresse sur le registre. Alors j'ai pris la liberté de vous inscrire aussi sur la liste.

Perrier : Merci beaucoup, mon cher. Votre stage <u>tire à sa fin</u> maintenant, vous allez nous manquer...

Paul : Oui, le temps a passé bien vite et j'ai appris tellement de choses, je ne sais vraiment comment vous remercier...

Perrier : J'espère que, dans un proche avenir, vous trouverez le poste de vos rêves, que votre travail vous ramènera en Europe et que vous viendrez de temps en temps nous rendre visite.

Paul : Inutile de vous dire, Monsieur, que je ferai même un détour pour venir vous saluer et dire bonjour à tous mes amis !

VOCABULAIRE

un colloque : *a colloquium*
le travail clandestin : *moonlighting*
le travail au noir : *moonlighting*
un dispositif : *a device*
l'autofinancement (m) : *self financing*
relancer : *to revive/to boost*
le pétrole : *(crude) oil*
l'O.P.E.P. (f) : *Organisation des Pays Exportateurs de Pétrole : O.P.E.C.*
un réacteur nucléaire : *a nuclear reactor*
fiable : *reliable*
le P.N.B. : *Produit National Brut : G.N.P.*
un bail, des baux : *a lease*
le propriétaire : *owner (of the building)*
un local : *a building/premises*
le locataire : *the tenant*
le loyer : *the rent*
le droit au bail : *the right to the renewal of the lease*
la jurisprudence : *the law*
le troc : *barter*

le Tiers Monde : *the Third World*
sous-développé : *underdeveloped*
les matières premières (f) : *raw materials*
l'autogestion (f) : *self management*
rentabiliser : *to make (sthg) show a profit*
la C.E.E. : *Communauté Economique Européenne : E.E.C.*
l'O.C.D.E. (f) : *Organisation de Coopération et de Développement Economique : O.E.C.D.*
le F.M.I. : *Fonds Monétaire International : I.M.F.*
l'AGETAC (m) : *Accord GÉnéral sur les TArifs Commerciaux : GATT*
la planification : *planning*
un clignotant : *a turn signal (on a car) an indicator*
un indicateur : *an (economic) indicator*
le panier de la ménagère : *the shopping cart*
pallier : *to palliate*
s'abonner à : *to subscribe to*
un abonnement : *a subscription*
un kiosque : *a newsstand*
tirer à sa fin : *to be drawing to an end*
l'INSEE (m) : *Institut National de la Statistique et des Études Économiques*
une allocation : *an allowance/a benefit*
un indice : *an index*
une pénurie : *a shortage/a lack*
une subvention : *a subsidy/an aid/a grant*

QUESTIONS ORALES

1. Quelles sont les trois missions des Chambres de Commerce et d'Industrie ?
2. Quels sont les grands problèmes actuels ?
3. Qu'est-ce que le P.N.B. ?
4. Donnez une définition du mot « bail ».
5. Qu'est-ce que le « troc » ? Se pratique-t-il encore ? Où ? Par qui ?

6. Donnez un synonyme de « pays sous-développé ».
7. En quoi consiste la « stagflation » ?
8. Quels sont les indicateurs en économie ?
9. Que veut faire Paul pour se tenir au courant ?
10. Où achète-t-on les journaux et les magazines ?

EXERCICES ECRITS

1. Ecrivez le mot ou l'expression qui vous paraît convenir :

1. Le sigle P.N.B. signifie . . . .

• production nationale brute
• produit national brut
• production normalisée brute
• producteur naturalisé breton

2. La . . . . de la production nationale de charbon s'avère nécessaire pour assurer l'indépendance énergétique de la France.

• reprise
• relance
• enjeu
• relais

3. La . . . . économique n'est pas particulièrement favorable à un relèvement des salaires.

• conjecture
• condition
• conjoncture
• constitution

4. Actuellement, sur le marché de l'emploi, les plus touchés par le . . . . sont les femmes et les jeunes.

• travail
• pointage
• secteur
• chômage

5. Le ministre de l'Économie et des Finances a pris des mesures . . . . pour juguler l'inflation.

• laxistes
• éminentes
• draconiennes
• bouleversantes

6. Le . . . . est la forme primitive du commerce.

• échange
• troc
• solde
• transfert

7. La majorité des entreprises a désormais pris conscience que . . . . pouvait être un moyen efficace d'accroître sa part de marché.

- le dépôt de bilan
- l'investissement publicitaire
- le travail à la chaîne
- l'autofinancement

8. Si la C.E.E. prend maintenant les décisions qui s'imposent, elle . . . . la tendance au déclin relatif de l'Europe.

- démontera
- déclinera
- détournera
- renversera

9. Une société parisienne de cent salariés, en phase de développement, a choisi la zone industrielle d'Angers pour y . . . . une nouvelle usine.

- innover
- décentraliser
- importer
- implanter

10. Les prévisions officielles pour l'indice de janvier . . . . entre 0,6 et 0,9 %.

- oscillent
- alternent
- se fixent
- se meuvent

11. Selon l'INSEE, l'indice d'ensemble de la production industrielle a . . . . de 1,1 % en septembre.

- fléché
- infléchi
- faibli
- fléchi

12. L'inflation est de plus en plus évoquée par les autorités . . . . allemandes comme sujet d'inquiétude.

- monétaires
- pécuniaires
- trésorières
- caissières

13. Les industries agro-alimentaires ont . . . . au deuxième trimestre une nette reprise d'activité.

- subi
- pourvu
- tranché
- connu

14. Avec le retour aux bénéfices, Renault a repris l'. . . . . : 230 personnes seront engagées cette année.

- exercice
- effectif
- embauche
- envoi

15. . . . . maintien de l'effort d'investissement, les capacités s'élargissent et le potentiel de développement remonte.

- En vue du
- Grâce au
- En dépit du
- A cause du

16. Cette firme va supprimer 4 000 emplois et abandonner la production et le développement de ses activités . . . .

- défectueuses
- déficitaires
- démarquées
- déplorables

17. Les salariés privés d'emploi à compter du 1er août 1992 perçoivent désormais une . . . . unique et dégressive.

- allocation
- cotisation
- cotation
- pension

18. La nouvelle politique du gouvernement vise à introduire une réelle concurrence sur le marché intérieur pour lutter contre le déficit de la . . . . commerciale.

- dette
- balance
- créance
- bourse

19. L'Amérique baisse ses taux d'intérêt tandis que la France doit aligner les siens sur ceux de l'Allemagne pour éviter une . . . . du franc.

- dépréciation
- appréciation
- dérivation
- anticipation

20. Le Monde Radio-Télévision est un . . . . de 32 pages en demi-format encarté dans votre quotidien : c'est plus pratique, plus maniable, plus facile à conserver.

- complément
- supplément
- supplémentaire
- supplétif

2. Mettez au pluriel :

Votre bail expire très bientôt.

3. Faites une phrase en employant les mots ou groupes de mots suivants :

- Conjoncture - taux d'intérêt - 12 %.
- État - mesures économiques - inflation.
- Grandir - se détériorer - mécontentement - pouvoir d'achat.
- Chômeurs - encore - mesures.

4. Écrivez le mot qui convient dans la phrase proposée :

salariés / employés
La grève a touché toutes les catégories de personnel, soit les 3 000 . . . . de l'entreprise.

5. Complétez la phrase suivante :

. . . . de la conjoncture économique.

6. Lisez la première phrase, puis complétez la seconde phrase pour qu'elle ait le même sens que la première :

Ils atteindront les objectifs qu'ils se sont assignés.
Ils atteindront les . . . . . . qu'ils . . . .

7. Donnez deux synonymes des mots suivants :

pénurie = ... = ...
croissance = ... = ...

8. Donnez le contraire de :

récession ≠ . . . .

9. Écrivez en toutes lettres tous les éléments de l'opération suivante :

$$\frac{174 \times 100}{193} = 90,15 \%$$

10. Attribuez à chaque personne la rémunération qui lui convient :

une allocation - un cachet - une commission - des honoraires - une pension - une solde - un traitement.

1. un médecin perçoit . . . .
2. un fonctionnaire . . . .
3. un artiste . . . .
4. un retraité . . . .
5. un militaire . . . .
6. un représentant . . . .
7. un chômeur . . . .

11. Choisissez dans les listes de mots qui vous sont fournies celui qui convient, et écrivez-le sur la ligne correspondant à sa définition :

1. déflation - dévaluation - stagflation - inflation - réévaluation.

– . . . . : baisse volontaire de la parité d'une monnaie.

- .... : nouvelle évaluation, en hausse ou en baisse, d'une valeur.

- .... : processus cumulatif, plus ou moins important, de hausse des prix.

- .... : politique qui tend à freiner la hausse des prix ou à en provoquer la baisse.

- .... : hausse des prix accompagnée d'un arrêt de la croissance de l'activité économique.

2. autofinancement - devise - numéraire - régime douanier - autoconsommation - autogestion - besoin - autarcie.

- .... : moyens de paiment constitués de pièces et de billets.

- .... : financement de ses investissements à l'aide de ses propres ressources.

- .... : consommation finale de biens et de services par leur producteur.

- .... : réglementation applicable aux marchandises travaersant la frontière d'un État.

- .... : gestion d'une organisation assurée par l'ensemble des intéressés.

- .... : régime économique se suffisant à lui-même et n'effectuant aucun échange avec les autres.

- .... : moyens de paiement libellés dans une monnaie étrangère.

- .... : manque ressenti par l'individu ou la collectivité.

12. Rétablissez la ponctuation dans la phrase suivante :

Des revues spécialisées Problèmes économiques Cahiers français traitent régulièrement de ces sujets épargne consommation revenu emploi.

13. Trouvez le mot qui manque dans les phrases suivantes (le même mot dans les phrases a, b et c) et faites ensuite une phrase (d) en utilisant ce même mot :

• 1er mot :

a. La Chambre de Commerce et d'Industrie de Paris est un .... public.

b. Cette entreprise a trois .... dans trois villes différentes : son siège social, son usine et son entrepôt.

c. L'............. d'une bonne image de marque est notre priorité commerciale pour cette année.

d. ....

• 2e mot :

a. Le .... de mon appartement vient d'être renouvelé pour 3 ans.

b. Ce commerçant a résilié son .... parce qu'il avait l'intention de transférer bientôt son fonds de commerce dans un autre arrondissement.

c. Le .... est un contrat par lequel un propriétaire donne à un locataire la jouissance d'un local pendant un temps déterminé.

d. ....

14. Version :

1. Le groupe hôtelier NOVOTEL-SOFITEL a des perspectives intéressantes sur le marché américain.

2. La mission de promotion de l'économie confiée aux Chambres de Commerce et d'Industrie les a conduites à créer des services d'assistance technique aux entreprises.

3. Dans les sociétés primitives, l'homme était obligé de recourir au troc pour se procurer ce dont il avait besoin.

4. Un colloque franco-américain sur les économies d'énergie dans l'industrie aura lieu prochainement à Paris.

5. L'économie allemande a augmenté ses placements à l'étranger pour assurer son approvisionnement en matières premières.

6. Les perspectives économiques à court terme sont plutôt décevantes.

7. Cette entreprise marche mal et connaît actuellement de graves difficultés financières.

8. De plus en plus les entreprises misent sur la formation pour créer un nouveau climat social.

9. Notre objectif principal est de faire échec à l'inflation.

10. Des subventions sont accordées dans le cadre du Marché Commun.

11. Parmi les pays candidats à l'entrée dans la C.E.E., au moins trois, la Suède, la Finlande et l'Autriche, ont des chances d'aboutir à brève échéance.

12. Le revenu des agriculteurs français a baissé de 5,9 % en 1992.

13. La France a reçu, en 1991, 52 millions de visiteurs étrangers, ce qui a été extrêmement bénéfique à la balance des paiements du pays.

14. L'année prochaine, certaines entreprises publiques seront peut-être privatisées partiellement, l'État en gardant le contrôle.

15. Le taux de croissance économique de l'Espagne est actuellement le plus élevé de la Communauté Européenne.

15. Thème :

1. French economic policy is unlikely to change after the next elections.

2. Citroën, the French car maker, has just closed down the 2CV factory outside Paris and moved production to Portugal.

3. To obtain Fortune at this low price, mail this order form in the enclosed reply envelope. Should you wish to order more than one copy, do call us for more information about discounts.

4. Our policy is to lay off people on a last-in first-out basis.

5. E.E.C. leaders fail to reach budget compromise pact.

6. The heavy concentration of industry and commerce in and around Lyon has favoured the evolution of the city into one of the major financial centres.

7. Rumania bought four nuclear reactors from Canada.

8. Oil is a source of power which has steadily gained in importance during the last half century.

9. Agriculture is the most important human activity as it supplies both food and clothing.

10. The ECU, which is a "basket" made up of ten of the Common Market's twelve national currencies, is also Europe's symbol of economic unity. It has been called "the new currency that can claim stability", but is it really a currency at all !

11. In the past decade, the United States has seen a significant shift in the balance of power from the public sector back to the private sector.

12. Though postindustrial America devotes less of its activity to making things, it has a growing fondness for buying them.

13. For decades, industry has been deriving the power it needs from the fuel it burns.

14. Uncertainties on the financial markets and growing inflationary pressures mean that precious metal mining shares have a sound potential.

15. Be sure to include your account number and full address (from your address label) when you contact us about your subscription.

16. Compréhension de texte :

LA FRANCE, LE SPORT ET L'INDUSTRIE

Le sport a de telles retombées économiques qu'il assure l'activité d'un secteur entier de l'industrie, du commerce et des services. Ce secteur représentait 0,5 % du produit intérieur brut (P.I.B.) et 0,8 % de la consommation des ménages français au début des années 70.

Aujourd'hui, il dépasserait 1 % du P.I.B. et pourrait approcher 2 % des dépenses de consommation. Ce dernier chiffre représente 2,3 % aux Pays-Bas, 1,8 % en R.F.A., 1,5 % au Royaume-Uni, 1,1 % au Danemark et au Portugal. La France reste en course.

Avec 0,2 % seulement de son budget, l'État soutient une activité qui engendre 1 % du P.I.B. Autrement dit, les dépenses publiques dans le secteur du sport ont un effet multiplicateur supérieur à la moyenne. Ceci n'est compréhensible qu'en vertu de trois facteurs : ce secteur est en expansion pendant la crise, il attire une masse de travail bénévole, les capitaux privés s'y engouffrent.

Tandis que la croissance de l'économie française revenait d'un rythme annuel de 6 % dans les années 60 à 2 % dans les années 80, celle du marché des articles de sport ne tombait que de 10 % à 5 % par an.

Il faut y voir l'effet cumulé de la civilisation des loisirs, de la réduction du travail, de la baisse du prix relatif des articles de sport, la montée des taux de possession de ces produits et d'une transformation des pratiques sportives.

Le sport est à la mode, le marché suit. En 1954, 5 % des Français étaient affiliés à une fédération sportive ; en 1986, ils sont 22 %. Selon une enquête récente de l'INSEP (Institut National du Sport et de l'Éducation Physique), trois Français sur quatre font du sport.

Du côté de l'offre, le secteur du sport peut s'appuyer sur un vaste apport de travail gratuit. Un million d'animateurs et de dirigeants bénévoles donnent au sport un temps qui constitue une contribution de dix à quinze fois plus importante que le budget du sport.

L'autre face de la civilisation des loisirs, c'est le travail librement consenti, au grand bénéfice du sport français qui est ici légèrement en avance sur les Pays-Bas, très nettement sur le Royaume-Uni, à plus forte raison sur les États-Unis, où le bénévolat sportif n'est guère répandu.

Le capital non plus ne fait pas défaut. Il s'est formé toute une économie de services par laquelle transitent les capitaux privés vers le sport. Les services sont l'un des points forts d'un pays en mal de mutation ; les services marchands entourant le sport le confirment : organisation de spectacles sportifs, médias, publicité, sponsorisme, intermédiaires.

Certes, en la matière, la France est encore loin des États-Unis, mais elle fait jeu égal avec ses voisins européens. En particulier, notre pays réussit à attirer des événements sportifs mondiaux, rentables, tels le championnat d'Europe de football en 1984 ou les jeux olympiques d'hiver en 1992.

Cependant l'industrie des articles de sport est très segmentée en France, composée de nombreuses P.M.E. très spécialisées dont l'existence dépend souvent d'un label de qualité ou d'une suite d'innovations.

La France dispose de quelques leaders mondiaux, tels Bénéteau et Jeanneau dans les sports de voile, Bic-Marine pour les planches à voile, et, plus spécialement dans la filière neige, Rossignol, Salomon, Pomagalski ou K-Way. Ces firmes sont compétitives et rentables. Les exportations sont élevées pour des produits plutôt destinés aux pays développés.

En revanche, les importations s'envolent pour des produits en provenance du tiers-monde : vêtements, chaussures de sport, raquettes et ballons arrivant de Corée, de Taïwan, du Pakistan, de Tunisie, du Maroc ou de Thaïlande.

La restructuration de l'industrie des articles de sport e[st] urgente, inévitable. L'avenir de bien des PME de cet[te] branche est donc : s'adapter et innover ou succomber à [la] concurrence des nouveaux pays industrialisés. L'économ[ie] du sport français semble ainsi être au diapason de l'éta[t] général de la France.

d'après un article de Wladimir Andre[ff]
Le Monde, 13 septembre 198[8]

[A] **Complétez**, à l'aide du texte, la fiche de synthèse c[i-]dessous :

1. Thème de l'article : . . . .

2. Constatation faite en introduction de cet article : . . . . . .

3. Le secteur du sport représente :

	En 1970	En 198[...]
– en % du PIB :	. . . .	. . . . . .
– en % de la consommation des Français :	. . . .	. . . . . .

4. À quel rang européen se situe la France pour la consom[m]ation consacrée au sport ?

5. Caractérisez l'évolution du secteur du sport pendant l[a] crise économique.

6. Quels sont les chiffres qui le prouvent ?

7. Citez deux raisons expliquant cette évolution.

8. Que peut-on dire de la pratique sportive des Français ?

9. Qu'est-ce qui caractérise aussi le secteur du sport fran[ç]ais ?

10. Dans quels domaines le sport attire-t-il les capitaux pr[i]vés ?

11. Citez deux événements sportifs organisés en France.

12. Présentez l'industrie française des articles de sport.

13. Quels articles les firmes françaises exportent-elles ?

14. Quels produits la France importe-t-elle ?

15. Que doivent faire les industries françaises d'articles d[e] sport pour assurer leur avenir ?

16. Reformulez la conclusion de l'article.

[B] Le sport doit-il être une activité bénévole ou lucrativ[e] (qui rapporte de l'argent) ?

Exprimez librement votre opinion à partir d'exemples.

17. Correspondance :

[1] Vous voulez créer une nouvelle entreprise et vous **écri**[vez] à la Chambre de Commerce et d'Industrie de votre ville pour demander des renseignements, et quelle aide on peu[t] vous apporter. Vous préciserez le genre d'entreprise qu[e] vous entendez créer.

[2] Vous venez de passer à Paris, et de réussir, un exame[n] de « français des affaires » de la Chambre de Commerce e[t] d'Industrie de Paris.
Vous avez dû quitter la France un mois après l'examen, [et] vous n'avez toujours pas, trois mois après, reçu votr[e] diplôme. En fait, vous n'êtes plus sûr(e) que la CCIP a[it] votre adresse à l'étranger.
Écrivez la lettre qui s'impose au Service des Examen[s] pour étrangers de la CCIP (28, rue de l'Abbé Grégoir[e] 75006 PARIS).

[3] Vous venez d'accomplir un stage agréable dans un[e] entreprise française.
De retour dans votre pays, vous **écrivez** au responsable d[u] personnel pour le remercier de l'accueil qui vous a ét[é] réservé et pour lui faire part de vos sentiments et impres[s]ions sur ce séjour professionnel.

[4] Décidé(e) à faire des études de gestion en France, vou[s] avez rempli le dossier d'admission délivré par le Centr[e] International d'Admission aux Études de Management (vo[ir] ci-contre).

u moment de renvoyer ce dossier, il vous manque tou-
urs un document : le Certificat Pratique de Français Com-
ercial et Économique, que vous venez de passer mais
ont vous n'avez pas encore les résultats.
crivez la lettre qui convient pour accompagner votre dos-
er incomplet.

18. Jeu de rôles :

Vous discutez avec vos amis de vos vues sur les problèmes économiques : vous êtes pour le libéralisme, contre
le protectionnisme (ou le contraire !) et vous défendez votre
opinion.

CENTRE INTERNATIONAL D'ADMISSION AUX ÉTUDES DE MANAGEMENT
Madame HEBERT
1, rue de la Libération
78350 JOUY-EN-JOSAS (FRANCE)

Une procédure d'admission est mise en place à
l'intention des étudiants titulaires d'un diplôme
étranger d'enseignement supérieur du niveau
de la licence française ou du bachelor anglo-
saxon. Un bon niveau de français est requis
pour les épreuves d'admission, qui ne nécessi-
tent aucune préparation particulière.

Age moyen d'entrée : 23-24 ans

Tests écrits :
• le GRADUATE MANAGEMENT
ADMISSION TEST-G.M.A.T. (information
auprès : « Éducation Testing Service » Box 966 R
Princeton, New Jersey 08541-USA)
et
• le CERTIFICAT PRATIQUE DE FRAN-
ÇAIS COMMERCIAL ET ÉCONOMIQUE
délivré par la Chambre de Commerce et d'Industrie de Paris.

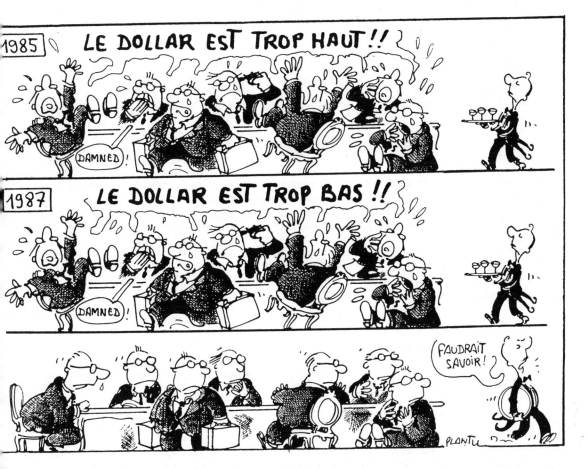

FINANCES MONDIALES : les ministres des finances des cinq pays les plus industrialisés se réu-
nissent à Paris le 21 février pour discuter de la chute du dollar.

Maastricht : ce que recouvre le traité

Le traité de Maastricht, qui est entré en vigueur lundi 1er novembre, ouvre la voie de l'Union européenne pour les 12 pays membres de la Communauté économique européenne.

Ses dispositions devront être acceptées par les futurs membres. L'Union européenne doit s'élargir en 1995 à quatre pays (Autriche, Finlande, Norvège et Suède) qui négocient actuellement leur adhésion. Les membres actuels forment désormais une « Union européenne », avec près d'un an de retard sur le calendrier prévu par le traité.

Ses principaux aspects sont une refonte des institutions communautaires, une union monétaire, une citoyenneté européenne, de nouveaux « champs d'action », ainsi qu'une politique extérieure et de sécurité commune.

Les trois piliers de l'union

Schématiquement, l'union s'appuie sur trois piliers :

1 - Ce qui était déjà dans les traités existants, auxquels sont intégrés l'union monétaire, la citoyenneté européenne, les nouveaux pouvoirs du Parlement européen et de nouveaux « champs d'action ».

2 - La coopération entre pays membres dans les domaines de la justice et de la police.

3 - La politique extérieure et de sécurité commune (PESC).

Plusieurs modifications sont apportées par le traité au fonctionnement actuel des institutions.

Le Parlement européen qui sera renouvelé en juin 1994, pour cinq ans, sera doté de pouvoirs plus étendus dits de « codécision ». Il pourra notamment rejeter à la majorité absolue certaines décisions du Conseil des ministres.

La nouvelle Commission européenne qui entrera en fonction début 1995 devra obtenir l'aval du parlement.

En 1996, une Conférence intergouvernementale pourra apporter des aménagements au traité et notamment aux institutions.

– La monnaie unique. Un des aspects les plus novateurs du traité est l'Union monétaire qui prévoit dès le 1er janvier 1994 la mise en place de l'Institut monétaire européen (IME), premier stade de la future Banque centrale européenne (BCE). Les Douze ont décidé le 29 octobre que l'IME, et la future BCE auraient leur siège à Francfort.

Une monnaie unique sera instaurée au plus tôt en 1997 et au plus tard en 1999. Les États membres devront d'abord répondre aux « critères de convergence économique » sur l'inflation, les taux d'intérêts, la stabilité des monnaies et la limitation des déficits publics.

La Grande-Bretagne, en vertu d'un protocole particulier, peut « réserver sa décision » sur sa participation à la monnaie unique, alors que le Danemark a déjà choisi de ne pas y adhérer.

– La citoyenneté européenne donne le droit de circuler et de séjourner librement dans tous les pays de la Communauté pour les ressortissants des pays membres, ainsi que de voter et d'être élu à certaines fonctions dans l'État de résidence pour les élections européennes et municipales.

Le Danemark dispose d'une dérogation à cette citoyenneté en raison des droits électoraux qu'il accorde à certains étrangers non ressortissants de l'union et qu'il ne veut abandonner.

– La coopération entre les États de l'un en matière de police et de justice impl des règles communes pour les contrôles frontières extérieures et le droit d'asile.

– Les nouveaux « champs d'action l'union sont l'éducation, la culture, la sa la protection des consommateurs et réseaux transeuropéens.

– La politique sociale est limitée à États membres de l'union en vertu d'un tocole annexé au traité en raison du refu Royaume-Uni d'inclure ces dispositions le traité de Maastricht.

– La politique extérieure et de sécu commune (PESC) permettra des « act communes » en matière de politique ét gère. Elle pourra aboutir à une défense mune s'appuyant sur l'Union de l'Eu occidentale (UEO), à laquelle n'adhèrer l'Irlande ni le Danemark.

France-Amérique, 6-12 novembre 1

La difficile naissance du citoyen de l'Union européenne

En dépit de son petit passeport couleur bordeaux, identique pour les douze pays de la Communauté, le citoyen de l'Union européenne ne pourra pas jouir avant quelque temps de tous ses nouveaux droits promis par le traité de Maastricht.

A commencer par la liberté de circuler librement sur le territoire des États membres, reportée à février 1994. Elle ne s'appliquera qu'aux pays signataires de la convention de Schengen, les Douze moins le Danemark, la Grande-Bretagne et l'Irlande. En attendant les voyageurs seront toujours contrôlés en passant une frontière intérieure à la CEE alors que leurs bagages circulent librement depuis le 1er janvier.

Le citoyen européen résidant dans un autre État membre que le sien – c'est le cas de 5 millions de personnes actuellement – ne pourra avant longtemps participer et se faire élire aux élections municipales, comme prévu dans le traité. Les modalités de vote et d'éligibilité n'ont pas encore été arrêtées par le conseil des ministres des Douze. Seuls les Pays-Bas et le Luxembourg, sous certaines conditions, offrent déjà cette possibilité aux autres ressortissants européens habitant chez eux.

Pour le renouvellement du Parlement européen en juin prochain, en revanche, les dispositifs devraient être prêts à temps pour permettre à tous les citoyens européens de voter et le cas échéant se faire élire quel que soit leur pays de résidence dans la CEE.

Un autre nouveau droit concerne plus particulièrement le citoyen européen voyageant hors de la Communauté : s'il a des ennuis dans un pays où son État n'est pas représenté, il pourra bénéficier de la protection diplomatique et consulaire des autres représentations européennes dans ce pays.

Enfin, si le citoyen européen s'estime lésé dans ses nouveaux droits, il pourra s'en plaindre dans une pétition déposée devant le Parlement européen ou s'adresser directement au nouveau médiateur européen dès que celui-ci aura été désigné par les euro-députés.

LEXIQUE

FRANÇAIS - ANGLAIS - ALLEMAND - ESPAGNOL

A

Français	Anglais	Allemand	Espagnol
abonnement (m) (10) (14)	a subscription	ein Abonnement (n)	una suscripción
abonné (m) (2)	a subscriber	ein Abonnent (m)	un suscriptor
abonner (s') à (14)	to subscribe to	abonnieren	suscribirse
absenter (s') (2)	to leave, to be gone	weggehen (kurz)	ausentarse
acceptation (f) (2)	acceptance	Akzept (n)	la aceptación
accepter une traite (4)	to accept a bill of exchange	einen Wechsel akzeptieren	aceptar una letra de cambio
accrochage (m) (9)	minor accident, «fender bender»	Zusammenstoß (leicht) (m)	una colisión
accroître (5)	to increase	ansteigen, steigern, vergrößern	acrecentar
accusé (m) de réception (2) (8)	acknowledgment of receipt	Empfangsbestätigung, Rückantwort (f)	un acuse de recibo
achat (m) (4)	buying	Einkauf (m)	la compra
acheminement (m) du courrier (8)	mail forwarding	Postbeförderung (f)	el despacho del correo
acheteur (m) (4)	a buyer	ein Käufer (m)	un comprador
acquéreur (m) (1)	purchaser, buyer	Erwerber (m), (Ein)käufer (m)	un adquirente
acquit (m) (pour acquit) (4) (6)	receipt, received, paid	Quittung, «Betrag erhalten» (f)	recibí, recibimos
actif (m) (3)	the assets	die Aktiva (n, pl)	el activo
action (f) (1)	share, stock	Aktie (f)	acción (f)
actionnaire (m) (3)	a stock holder	ein Aktionär (m), ein Aktieninhaber (m)	un accionista
aérogramme (m) (8)	an airgram	ein Luftpost(leicht)brief (m)	un aerograma
affacturage (m) (3)	factoring	Factoring (n)	el factoring
affiche (f) (10)	a poster	ein Plakat (n)	un cartel
affiché (2)	posted	angeschlagen	fijado, anunciado
affranchir (machine (f) à) (8)	a postage meter	eine Frankiermaschine	una máquina franqueadora
affrètement (m) (7)	chartering (ship, aircraft)	Befrachtung (f), Fracht(gebühr) (f)	el fletamento
à force de... (2)	by dint of, by means of	durch das viele ...	a fuerza de ...
agence (f) (1)	a branch	eine Zweigstelle, Niederlassung	una sucursal
agence (f) de publicité (10)	an advertising agency	eine Werbeagentur	una agencia de publicidad
agent (m) de change (12)	a stock broker	ein Börsenmakler (m)	un agente de cambio
agent (m) en douane (7) (11)	a customs broker	ein Zollspediteur (m)	un agente de aduanas
AGETAC / Accord (m) GEnéral sur les tarifs et le Commerce	GATT / General Agreement on Tariffs and Trade	GATT / Allgemeines Zoll- und Handelsabkommen (n)	el GATT / Acuerdo (m) General TArifs sobre Aranceles Aduaneros y Comercio
agio (m) (1)	agio, exchange premium	Aufgeld (n), Bankagio (n), Bankprovision (f)	un agio
agrafeuse (f) (2)	a stapler	eine Heftzange	una grapadora
aide-comptable (m/f) (6)	a book keeper	ein/e Buchhaltungsgehilfe/-gehilfin	un auxiliar de contabilidad, un tenedor de libros
à la longue (5)	in the long run	auf Dauer	a la larga
allô, qui est à l'appareil? (8)	Hello, who's speaking?	Hallo, wer ist am Apparat?	¡Hola! ¿quién habla?
allocation (f) (14)	an allowance, a benefit	ein Zuschuß (m), eine Beihilfe, Unterstützung	un subsidio, una bonificación
amende (f) (1) (11)	a fine	eine Geldstrafe	una multa
amortissable (12)	redeemable	tilgbar, abtragbar	amortizable
amortissement (m) (6)	depreciation	eine Abschreibung	una depreciación
annonce (f) (2) (10)	an advertisement, a classified ad	eine Anzeige	un anuncio, un aviso clasificado
annuaire (m) téléphonique (8)	a directory, telephone book	ein Telefonbuch (n)	una guía telefónica
annuler une commande (4)	to withdraw, or cancel an order	einen Auftrag stornieren, zurückziehen	cancelar un pedido
appel (m) téléphonique (2)	a telephone call	ein Telefonanruf (m)	una llamada telefónica
application (f) (2)	attention, care	Fleiß (m), Eifer (m)	la atención, el cuidado
appointements (m, pl) (13)	salary	Besoldung (f), Bezüge (m, pl)	un salario, un sueldo
approvisionnement (m) (4)	supply, procurement	Belieferung (f), Versorgung (f)	el abastecimiento
approvisionner (4)	to supply	beliefern, versorgen	abastecer
archiver (2)	to file	archivieren	archivar
argent liquide (m) (1)	cash	Bargeld (n)	el dinero en efectivo
armateur (m) (7)	a ship owner	ein Reeder (m)	un armador
arrhes (f, pl) (6)	a deposit	eine Anzahlung	una señal de pago
arriéré (m) (6)	overdue	offenstehender Betrag, Rückstand (m)	un pago atrasado
assemblée (f) Générale (3)	General Meeting of shareholders	eine Hauptversammlung	una Junta General de Accionistas
assermenté (6)	sworn (in)	vereidigt	juramentado
assiette (f) fiscale (13)	taxable income	Steuerbemessungsgrundlage (f)	la base tributaria
associé (m) (3)	a partner (business), an associate	ein Gesellschafter (m), Teilhaber (m)	un socio
atelier (m) (4)	a workshop	eine Werkstatt	un taller
attirer l'attention de... sur... (1)	to call sb's attention to...	j-s Aufmerksamkeit lenken auf ...	llamar la atención de... sobre...
au bout du fil (8)	on the line, on the phone	am Apparat	en línea, al teléfono
au comptant (6)	cash	bar	al contado
augmentation (f) (3)	an increase	eine Erhöhung	un aumento
autofinancement (m) (14)	self financing	Selbstfinanzierung (f)	la autofinanciación
autogestion (f) (14)	self management	Selbstverwaltung (f)	la autogestión
automate (m) (8)	an automaton	ein Automat (m)	un autómata
aval (m) (6)	guaranty of a bill of exchange	Aval (m), Wechselbürgschaft (f)	un aval
avaliser (2)	to back (a bill), to guarantee	avalieren, eine Wechselbürgschaft übernehmen	avalar
avaliseur, (m) avaliste (m) (6)	a guarantor, a surety, a backer, an endorser	ein Avalgeber (m), Wechselbürge (m)	un avalador, un fiador

avancement (m) (2)	promotion	Beförderung (f), Aufstieg (m)	el ascenso
avenant (m) (9)	an addendum, additional clause	ein Nachtrag (m)	una póliza adicional
avis (m) d'expédition (2)	a delivery note	eine Versandanzeige	una remesa
avoir (m) (4)	a credit	ein Guthaben (n)	un crédito
avoir l'oeil (2)	to have an eye for	ein Auge für etwas haben	tener buen ojo

B

bail (m), des baux (m, pl) (14)	a lease	ein Mietvertrag (m), Pachtvertrag (m)	un contrato de alquiler
baissier (m) (12)	a bear	ein Baissier (m), Preisdrücker (m)	un bajista
balance (f) commerciale (11)	trade balance	Handelsbilanz (f)	la balanza comercial
balance (f) déficitaire (11)	negative trade balance, trade deficit	passive Handelsbilanz (f)	la balanza deficitaria
balance (f) excédentaire (11)	positive trade balance, trade surplus	aktive Handelsbilanz (f)	la balanza favorable, un superávit
barème (m) (13)	a table	eine Berechnungstafel	un baremo
B.D. / Bande Dessinée (f) (10)	a cartoon, comics	ein Comic Strip (m)	un cómic, una tira
bénéfice (m) (3)	profit	Gewinn (m)	el beneficio
bénéficiaire (m) (1)	the beneficiary	der Empfänger	el beneficiario
Bi-bop (m) (8)	a pocket telephone	ein Funktelefon (im Stadtbereich) (n)	un teléfono de bolsillo
bijou (m) (11)	a jewel	ein Schmuckstück (n)	una joya
bilan (m) (3)	the balance sheet	die Bilanz	el balance (m)
blessé (m) (9)	a casualty, an injured person	ein Verletzter (m)	un herido
«boîte» (f) (4)	one's firm, office, shop (fam.)	die Firma (umg.)	la firma donde uno trabaja (pop.)
bon (m) de livraison (4)	a delivery order	ein Lieferschein (m)	una orden de expedición
bon (m) de réception (4)	a notice of receipt, of delivery	eine Empfangsbescheinigung	un bono de recepción
Bon (m) du Trésor (12)	a Treasury bond	eine Schatzanweisung, ein Schatzbrief (m)	un bono del Tesoro
bonne affaire (f) (5)	a real bargain	ein gutes Geschäft (m)	una ganga
bordereau (m) de versement (1)	a deposit slip	ein Einzahlungsschein (m)	un boleto de depósito
Bourse (f) (12)	the Stock Exchange, the Stock Market	die Börse	la Bolsa
Bourse (f) de commerce (12)	the commodity exchange	die Handelsbörse	la Bolsa de Comercio
Bourse (f) des marchandises (12)	the commodity exchange	die Warenbörse	la Bolsa de Comercio
brochure (f) (10)	a booklet, brochure, leaflet	eine Broschüre	un folleto
bulletin (m) de paie (6)	a wage sheet, payroll stub	ein Lohnstreifen (m), Gehaltsstreifen (m)	una hoja de paga
bureau (m) de douanes (11)	a customs house	ein Zollamt (n)	una Oficina de Aduana
bureau (m) de placement (2)	an employment agency, employment bureau	ein Stellenvermittlungsbüro (n)	una agencia de colocaciones

C

CAC 40 / Cotation (f) Assistée en Continu (12)	Paris Stock Exchange Index	Pariser Börsenindex	el índice de referencia en la Bolsa francesa
cachet (m) (13)	artist or performer fee	Gage (f)	la retribución
cadran (m) (8)	the dial	die Wählscheibe	el disco
cadre (m) (2)	an executive	ein leitender Angestellter (m), eine Führungskraft	un ejecutivo
CAF (m) / Coût, Assurance, Fret (7)	CIF / Cost, Insurance, Freight	CIF / Cost, Insurance, Freight	el CIF / Coste, Seguro y Flete
caisse (f) (1) (4)	the cashier's window (1), a crate, wooden box	die Kasse (1), eine Kiste	la caja (1), un cajón de madera
Caisse (f) Nationale d'Épargne (8)	national savings bank (in the post offices)	Postsparkasse (f)	la Caja Nacional de Ahorro postal
caissier (m) (1)	a cashier	ein Kassierer (m)	un cajero
calé(e) en... (2)	knowledgeable in..., well up in...	bewandert in ...	instruido (a) en...
ça marche (fam.) (2)	it's working	es klappt (umg.)	todo anda bien (pop.)
cambiste (m) (12)	a broker, foreign exchange dealer	ein Devisenmakler (m), Wechselmakler (m)	un cambista
cambrioleur (m) (9)	a burglar	ein Einbrecher (m)	un ladrón
camionnette (f) (7)	a pick-up truck	ein Lieferwagen (m)	una camioneta
campagne (f) publicitaire (10)	an advertising campaign, a publicity drive	eine Werbekampagne	una campaña publicitaria
candidature (f) (2)	an application, a candidacy	eine Bewerbung	una candidatura
capital (m) social (3)	capital stock, nominal capital, stock holder's equity	Gesellschaftskapital (n)	el capital social
cargo (m) (4) (7)	a cargo boat	ein Frachter (m)	un buque de carga
carnet (m) de chèques (1)	a check-book	ein Scheckheft (n)	un talonario de cheques
carrossier (m) (9)	the body shop man	der Karosserieschlosser	el carrocero
carte (f) de crédit (1)	a credit card	eine Kreditkarte	una tarjeta de crédito
carte (f) nationale d'identité (1) (Préfecture de Police)	an Identity card issued by the Police Head Quarter	ein Personalausweis (m)	un Documento Nacional de Identidad (D.N.I.), un Carné de Identidad
carton (m) (4)	a box	ein Karton (m)	una caja de cartón
case (f) (4)	a compartment, a pigeonhole	ein Fach (n)	un compartimiento
casier (m) (12)	a set of pigeonholes	ein Fach (n), ein Regal (n)	un casillero
catalogue (m) (5) (10)	a catalog	ein Katalog (m)	un catálogo
cautionnement (m) (12)	caution money, security	Kaution (f)	una caución
céder (4)	to let somebody have	abtreten, überlassen	ceder
C.E.E. / Communauté (f) Économique Européenne (11) (14)	E.E.C. / European Economic Community	E.W.G. / Europäische Wirtschaftsgemeinschaft (f)	la C.E.E. / Comunidad Económica Europea
centre (m) commercial (5)	a shopping center	ein Einkaufszentrum (n)	un centro comercial
centre (m) de groupage (7)	a collection center	eine Sammelladungsstelle	un centro de agrupamiento
certificat (m) de domicile (1)	is delivered by the Police station to verify your address	eine Meldebescheinigung	un certificado de domicilio

154

rtificat (m) d'origine (11)	a certificate of origin	eine Ursprungsbescheinigung	un certificado de origen
ssible (3)	transferable	abtretbar, übertragbar	transmisible (m)
ange (m) (12)	exchange	Geldwechsel (m)	el cambio
anger (12)	to exchange	wechseln	cambiar
antier (m) (13)	depot, yard, site	Baustelle (f)	una obra, un depósito
arge (f) (12)	an office, a practice	ein Amt (n)	una sociedad bursátil
argement (m) (7)	loading	das Beladen	un cargamento
arger (7)	to load up	beladen	cargar
argeur (m) (7)	a shipper	Befrachter (m)	un cargador
ariot (m) (4)	a cart, trolley, fork lift truck	ein Wagen (m), Karren (m)	una carretilla, un montacarga
arte-partie (f) (7)	a charter-party	ein Chartervertrag (m)	una carta partida
auffeur (m) (2) (9)	a chauffeur, driver	ein Chauffeur (m), Fahrer (m)	un chófer
aussée (f) (9)	the roadway	die Fahrbahn	la calzada
emise (f) (2)	a folder	eine Aktenmappe, ein Aktendeckel (m)	una subcarpeta
èque (m) en blanc (1)	a blank check	ein Blankoscheck (m)	un cheque en blanco
èque (m) omnibus (1)	a counter check	ein Auszahlungsscheck (m)	un cheque provisorio
èque (m) postal (8)	a post office check (no real eq.)	ein Postscheck (m)	un cheque postal
èque (m) sans provision (1)	a check with insufficient funds, a bouncing check	ein ungedeckter Scheck	un cheque sin fondos
équier (m) (1)	a check-book	ein Scheckheft (n)	un talonario de cheques
iffre (m) d'affaires (5)	sales volume, turnover	Umsatz (m)	el volumen de negocios, el volumen de facturación
ômage (m) (13)	unemployment	Arbeitslosigkeit (f)	el desempleo
ômeur (m) (2) (13)	an unemployed worker	ein Arbeitsloser (m)	un desempleado
ble (f) (9)	an objective, a target	ein Ziel (n)	un blanco, un objetivo
-inclus, ci-joint (4)	herewith	anbei, beiliegend	adjunto
rculaire (f) (10)	a circular (letter)	ein Rundbrief (m)	una circular
assement (m) (2)	filing	Ablage (f)	el archivo
avier (m) (8) (10)	a keyboard	eine Tastatur	un teclado
ignotant (m) (14)	an indicator, a turn signal (on a car)	ein Blinker (m)	una luz intermitente de auto, un indicador
ocher (2)	to check	abhaken	chequear
olis (m) (4)	a parcel	ein Paket (n)	un paquete
ode-barre (m) (8)	a bar code	ein Strichkode (m)	un código de barras
ode (m) postal (8)	a zip code	eine Postleitzahl	un código postal
olis (m) en port payé (7)	a prepaid parcel	ein portofreies Paket (n)	un paquete con portes pagados
olloque (m) (14)	a colloquium	ein Kolloquium (n)	un coloquio
ombiné (m) (8)	the receiver	der Telefonhörer	el microteléfono
omité (m) d'entreprise (6) (13)	a Works Committee, Works Council	ein Betriebsrat (m), Unternehmensausschuß (m)	un comité de empresa
ommande (f) (4)	an order	ein Auftrag (m), eine Bestellung	un pedido
ommande (f) à titre d'essai (4)	a trial order	ein Probeauftrag (m), eine Probebestellung	un pedido a prueba
ommande (f) (annuler une) (4)	to cancel, or withdraw an order	einen Auftrag stornieren	cancelar un pedido
ommande (f) d'urgence (4)	a rush order	ein dringender Auftrag (m)	un pedido urgente
ommanditaire (m) (3)	a sleeping partner	der Teilhafter	un socio comanditario
omandite (f) (3)	limited partnership (no real eq.)	Kommanditgesellschaft (f)	una sociedad en comandita
ommandité (m) (3)	an active partner	ein Vollhafter (m)	un socio activo
ommerçant (m) (3)	a merchant, trader	ein Händler (m), Kaufmann (m)	un comerciante
ommission (f) (4) (5)	commission	Provision (f)	una comisión
ommissionnaire (m) (4)	a commission agent	ein Kommissionär (m)	un comisionista
ommotionné (9)	suffering from concussion	unter Schock	conmocionado
ompenser (1)	to compensate	ausgleichen, kompensieren	compensar
ompétitif (5)	competitive, keen	wettbewerbsfähig	competitivo
omposer le numéro (8)	to dial the number	die Nummer wählen	marcar el número
omptant (m) (5)	cash	Bargeld (n)	dinero (m) en efectivo
ompte (m) (1)	an account	ein Konto (n)	una cuenta
oncessionnaire (m) (4) (7)	a licence-holder, dealer	ein Konzessionär (m)	un concesionario
oncurrence (f) (5)	competition	Wettbewerb (m), Konkurrenz (f)	la competencia
onditionnement (m) (5)	packaging	Aufmachung (f), Verpackung (f)	el acondicionamiento
ongé (m) de maladie (6)	a sick leave	eine Beurlaubung wegen Krankheit	una baja por enfermedad
ongé (m) de maternité (6)	a maternity leave	ein Mutterschaftsurlaub (m)	un descanso prenatal y postnatal
ongés (m, pl) payés (13)	paid leave, paid vacation	bezahlter Urlaub (m)	las vacaciones pagadas
ongressiste (m) (10)	a convention participant	ein Kongreßteilnehmer (m)	un congresista
onjoncture (f) économique (3)	the economic situation	die Konjunktur	la coyuntura económica
onnaissement (m) (7)	a bill of lading	ein Frachtbrief (m)	un conocimiento de embarque
onseil (m) d'Administration (3)	a Board of Directors	ein Verwaltungsrat (m)	un Consejo de Administración
onseil (m) des Prud'hommes (3)	Conciliation Board	Arbeitsgericht (n)	la Magistratura de Trabajo
onseil (m) de Surveillance (3)	a Board of Supervisors	ein Aufsichtsrat (m)	un Consejo de Vigilancia
onseiller (m) fiscal (13)	a tax consultant	ein Steuerberater (m)	un asesor fiscal
onsentir un découvert (1)	to grant an overdraft	eine Kontoüberziehung gewähren	conceder un descubierto
onsole (f) (8)	a monitor	ein Bildschirmgerät (n)	una consola
onsommateur (m) (5) (13)	a consumer	ein Verbraucher (m)	un consumidor
ontre remboursement (7)	C.O.D. / Cash On Delivery	per Nachnahme	contra reembolso
ontre-signer (9)	to countersign	gegenzeichnen	refrendar
ontribuable (m) (13)	the tax payer	der Steuerzahler, Steuerpflichtige	el contribuyente
ontrôle (m) (13)	an audit, auditing	eine Kontrolle, Rechnungsprüfung	un control, una intervención de cuentas
ontrôle (m) des changes (11)	exchange control	Devisenbewirtschaftung (f)	el control de cambio
onventions (f, pl) collectives (13)	collective bargaining agreement	Tarifvertrag (m)	las convenciones colectivas
onvoquer (2)	to call	einladen, herbestellen, vorladen	convocar
orbeille (f) (12)	the trading floor	die Corbeille, Maklerbank	el corro (de Bolsa)
orrespondance (f) (7)	connection, connecting (flight, train)	Anschluß (m), Verbindung (f)	un empalme

correspondancier (m), correspondancière (f) (2)	a correspondence clerk	ein/e Handelskorrespondent/in	un empleado encargado de correo
correspondant (m) (8)	a correspondent, party	ein Gesprächspartner (m)	un interlocutor
cotation (f) à la criée (12)	quotation by oral bid	Kursnotierung durch Zuruf (f)	la subasta
cotation (f) par casier (12)	quotation by written bid	schriftliche Kursnotierung	la cotización por licitación
cote (f) (12)	a quotation	eine Kursnotierung	una cotización
côté (3)	quoted	notiert	cotizado
côté (mettre de) (2)	to set aside	beiseitelegen	poner a un lado
cotisation (f) (6) (9)	contribution (6), dues (9)	Beitrag (m)	una cuota
coupon (m) (12)	a coupon	ein Coupon (m)	un cupón
courant (mettre au) (6)	to put up to date, to to fill (sb) in	aktualisieren, informieren, Bescheid geben	poner al corriente
courrier (m) (2) (8)	mail	Korrespondenz (f), Post (f)	el correo
cours (m) (12)	a quotation, price	ein Kurs (m), Preis (m)	una cotización, un precio
cours (m) de l'or (12)	the rate of gold	der Goldkurs	el precio del oro
courtage (m) (4)	a brokerage, a broker's commission	eine Maklergebühr	un corretaje
courtier (m) (4) (12)	a broker	ein Makler (m)	un corredor, un agente
courtier (m) d'assurance (9)	an insurance broker	ein Versicherungsmakler (m)	un agente de seguros
crédit (m) (6)	a credit, credit side	Guthaben (n)	un crédito, un haber
crédit (m) documentaire (7)	documentary credit	Dokumentenakkreditiv (n)	el crédito documentario
curriculum (m) vitae (2)	a C.V., resume	ein Lebenslauf (m)	un curriculum vitae, un historial profesional

D

dactylographie (f) (2)	typing	Maschineschreiben (n)	la mecanografía
dactylographier (2)	to type	maschineschreiben	mecanografiar
dateur (m) (2)	a date stamp	ein Datumsstempel (m)	un matasellos
débit (m) (6) (7)	a debit, debit side	Soll (m)	el débito, el debe
débouché (m) (9)	an outlet, opening, market	ein Absatzmarkt (m), eine Absatzmöglichkeit	un mercado, una salida
décacheter (2)	to open letters	Briefe öffnen, entsiegeln	abrir cartas
décennie (f) (1)	decade	Jahrzehnt (n)	una década, un decenio
déclaration (f) d'accident (9)	an accident report	eine Unfallmeldung	una declaración de accidente
déclaration (f) d'impôt (13)	an income tax return form	eine Steuererklärung	una declaración fiscal
déchargement (m) (7)	unloading	Entladen (n)	la descarga
découvert (m) (1)	an overdrawn account	eine Kontoüberziehung	un descubierto
décrocher (8)	to take the receiver off the hook, to pick up the receiver	abheben (den Hörer)	descolgar el auricular
dédouaner (11)	to clear through customs	verzollen	despachar de aduana
déduire (13)	to deduct	absetzen	deducir
défectueux (5)	defective	schadhaft	defectuoso
déformation (f) professionnelle (2)	professional idiosyncrasy	Berufskrankheit (f)	la deformación profesional
défrayer (5)	to defray, to pay	die Kosten übernehmen	costear, pagar los gastos
dégât (m) des eaux (9)	water damages	Wasserschaden (m)	el daño causado por el agua
dégâts (m, pl) (9)	a damage	Schaden (m)	los daños
dégrèvement (m) (13)	a tax cut, tax relief	eine Steuerermäßigung, Steuererleichterung	una desgravación
délai (m) de livraison (4)	lead time	Lieferfrist (f)	un plazo de entrega
délai (m) de préavis (9)	term of notice	Kündigungsfrist (f)	un plazo con aviso previo
délai (m) de réflexion (4)	time for consideration	Bedenkzeit (f)	un plazo de reflexión
délégué (m) du personnel (3) (6) (13)	a personnel representative	ein Arbeitnehmervertreter (m), Personalvertreter (m)	un delegado del personal
délégué (m) syndical (13)	a union delegate	ein Gewerkschaftsvertreter (m)	un enlace sindical
demande (f) d'emploi (2)	a job application	ein Stellengesuch (n)	una solicitud de empleo
demandeur (m) d'emploi (13)	a job applicant	ein Arbeitsuchender (m)	un solicitante de empleo
demeure (mise (f) en) (8)	a formal notice (of summons)	eine Aufforderung, Mahnung	una intimación, un requerimiento
démission (f) (2)	resignation	Kündigung (f)	una dimisión
dénoncer un forfait (13)	to denounce the agreement	einen Pauschalvertrag aufkündigen	denunciar el convenio
denrée (f) (10)	a commodity, a produce	eine (Eß)ware	un producto
dépense (f) (5)	an expense	eine Ausgabe	un gasto
dépenser (1)	to spend	ausgeben	gastar
dépliant (m) (10)	a folder, a leaflet	ein Faltblatt (n)	un folleto
déposer sa signature (1)	to give an authorized signature	seine Unterschrift hinterlegen	dar firma
dépositaire (m) (4) (7)	a sole agent, dealer	ein Verwahrer (m), Treuhänder (m)	un agente autorizado
dépouiller (12)	to analyse, to sort	auswerten, auszählen	analizar
détaillant (m) (4)	a retailer	ein Einzelhändler (m)	un minorista
devis (m) de réparation (9)	a repair cost estimate	ein Reparaturkostenvoranschlag (m)	un presupuesto de reparación
devises (f, pl) (5)	foreign currency, foreign money	Devisen (f, pl), Valuten (f, pl)	las divisas
dilapider (1)	to waste, to squander	verschwenden	dilapidar
diminuer (5)	to lower, to diminish	herabsetzen, senken	disminuir
directives (f, pl) (2)	the general lines (of a policy)	die Richtlinien	las directivas
directoire (m) (3)	a directorate	ein Vorstand (m)	un directorio
disponibilités (f, pl) (1)	available funds, liquid assets	Geldmittel (n, pl)	las disponibilidades
dispositif (m) (14)	a device	eine Vorkehrung	un plan
disquette (f) (10)	a diskette, a floppy disk	eine Diskette	un disquete
dissoudre (3)	to dissolve	auflösen	disolver
distribuer (le courrier) (2)	to deliver, to remit	verteilen (die Post)	repartir (el correo)
Distributeur (m) Automatique de Billets / DAB (1)	automatic teller machine / A.T.M.	ein Geldautomat (m)	un cajero automático
DIVA / Distributeur (m) de Vignettes d'Affranchissement (8)	stamped sticker distributor	Frankierautomat (m)	el Distribuidor de Sellos de Franqueo

dividende (m) (12)	a dividend	eine Dividende	un dividendo
documentation (f) (4)	information, «literature»	eine Dokumentation, Unterlagen (f, pl)	la documentación
dommages et intérêts (m, pl) (9)	damages	Schadenersatz (m)	los daños y perjuicios
donner sa démission (2)	to resign	kündigen	dimitir
dossier (m) (2)	a file, a dossier, a record	eine Akte, Aktenmappe, ein Dossier (n)	una carpeta, un dossier, un expediente
doter (2)	to equip	ausrüsten, ausstatten	dotar
douane (f) (11)	customs	Zoll (m)	la aduana
douanier (m) (11)	a customs officer	ein Zöllner (m)	un aduanero
droit (m) au bail (14)	the right to the renewal of the lease	das Recht auf Erneuerung des Pachtvertrages	el derecho a renovar el contrato de arrendamiento o alquiler
droit (m) de douane (11)	a customs duty	eine Zollgebühr	un arancel aduanero
droits (m, pl) d'enregistrement (13)	registration fees, registration dues	Anmeldegebühren (f, pl)	los derechos de registro
droits (m, pl) de succession (13)	inheritance tax	Erbschaftssteuer (f)	los derechos de sucesión
dûment (9)	duly	ordnungsgemäß	debidamente

E

French	English	German	Spanish
échantillon (m) (4) (10)	a sample	ein Muster (n), eine Warenprobe	una muestra
échéance (f) (1) (3)	date of maturity, due date	Fälligkeitsdatum (n), Zahlungsdatum (n)	un vencimiento
échéancier (m) (4) (6)	bills receivable, bills payable book	Fälligkeitsverzeichnis (n), Verfallbuch (n)	un registro de vencimientos
échelonné (4)	spread	gestaffelt	escalonado
écran (m) (10)	a monitor, screen	ein Bildschirm (m)	una pantalla
effondrer (s') (12)	to collapse	stürzen	hundirse
effraction (f) (9)	a housebraking	ein Einbruch (m)	una efracción
emballage (m) (7)	a container, pack	eine Verpackung	un embalaje
emballage (m) consigné (7)	a returnable container	ein Leergut (n), eine Mehrwegverpackung	un envase restituible
emballer (7)	to pack, to wrap up	einpacken, verpacken	embalar, empaquetar
emballeur (m) (5)	a packer	ein Packer (m)	un empaquetador
embaucher (6)	to engage, to hire	einstellen	contratar
embouteillage (m) (8)	a traffic jam, bottle neck	ein Verkehrsstau (m)	un atasco
emboutir (9)	to crash into...	prallen	chocar
émeute (f) (9)	a riot	ein Aufruhr (m)	un tumulto
émission (f) de chèques sans provision (1)	writing bad checks	Ausstellung ungedeckter Schecks (f)	la emisión de cheques sin fondos
émoluments (m, pl) (13)	fee, salary	Bezüge (m, pl), Gehalt (n)	los honorarios, el sueldo
emploi (m) (1) (2)	employment, job, occupation	Arbeit (f), Arbeitsstelle (f), Beschäftigung (f)	un empleo
emprunt (m) (1)	borrowing	Anleihe (f), Kreditaufnahme (f)	un empréstito
emprunt (m) d'Etat (12)	a Government Bond	eine Staatsanleihe	un empréstito público
emprunter (1)	to borrow	entleihen	pedir prestado
encaissement (m) (6)	a collection	ein Zahlungseingang (m)	una cobranza
encaisser (1)	to cash	einlösen	cobrar
encarter (10)	to inset	einlegen	encartar
en cas de litige (2)	in case of litigation	im Streitfall	en caso de litigio
endossataire (m) (1)	an endorsee	ein Indossatar (m)	un endosador
endosser (1)	to endorse	indossieren	endosar
en franchise (11)	duty-free	zollfrei	exento de derechos de aduana
engagement (m) (2)	appointment (of employee)	Anstellung (f), Einstellung (f)	una contrata
enlever un marché (11)	to get a contract, to get a deal	einen Auftrag erobern	ganar un mercado
en panne (2)	down, out of order	defekt, kaputt	averiado, fuera de servicio
en partance (7)	outward bound (for ship, train or plane)	in Richtung, nach	a punto de salir, en franquía
enquête (f) (10)	a survey	eine Meinungsumfrage	una encuesta
en réclame (5)	a special offer	ein Sonderangebot (n)	un artículo de reclamo
enregistrer (2)	to enter, or record (incoming mail)	registrieren	registrar
entamer des poursuites judiciaires (6)	to initiate legal proceedings	gerichtliche Schritte einleiten	entablar un proceso
entraver (4)	to impede, to hinder	beeinträchtigen, behindern	estorbar
entrepôt (m) (4) (13)	a warehouse	ein Lager(haus) (n)	un almacén, un depósito
entreprise (f) (2)	a firm	ein Unternehmen (n)	una empresa
entreprise (f) de pointe (3)	a high technology firm, leading firm	ein führendes Unternehmen (n)	una empresa de vanguardia
entretien (m) (5)	maintenance	Instandhaltung (f), Wartung (f)	el mantenimiento
épargne (f) (1)	savings	Ersparnis (f)	el ahorro
épargne-logement (f) (1)	savings plan to buy a house	Bausparen (n)	un ahorro-vivienda
épargner (10)	to save	sparen	ahorrar
épuisé (4)	out-of-stock	ausverkauft	agotado
escompte (m) (5) (6) (12)	a discount, bills for discount	das Diskontieren, ein Skonto (n/m)	un descuento, un descuento de letras de cambio
escroquerie (f) (1)	swindling	Betrug (m)	una estafa
espèces (f, pl) (1) (5) (6)	cash, money	Bargeld (n)	el dinero en efectivo
essor (m) (2)	boom, expansion	Aufschwung (m), Boom (m)	el desarrollo
établir (13)	to draw up	erstellen	establecer
étiquette (f) (5)	a label	ein Etikett (n)	una marca
être à court de (10)	to be short of, to be out of	zu wenig ... haben	andar escaso de
être à la tête de (4)	to be head of	an der Spitze stehen	estar a la cabeza de
être en mesure de (5)	to be in a position to	in der Lage sein	estar en condiciones de
être témoin (9)	to witness	Zeuge sein	ser testigo
excursion (f) (13)	an outing	ein Ausflug (m)	una excursión
exécution (f) de la commande (4)	handling of the order	Auftragsbearbeitung (f), -ausführung (f)	la ejecución de un pedido

exercice (m) (6)	a fiscal year	ein Steuerjahr (n)	un ejercicio
exercice (m) comptable (3)	a financial year	ein Rechnungsjahr (n)	un ejercicio contable
exercice (m) fiscal (13)	a financial year	ein Steuerjahr (n)	un ejercicio fiscal
exonération (f) (13)	an exemption	eine Steuerbefreiung	una exención tributaria
expédier (7)	to ship, to forward	versenden	despachar
expéditeur (m) (5)	a dispatcher	ein Versender (m)	un expedidor
expert-comptable (m) (6)	a C.P.A.	ein Buchprüfer (m), Rechnungsprüfer (m)	un perito en contabilidad
exposant (m) (10)	an exhibitor	ein Aussteller (m)	un expositor
exposer (10)	to exhibit	ausstellen	exponer
exposition (f) (10)	an exhibit, a show (of goods)	eine Ausstellung, Messe	una exposición, una feria
extérieur (du pays) (m) (1)	overseas, abroad	in Übersee, im Ausland	el exterior

F

F.A.B. / franco à bord (7)	F.O.B. / free on board	frei an Bord	franco a bordo
fabricant (m) (4)	a maker, manufacturer	ein Fabrikant (m), Hersteller (m)	un fabricante
fabrique (f) (2)	a factory, manufacture	eine Fabrik	una fábrica
facilités (f, pl) de paiement (5)	easy terms	Zahlungserleichterungen (f, pl)	las facilidades de pago
facture (f) (1) (4)	an invoice, a bill	eine Rechnung	una factura
facture (f) d'avoir (4) (7)	a credit note	eine Gutschrift	una nota de crédito
facture (f) d'essence (5)	a gas (gasoline) bill	eine Benzinrechnung	una factura de gasolina
facture (f) «pro forma» (11)	a pro forma invoice	eine Proforma-Rechnung	una factura pro forma
facture (f) rectifiée (4)	a revised bill	eine korrigierte Rechnung	una factura rectificada
facturer (4)	to bill	fakturieren, in Rechnung stellen	facturar
faillite (f) (3)	bankruptcy	Bankrott (m), Konkurs (m)	una quiebra
faire face à la concurrence (5)	to meet competition	sich der Konkurrenz gegenüber behaupten	enfrentar la competencia
faire la preuve (1)	to show proof of	den Beweis erbringen	demostrar
faire la queue (1) (8)	to stand in line, to queue up	Schlange stehen	hacer cola
fente (f) (8)	a slot	ein Schlitz (m)	una ranura
fermeture (f) (1)	closing time	Schalterschluß (m)	el cierre
ferroviaire (7)	pertaining to the railways	Eisenbahn-	ferroviario
feuille (f) de paie (1) (6)	a payroll sheet, a salary sheet, a wage sheet	ein Gehaltsstreifen (m), Lohnstreifen (m)	una hoja de paga
fiable (14)	reliable	zuverlässig	fiable
fiche (f) (2)	a memo	ein Zettel (m)	un memo, memorándum
fiche (f) de paie (6)	a salary sheet, wage sheet	ein Gehaltsstreifen (m), Lohnstreifen (m)	una hoja de paga
filiale (f) (1) (2) (3)	a subsidiary	eine Filiale	una filial
fin (f) de série (5)	close-out, oddment	ein auslaufendes Modell (n)	un fin de serie
financement (m) (1)	financing	Finanzierung (f)	una financiación
fisc (m) (13)	I.R.S. / Internal Revenue Service	Finanzamt (n), Fiskus (m), Steuerbehörde (f)	el fisco
fixe (m) mensuel (5)	fixed monthly salary	monatliches Fixum (n)	un sueldo fijo mensual
F.L.B. / franco long du bord (7)	F.A.S. / free alongside ship	frei Längsseite Schiff	F.A.S. / franco muelle, puerto de embarque convenido
F.M.I. / Fonds (m) Monétaire International (14)	I.M.F. / International Monetary Fund	I.W.F. / Internationaler Währungsfonds (m)	el F.M.I. / Fondo Monetario Internacional
foire (f) (10)	a fair	eine Messe	una feria
fonctionnaire (m) (13)	a civil servant	ein Beamter (m)	un funcionario
fondé de pouvoir (m) (6)	a proxy, a signing clerk	ein Prokurist (m)	un apoderado
fonds (m, pl) (1)	money, cash, funds	Geld (n), Kapital (n)	los fondos
fonds (m, s) de commerce (3)	a business, goodwill	Handelsgeschäft (n), Laden (m)	un negocio
fonds (m, pl) d'état (12)	government stocks, securities	staatliche Schatzbriefe (m, pl)	los fondos públicos
F.O.R. / franco wagon (7)	F.O.R. / free on rail	F.O.R. / frei Waggon	franco vagón, punto de partida convenido
forfait (m) (13)	a flat rate	eine Pauschale	una tarifa fija
forfait (m) vacances (7)	a «package holiday»	ein Pauschalurlaub (m)	unas vacaciones a precio a tanto alzado
formalités (douanières) (f, pl) (11)	formalities (customs)	Zollformalitäten (f, pl)	los trámites aduaneros
formation (f) professionnelle (13)	employee training	berufliche Fortbildung (f)	la capacitación profesional
formulaire (m) (1) (2) (4) (9)	a form, a formulary	ein Formular (n)	un formulario
fournisseur (m) (4)	a supplier	ein Lieferant (m)	un proveedor
fourniture (f) (4)	supply	eine Lieferung	un suministro, los materiales
frais (m, pl) (5)	expenses	Kosten (pl)	los gastos
frais (m, pl) de déplacements (2)	travel expenses	Reisekosten (pl), Spesen (pl)	los gastos de viaje
frais (m, pl) de port (7)	delivery charges	Portokosten (pl)	los aranceles portuarios
frais (m, pl) de port et d'emballage (5)	shipping and handling	Porto- und Versandkosten (pl)	los gastos de porte y embalaje
frais (m, pl) de transport (7)	delivery charges	Transportkosten (pl)	los gastos de transporte
frais (m, pl) généraux (6)	overheads	Allgemeinkosten (pl)	los gastos generales
frais (m, pl) portuaires (7)	port charges	Hafengebühren (f, pl)	los gastos portuarios
France Télécom (8)	French telecomunication agency	Französisches Fernmeldeunternehmen (n)	la Telefónica Francesa
franchisage (m) (7)	franchising	Franchising (n)	la franquicia
franchise (f) postale (8)	postage free status, franking	Postgebührenfreiheit (f)	la franquicia postal
franco de port et d'emballage (7)	free shipping and handling	Porto und Versand frei	franco de porte y embalaje
franco sur place (7)	carriage forward, F.O.B. plant (am.)	franko vor Ort	franco a bordo
franco wagon (7)	F.O.R.	frei Waggon	franco vagón, punto de partida convenido
frein (m) (9)	the brake	die Bremse	el freno
freiner (11)	to curb, to restrain	bremsen, drosseln	frenar

French	English	German	Spanish
fret (m) (7)	freight	Fracht (f), Frachtkosten (pl)	el flete
frontière (f) (11)	a border	eine Grenze	una frontera
fuite (f) des capitaux (9)	flight of capital abroad	Kapitalflucht (f)	la fuga de capitales
fusion (f) (3)	a merger	eine Fusion, ein Zusammenschluß (m)	una fusión

G

French	English	German	Spanish
gages (m, pl) (13)	wages, salary	Lohn (m)	sueldo (m)
gagner (13)	to earn	verdienen	ganar
gagner du temps (7)	to save time	Zeit gewinnen	ganar tiempo
gamme (f) (2) (5)	a line, a range	eine Palette, ein Programm (n)	una serie, una gama
gérant (m) (2)	a manager	ein Geschäftsführer (m)	un gerente
grade (m) (4)	a rank	ein Dienstgrad (m), Rang (m)	un escalafón
grande surface (f) (5)	a hypermarket	ein Verbrauchermarkt (m)	un hipermercado
grève (f) (6)	a strike	ein Streik (m)	una huelga
grossiste (m) (4)	a wholesaler	ein Großhändler (m)	un mayorista
groupeur (m) (7)	a forwarding agent	ein Sammelspediteur (m)	un agente comisionista expedidor
guelte (f) (6)	a commission (on sales)	ein Gewinnanteil (m)	una comisión
guichet (m) (1)	a window (in a bank)	ein Schalter (m)	una ventanilla
Guichet (m) Automatique de Banque / GAB (1)	an automated teller machine / A.T.M.	ein Bankautomat (m)	un cajero automático
guichetier (m) (1)	a teller	ein Schalterbeamter (m)	un taquillero

H

French	English	German	Spanish
haussier (m) (12)	a bull	ein Haussier (m), Preistreiber (m)	un alcista
haut de gamme (m) (5)	among the best in the range of products	Artikel der gehobenen Klasse (m), Luxusware (f)	un producto de alta calidad
heure(s) (f) supplémentaire(s) (6)	overtime	Überstunde (f)	una hora extraordinaria, horas extraordinarias
honoraires (m, pl) (13)	fees	Honorar (n)	los honorarios
honorer (1)	to honor, to meet, to accept	einlösen, honorieren	aceptar, pagar
hors cote (12)	unlisted, off-board	außerbörslich, nicht amtlich notiert	fuera de cotización
hors taxe / H.T. (5)	exclusive of tax	ohne Mehrwertsteuer (o.MwSt.)	impuestos no incluidos
hypermarché (m) (5)	hypermarket (huge supermarket)	Verbrauchermarkt (m)	un hipermercado

I

French	English	German	Spanish
image (f) de marque (10)	a brand image, a corporate image	ein Markenimage (n)	una imagen de marca
implanter (14)	to establish, to set up	ansiedeln	establecer, implantar
imposable (13)	taxable	steuerpflichtig, zu versteuern	imponible
imprimante (f) (10)	a printer	ein Drucker (m)	una impresora
incendie (m) (9)	a fire, a conflagration	ein Brand (m), ein Feuer (n)	un incendio
inciter qqn à faire qqch (6)	to prompt sb to do sth	jn dazu anregen, etw. zu tun	incitar a alguien a hacer algo
incoterme (m) (7)	incoterm	Incoterm (m)	un incoterm
indemnité (f) (9)	a compensation	eine Entschädigung	una indemnización
indicateur (m) (14)	an economic indicator	ein Anzeiger (m), Indikator (m)	un indicador económico
indice (m) (14)	an index	ein Index (m)	un índice
informatique (f) (3)	computer science	EDV / elektronische Datenverarbeitung (f), Informatik (f)	la informática
Inspection (f) des Contributions Directes (13)	Direct Taxation Office, I.R.S. / Internal Revenue Service	Finanzamt (n), Steueramt (n)	la Inspección de Contribuciones Directas
intérêt (m) (1)	interest	Zins (m)	un interés
intérieur (m) du pays (1)	domestic	inländisch	el interior del país
intérimaire (m/f) (2)	temporary worker	Zeit(arbeits)kraft (f)	un empleado temporario, un interino
intermédiaire (m) (4)	a middleman	ein Zwischenhändler (m)	un intermediario
inventaire (m) (4)	an inventory, a stock-list	eine Bestandsaufnahme, ein Inventar (n)	un inventario
investissement (m) (1)	an investment	eine Investition	una inversión
I.R.P.P. / Impôt (m) sur le Revenu des Personnes Physiques (13)	personal income tax	Einkommenssteuer (veranlagt) (f)	el impuesto sobre la renta de las personas físicas

J

French	English	German	Spanish
jeton (m) (8)	a token	eine Telefonmarke	una ficha
jeton (m) présence (m) (3)	director's fees	Anwesenheitsgeld (n)	una ficha de asistencia
jurisprudence (f) (14)	the law	die Rechtsprechung	la jurisprudencia

K

French	English	German	Spanish
kiosque (m) (14)	a newsstand	ein Zeitungskiosk (m)	un quiosco

L

French	English	German	Spanish
lancer sur le marché (5)	to launch (a new product) on the market	auf den Markt bringen, einführen (ein neues Produkt)	lanzar al mercado (un nuevo producto)
lancer un emprunt (12)	to issue a loan, to float a loan	eine Anleihe auflegen, ausgeben	hacer un empréstito
lancer un mot d'ordre de grève (13)	to call a strike	zum Streik aufrufen	lanzar una orden de huelga
lettre (f) de change (2)	a bill of exchange, draft	ein Wechsel (m)	una letra de cambio
lettre (f) de rappel (2)	a reminder	ein Mahnschreiben (n)	un recordatorio
liasse (f) (6)	a set of multipart forms	ein Durchschreibeformular (n)	un fajo

libre-échange (m) (11)	*free trade*	Freihandel (m)	*el librecambio, el libre comercio*
libre-service (m) (5)	*self-service*	Selbstbedienung (f)	*un autoservicio*
licence (f) d'exportation (11)	*an export licence*	eine Exportlizenz	*una licencia de exportación*
licencié(e) (m, f) en droit (2)	*a bachelor of laws*	ein/e Inhaber/ins des Jura-Examens	*un/a licenciado/a en derecho*
licenciement (m) (13)	*lay-off*	Entlassung (f)	*un despido*
liquidation (f) des biens (3)	*liquidation*	Vermögensveräußerung (f)	*la liquidación judicial*
liquider (5)	*to sell off*	räumen, veräußern	*liquidar*
LISA / Libre Service d'Affranchissement (m) (8)	*postage self-service*	SB-Frankierservice	*un autoservicio de franqueo*
liste (f) de colisage (11)	*a packing list*	eine Verpackungsliste, eine Versandliste	*una lista de embalaje, de contenido*
litige (m) (2)	*a litigation, dispute, law suit*	ein Streitfall (m), eine Streitsache (m)	*un litigio*
livraison (f) (7)	*a delivery*	eine Lieferung	*una entrega*
livreur (m) (7)	*a delivery man*	ein Auslieferer (m)	*un repartidor*
local (m) (5) (9) (14)	*premises, a building*	ein Geschäftsraum (m), eine Räumlichkeit (f)	*un local*
locataire (m) (14)	*a tenant*	ein Mieter (m)	*un inquilino*
louage (m) (7)	*rental*	Miete (f)	*un alquiler*
louche (adj.) (3)	*shady*	verdächtig	*turbio (adj.)*
loyer (m) (1) (13) (14)	*a rent*	Miete (f)	*un alquiler, un arrendamiento*

M

machine (f) à affranchir (8)	*a postage meter*	eine Frankiermaschine	*una máquina franqueadora*
machine (f) à décacheter (2)	*a letter opening machine*	ein automatischer Brieföffner (m)	*una máquina para abrir cartas*
machine (f) à traitement de textes (2)	*a word processor*	ein Textverarbeitungsgerät (n)	*una máquina de tratamiento de texto*
magasinier (m) (4)	*a warehouse supervisor, stock keeper*	ein Lagerist, Lagerverwalter (m)	*un almacenero, un encargado de tienda*
majorer (5)	*to increase*	erhöhen	*aumentar*
mandat (m) (8)	*a money order*	eine Zahlungsanweisung	*una orden de pago*
mandataire (m) (5)	*a general agent*	ein Beauftragter (m), Mandatar (m), Prokurist (m)	*un mandatario*
manifestation (f) (10)	*an exhibit*	eine Veranstaltung	*una exposición*
manifeste (m) (7)	*a manifest*	ein Lagerverzeichnis (n)	*una declaración*
manoeuvre (f) frauduleuse (5)	*swindling*	Betrugsmanöver (n)	*una maniobra fraudulenta*
manque (m) à gagner (13)	*lost opportunity of receiving or making money*	Verdienstausfall (m)	*el lucro cesante*
manutentionnaire (m) (4)	*a warehouse man, warehouse hand*	ein Lagerarbeiter (m)	*un encargado de manutención*
marchandise (f) (4)	*goods, merchandise, commodity*	Ware (f)	*una mercadería*
marché (m) (5)	*the market*	der Markt	*el mercado*
marché (m) à terme (12)	*forward market, options market*	Spekulationsmarkt (m), Terminmarkt (m)	*la operación a plazo*
marché (m) potentiel (5)	*potential market*	potentieller Markt (m)	*el mercado potencial*
marché (m) de l'emploi (13)	*the job market*	der Arbeitsmarkt	*el mercado del trabajo*
marge (f) bénéficiaire (6)	*a profit margin*	eine Gewinnspanne	*un/a margen (m y f) de ganancias*
matériel (m) roulant (7)	*the rolling-stock*	der Fuhrpark, das rollende Material	*el material móvil*
matières premières (f, pl) (4) (14)	*raw materials, commodities*	Rohstoffe (m, pl)	*las materias primas*
médias (m, pl) (10)	*the media*	die Medien (npl)	*los medios de comunicación*
membres (m, pl) des professions libérales (13)	*professional people*	Freiberufler (m, pl)	*los miembros de profesiones liberales*
mensualité (f) (5)	*a monthly payment*	eine Monatsrate	*una mensualidad*
mercuriale (f) (12)	*the market price-list*	der Preisbericht	*la lista de precios*
messageries (f, pl) (7)	*a parcel delivery service*	ein Transportunternehmen (n)	*una mensajería*
mettre au courant (6)	*to put up to date, to fill (sb) in*	aktualisieren, Bescheid geben, informieren	*poner al corriente, poner al tanto*
mettre de côté (2)	*to set aside*	beiseitelegen	*ahorrar*
mettre en mémoire (2)	*to store (in a computer)*	speichern (im Computer)	*almacenar datos*
meuble (m) (2)	*a piece of furniture*	ein Möbel(stück) (n)	*un mueble*
micro-ordinateur (m) (10)	*a personal computer*	ein Mikrocomputer (m), PC (m)	*un microordenador*
mise (f) en demeure (8)	*a formal notice (of summons)*	eine Aufforderung, Mahnung	*un requerimiento, una intimación*
miser sur (13)	*to speculate on, to bid*	auf etw. setzen, spekulieren	*especular*
modique (2)	*moderate*	gering	*módico*
monnaie (f) (12)	*currency, small change*	Kleingeld (n), Währung (f)	*el cambio, la moneda*
monopole (m) (5) (12)	*a monopoly*	ein Monopol (n)	*un monopolio*
montant (m) (1)	*an amount*	ein Betrag (m)	*un montante*
motif (m) (9)	*a cause*	ein Grund (m)	*un motivo*
muter (5)	*to transfer*	versetzen	*cambiar de destino*
mutiler (se) (9)	*to injure oneself, to maim oneself*	sich verletzen	*herirse*
mutuelle (f) (9)	*mutual insurance company*	Versicherung(sgesellschaft) (f)	*una mutualidad de seguros*

N

nationalisation (f) (3)	*nationalization*	Verstaatlichung (f)	*nacionalización (f)*
net d'impôt (1)	*tax-free*	steuerfrei	*exento, libre de impuestos*
niveau (m) (10)	*a level*	ein Niveau (n)	*un nivel*
nomenclature (f) (4) (6)	*a list, catalogue, schedule*	ein Register (n), Verzeichnis (n)	*una nomenclatura*
normaliser (2)	*to standardize, to normalize*	normieren, standardisieren	*normalizar*
note (f) de service (2)	*a memo*	innerbetriebliche Mitteilung (f)	*una nota interna*
note (f) d'hôtel (5)	*a hotel bill*	eine Hotelrechnung	*una factura de hotel*
numéraire (m) (14)	*cash*	Münzgeld (n)	*metálico (en)*
Numéro Vert (m) (8)	*an 800 number*	gebührenfreie Telefonnummer (f)	*un número de teléfono gratuito*

obligataire (m) (12)	a bond holder	ein Obligationeninhaber (m)	un obligacionista
obligation (f) (1) (12)	a bond	eine Obligation	una obligación
occuper un poste (2)	to hold a position	eine Stelle innehaben	ocupar un puesto
O.C.D.E. / Organisation (f) de Coopération et de Développement Économique (14)	O.E.C.D. / Organization of Economic Cooperation and Development	O.E.C.D. / Organisation für wirtschaftliche Zusammenarbeit und Entwicklung	la O.C.D.E. / Organización para la Cooperación y el Desarrollo Económico
offre (f) (4)	an offer, a tender	ein Angebot (n)	una oferta
offre et la demande (l') (f) (12)	supply and demand	Angebot und Nachfrage	la oferta y la demanda
omission (f) (5)	an oversight	ein Versäumnis (n)	una omisión
OPEP / Organisation (f) des Pays Exportateurs de Pétrole (14)	OPEC / Organization of Petrol Exporting Countries	OPEC / Organisation erdölexportierender Länder	la O.P.E.P. / Organización de los Países Exportadores de Petróleo
ordinateur (m) (2)	a computer	ein Computer (m)	un ordenador
ordre (m) (5)	an order	eine Anweisung, ein Befehl (m), eine Bestellung	un/a orden
ordre (par) (5)	by proxy	auf Anweisung	por orden
ordre (m) du jour (6)	agenda (of a meeting)	Tagesordnung (f)	el orden del día
organigramme (m) (2)	an organization chart	ein Organisationsschema (n)	un organigrama
oubli (m) (5)	an oversight	ein Versäumnis (n)	un olvido (m)
outre-mer (1)	overseas	Übersee	ultramar
ouvrable (jour), ouvré (m) (5)	a working day	ein Werktag (m)	un día trabajado, laborable

French	English	German	Spanish
paiement (m) au comptant (5)	a cash payment	eine Barzahlung	un pago al contado
pallier (14)	to palliate	beheben	paliar
panier (m) de la ménagère (14)	the shopping cart	der Warenkorb	la canasta familiar
panne (f) (5)	a breakdown	eine Panne	una avería, un desperfecto
papier (m) à en-tête (2)	letter-head stationery	Briefkopfpapier (n)	el papel membrete
parquet (m) (12)	trading floor	Markt der amtlich notierten Wertpapiere (m)	el corro de Bolsa
part (f) d'intérêt (3)	a share, a stake	ein Geschäftsanteil (m)	una acción
partenaire (m) (3)	a partner (sport, games)	ein Partner (m)	un compañero de equipo
particulier (m) (13)	a private individual	eine Privatperson	un particular
passer de (se) (4)	to do without	ohne etw. auskommen	arreglárselas sin
passer en contrebande (11)	to smuggle in/out	schmuggeln (hinein-/hinaus-)	pasar de contrabando
passer en correctionnelle (1)	to appear in a district court for criminal cases	sich vor der Strafkammer verantworten	pasar a correccional
passer en douane (11)	to clear through customs	verzollen	pasar la aduana
passer une commande d'urgence (4)	to place a rush order	einen dringenden Auftrag erteilen	pasar un pedido de urgencia
passible de (1)	liable to	mit einer Strafe belegt werden	sujeto a
passif (m) (3)	the liabilities	die Passiva (n, pl)	el pasivo
patronat (m) (13)	employers	Arbeitgeberschaft (f)	el empresariado
P.C.V. / à PerCeVoir (8)	collect, reversed charges	R-Gespräch (n)	una llamada a cobro revertido
P.D.G. / Président-Directeur Général (m) (3)	the Chairman of the Board of Directors	der bevollmächtigte geschäftsführende Direktor, der Vorstandsvorsitzende	el Director General, el Director Gerente
peine (f) (1)	a penalty, punishment, sentence	eine Strafe	un castigo, una penalidad
péniche (f) (7)	a barge	ein Hausboot (n), Lastkahn (m)	una barcaza, una chalana
pension (f) alimentaire (13)	an alimony	Alimente (pl)	una pensión alimenticia
pénurie (f) (4) (14)	a shortage, lack	Mangel (m), Knappheit (f)	una penuria, una escacez
percepteur (m) (13)	a tax collector	ein Steuereinnehmer (m)	un recaudador
percevoir (13)	to collect, to levy	einziehen, erheben	recaudar
périodique (m) (10)	a magazine, periodical	eine regelmäßig erscheinende Zeitschrift	una publicación periódica
pertes et profits (pl) (6)	profit and loss account	Gewinn und Verlust	las pérdidas y ganancias
peser (5)	to weigh	wiegen	pesar
pétrole (m) (14)	oil (crude)	Erdöl (n)	el petróleo
pièce (f) justificative (5)	a voucher	ein Beleg (m)	un comprobante
pièces (f, pl) jointes (2)	enclosures	Anlagen (f, pl)	los documentos anexos
place (f) disponible (10)	available space, vacancy	freie Stelle (f)	un lugar disponible, una vacante
placement (m) (1)	an investment	eine Anlage	una inversión
placier (m) (5)	a door to door salesman, drummer	ein Ortsvertreter (m), Stadtvertreter (m)	un corredor
planification (f) (14)	planning	Planung (f)	la planificación
P.M.E. / Petites et Moyennes Entreprises (f, pl) (2)	small and medium size firms	Klein- und Mittelbetriebe (m, pl)	PYMES / Las Pequeñas y Medianas Empresas
P.M.I. / Petites et Moyennes Industries (f, pl) (13)	small and medium size industries	Klein- und Mittelindustrie (f)	las pequeñas y medianas industrias
P.N.B. / Produit (m) National Brut (14)	G.N.P. / Gross National Product	Bruttosozialprodukt (n)	el P.N.B. / Producto Nacional Bruto
poids (m) lourd (9)	heavy truck	Lastkraftwagen (m)	un camión de carga pesado
point (m) de vente (5)	a retail outlet, point of sale	eine Verkaufsstelle	una expendeduría, un punto de venta
police (f) d'assurance (9)	a policy	die Versicherungspolice	una póliza de seguro
police (f) flottante (9)	a floater, floating policy	eine Pauschalpolice	una póliza flotante
port (m) dû (7)	carriage forward, freight collect	portopflichtig	porte debido (m)
portefeuille (m) de titres (1)	portfolio	Wertpapierbestand (m)	una cartera
porteur (au) (1)	bearer (to the)	Inhaber (auf den - lautend)	portador (al)
porteur (m) de parts (3)	a shareholder	ein Aktieninhaber (m)	un portador de acciones
position (f) de compte (1) (8)	a balance (of account), bank statement, statement (of account)	ein Kontostand (m)	un estado de cuenta
poste (m) (2)	a position	ein Posten (m)	un cargo, un puesto
poste (f) (8)	a postal service, post office	das Postamt, der Postdienst	el correo
pourboire (m) (7)	a tip	ein Trinkgeld (n)	una propina

pourvoir un poste vacant (3)	to fill a vacancy	eine freie Stelle besetzen	cubrir una vacante
préjudice (m) (4)	a detriment, loss, prejudice	ein Nachteil (m), Schaden (m), Verlust (m)	un perjuicio, una pérdida
prélèvement (m) à la source (13)	tax deduction at source, pay as you go	Quellenbesteuerung (f), Steuerabzug (m)	la retención en la fuente
prélèvement (m) automatique (1)	an automatic deduction	ein Dauerauftrag (m)	un débito automático
prélever (5)	to deduct, to set aside	abheben, einbehalten	deducir
prendre congé (3)	to leave	sich verabschieden	despedirse
prendre des contacts (10)	to make contacts	Kontakte knüpfen	hacer contactos
prendre en charge (2)	to take over	übernehmen	hacerse cargo de
prendre le courrier sous la dictée (2)	to take dictation	die Korrespondanz nach Diktat mitschreiben	escribir al dictado
prendre sa retraite (2)	to retire	in den Ruhestand treten	jubilarse
prendre un verre (1)	to have a drink	etwas trinken	tomar una copa
prescriptions (f, pl) (2)	regulations	die Vorschriften	las prescripciones
présenter une traite à l'acceptation (2)	to present a bill for acceptance	einen Wechsel zum Akzept vorlegen	presentar una letra de cambio para su aprobación
prestation (f) (2)	benefits	Sach-, Dienst-, Sozialleistung (f)	un beneficio
prêt (m) (1)	loan	Anleihe (f)	un préstamo
prétentions (f, pl) (2)	the applicant's expectations	die Gehaltsvorstellungen (f, pl)	las pretensiones del candidato (f, pl)
prêter (1)	to lend, to loan	verleihen	prestar con interés
preuve (f) (2)	a proof	ein Beweis (m)	una prueba
prévenir (2)	to inform	benachrichtigen	avisar
prime (f) (2)	a premium	eine Prämie	una prima
privatiser (3)	to privatize, to return to the private sector	privatisieren	privatizar
prix (m) courant (2) (4)	a current price, price-list	eine Preisliste	un precio corriente
prix (m) d'appel (5)	a rock bottom price (to attract customers)	ein Werbepreis (m)	un precio de reclamo
prix (m) de lancement (10)	an introductory offer/price	ein Einführungspreis (m)	un precio de lanzamiento
prix (m) de revient (6)	actual cost, cost price	Selbstkostenpreis (m)	el precio de coste
prix (m) forfaitaire (7)	a flat rate	ein Pauschalpreis (m)	un precio alzado, un precio global
procédure (f) (6)	proceedings	ein Verfahren (juristisch) (n)	un procedimiento judicial
procès-verbal (m) (3)	minutes, a report	ein Protokoll (n)	un informe, una memoria
producteur (m) (4)	a producer	ein Hersteller (m)	un productor
produit (m) fini (4)	a finished product, an end product	eine Fertigware, ein Fertigprodukt (n)	un producto terminado
produit (m) semi-ouvré (4)	a semi-manufactured product	ein halbfertiges Produkt (n)	un producto semimanufacturado
promouvoir (10)	to promote	fördern	promover
prononcer une sanction (6)	to assess a penalty	eine Strafe verhängen	fallar
propriétaire (m) (14)	the owner	der Eigentümer	el dueño
prorata (m) (3)	proportional part	Anteil (m)	la prorrata, el prorrateo
prospectus (m) (10)	a flyer, hand-out, leaflet	eine Broschüre, ein Prospekt (m)	un prospecto
protêt (m) (6)	a protest	ein Protest (m)	un protesto
pub (f) (10)	short for «publicité»	Kürzel für «Werbung»	una publicidad
publicitaire (m) (10)	an ad-man	ein Werbefachmann (m)	un agente de publicidad, un anunciante
publicité (f) (10)	an advertising, an ad, advertisement	eine Werbung	una publicidad
puce (f) (8)	a chip	ein Chip (m)	un chip

Q

quittance (f) de loyer (1)	a rent receipt	eine Mietquittung	un recibo de alquiler
quote-part (f) (3)	a quota	ein Anteil (m)	una cuota

R

rabais (m) (5)	a rebate	ein Preisnachlaß (m), Rabatt (m)	una rebaja
raccrocher (8)	to hang up	auflegen (den Hörer)	colgar el teléfono
raison (f) sociale (2) (3)	trade name, corporate name	Firmenbezeichnung (f)	la firma, la razón social
rappel (m) (1)	a reminder	eine Mahnung, Zahlungserinnerung	un recordatorio
rappeler (2)	to call back	zurückrufen	volver a llamar
rapport (m) annuel (3)	a yearly report	ein Jahresbericht (m)	un informe anual
rapporter un intérêt (12)	to bear an interest	Zinsen abwerfen	rendir un interés
rattraper le temps perdu (11)	to make up for lost time	die verlorene Zeit aufholen	recuperar el tiempo perdido
rayonnant (11)	beaming	strahlend	radiante
réacteur (m) nucléaire (14)	a nuclear reactor	ein Atomreaktor (m)	un reactor nuclear
recensement (m) (4)	a census, an inventory	eine Bestandsaufnahme, Zählung	un inventario
récépissé (m) (7)	a receipt	ein Empfangsschein (m)	un resguardo
récépissé-warrant (m) (7)	an industrial warrant	ein Lagerschein (m)	un recibo de depósito, un warrant
réceptionner (4)	to receive	in Empfang nehmen	recibir dando la conformidad
récession (f) (3)	a recession	eine Rezession	la recesión
recette-perception (ou perception) (f) (13)	the tax collector's office	das Finanzamt, die Steuerbehörde	la oficina de recaudación de impuesto
recommandée (lettre) (f) (8)	a registered letter	ein Einschreiben (n)	una certificada (carta)
recours (m) des voisins (9)	neighbors' claim	Beschwerde der Nachbarn (f)	la petición de vecinos
recouvrement (m) (6) (13)	a collection	eine Steuereinziehung	una recaudación
recouvrer (la perte) (9)	to recover, to collect, to recoup	eintreiben, wiedererlangen	recuperar la pérdida
reçu (m) (1)	a receipt	eine Quittung	un recibo
recyclage (m) (13)	retraining	Umschulung (f)	el reciclaje
redevance (f) (1) (8)	tax, dues, telephone rental charges	Gebühren, Telefongebühren (f, pl)	un impuesto, el montante del abono telefónico
réduction (f) (5)	a reduction, cutting down of price	eine Ermäßigung	una rebaja

règlement (m) (4)	a settlement	eine Bezahlung	un pago
règlement (m) intérieur (3)	internal regulations	Betriebsordnung (f), Geschäftsordnung (f)	un reglamento interno
règlement (m) judiciaire (3)	a judiciary settlement	ein Vergleichsverfahren (n)	una ejecución judicial
relance (lettre de) (f) (14)	a boost, follow-up	ein Mahnschreiben (n)	una carta de insistencia
relancer (14)	to revive, to boost	ankurbeln, anmahnen	reactivar
relations (f, pl) publiques (10)	public relations, P.R.	Öffentlichkeitsarbeit (f), PR-Abteilung (f)	las relaciones públicas
relevé (m) bancaire (1)	a bank statement	ein Kontoauszug (m)	un extracto bancario
reliquat (m) (13)	a remainder, balance	ein Steuerrestbetrag (m), Steuerrückstand (m)	un saldo
remise (f) (6) (10)	a discount, commission	ein Rabatt (m)	un descuento
remisier (m) (12)	an intermediate broker	ein Börsenmakler (m)	un corredor de agente de bolsa
remplir (1)	to fill	ausfüllen	rellenar
rémunération (f) (3) (13)	a salary, remuneration	ein Entgelt (n), eine Vergütung (f)	una remuneración, un salario
rémunérer (12)	to pay wages	besolden, vergüten	pagar sueldos, remunerar
rentabiliser (14)	to make (sthg) show a profit	wirtschaftlich führen	rentabilizar
rente (f) (13)	unearned income	Rente (f)	una renta
rente (f) (d'État) (12)	a government bond	eine Staatsrente	un bono del estado
réparateur (m) (2)	a repair man	ein Instandsetzer (m)	un reparador
répartir (3)	to share, divide	aufteilen, verteilen	compartir, distribuir
repasser au bureau (fam) (2)	to stop back at the office, to drop by the office	noch einmal im Büro vorbeikommen	volver a pasar por la oficina
répondeur (m) (8)	an answering machine	ein Anrufbeantworter (m)	un contestador automático
représentant (m) (5)	a regional representative	ein Vertreter (m)	un representante regional
réseau (m) (8) (10)	a network	ein Netz(werk) (n)	una red
réservation (f) (7)	a reservation	eine Reservierung	una reserva
résidence (f) secondaire (7)	a summer home, week-end home	ein Wochenendhaus (n), eine Zweitwohnung	una casa de campo, una casa de fin de semana
résiliation (f) (9)	a cancellation	eine Auflösung, Kündigung	una anulación, una rescisión
résilier (9)	to cancel, to terminate	auflösen, kündigen	anular, rescindir
responsable (m) (2)	person in charge	Verantwortlicher (m)	un encargado, un responsable
résumé (m) (2)	a summary	eine Zusammenfassung	un resumen
retenir (7)	to reserve	reservieren	reservar
retenue (f) (6)	a deduction	ein Abzug (m)	una deducción
retirer des affaires (se) (3)	to retire from business	sich aus dem Geschäftsleben zurückziehen	retirarse de los negocios
retrait (m) (1)	a withdrawal	eine Abhebung	un retiro
retrait (m) de fonds (1)	a cash withdrawal	eine Bargeldabhebung	un retiro de dinero en efectivo
retraite (f) anticipée (13)	early retirement	Vorruhestand (m)	la jubilación anticipada
rétribution (f) (13)	salary, reward	Entlohnung (f), Vergütung (f)	la remuneración
revenu (m) (13)	revenue	Einkommen (n)	los ingresos, la renta
rien à déclarer (11)	nothing to declare	nichts zu verzollen	nada para declarar
risques (m, pl) et périls du destinataire (aux) (7)	at owner's risks	auf Gefahr des Empfängers	por cuenta y riesgo del destinatario
risque (m) locatif (9)	tenant's risk	Mieterrisiko (n)	cuenta y riesgo del inquilino
rôle (m) (13)	a list, record	ein Heberegister (n), eine Heberolle	una nómina
rotation (f) des stocks (5)	inventory turn	Lagerumschlag (m), Warenumschlag (m)	el movimiento de existencias
roulement (m) (13)	rotation	Wechsel (m), Turnus (m)	una rotación
routier (m) (7)	a trucker	ein Fernfahrer (m)	un camionero
rupture (f) de contrat (4) (9)	a breach of contract	ein Vertragsbruch (m)	una ruptura de contrato
rupture (f) de stock (4)	a stock shortage	ein Vorratsdefizit (n) (etw. nicht auf Lager haben)	un agotamiento de existencias

S

s'abonner à (14)	to subscribe to	etw. abonnieren	suscribirse
s'absenter (2)	to leave, to be gone	(kurz) weggehen	ausentarse
sachet (m) (5)	a small bag	ein Beutel (m)	una bolsita
saisonnier (5)	seasonal	saisonbedingt	temporada (de la)
salaire (m) (1) (2) (13)	salary, wages	Gehalt (n), Lohn (m)	un salario, un sueldo
salon (m) (10)	a show	eine Ausstellung	un salón
savoir gré à qqn de + inf. (2)	to be grateful to sb for doing sth	jm. dankbar für etw. sein	agradecer a alguien por hacer algo
secrétaire (f) de direction (2)	an executive secretary	eine Chefsekretärin	una secretaria ejecutiva
Sécurité Sociale (f) (9)	Social Security (but the French system covers much more than the American one does)	französische Sozialversicherung	la Seguridad Social, organismo y legislación
s'effondrer (12)	to collapse	stürzen, zusammenbrechen	hundirse
se mutiler (9)	to injure oneself, to maim oneself	sich verletzen	herirse
se passer de (4)	to do without	ohne etw. auskommen	prescindir
se rendre à (2)	to go to	sich begeben nach	acudir a
se retirer des affaires (3)	to retire from business	sich aus dem Geschäftsleben zurückziehen	retirarse de los negocios
service (m) après-vente (5)	client servicing, aftersale service	Kundendienst (m)	el servicio de posventa
service (m) de relations publiques (10)	public relations	PR-Abteilung (f)	el departamento de relaciones públicas
service (m) des achats (4)	purchasing department	Einkaufsabteilung (f)	la oficina de compras
service (m) du contentieux (5)	legal department	Rechtsabteilung (f)	contenciosos (m, pl)
service (m) du portefeuille (1)	investment department	Investitionsabteilung (f)	el departamento de inversiones
service (m) routier (7)	road transport	Fernfahrdienst (m)	el servicio de transporte por carretera
service (m) des titres (1)	investment department	Wertpapierabteilung (f)	el departamento de inversiones
se syndiquer (13)	to unionize	sich gewerkschaftlich organisieren	afiliarse a un sindicato

French	English	German	Spanish
SICAV / Société (f) d'Investissement à Capital Variable (12)	mutual fonds	Investmentgesellschaft (f)	la Sociedad Gestora de Fondo de Inversión Mobiliaria / de fondos mutuos
siège (m) (4)	the head office, the main office	der Firmensitz	la oficina central, la sede
siège (m) social (4)	corporate headquarters, head office	der Firmensitz	el domicilio social
sigle (m) (14)	an acronym	ein Kürzel (n)	una sigla
sinistre (m) (9)	an accident, a disaster	ein Schadensfall (m), Unfall (m)	un siniestro
slogan (m) (10)	a slogan	ein Slogan (m)	un eslogan
SMIC / Salaire (m) Minimum Interprofessionnel de Croissance (13)	index linked guaranteed minimum wage	garantierter Mindestlohn (m)	el salario mínimo
s'occuper de (4)	to take care of, to deal with	sich beschäftigen mit, sich kümmern um	ocuparse de
Société (f) Anonyme / S.A. (3)	a corporation (no real equivalent)	eine Aktiengesellschaft	una sociedad anónima
Société (f) de Bourse (12)	a Stock Exchange Company	eine Börsengesellschaft	una compañía de corredores de Bolsa
société (f) de capitaux (3)	a joint stock company	eine Kapitalgesellschaft	una sociedad de capitales
société (f) de personnes (3)	a partnership	eine Personengesellschaft	una compañía, una sociedad
société (f) en nom collectif (3)	a general partnership	eine offene Handelsgesellschaft	una sociedad colectiva
solde (f) (13)	a soldier's pay	Sold (m)	un sueldo
solde (m) (5)	a sale item	ein Schlußverkauf (m)	un saldo
solder (5)	to clear, to sell off	ausverkaufen, räumen	liquidar, saldar
solder un compte (6)	to balance, to settle an account	ein Konto ausgleichen	saldar una cuenta
soldes (m, pl) (10)	sales, end-of-season sales, stocking sales	Schlußverkauf (m), Ausverkauf (m)	las rebajas, los saldos
sondage (m) (10)	a poll, survey	eine Meinungsumfrage	una encuesta, un sondeo
sortie (f) (4)	removal (from warehouse)	Ausgang (m)	una salida
sous-développé (14)	underdeveloped	unterentwickelt	subdesarrollado
sous-traitant (m) (4)	a subcontractor	ein Zulieferer (m)	un subcontratista
souscrire (9)	to sign	abschließen	firmar
specimen (m) (10)	a complimentary copy	ein Muster (n), Probeexemplar (n)	una muestra
spot (m) publicitaire (10)	a short commercial	ein Werbespot (m)	un espacio publicitario
stage (m) (1)	an internship	ein Lehrgang (m), Praktikum (n)	un período de prácticas
stagiaire (m/f) (1)	an intern, a trainee	ein Lehrgangsteilnehmer (m), Praktikant (m)	un cursillista
stagnation (f) (3)	stagnation, dullness	Flaute (f)	el estancamiento
stand (m) (10)	a booth	ein Stand (m)	un stand
standardiste (f, m) (8)	a telephone operator, switch board operator	ein/e Telefonist/in	un / una telefonista
sténographie (f) (2)	short hand	Stenographie (f)	la taquigrafía
stock (m) (4)	supply, stock	Lagerbestand (m)	las existencias
subir (9)	to sustain	erfahren, erleiden	aguantar
SupdeCo / École (f) Supérieure de Commerce (2)	French graduate school of Business Management	Hochschule für höheres Management (f)	la Escuela Superior de Comercio Francesa
subvention (f) (14)	subsidy, grant, aid	Subvention (f), Zuschuß (m)	una subvención
subventionné (2)	subsidized	bezuschußt, subventioniert	subvencionado
support (m) (10)	a medium	ein Werbeträger (m)	un soporte publicitario
syndicat (m) (3) (13)	a trade union	eine Gewerkschaft	un sindicato
syndicat (m) d'initiative (10)	a tourist information office	ein Fremdenverkehrsamt (n), Verkehrsverein (m)	una oficina de turismo
système (m) d'alarme (9)	a burglar alarm	eine Alarmanlage	una alarma antirrobo

T

French	English	German	Spanish
taille (f) (5)	size	Größe (f)	la medida, la talla
talon (m) (8)	a stub	ein Kontrollabschnitt (m)	una matriz de un cheque
tantième (m) (3)	a percentage (no real equivalent)	eine Tantieme	un tanto por ciento
taper à la machine (2)	to type	tippen (auf der Schreibmaschine)	tipear
tarif (m) dégressif (4)	quantity discount	degressiver Tarif (m)	una tarifa decreciente
taux (m) (13)	a rate	ein Satz (m)	una tasa
taxe (f) (13)	a tax, duty	eine Abgabe, eine Steuer	un impuesto
taxe (f) d'apprentissage (13)	a training tax	eine Lehrlingsabgabe	una tasa de aprendizaje
T.C.I. / Termes (m, pl) Commerciaux Internationaux (7)	incoterms	Incoterms (international geltende Handelsbedingungen) (m, pl)	los T.C.I. / los Términos Comerciales Internacionales, los incoterms
télécarte (f) (8)	a telephone card	eine Telefonkarte	una tarjeta telefónica
télécopie (f) (8)	a fax	ein Fax (n)	un telefax
télécopieur (m) (8)	a fax machine	ein Faxgerät (n)	un telefax
télégramme (m) (2)	a telegram, cable, wire	ein Telegramm (n)	un telegrama
téléscripteur (m) (2)	a teleprinter	ein Fernschreiber (m)	un teleimpresor
télex (m) (2)	a telex	ein Telex (n)	un télex
témoin (m) (9)	a witness	ein Zeuge (m)	un testigo
tenir au courant (4)	to keep posted	auf dem laufenden halten	tener al corriente
tenir les comptes (6)	to keep the accounts / books	die Konten führen	llevar los libros contables
terminal (m) (8)	a terminal	ein Terminal (n)	un terminal
T.G.V. / Train (m) à Grande Vitesse (7)	high speed train	Hochgeschwindigkeitszug (m)	el Tren de Alta Velocidad
tiers (m) (9)	a third party	ein Dritter (m)	un tercero
Tiers Monde (m) (14)	the Third World	die Dritte Welt	el Tercer Mundo
tiers provisionnel (m) (13)	an interim tax payment (1/3 of the tax paid the previous year)	eine Steuerabschlagszahlung, Steuervorauszahlung	un abono a cuenta de una tercera parte
timbre (m) (8)	a stamp	eine Briefmarke	un sello
tirer à sa fin (14)	to be drawing to an end	zu Ende gehen	tocar a su fin
titre (m) (12)	stock, security	Wertpapier (n)	un título
titulaire (m) (2)	a holder	Inhaber (m)	un titular
tonalité (f) (8)	the dial tone	das Freizeichen	el tono
touché (13)	hit, hurt	betroffen	golpeado, herido

cher des dividendes (3)	to receive dividends	Dividenden erhalten	cobrar dividendos
cher un chèque (1)	to cash a check	einen Scheck einlösen	cobrar un cheque
s risques (9)	all-in policy, comprehensive	Vollkaskoversicherung (f)	una póliza todo riesgo
te (f) (2)	a bill of exchange, draft	ein Wechsel (m)	una letra de cambio
tement (m) (13)	salary	Gehalt (n)	un salario
tement (m) de textes (2)	word processing	Textverarbeitung (f)	tratamiento (m) de textos
nche (f) d'imposition (13)	a tax bracket	eine Steuerprogressionsstufe	una franja de imposición, un tramo
nsaction (f) (4)	a deal, transaction	ein Geschäftsvorgang (m), eine Transaktion	una transacción
nsaction (f) boursière (1)	a stock exchange transaction	ein Börsengeschäft (n)	una transacción bursátil
nsitaire (m) (7) (11)	a forwarding agent (7), transit agent (11)	ein Transithändler (m), Transitspediteur (m)	un agente de aduanas, un agente de tránsito
nsports (m, pl) aériens (7)	air transportation	Luftverkehr (m)	los transportes aéreos
nsports (m, pl) fluviaux (7)	river transport, inland navigation	Flußschiffahrtsverkehr (m)	los transportes fluviales
nsports (m, pl) maritimes (7)	marine transport, sea shipping	Seetransport (m)	los transportes marítimos
vail (m) à mi-temps (13)	half time employment	Halbtagsarbeit (f)	el trabajo a media jornada
vail (m) à temps partiel (13)	part time employment	Teilzeitarbeit (f)	el trabajo a tiempo parcial
vail (m) à temps posté (13)	work in shift	Schichtarbeit (f)	el trabajo por turnos
vail (m) au noir (14)	moonlighting	Schwarzarbeit (f)	el trabajo negro
vail (m) clandestin (14)	moonlighting	Schwarzarbeit (f)	el trabajo clandestino
vailleur (m) (13)	a worker	ein Arbeiter (m)	un trabajador
vailleurs (m, pl) (13)	labor force	Arbeitskräfte (f, pl)	la fuerza obrera
er (2)	to sort	sichten, sortieren	clasificar
c (m) (14)	barter	Tauschhandel (m)	el trueque
is étoiles (m) (2)	a three star restaurant	ein Drei-Sterne-Restaurant (n)	un restaurant tres estrellas
p-perçu (m) (13)	over payment	zuviel erhobene Steuer (f)	cobrado de más
.C. / Toutes Taxes Comprises (5)	tax included	inclusive Mehrwertsteuer	impuestos incluidos (m, pl)
au (m) (12)	a tip	ein Tip (m)	un dato
.A. / Taxe à la Valeur Ajoutée (f) (5)	value added tax	Mehrwertsteuer (f)	el I.V.A. / Impuesto (m) sobre el Valor Añadido

ine (f) (13)	a plant, factory	eine Fabrik, ein Werk (n)	una fábrica

leurs (f, pl) mobilières (12)	stocks and bonds, transferable securities	Effekten (pl), Wertpapiere (n, pl)	los valores mobiliarios
leur (f) vénale (9)	market value	Verkaufswert (m)	valor (m) actual
ndalisme (m) (9)	vandalism	Vandalismus (m)	el vandalismo
dette (f) (2)	name and address of addressee	Name und Adresse des Empfängers	el nombre y dirección del destinatario
nte (f) (4)	selling	Verkauf (m)	la venta
nte-réclame (f) (10)	a bargain sale	ein Werbeverkauf (m)	una venta de reclamo
rification (f) par épreuve (11)	customs examination	eine Stichprobenkontrolle	un control de aduanas
rifier (2)	to check	überprüfen	chequear
rser (1)	to pay	einzahlen	abonar
rso (au) (1)	back (on the)	rückseitig	dorso (al)
gnette (f) (13)	a sticker, tax on vehicles	KFZ-Steuermarke (f)	una estampilla, una pegatina, una patente
ement (m) (1)	transfer	Überweisung (f)	un giro, una transferencia
er (1)	to transfer	überweisen	girar, hacer una transferencia
siteur (m) (10)	a visitor	ein Besucher (m)	un visitador
ix (f) (3)	a vote	eine Stimme	un voto
l (m) (9)	a theft	ein Diebstahl (m)	un robo
let (m) (8)	a tear-off, detachable section	ein Abschnitt (m)	una parte amovible de un documento o papel
lumineux (7)	bulky	sperrig	voluminoso
yageur (m) de commerce (5)	a traveling salesman	ein Handlungsreisender (m)	un viajante de comercio
P.C. / Vente (f) Par Correspondance (5)	mail order business	Versandhandel (m)	la venta por correspondencia
R.P. / Voyageurs, Représentants, Placiers (m, pl) (5)	traveling salesmen, representatives, drummers	Reisender, Vertreter, Ortsreisender (m)	viajante, representante, corredor (m)

LEXIQUE

ANGLAIS - FRANÇAIS

A

(to) accept (1)	honorer
(to) accept a bill of exchange (4)	accepter une traite
acceptance (2)	l'acceptation (f)
accident (9)	un accident, un sinistre
accident report (9)	une déclaration d'accident
account (1)	un compte
account card (1)	une carte de crédit (d'un magasin)
account (overdrawn) (1)	un découvert
account (profit and loss) (6)	pertes et profits (pl)
account (to settle an) (6)	solder un compte
account (statement of) (8)	un relevé, la position de compte
acknowledgment of receipt (2) (8)	un accusé de réception
acronym (14)	un sigle
active partner (3)	un commandité
actual cost (6)	le prix de revient
ad (10)	une annonce, une publicité
ad-man (10)	un publicitaire
addendum, additional clause (9)	un avenant
addressee (2)	le destinataire
addressee's name and address (2)	la vedette
advertisement (2) (10)	une annonce, publicité
advertising (10)	la publicité
advertising agency (10)	une agence de publicité
advertising campaign (10)	une campagne publicitaire
aftersale service (6)	le service après-vente
agenda (of a meeting) (6)	l'ordre du jour (m)
agio (1)	un agio
aid (14)	une subvention
airgram (8)	un aérogramme
air transportation (7)	les transports aériens (m, pl)
alimony (13)	une pension alimentaire
all-in policy (9)	(une police) tous risques
allowance (14)	une allocation
among the best in the range of products (5)	le haut de gamme
amount (1)	un montant
(to) analyze (12)	dépouiller
answering machine (8)	un répondeur
(to) appear in a district court for criminal cases (1)	passer en correctionnelle
(the) applicant's expectations (2)	les prétentions (f, pl)
application (2)	une candidature
appointment (of employee) (2)	l'engagement (m), l'embauche (f)
artist fee (13)	un cachet
(to) assess a penalty (6)	prononcer une sanction
assets (3)	l'actif (m)
associate (business) (3)	un associé
attention (2)	l'application (f)
auditing (13)	un contrôle
automated teller machine / A.T.M. (1)	un Guichet Automatique de Banque / GAB, un Distributeur Automatique de Billets / DAB
automatic deduction (1)	un prélèvement automatique
automaton (8)	un automate
available funds (1)	des disponibilités (f, pl)
available space (10)	une place disponible

B

bachelor of laws (2)	un/e licencié/e en droit
(to) back (a bill) (2)	avaliser
back (on the) (1)	verso (au)
backer (6)	un avaliseur, un avaliste
balance (13)	un reliquat
balance (of account) (1) (8)	une position de compte
(to) balance an account (6)	solder un compte
balance sheet (3)	le bilan
balance showing a deficit (11)	une balance déficitaire
bank statement (1) (8)	une position de compte, un relevé bancaire
bankruptcy (3)	une faillite
bar code (8)	un code-barre
bargain (5)	une bonne affaire

bargain sale (10)	une vente-réclame
barge (7)	une péniche
barter (14)	le troc
(to) be drawing to an end (14)	tirer à sa fin
(to) be gone (2)	s'absenter
(to) be grateful to sb for (2)	savoir gré à qqn de + inf
(to) be head of (4)	être à la tête de
(to) be in a position to (5)	être en mesure de
(to) be on duty (13)	être de permanence
(to) be out of, (to) be short of (10)	être à court de
beaming (11)	rayonnant
bear (12)	un baissier
(to) bear an interest (12)	rapporter un intérêt
bearer (1)	un porteur
bearer (to the) (1)	porteur (au)
beneficiary (1)	le bénéficiaire
benefit (2) (9) (14)	une prestation, une allocation
(to) bid (13)	miser sur
bill (1) (4)	une facture
bill (gas) (5)	une facture d'essence
bill (hotel) (5)	une note d'hôtel
bill (revised) (4)	une facture rectifiée
(to) bill (4)	facturer
bill of exchange (2)	une lettre de change, traite
bill of lading (7)	un connaissement
bills for discount (6)	un escompte
bills payable book, bills receivable (4) (6)	un échéancier
blank check (1)	un chèque en blanc
Board of Directors (3)	un Conseil d'Administration
Board of Supervisors (3)	un Conseil de Surveillance
body shop man (9)	le carrossier
bond (1) (12)	une obligation
bond holder (12)	un obligataire
book keeper (6)	un/e aide comptable
booklet (10)	une brochure
boom (2)	un essor
boost (14)	une relance (lettre de)
(to) boost (14)	relancer
booth (10)	un stand
border (11)	une frontière
(to) borrow (1)	emprunter
borrowing (1)	un emprunt
bottle neck (8)	un embouteillage
box (4)	un carton
box (wooden) (4)	une caisse
brake (9)	le frein
branch (1)	une agence
brand image (10)	une image de marque
breach of contract (4) (9)	une rupture de contrat
breakdown (9)	une panne
brochure (10)	une brochure
broker (4) (foreign exchange), broker (12)	un courtier (4), cambiste (12)
broker's commission, brokerage (4)	un courtage
building (5) (9) (14)	un local
bulky (7)	volumineux
bull (12)	un haussier
burglar (9)	un cambrioleur
burglar alarm (9)	un système d'alarme
business (3)	un fonds de commerce
buyer (4)	un acheteur, acquéreur
buying (4)	l'achat (m)
by dint of, by means of (2)	à force de...
by proxy (5)	par ordre

C

cable (2)	un télégramme
(to) call (2)	convoquer
(to) call a strike (13)	lancer un mot d'ordre de grève
(to) call back (2)	rappeler
(to) call sb's attention to... (1)	attirer l'attention de... sur...
call (telephone) (2)	un appel (téléphonique)
(to) cancel (9)	résilier
(to) cancel an order (4)	annuler une commande
cancellation (9)	une résiliation

andidacy (2)	une candidature
apital stock (3)	le capital social
are (2)	l'application (f)
argo boat (4) (7)	un cargo
arriage forward (7)	port dû (m), franco sur place
art (4)	un chariot
artoon (10)	une B.D. / Bande Dessinée
ash (1)	l'argent liquide (m), des fonds (m, pl), des espèces (f, pl), le numéraire
o) cash (1)	encaisser
o) cash a check (1)	toucher un chèque
ash machine (1)	un DAB / Distributeur Automatique de Billets
ash payment (5)	un paiement au comptant
ash withdrawal (1)	un retrait de fonds
ashier (1)	un caissier
ashier's window (1)	la caisse
asualty (9)	un blessé
atalog (5) (10)	un catalogue, une nomenclature (4, 6)
ause (9)	un motif
ution money (12)	un cautionnement
ensus (4)	un recensement
ertificate of origin (11)	un certificat d'origine
hairman of the Board of Directors (3)	le P.D.G. / Président-Directeur Général
o) charge (5)	facturer, imputer, compter
hart (organization) (2)	un organigramme
harter-party (7)	une charte-partie
hartering (ship, aircraft) (7)	un affrètement
hauffeur (2) (9)	un chauffeur
o) check (2)	cocher, vérifier
heck with insufficient funds (1)	un chèque sans provision
heck-book (1)	un carnet de chèques, chéquier
hip (8)	une puce
F / Cost, Insurance, Freight (7)	CAF / Coût, Assurance, Fret
ircular (letter) (10)	une circulaire
vil servant (13)	un fonctionnaire
assified ad (2) (10)	une petite annonce
o) clear (5)	solder
o) clear through customs (11)	dédouaner, passer en douane
ient servicing (5)	le service après-vente
ose-out (5)	une fin de série
osing time (1)	la fermeture
O.D. / Cash On Delivery (7)	contre remboursement
o) collapse (12)	s'effondrer
ollect (8)	P.C.V. / à PerCeVoir
o) collect (13) (9)	percevoir, recouvrer (la perte)
ollection (6) (13)	un encaissement, recouvrement
ollection center (7)	un centre de groupage
ollective bargaining agreement (13)	les conventions collectives (f, pl)
olloquium (14)	un colloque
omics (10)	une B.D. / Bande Dessinée
ommercial (short) (10)	un spot publicitaire
ommission (4) (5) (12)	une commission, remise
ommission (on sales) (6)	une guelte
ommission agent (4)	un commissionnaire
ommodities (4) (14)	les matières premières (f, pl)
ommodity (10)	une denrée, une marchandise
ommodity exchange (12)	la Bourse de commerce, de marchandises
ompartment (4)	une case
o) compensate (1)	compenser
ompensation (9)	une indemnité
ompetition (5)	la concurrence
ompetitive (5)	compétitif
omplimentary copy (10)	un specimen
omprehensive (policy) (9)	tous risques (une police)
omputer (2)	un ordinateur
omputer science (3)	l'informatique (f)
onciliation Board (3)	le Conseil des Prud'hommes
onflagration (9)	un incendie
onnecting (flight, train) (8), connection (7)	une correspondance
onsumer (5) (13)	un consommateur
ontainer (7)	un emballage
ontribution (6)	une cotisation
onvention participant (10)	un congressiste
orporate headquarters (4)	le siège social
orporate image (10)	une image de marque
orporate name (3)	la raison sociale
orporation (no real equivalent) (3)	une Société Anonyme / S.A.
orrespondence clerk (2)	un correspondancier / une correspondancière
orrespondent (8)	un correspondant
ost price (6)	le prix de revient

counter check (1)	un chèque omnibus
(to) countersign (9)	contre-signer
coupon (12)	un coupon
C.P.A. (6)	un expert-comptable
(to) crash into... (9)	emboutir
crate (1) (4)	une caisse
credit (4)	un avoir, crédit
credit card (1)	une carte de crédit
credit note (4) (7)	une facture d'avoir
credit side (6)	le crédit
(to) curb (11)	freiner
currency (12)	la monnaie
current price (2)	le prix courant
customs (11)	la douane
customs broker (11)	un agent en douane
customs duty (11)	un droit de douane
customs examination (11)	une vérification par épreuve
customs house (11)	un bureau de douanes
customs officer (11)	un douanier
cutting down of prices (5)	une réduction
C.V. (2)	un curriculum vitae

D

damage (9)	des dégâts (m, pl)
damages (9)	des dommages et intérêts (m, pl)
date of maturity (1) (3)	une échéance
date stamp (2)	un dateur
deal (4)	une transaction
(to) deal with (4)	s'occuper de
dealer (4) (7)	un dépositaire
debit, debit side (6)	le débit
decade (1)	une décennie
(to) deduct (13) (5)	déduire, prélever
deduction (6)	une retenue
deduction (automatic) (1)	un prélèvement automatique
defective (5)	défectueux
(to) defray (5)	défrayer
(to) deliver (2)	distribuer (le courrier)
delivery (7)	une livraison
delivery charges (7) (5)	les frais de port, de transport (m, pl)
delivery man (7)	un livreur
delivery note (2)	un avis d'expédition
delivery order (4)	un bon de livraison
(to) denounce the agreement (13)	dénoncer un forfait
deposit (6)	des arrhes (f, pl)
deposit slip (1)	un bordereau de versement
depot (13)	un chantier
depreciation (6)	un amortissement
detachable section (8)	un volet
detriment (4)	un préjudice
device (14)	un dispositif
dial (8)	le cadran
(to) dial the number (8)	composer le numéro
dial tone (8)	la tonalité
(to) diminish (5)	diminuer
Direct Taxation Office (13)	l'Inspection (f) des Contributions Directes
director's fees (3)	un jeton de présence
directorate (3)	le directoire
directory (8)	un annuaire téléphonique
disaster (9)	un sinistre
discount (5) (6) (10) (12)	un escompte, une remise
discount (bills for) (6)	à l'escompte (m)
diskette (10)	une disquette
dispatcher (5)	un expéditeur
dispute (2)	un litige
(to) dissolve (3)	dissoudre
(to) divide (3)	répartir
dividend (12)	un dividende
(to) do without (4)	se passer de
documentary credit (7)	le crédit documentaire
domestic (1)	de l'intérieur (du pays) (m)
door to door salesman (5)	un placier
dossier (2)	un dossier
down (2)	en panne
draft (2)	une lettre de change, traite
(to) draw up (13)	établir
driver (2) (9)	un chauffeur
(to) drop by the office (2)	repasser au bureau (fam)
drummer (5)	un placier
due date (1) (3)	l'échéance (f)
dues (1) (8) (9)	une redevance, cotisation

dullness (3)	*la stagnation*
duly (9)	*dûment*
duties (13)	*permanence (être de)*
duty (13)	*une taxe*
duty-free (11)	*en franchise*

E

early retirement (13)	*la retraite anticipée*
(to) earn (13)	*gagner*
easy terms (5)	*des facilités de paiement (f, pl)*
economic indicator (14)	*un indicateur*
economic situation (3)	*la conjoncture économique*
E.E.C. / European Economic Community (11) (14)	*la C.E.E. / Communauté Économique Européenne*
800 number	*un Numéro Vert*
employee training (13)	*la formation professionnelle*
employers (13)	*le patronat*
employment (1) (2)	*l'emploi (m)*
employment agency, bureau (2)	*un bureau de placement*
employment (half-time) (13)	*le travail à mi-temps*
employment (part-time) (13)	*le travail à temps partiel*
enclosures (2)	*les pièces (f, pl) jointes*
end product (4)	*un produit fini*
end-of-season sales (10)	*les soldes (m, pl)*
(to) endorse (1)	*endosser*
endorsee (1)	*un endossataire*
endorser (6)	*un avaliseur, avaliste*
(to) engage (6)	*embaucher*
enquiry (4)	*une demande, enquête*
(to) enter (incoming mail) (3)	*enregistrer*
(to) equip (2)	*doter*
(to) establish (14)	*implanter*
estimate (9)	*un devis*
exchange (12)	*le change*
(to) exchange (12)	*changer*
exchange control (11)	*le contrôle des changes*
exchange premium (1)	*l'agio (m)*
exclusive of tax (5)	*hors taxe / H.T.*
executive (2)	*un cadre*
executive secretary (2)	*une secrétaire de direction*
exemption (13)	*une exonération*
(to) exhibit (10)	*exposer*
exhibit (10)	*une manifestation*
exhibit (of goods) (10)	*une exposition*
exhibitor (10)	*un exposant*
expansion (2)	*l'essor (m)*
expectations (2)	*les prétentions (f, pl)*
expense (5)	*une dépense*
expenses (5)	*les frais (m, pl)*
export licence (11)	*une licence d'exportation*

F

factoring (3)	*l'affacturage (m)*
factory (2) (13)	*une fabrique, usine*
fair (10)	*une foire*
F.A.S. / free alongside ship (7)	*F.L.B. / franco long du bord*
fax (8)	*la télécopie*
fax machine (8)	*un télécopieur*
fee (artist or performer) (13)	*le cachet*
fees (13)	*des honoraires, émoluments (m, pl)*
fender bender (9)	*un accrochage*
(to) file (2)	*archiver*
file (2)	*un dossier*
filing (2)	*le classement*
(to) fill (1)	*remplir*
(to) fill (sb) in (6)	*mettre (qqn) au courant*
(to) fill a vacancy (3)	*pourvoir un poste vacant*
financial year (3) (6) (13)	*un exercice comptable, fiscal*
financing (1)	*le financement*
fine (1) (11)	*une amende*
finished product (4)	*un produit fini*
fire (9)	*un incendie*
firm (2)	*une entreprise*
fiscal year (6)	*un exercice*
fixed monthly salary (5)	*un fixe mensuel*
flat rate (7) (13)	*un forfait, prix forfaitaire*
flight (7)	*un vol*
flight of capital abroad (9)	*la fuite des capitaux*
(to) float a loan (12)	*lancer un emprunt*
floater, floating policy (9)	*une police flottante*
floppy disk (11)	*une disquette*

flyer (10)	*un prospectus*
F.O.B. / free on board (7)	*F.A.B. / franco à bord*
F.O.B. plant (am.) (7)	*franco sur place*
folder (2) (10)	*une chemise, un dépliant*
follow-up (14)	*une relance (lettre de)*
F.O.R. / free on rail (7)	*F.O.R. / franco wagon*
foreign money, currency (5)	*des devises (f, pl)*
foreign exchange dealer, broker (12)	*un cambiste*
fork lift truck (6)	*un chariot (à fourche)*
form (1) (4) (9)	*un formulaire*
formal notice (of summons) (8)	*une mise en demeure*
formalities (customs) (11)	*les formalités (douanières) (f, pl)*
formulary (2)	*un formulaire*
(to) forward (7)	*expédier*
forward market (12)	*le marché à terme*
forwarding agent (7)	*un groupeur, transitaire*
franchising (7)	*le franchisage*
franking (8)	*la franchise postale*
free shipping and handling (7)	*franco de port et d'emballage*
free trade (11)	*le libre-échange*
freight (6)	*le fret*
freight collect (7)	*port dû (m)*
French telecomunication agency (8)	*France Télécom*
funds (1)	*des fonds (m, pl)*

G

G.N.P. / Gross National Product (14)	*le P.N.B. / Produit National Brut*
(to) garantee (2)	*avaliser*
gas (gasoline) bill (5)	*une facture d'essence*
GATT / General Agreement on Tariffs and Trade	*l'AGETAC / Accord (m) GÉnéral sur les TArifs et le Commerce*
general agent (5)	*un mandataire*
general lines (of a policy) (2)	*des directives (f, pl)*
General Meeting of shareholders (3)	*une Assemblée Générale*
general partnership (3)	*une société en nom collectif*
(to) get a contract, a deal (11)	*enlever un marché*
(to) give an authorized signature (1)	*déposer sa signature*
(to) go to (2)	*se rendre à*
goods (4)	*une marchandise*
goodwill (3)	*un fonds de commerce*
Government bond (12)	*un emprunt d'État, une rente d'État*
Government stocks (12)	*les fonds d'état (m)*
grant (14)	*une subvention*
(to) grant an overdraft (1)	*consentir un découvert*
guarantor (6)	*un avaliseur, un avaliste*
guaranty of a bill of exchange (6)	*un aval*

H

half time employment (13)	*le travail à mi-temps (m)*
hand-out (10)	*un prospectus*
handling of the order (4)	*l'exécution (f) de la commande*
(to) hang up (8)	*raccrocher*
(to) have a drink (1)	*prendre un verre*
(to) have an eye for (2)	*avoir l'œil*
head office (3)	*le siège (social)*
heavy truck (9)	*un poids lourd*
Hello, who's speaking? (8)	*Allô, qui est à l'appareil?*
herewith (4)	*ci-inclus, ci-joint*
high speed train (7)	*le T.G.V. (Train à Grande Vitesse)*
high technology firm (3)	*une entreprise de pointe*
(to) hinder (4)	*entraver*
(to) hire (7)	*embaucher*
hit (13)	*touché*
(to) hold a position (2)	*occuper un poste*
holder (2)	*titulaire (adj. ou nom)*
(to) honor (1)	*honorer*
hotel bill (5)	*une note d'hôtel*
housebraking (9)	*une effraction*
hurt (13)	*touché*
hypermarket (5)	*une grande surface, un hypermarché*

I

I.D. card (1)	*une carte d'identité nationale*
I.M.F. / International Monetary Fund (14)	*le F.M.I. / Fonds Monétaire International*
(to) impede (4)	*entraver*
in case of litigation (2)	*en cas de litige*
in the long run (5)	*à la longue*
income tax return form (13)	*une déclaration d'impôt*
incoterm (7)	*un incoterme*

coterms (7)	les T.C.I. / Termes (m, pl) Commerciaux Internationaux
) increase (5)	accroître, majorer
crease (3)	une augmentation
dex (14)	un indice
dex linked guaranteed minimum wage (13)	le SMIC / Salaire Minimum Interprofessionnel de Croissance
dicator (15)	un clignotant
dustrial warrant (7)	un récépissé-warrant
) inform (2)	prévenir
formation (4)	une documentation
heritance tax (13)	les droits (m, pl) de succession
) initiate legal proceedings (6)	entamer des poursuites judiciaires
) injure oneself (9)	se blesser, se mutiler
jured person (9)	un blessé
land navigation (7)	les transports (m, pl) fluviaux
) inset (10)	encarter
surance broker (9)	un courtier d'assurance
terest (1)	un intérêt
terim tax payment (1/3 of the tax paid the previous year) (13)	un tiers provisionnel
termediate broker (12)	un remisier
tern (1)	un/e stagiaire
ternal regulations (3)	le règlement intérieur
ternship (1)	un stage
troductory offer, price (10)	un prix de lancement
ventory (4)	un inventaire, recensement
ventory turn (5)	la rotation des stocks
vestment (1)	un investissement, un placement
vestment department (1)	le service du portefeuille, service des titres
voice (1) (4)	une facture
R.S. / Internal Revenue Service (13)	l'Inspection (f) des Contributions Directes, le fisc
) issue a loan (12)	lancer un emprunt
s working (2)	ça marcbe (fam.)

wel (11)	un bijou
b (1) (2)	un emploi
b applicant (13)	un demandeur d'emploi
b application (2)	une demande d'emploi
b market (13)	le marché de l'emploi
int stock company (3)	une société de capitaux
diciary settlement (3)	un règlement judiciaire

K

een (5)	compétitif
) keep posted (4)	tenir au courant
) keep the accounts / books (6)	tenir les comptes
eyboard (8) (10)	un clavier
nowledgeable in... (2)	calé(e) en...

bel (5)	une étiquette
abor force (13)	les travailleurs, les ouvriers
ck (4) (14)	une pénurie
o) launch (a new product) on the market (5)	lancer sur le marché (un nouveau produit)
w (14)	la jurisprudence
w suit (2)	un litige, un procès
y-off (13)	un lincenciement
ad time (4)	un délai de livraison
ading firm (3)	une entreprise de pointe
aflet (10)	une brochure, un dépliant, prospectus
ase (14)	un bail, des baux
o) leave (2) (3)	s'absenter, prendre congé
gal department (5)	le service du contentieux
o) lend (1)	prêter
o) let somebody have (4)	céder
tter opening machine (2)	une machine à décacheter
tter-head stationary (2)	le papier à en-tête
vel (10)	un niveau
o) levy (13)	percevoir
abilities (3)	le passif
able to (1)	passible de
cence-holder (4) (7)	un concessionnaire
mited partnership (no equivalent) (3)	une commandite
ne (2) (5)	une gamme
quid assets (1)	des disponibilités (f, pl)

liquidation (3)	la liquidation des biens
list (4) (6) (13)	une nomenclature, un rôle
litigation (2)	un litige
literature (4)	une documentation
(to) load up (7)	charger
loading (7)	le chargement
loan (1)	un prêt
(to) loan (2)	prêter
loss (4)	un préjudice, une perte
lost opportunity of receiving or making money (13)	un manque à gagner
(to) lower (5)	diminuer

M

magazine (10)	un périodique
mail (2) (8)	le courrier
mail forwarding (8)	l'acheminement (m) du courrier
mail order business (5)	la V.P.C. / Vente Par Correspondance
(to) maim oneself (9)	se mutiler
main office (4)	le siège
maintenance (5)	l'entretien (m)
(to) make (sthg) show a profit (14)	rentabiliser
(to) make contacts (10)	prendre des contacts
(to) make up for lost time (11)	rattraper le temps perdu
maker (4)	un fabricant
manager (2)	un gérant
manifest (7)	un manifeste
manufacture (2)	une fabrique
manufacturer (4)	un fabricant
marine transport (7)	les transports (m, pl) maritimes
market (5) (9)	un débouché, un marché
market price-list (12)	la mercuriale
market value (9)	la valeur vénale
maternity leave (6)	un congé de maternité
media (10)	les médias (m, pl)
medium (10)	un support
(to) meet (1)	honorer
(to) meet competition (5)	faire face à la concurrence
memo (2)	une note de service, une fiche
merchandise (4)	une marchandise
merchant (3)	un commerçant
merger (3)	une fusion
middleman (4)	un intermédiaire
minor accident (9)	un accrochage
minutes (3)	un procès-verbal
moderate (2)	modique
money (1)	des espèces (f, pl), des fonds (m, pl)
money order (8)	un mandat
monitor (8) (10)	un écran, une console
monopoly (5) (12)	un monopole
monthly payment (5)	une mensualité
moonlighting (14)	le travail au noir, travail clandestin
mutual fonds (12)	une SICAV / Société d'Investissement à CApital Variable
mutual insurance company (9)	une mutuelle

N

name and address of addressee (2)	la vedette
national savings bank (in the post offices) (8)	la Caisse Nationale d'Épargne
nationalization (3)	la nationalisation
negative trade balance (11)	une balance déficitaire
neighbours claim (9)	le recours des voisins
network (8) (10)	un réseau
newsstand (14)	un kiosque
nominal capital (3)	le capital social
(to) normalize (3)	normaliser
nothing to declare (11)	rien à déclarer
notice of delivery, of receipt (4)	un bon de réception
nuclear reactor (14)	un réacteur nucléaire

O

objective (9)	une cible
occupation (1) (2)	un emploi
oddment (5)	une fin de série
O.E.C.D. / Organization of Economic Cooperation and Development (14)	l'O.C.D.E. / Organisation (f) de Coopération et de Développement Économique
off-board (12)	hors cote
offer (4)	une offre

office (12)	une charge
oil (crude) (14)	le pétrole
on the line, on the phone (8)	au bout du fil
OPEC / Organization of Petrol Exporting Countries (14)	l'OPEP / Organisation (f) des Pays Exportateurs de Pétrole
(to) open letters (2)	décacheter
opening (9)	un débouché
operator (telephone, switchboard) (8)	un/e standardiste
options market (12)	le marché à terme
order (4) (5)	une commande (4), un ordre (5)
order (rush) (4)	une commande d'urgence
order (to cancel an) (4)	annuler une commande
order (handling of) (4)	l'exécution (f) de la commande
order (money) (8)	un mandat
order (trial) (4)	une commande à titre d'essai
organization chart (2)	un organigramme
out of order (2)	en panne
out-of-stock (4)	épuisé
outing (13)	une excursion
outlet (9)	un point de vente, un débouché
outward bound (for ship, train or plane) (7)	en partance
overdraft (17)	un découvert
overdraft (to grant an) (1)	consentir un découvert
overdrawn account (1)	un découvert
overdue (6)	arriéré (adj. ou nom)
overheads (6)	les frais (m, pl) généraux
over payment (13)	un trop-perçu
overseas (1)	à l'extérieur (m) (du pays), outremer
oversight (5)	une omission, un oubli
overtime (6)	une (des) heure(s) supplémentaire(s)
owner (14)	le propriétaire
owner's risks (7)	aux risques et périls du destinataire (m, pl)

P

pack (7)	un emballage
(to) pack (7)	emballer
package holiday (7)	un forfait vacances
packaging (5)	le conditionnement
packer (5)	un emballeur
packing (5)	un emballage
packing list (11)	une liste de colisage
paid (4) (6)	acquit (pour acquit)
paid leave, paid vacation (13)	les congés payés (m, pl)
(to) palliate (14)	pallier
parcel (4)	un colis
parcel delivery service (7)	les messageries (f, pl)
Paris Stock Exchange Index (12)	le CAC 40 / Cotation (f) Assistée en Continu
part time employment (13)	le travail à temps partiel
partner (3)	un associé
partner (sports, games) (3)	un partenaire
partnership (3)	une société de personnes
partnership (general) (3)	une société en nom collectif
party (8)	un correspondant
party (third) (9)	un tiers
(to) pay (1) (5)	verser, défrayer
pay as you go (13)	le prélèvement à la source
(to) pay wages (12)	rémunérer
payment (cash) (5)	un paiement (au comptant)
payroll sheet (6), payroll stub (1) (6)	une feuille de paie, un bulletin de paie
penalty (1)	une peine
performer fee (13)	le cachet
periodical (10)	un périodique
person in charge (2)	un responsable
personal computer / P.C. (10)	un micro-ordinateur
personal income tax (13)	l'I.R.P.P. / Impôt (m) sur le Revenu des Personnes Physiques
personnel representative (3) (6) (13)	un délégué du personnel
pertaining to the railways (7)	ferroviaire
(to) pick up the receiver (8)	décrocher
pick-up truck (7)	une camionnette
piece of furniture (2)	un meuble
pigeonhole (4)	une case
(to) place a rush order (4)	passer une commande d'urgence
planning (14)	la planification
plant (13)	une usine
pocket telephone (8)	un Bi-bop
point of sale (5)	un point de vente
policy (9)	une police d'assurance
policy (all-in) (comprehensive) (9)	une assurance tous risques
policy (floating) (9)	une police flottante

poll (10)	un sondage
port charges (7)	les frais portuaires (m, pl)
portfolio (1)	le portefeuille
position (2)	un poste
positive trade balance (11)	une balance excédentaire
post office (8)	la poste
postage free status (8)	la franchise postale
postage meter (8)	une machine à affranchir
postage self-service (8)	LISA / Libre Service (m) d'Affranchissement
postal service (8)	la poste
posted (2)	affiché
poster (10)	une affiche
potential market (5)	un marché potentiel
practice (12)	une charge
prejudice (4)	un préjudice
premises (5) (9) (14)	un local
premium (2)	une prime
prepaid parcel (7)	un colis en port payé
(to) present a bill for acceptance (2)	présenter une traite à l'acceptation
price (12)	un cours
price (introductory) (10)	un prix de lancement
price (rock bottom) (5)	un prix d'appel
price-list (4)	le prix courant
printer (10)	une imprimante
private individual (13)	un particulier
(to) privatize (3)	privatiser
pro forma invoice (11)	une facture «pro forma»
proceedings (6)	une procédure
procurement (4)	un approvisionnement
produce (10)	une denrée
producer (4)	un producteur
product (finished) (4)	un produit fini
product (semi-manufactured) (4)	un produit semi-ouvré
professional idiosyncrasy (2)	une déformation professionnelle
professional people (13)	les membres des professions libérales
profit (3)	un bénéfice
profit and loss account (6)	pertes et profits (pl)
profit margin (6)	une marge bénéficiaire
(to) promote (10)	promouvoir
promotion (2)	l'avancement (m)
(to) prompt sb to do sth (6)	inciter qqn à faire qqch
proof (2)	une preuve
proportional part (3)	prorata
protest (6)	un protêt
proxy (6)	un fondé de pouvoir
proxy (by) (5)	par ordre (m)
public relations (10)	les relations publiques (f, pl), le service de relations publiques
publicity drive (10)	une campagne publicitaire
punishment (1)	une peine
purchaser (1)	l'acquéreur (m)
purchasing department (4)	le service des achats
(to) put up to date (6)	courant (mettre au)

Q

quantity discount (4)	un tarif dégressif
(to) queue up (1) (8)	faire la queue
quota (3)	une quote-part
quotation (12)	une cote, un cours
quotation by oral bid (12)	la cotation à la criée
quotation by written bid (12)	la cotation par casier
quoted (3)	coté

R

range (2) (5)	une gamme
rank (4)	un grade
rate (13)	un taux
rate (flat) (7) (13)	un forfait, prix forfaitaire
rate of gold (12)	le cours de l'or
raw materials (4) (14)	les matières premières (f, pl)
real bargain (5)	une bonne affaire
rebate (5)	un rabais
receipt (4) (6)	acquit (pour acquit)
receipt (1) (7)	un reçu, récépissé
(to) receive (4)	réceptionner
(to) receive dividends (3)	toucher des dividendes
received (4) (6)	acquit (pour acquit)
receiver (8)	le combiné
recession (3)	une récession
record (2) (13)	un dossier, rôle

) record (incoming mail) (2)	enregistrer le courrier
) recoup, (to) recover (9)	recouvrer (la perte)
deemable (12)	amortissable
duction (5)	une réduction
gional representative (5)	un représentant
gistered letter (8)	une lettre recommandée
gistration dues, fees (13)	les droits d'enregistrement (m, pl)
gulations (2)	les prescriptions (f, pl)
liable (14)	fiable
mainder (13)	un reliquat
minder (1) (2)	un rappel, une lettre de rappel
) remit (2)	distribuer (le courrier)
muneration (3) (13)	une rémunération
nt (1) (13) (14)	un loyer
nt receipt (1)	une quittance de loyer
ntal (7)	le louage
ntal charge (telephone) (8)	une redevance
pair cost estimate (9)	un devis de réparation
pair man (2)	un réparateur
port (3)	un procès-verbal
servation (7)	une réservation
) reserve (7)	retenir
) resign (2)	donner sa démission
signation (2)	une démission
) restrain (11)	freiner
sumé (2)	un curriculum vitae
tail outlet (5)	un point de vente
tailer (4)	un détaillant
) retire (2)	prendre sa retraite
) retire from business (3)	se retirer des affaires
training (13)	le recyclage
) return to the private sector (3)	privatiser
turnable container (7)	un emballage consigné
venue (13)	un revenu
versed charges (8)	P.C.V. / à PerCeVoir
vised bill (4)	une facture rectifiée
) revive (14)	relancer
ward (13)	une rétribution
ght to the renewal of the lease (14)	le droit au bail
ot (9)	une émeute
ver transport (7)	les transports fluviaux (m, pl)
ad transport (7)	le service routier
adway (9)	la chaussée
ck bottom price (to attract customers) (5)	un prix d'appel
lling-stock (7)	le matériel roulant
tation (13)	un roulement
sh order (4)	une commande d'urgence

alary (1) (2) (3) (13)	les appointements (m, pl), émoluments (m, pl), gages (m, pl), la rémunération, rétribution, le salaire, traitement
alary sheet (1) (6)	une feuille de paie, fiche de paie
ale item (5)	un solde
ales, end-of-season sales (10)	les soldes (m, pl)
alesman (door to door) (5)	un placier
alesman (traveling) (5)	un voyageur de commerce
ales volume (5)	le chiffre d'affaires
ample (4) (10)	un échantillon
) save (10)	épargner
) save time (7)	gagner du temps
avings (1)	l'épargne (f)
avings plan to buy a house (1)	l'épargne-logement (f)
chedule (4) (6)	une nomenclature
creen (10)	un écran
ea shipping (7)	les transports maritimes (m, pl)
easonal (5)	saisonnier
ecurities (12)	des fonds d'état (m, pl)
ecurity (12)	un cautionnement, une caution
ecurity (12)	un titre
elf financing (14)	l'autofinancement (m)
elf management (14)	l'autogestion (f)
elf-service (5)	le libre-service
) sell off (5)	liquider, solder
elling (4)	la vente
emi-manufactured product (4)	un produit semi-ouvré
entence (1)	une peine
ervice (after-sale), servicing (client) (5)	le service après-vente
) set aside (2) (5)	mettre de côté, prélever
et of multipart forms (6)	une liasse
et of pigeonholes (12)	un casier

(to) set up (14)	implanter
(to) settle an account (6)	solder un compte
a settlement (4)	un règlement
settlement (judiciary) (3)	le règlement judiciaire
shady (3)	louche (adj.)
share (1) (3)	une action, part d'intérêt
(to) share (3)	répartir
shareholder (3)	un porteur de parts
(to) ship (7)	expédier
ship owner (7)	un armateur
shipper (7)	un chargeur
shipping and handling (5)	les frais de port et d'emballage (m, pl)
shopping cart (14)	le panier de la ménagère
shopping center (5)	un centre commercial
short commercial (10)	un spot publicitaire
shorthand (2)	la sténographie
shortage (4) (14)	une pénurie
show (of goods) (10)	une exposition, un salon
(to) show proof of (1)	faire la preuve
sick leave (6)	un congé de maladie
(to) sign (9)	souscrire
signing clerk (6)	un fondé de pouvoir
site (13)	un chantier
size (5)	la taille
sleeping partner (3)	un commanditaire
slogan (10)	un slogan
slot (8)	une fente
small and medium size firms (2)	P.M.E. / Petites et Moyennes Entreprises (f, pl)
small and medium size industries (13)	P.M.I. / Petites et Moyennes Industries (f, pl)
small bag (5)	un sachet
small change (13)	la monnaie
(to) smuggle in/out (11)	passer en contrebande
Social Security (but the French system covers much more than the American one does) (9)	la Sécurité Sociale
soldier's pay (13)	une solde
sole agent (4) (7)	un dépositaire
(to) sort (2) (12)	dépouiller, trier
special offer (5) (10)	une réclame, en réclame
(to) speculate on (13)	miser sur
(to) spend (1)	dépenser
spread (4)	échelonné
(to) squander (2)	dilapider
stagnation (3)	la stagnation
stake (3)	une part d'intérêt
stamp (8)	un timbre
stamped sticker distributor (8)	DIVA / Distributeur (m) de Vignettes d'Affranchissement
(to) stand in line (1) (8)	faire la queue
(to) standardize (2)	normaliser
stapler (2)	une agrafeuse
statement (of account) (1) (8)	la position de compte
sticker (13)	une vignette
stock (1) (4) (12)	une action, un titre, un stock, un approvisionnement (4)
stock broker (12)	un agent de change
Stock Exchange (12)	la Bourse
Stock Exchange Company (12)	une Société de Bourse
stock exchange transaction (1)	une transaction boursière
stock holder (3)	un actionnaire
stock holder's equity (3)	le capital social
stock keeper (4)	un magasinier
Stock Market (12)	la Bourse
stock shortage (4)	une rupture de stock
stock-list (4)	un inventaire
stocking sales (10)	les soldes (m, pl)
stocks and bonds (12)	les valeurs mobilières (f, pl)
(to) stop back at the office (2)	repasser au bureau (fam)
(to) store (in a computer) (2)	mettre en mémoire
strike (6)	une grève
stub (8)	un talon
subcontractor (4)	un sous-traitant
(to) subscribe to (14)	s'abonner à
subscriber (2)	un abonné
subscription (10) (14)	un abonnement
subsidiary (1) (2) (3)	une filiale
subsidized (4)	subventionné
subsidy (14)	une subvention
suffering from concussion (9)	commotionné
suit (law) (2)	un litige, un procès
summary (2)	un résumé

summer home (7)	une résidence secondaire
summons (notice of) (8)	une mise en demeure
supplier (4)	un fournisseur
supply (4)	un approvisionnement, une fourniture, un stock
(to) supply (4)	approvisionner, fournir
supply and demand (12)	l'offre (f) et la demande
surety (6)	un avaliseur, avaliste
survey (10)	un sondage, une enquête
(to) sustain (9)	subir
swindling (1) (5)	une escroquerie, manoeuvre frauduleuse
switch board operator (8)	un/e standardiste
sworn (in) (6)	assermenté

T

table (13)	un barème
(to) take dictation (2)	prendre le courrier sous la dictée
(to) take care of (4)	s'occuper de
(to) take over (2)	prendre en charge
(to) take the receiver off the hook (8)	décrocher
target (9)	une cible
tax (1) (8) (13)	une redevance, taxe
tax bracket (13)	une tranche d'imposition
tax collector (13)	un percepteur
tax collector's office (13)	la recette-réception (ou perception)
tax consultant (13)	un conseiller fiscal
tax cut (13)	un dégrèvement
tax deduction at source (13)	le prélèvement à la source
tax included (5)	T.T.C. / Toutes Taxes Comprises
tax on vehicles (13)	une vignette
tax payer (13)	un contribuable
tax relief (13)	un dégrèvement
tax-free (1)	net d'impôt
taxable (13)	imposable
taxable income (13)	l'assiette fiscale (f)
tear-off (8)	un volet
telegram (2)	un télégramme
telephone book (8)	un annuaire téléphonique
telephone call (2)	un appel téléphonique
telephone card (8)	une télécarte
telephone operator (8)	une standardiste
telephone rental charge (1) (8)	la redevance
teleprinter (2)	un téléscripteur
telex (2)	un télex
teller (1)	un guichetier, une guichetière
temporary worker (2)	un/e intérimaire
tenant (14)	un locataire
tenant's risk (9)	un risque locatif
tender (4)	une offre
term of notice (9)	un délai de préavis
terminal (8)	un terminal
(to) terminate (9)	résilier
theft (9)	un vol
third party (9)	un tiers
Third World (14)	le Tiers Monde
three star restaurant (2)	un trois étoiles
time for consideration (4)	un délai de réflexion
tip (7) (12)	un pourboire, tuyau
to be grateful to sb for doing sth (2)	savoir gré à qqn de + inf.
token (8)	un jeton
tourist information office (10)	un syndicat d'initiative
trade balance (11)	la balance commerciale
trade deficit (11)	une balance déficitaire
trade name (2)	la raison sociale
trade representative (5)	un représentant
trade surplus (11)	une balance excédentaire
trade union (3) (13)	un syndicat
trader (3)	un commerçant
trading floor (12)	la corbeille, le parquet
traffic jam (8)	un embouteillage
trainee (1)	un/e stagiaire
training (13)	un apprentissage
training tax (13)	une taxe d'apprentissage
transaction (4)	une transaction
(to) transfer (1) (5)	muter, virer
transfer (1)	un virement
transferable (3)	cessible

transferable securities (12)	des valeurs mobilières (f, pl)
transit agent (11)	un transitaire
travel expenses (2)	les frais de déplacements (m, pl)
traveler, traveling salesman (5)	un voyageur de commerce
Treasury bond (12)	un Bon du Trésor
trial order (4)	une commande à titre d'essai
trolley (5)	un chariot
trucker (7)	un routier
turn signal (on a car) (14)	un clignotant
turnover (6)	le chiffre d'affaires
(to) type (2)	dactylographier, taper à la machine
typing (2)	la dactylographie

U

underdeveloped (14)	sous-développé
unearned income (13)	une rente
unemployed worker (2) (13)	un chômeur
unemployment (13)	le chômage
union (3)	un syndicat
union delegate (13)	un délégué syndical
(to) unionize (13)	se syndiquer
unlisted (12)	hors cote
unloading (7)	le déchargement

V

vacancy (11)	une place disponible
vacation (paid) (13)	les congés payés (m, pl)
value added tax (5)	T.V.A. / Taxe (f) à la Valeur Ajoutée
vandalism (9)	le vandalisme
visitor (10)	un visiteur
vote (3)	une voix
voucher (5)	une pièce justificative

W

wage (garanteed minimum) (13)	le SMIC / Salaire Minimum Interprofessionnel de Croissance
wage sheet (1) (6)	un bulletin de paie, une feuille/ fiche de paie
wages (1) (2) (13)	le salaire, les gages (m, pl)
warehouse (4)	un entrepôt
warehouse hand, man (4)	un manutentionnaire
warehouse supervisor (4)	un magasinier
warrant (7)	un récépissé-warrant
(to) waste (1)	dilapider
water damages (9)	le dégât des eaux
week-end home (7)	une résidence secondaire
(to) weigh (5)	peser
well up in... (2)	calé(e) en...
wholesaler (4)	un grossiste
window (in a bank) (1)	un guichet
wire (2)	un télégramme
(to) withdraw an order (4)	annuler une commande
withdrawal (1)	un retrait
(to) witness (9)	être témoin
witness (9)	un témoin
wooden box (1) (4)	une caisse
word processing (2)	le traitement de textes
word processor (2)	une machine à traitement de textes
work in shift (13)	le travail à temps posté
worker (13)	un travailleur
working day (5)	un jour ouvrable, jour ouvré
Works Committee (6), Works Council (13)	un comité d'entreprise
workshop (4)	un atelier
(to) wrap up (7)	emballer
writing bad checks (1)	l'émission (f) de chèques sans provision

Y

yard (13)	un chantier
yearly report (3)	un rapport annuel
(to) yield an interest (12)	rapporter, produire un intérêt

Z

zip code (8)	un code postal

LEXIQUE

ALLEMAND - FRANÇAIS

A

Allemand	Français
Abgabe (f) (13)	une taxe
abhaken (2)	cocher
abheben (5)	prélever
abheben (den Hörer) (8)	décrocher
Abhebung (f) (1)	un retrait
Abkürzung (f) (14)	un sigle
Ablage (f) (2)	classement (m)
Abonnement (n) (10) (14)	un abonnement
Abonnent (m) (2)	un abonné
abonnieren (14)	s'abonner
Absatzmarkt (m), Absatzmöglichkeit (f) (9)	un débouché
abschließen (9)	souscrire
Abschnitt (m) (8)	un volet
Abschreibung (f) (6)	un amortissement
absetzen (13)	déduire
abtragbar (12)	amortissable
abtretbar (3)	cessible
abtreten (4)	céder
Abzug (m) (6)	une retenue
Akte (f) (2)	un dossier
Aktendeckel (m) (2)	une chemise
Aktie (1)	une action
Aktiengesellschaft (f) (3)	une Société Anonyme / S.A.
Aktieninhaber (m), Aktionär (m) (3)	un porteur de parts, actionnaire
Aktionär (m) (3)	un actionnaire
Aktiva (n, pl) (3)	l'actif (m)
aktive Handelsbilanz (f) (11)	une balance excédentaire
Akzept (n) (2)	l'acceptation (f)
Alarmanlage (f) (9)	un système d'alarme
Alimente (pl) (13)	une pension alimentaire
Allgemeinkosten (pl) (6)	les frais généraux (m, pl)
Amt (n) (12)	une charge
an der Spitze stehen (4)	être à la tête de
anbei (4)	ci-joint, ci-inclus
Angebot (n) (4)	une offre
Angebot und Nachfrage (12)	l'offre (f) et la demande
angeschlagen (2)	affiché
ankurbeln (14)	relancer
Anlage (f) (1)	un placement
Anlagen (f, pl) (2)	les pièces jointes (f, pl)
Anleihe (f) (1)	emprunt, prêt (m)
Anleihe (eine - auflegen, ausgeben) (12)	lancer un emprunt
anmahnen (14)	relancer
Anrufbeantworter (m) (8)	un répondeur
Anschluß (m) (7)	correspondance (f)
ansiedeln (14)	implanter
ansteigen (5)	accroître
Anstellung (f) (2)	engagement (m)
Anteil (m) (3)	un prorata, une quote-part
Anweisung (f) (5)	un ordre
Anweisung (auf) (5)	par ordre
Anwesenheitsgeld (n) (3)	un jeton de présence
Anzahlung (f) (6)	arrhes (f, pl)
Anzeige (f) (2) (10)	une annonce
Anzeiger (m) (14)	un indicateur
Apparat (am -) (8)	au bout du fil
Arbeit, Arbeitsstelle (f) (1) (2)	un emploi
Arbeiter (m) (13)	un travailleur
Arbeitgeberschaft (f) (13)	le patronat
Arbeitnehmervertreter (m) (3) (6) (13)	un délégué du personnel Conseil des Prud'hommes (m)
Arbeitsgericht (n) (3)	
Arbeitskräfte (f, pl) (13)	les travailleurs
Arbeitsloser (m) (2) (13)	un chômeur
Arbeitslosigkeit (f) (13)	le chômage
Arbeitsmarkt (m) (13)	le marché de l'emploi
Arbeitsuchender (m) (13)	un demandeur d'emploi
archivieren (2)	archiver
Artikel der gehobenen Klasse (m) (5)	haut de gamme (m)
Atomreaktor (m) (14)	un réacteur nucléaire
auf Dauer (5)	à la longue
auf dem laufenden halten (4)	tenir au courant
auf den Markt bringen (ein neues Produkt) (5)	lancer sur le marché
auf etw. setzen (13)	miser sur
auf Gefahr des Empfängers (7)	aux risques et périls (m, pl) du destinataire
Aufforderung (f) (8)	une mise en demeure
Aufgeld (n) (1)	l'agio (m)
aufkündigen (Pauschalvertrag) (13)	dénoncer (un forfait)
auflegen (den Hörer) (8)	raccrocher
auflösen (3) (9)	dissoudre, résilier
Auflösung (f) (9)	une résiliation
Aufmachung (f) (5)	un conditionnement
Aufruhr (m) (9)	une émeute
Aufschwung (m) (2)	l'essor (m)
Aufsichtsrat (m) (3)	un Conseil de Surveillance
Aufstieg (m) (2)	un avancement
aufteilen (3)	répartir
Auftrag (m) (4)	une commande
Auftrag (einen - stornieren) (4)	annuler une commande
Autrag (einen - zurückziehen) (4)	annuler une commande
Auftrag (einen - erobern) (11)	enlever un marché
Auftragsausführung, Auftragsbearbeitung (f) (4)	l'exécution de la commande (f)
Auge (ein - für etwas haben) (2)	avoir l'oeil
außerbörslich (12)	hors cote
Ausflug (m) (13)	une excursion
ausfüllen (1)	remplir
Ausgabe (f) (5)	une dépense
Ausgang (m) (4)	la sortie
ausgeben (1)	dépenser
ausgleichen (1)	compenser
ausländisch (1)	de l'extérieur (m) (du pays)
auslaufendes Modell (n) (5)	une fin de série
Auslieferer (m) (7)	un livreur
ausrüsten, ausstatten (2)	doter
ausstellen (10)	exposer
Aussteller (m) (10)	un exposant
Ausstellung (f) (10)	une exposition, un salon
Ausstellung ungedeckter Schecks (f) (1)	l'émission (f) de chèques sans provision
Ausverkauf (m) (10)	les soldes (m, pl)
ausverkaufen (5)	solder
ausverkauft (4)	épuisé
auswerten, auszählen (12)	dépouiller
Auszahlungsscheck (m) (1)	un chèque omnibus
Automat (m) (8)	un automate
automatischer Brieföffner (m) (2)	une machine à décacheter
Aval (m) (6)	un aval
Avalgeber (m) (6)	un avaliseur, avaliste
avalieren (2)	avaliser

B

Allemand	Français
Baissier (m) (12)	un baissier
Bankagio (n) (1)	un agio
Bankautomat (m) (1)	un Guichet Automatique de Banque / GAB
Bankprovision (f) (1)	un agio
Bankrott (m) (3)	la faillite
bar (6)	au comptant
Bargeld (n) (1) (5) (6)	des espèces (f, pl), des fonds (m, pl), l'argent liquide (m)
Bargeldabhebung (f) (1)	un retrait de fonds
Barzahlung (f) (5)	un paiement au comptant
Bausparen (n) (1)	une épargne-logement
Baustelle (f) (13)	un chantier
Beamter (m) (13)	un fonctionnaire
Beauftragter (m) (5)	un mandataire
Bedenkzeit (f) (4)	un délai de réflexion
beeinträchtigen (4)	entraver
Befehl (m) (5)	un ordre
Beförderung (f) (2)	l'avancement (m)
Befrachter (m) (7)	un chargeur
Befrachtung (f) (7)	l'affrètement (m)
beheben (14)	pallier
behindern (4)	entraver
Beihilfe (f) (14)	une allocation

beiliegend (4)	ci-inclus
beiseitelegen (2)	mettre de coté
Beitrag (m) (6) (9)	la cotisation
Beladen (n) (7)	le chargement
beladen (7)	charger
Beleg (m) (5)	une pièce justificative
beliefern (4)	approvisionner
Belieferung (f) (4)	l'approvisionnement (m)
benachrichtigen (2)	prévenir
Benzinrechnung (f) (5)	une facture d'essence
Berechnungstafel (f) (13)	un barème
Bereitschaftsdienst (haben) (13)	permanence (être de)
berufliche Fortbildung (f) (13)	la formation professionnelle
Berufskrankheit (2)	la déformation professionnelle
Beschäftigung (f) (1) (2)	un emploi
Bescheid geben (6)	courant (mettre au)
Beschwerde der Nachbarn (f) (9)	le recours des voisins
besolden (12)	rémunérer
Besoldung (f) (13)	les appointements (m, pl)
Bestandsaufnahme (f) (4)	un inventaire, recensement
Bestellung (f) (4) (5)	une commande, un ordre
Besucher (m) (10)	un visiteur
Betrag (m) (1)	un montant
Betrag erhalten (4) (6)	acquit (pour acquit)
Betriebsordnung (f) (3)	le règlement intérieur
Betriebsrat (m) (6) (13)	un comité d'entreprise
betroffen (13)	touché
Betrug (m) (1)	une escroquerie
Betrugsmanöver (n) (5)	une manoeuvre frauduleuse
Beurlaubung wegen Krankheit (f) (6)	un congé de maladie
Beutel (m) (5)	un sachet
Bevollmächtigter geschäfts führender Direktor (m) (3)	le P.D.G. / Président-Directeur Général
bewandert in ... (2)	calé(e) en...
Beweis (m) (2)	une preuve
Bewerbung (f) (2)	une candidature
bezahlter Urlaub (m) (13)	les congés payés (m, pl)
Bezahlung (f) (4)	un règlement
Bezüge (m, pl) (13)	les émoluments, appointements (m, pl)
bezuschußt (2)	subventionné
Bilanz (f) (3)	le bilan
Bildschirm (m) (10)	un écran
Bildschirmgerät (n) (8)	une console
Blankoscheck (m) (1)	un chèque en blanc
Blinker (m) (14)	un clignotant
Boom (m) (2)	l'essor (m)
Börse (f) (12)	la Bourse
Börsengeschäft (n) (1)	une transaction boursière
Börsengesellschaft (f) (12)	une Société de Bourse
Börsenmakler (m) (12)	un agent de change, remisier
Brand (m) (9)	un incendie
Bremse (f) (9)	le frein
bremsen (11)	freiner
Briefe öffnen (2)	décacheter
Briefkopfpapier (n) (2)	le papier à en-tête
Briefmarke (f) (8)	un timbre
Broschüre (f) (10)	une brochure, un prospectus
Bruttosozialprodukt (n) (14)	le P.N.B. / Produit National Brut
Buchhaltungsgehilfe/-gehilfin (6)	un/e aide comptable
Buchprüfer (6)	un expert-comptable

C

Chartervertrag (m) (7)	une charte-partie
Chauffeur (m) (2) (9)	un chauffeur
Chefsekretärin (f) (2)	une secrétaire de direction
Chip (m) (8)	une puce
CIF / Cost, Insurance, Freight (7)	CAF / Coût, Assurance, Fret
Comic (Strip) (m) (10)	une B.D. / Bande Dessinée
Computer (m) (2)	un ordinateur
Corbeille (f) (12)	la corbeille
Coupon (m) (12)	un coupon

D

dankbar sein für etw. (2)	savoir gré à qqn de + inf.
Datumsstempel (m) (2)	un dateur
Dauerauftrag (m) (1)	un prélèvement automatique
defekt (2)	en panne
degressiver Tarif (m) (4)	un tarif dégressif
den Beweis erbringen (1)	faire la preuve
Devisen (f, pl) (5)	les devises (f, pl)
Devisenbewirtschaftung (f) (11)	le contrôle des changes

Devisenmakler (m) (12)	un cambiste
die Nummer wählen (8)	composer le numéro
Diebstahl (m) (9)	un vol
Dienstgrad (m) (4)	un grade
Diskette (f) (10)	une disquette
Diskontieren (n) (5) (6)	un escompte
Dividende (f) (12)	un dividende
Dividenden erhalten (3)	toucher des dividendes
Dokumentation (f) (4)	une documentation
Dokumentenakkreditiv (n) (7)	un crédit documentaire
Dossier (n) (2)	un dossier
Drei-Sterne-Restaurant (n) (2)	un trois étoiles
(einen) dringenden Auftrag erteilen (4)	passer une commande d'urgence
dringender Auftrag (m) (4)	une commande d'urgence
Dritte Welt (14)	le Tiers Monde
Dritter (m) (9)	un tiers
drosseln (11)	freiner
Drucker (m) (10)	une imprimante
durch das viele... (2)	à force de...
Durchschreibeformular (n) (6)	une liasse

E

E.W.G. / Europäische Wirtschaftsgemeinschaft (f) (11) (14)	la C.E.E. / Communauté Économique Européenne
EDV / elektronische Datenverarbeitung (f) (3)	l'informatique (f)
Effekten (pl) (12)	les valeurs mobilières (f, pl)
Eifer (m) (2)	l'application (f)
Eigentümer (m) (14)	le propriétaire
Einbrecher (m) (9)	un cambrioleur
Einbruch (m) (9)	une effraction
einführen (ein neues Produkt) (5)	lancer sur le marché
Einführungspreis (m) (6)	le prix de lancement
Einkauf (m) (4)	l'achat (m)
Einkäufer (m) (1)	un acquéreur
Einkaufsabteilung (f) (4)	le service des achats
Einkaufszentrum (n) (5)	un centre commercial
Einkommen (m) (1)	le revenu
Einkommensteuer (veranlagt) (f) (13)	l'I.R.P.P. / Impôt (m) sur le Revenu des Personnes Physiques
einladen (2)	convoquer
einlegen (10)	encarter
einlösen (1)	encaisser, honorer
einpacken (7)	emballer
Einschreiben (n) (8)	une recommandée (lettre)
einstellen (6)	embaucher
Einstellung (f) (2)	un engagement
Eintragungsgebühren (f, pl) (13)	les droits d'enregistrement (m, pl)
eintreiben (9)	recouvrer (la perte)
einzahlen (1)	verser
Einzahlungsschein (m) (1)	un bordereau de versement
Einzelhändler (m) (4)	un détaillant
einziehen (13)	percevoir
Eisenbahn- (4)	ferroviaire
in Empfang nehmen (4)	réceptionner
Empfänger (m) (1)	le bénéficiaire
Empfangsbescheinigung (f) (4)	un bon de réception
Empfangsbestätigung (f) (2) (8)	un accusé de réception
Empfangsschein (m) (7)	un récépissé
zu Ende gehen (14)	tirer à sa fin
Entgelt (n) (3) (13)	une rémunération
Entladen (n) (7)	un déchargement
Entlassung (f) (13)	un lincenciement
entleihen (1)	emprunter
Entlohnung (f) (13)	une rétribution
Entschädigung (f) (9)	une indemnité
entsiegeln (2)	décacheter
Erbschaftsteuer (f) (13)	les droits de succession (m, pl)
Erdöl (n) (14)	le pétrole
erfahren (9)	subir
erheben (13)	percevoir
erhöhen (5)	majorer
Erhöhung (f) (3)	une augmentation
erleiden (9)	subir
Ermäßigung (f) (5)	une réduction
Ersparnis (f) (1)	l'épargne (f)
erstellen (13)	établir
Erwerber (m) (1)	l'acquéreur (m)
Eßware (f) (10)	une denrée
Etikett (n) (5)	une étiquette
Exportlizenz (f) (11)	une licence d'exportation

F

Fabrik (f) (2) (13)	une fabrique, usine
Fabrikant (m) (4)	un fabricant
Fach (n) (4) (12)	une case, un casier
Factoring (n), Factoring-Geschäft (n) (3)	l'affacturage (m)
Fahrbahn (f) (9)	une chaussée
Fahrer (m) (2) (9)	un chauffeur
fakturieren (4)	facturer
Fälligkeitsdatum (n) (1) (3)	une échéance
Fälligkeitsverzeichnis (n) (4) (6)	un échéancier
Faltblatt (n) (10)	un dépliant
Fax (n) (8)	une télécopie
Faxgerät (n) (8)	un télécopieur
Fernfahrdienst (m) (7)	le service routier
Fernfahrer (m) (7)	un routier
Fernschreiber (2)	un téléscripteur
Fertigprodukt (n), Fertigware (f) (4)	un produit fini
Feuer (n) (9)	un incendie
Filiale (f) (1) (2) (3)	une filiale
Finanzamt (n) (13)	le fisc, l'Inspection (f) des Contributions Directes
Finanzierung (f) (1)	le financement
Firmenbezeichnung (f) (2) (3)	la raison sociale
Firmensitz (m) (4)	le siège (social)
Fiskus (m) (1)	le fisc
Flaute (f) (3)	une stagnation
Fleiß (m) (2)	l'application (f)
Flußschiffahrtsverkehr (m) (7)	les transports fluviaux (m, pl)
fördern (10)	promouvoir
Formular (n) (1) (2) (4)	un formulaire
Fracht (f) (7)	le fret, l'affrètement (m)
Frachtbrief (m) (7)	un connaissement
Frachter (m) (4) (7)	un cargo
Frachtgebühr (f), Frachtkosten (pl) (7)	l'affrètement (m), le fret
Franchising (n) (7)	le franchisage
Frankierautomat (m) (8)	un DIVA / Distributeur de Vignettes d'Affranchissement
Frankiermaschine (f) (8)	une machine à affranchir
franko vor Ort (7)	franco sur place
frei an Bord (7)	F.A.B. / franco à bord
frei Längsseite Schiff (7)	F.L.B. / franco long du bord
frei Waggon, F.O.R. (7)	F.O.R. / franco wagon
Freiberufler (m, pl) (13)	les membres des professions libérales
freie Stelle (f) (10)	une place disponible
(eine) freie Stelle besetzen (3)	pourvoir un poste vacant
Freihandel (m) (11)	le libre-échange
Freizeichen (n) (8)	la tonalité
Fremdenverkehrsamt (n) (10)	un syndicat d'initiative
Sozialversicherung (Frankreich) (9)	la Sécurité Sociale
führendes Unternehmen (n) (3)	une entreprise de pointe
Fuhrpark (m) (7)	le matériel roulant
Führungskraft (f) (2)	un cadre
Funktelefon (im Stadtbereich) (n) (8)	un Bi-bop
Fusion (f) (3)	une fusion

G

Gage (f) (13)	le cachet
garantierter Mindestlohn (m) (13)	le SMIC / Salaire Minimum Interprofessionnel de Croissance
GATT / Allgemeines Zoll- und Handelsabkommen	l'AGETAC / Accord (m) GÉnéral sur les TArifs et le Commerce
Gebühr (f) (1) (8)	une redevance
gebührenfreie Telefonnummer (f) (8)	un Numéro Vert
gegenzeichnen (9)	contre-signer
Gehalt (n) (1) (2) (13)	des émoluments (m, pl), un salaire, traitement
Gehaltsstreifen (1) (6)	un bulletin de paie, une feuille ou fiche de paie
Gehaltsvorstellungen (2)	les prétentions (f, pl)
Geld(er) (n) (1)	les fonds (m, pl)
Geldautomat (m) (1)	un Distributeur Automatique de Billets / DAB
Geldmittel (n, pl) (1)	des disponibilités (f, pl)
Geldstrafe (f) (1) (11)	une amende
Geldwechsel (m) (12)	le change
gerichtliche Schritte einleiten (6)	entamer des poursuites judiciaires
gering (4)	modique
Geschäftsanteil (m) (3)	une part d'intérêt
Geschäftsführer (m) (2)	un gérant
Geschäftsordnung (f) (3)	le règlement intérieur
Geschäftsraum (m) (5) (9) (14)	un local
Geschäftsvorgang (m) (4)	une transaction
Gesellschafter (m) (3)	un associé
Gesellschaftskapital (n) (3)	le capital social
Gesprächspartner (m) (8)	un correspondant
gestaffelt (4)	échelonné
Gewerkschaft (f) (3) (13)	un syndicat
Gewerkschaftsvertreter (m) (13)	un délégué syndical
Gewinn (m) (3)	le bénéfice
Gewinn und Verlust (6)	les pertes et profits (pl)
Gewinnanteil (m) (6)	une guelte
Gewinnspanne (f) (6)	une marge bénéficiaire
Goldkurs (m) (12)	le cours de l'or
Grenze (f) (11)	une frontière
Größe (f) (5)	la taille
Großhändler (m) (4)	un grossiste
Grund (m) (9)	un motif
gutes Geschäft (m) (5)	une bonne affaire
Guthaben (n) (4) (6)	un avoir, crédit
Gutschrift (f) (4) (7)	une facture d'avoir

H

Hafengebühren (f, pl) (7)	les frais portuaires (m, pl)
halbfertiges Produkt (4)	un produit semi-ouvré
Halbtagsarbeit (f) (13)	le travail à mi-temps
Hallo, wer ist am Apparat? (8)	Allô, qui est à l'appareil?
Handelsbilanz (f) (11)	une balance commerciale
Handelsbörse (f) (12)	la Bourse de commerce
Handelsgeschäft (n) (3)	un fonds de commerce
Handelskorrespondent/in (2)	un/e correspondancier / correspondancière
Händler (m) (3)	un commerçant
Handlungsreisender (m) (5)	un voyageur de commerce
Hauptversammlung (3)	une Assemblée Générale
Hausboot (n) (7)	une péniche
Haussier (m) (12)	un haussier
Heberegister (n), Heberolle (f) (13)	un rôle
Heftzange (f) (2)	une agrafeuse
herabsetzen (5)	diminuer
herbestellen (2)	convoquer
Hersteller (m) (4)	un fabricant, producteur
Hochgeschwindigkeitszug (m) (7)	le T.G.V. (Train à Grande Vitesse)
Honorar (n) (13)	les honoraires (m, pl)
honorieren (1)	honorer
Hotelrechnung (f) (5)	une note d'hôtel

I

I.W.F. / Internationaler Währungsfonds (14)	le F.M.I. / Fonds Monétaire International
im Streitfall (2)	en cas de litige
in der Lage sein (5)	être en mesure de
in Rechnung stellen (4)	facturer
in Richtung (7)	en partance
in Übersee (1)	outremer
inclusive Mehrwertsteuer (5)	T.T.C. / Toutes Taxes Comprises
Incoterms (international geltende Handelsbedingungen) (m, pl) (7)	les T.C.I. / Termes Commerciaux Internationaux
Index (m) (14)	un indice
Indikator (m) (14)	un indicateur
Indossatar (m) (1)	un endossataire
indossieren (1)	endosser
Informatik (f) (3)	l'informatique (f)
informieren (6)	mettre au courant
Inhaber (m) (2)	un titulaire
Inhaber/in des Jura-Examens (m) (2)	un/e licencié/e en droit
Inhaber (auf den - lautend) (1)	porteur (au)
Incoterm (m) (7)	un incoterme
inländisch (1)	de l'intérieur (du pays)
innerbetriebliche Mitteilung (f) (2)	une note de service
Instandhaltung (f) (5)	l'entretien (m)
Instandsetzer (m) (2)	un réparateur
Inventar (n) (4)	un inventaire
Investition (f) (1)	un investissement
Investitionsabteilung (f) (1)	le service du portefeuille
Investmentgesellschaft (f) (12)	une SICAV / Société d'Investissement à CApital Variable

J

j-s Aufmerksamkeit lenken auf ... (1)	attirer l'attention de... sur...
Jahresbericht (m) (3)	un rapport annuel

Jahrzehnt (n) (1)	une décennie
jn dazu anregen, etw. zu tun (6)	inciter qqn à faire qqch

K

Kapital (n) (1)	des fonds (m, pl)
Kapitalflucht (f) (9)	la fuite des capitaux
Kapitalgesellschaft (f) (3)	une société de capitaux
kaputt (2)	en panne
Karosserieschlosser (m) (9)	le carrossier
Karren (m) (5)	un chariot
Karton (m) (4)	un carton
Kasse (f) (1)	la caisse
Kassierer (m) (1)	un caissier
Katalog (m) (5) (10)	un catalogue
Käufer (m) (4)	un acheteur
Kaufmann (m) (3)	un commerçant
Kaution (f) (12)	un cautionnement
KFZ-Steuermarke (f) (13)	une vignette
Kiste (f) (4)	une caisse
es klappt (umg.) (2)	ça marche (fam.)
Klein- und Mittelbetriebe (m, pl) (2)	les P.M.E. / Petites et Moyennes Entreprises (f, pl)
Klein- und Mittelindustrie (f) (13)	les P.M.I. / Petites et Moyennes Industries (f, pl)
Kleingeld (n) (13)	la monnaie
Knappheit (f) (4) (14)	une pénurie
Kolloquium (n) (14)	un colloque
Kommanditgesellschaft (f) (3)	une comandite
Kommissionär (m) (4)	un commissionnaire
kompensieren (1)	compenser
Kongreßteilnehmer (m) (10)	un congressiste
Konjunktur (f) (3)	la conjoncture économique
Konkurrenz (f) (5)	la concurrence
Konkurs (m) (3)	la faillite
Kontakte knüpfen (10)	prendre des contacts
Konten führen (6)	tenir les comptes
Konto (n) (1)	un compte
Konto ausgleichen (6)	solder un compte
Kontoauszug (m) (1)	un relevé bancaire
Kontostand (m) (1) (8)	une position de compte
Kontoüberziehung (f) (1)	un découvert
Kontoüberziehung gewähren (m) (1)	consentir un découvert
Kontrollabschnitt (m) (8)	un talon
Kontrolle (f) (13)	un contrôle
Konzessionär (m) (4) (7)	un concessionnaire
Korrespondanz nach Diktat mitschreiben (2)	prendre le courrier sous la dictée
Korrespondenz (f) (2) (8)	le courrier
korrigierte Rechnung (f) (4)	une facture rectifiée
Kosten (pl) (5)	les frais (m, pl)
Kosten übernehmen (5)	défrayer
Kredit (m) (6)	le crédit
Kreditaufnahme (f) (1)	l'emprunt (m)
Kreditkarte (f) (1)	une carte de crédit
Kundendienst (m) (5)	le service après-vente
kündigen (2) (9)	donner sa démission, résilier
Kündigung (f) (2) (9)	une démission, résiliation
Kündigungsfrist (f) (9)	un délai de préavis
Kurs (m) (12)	un cours
Kursnotierung (f) (12)	une cote
Kursnotierung durch Zuruf (f) (12)	la cotation à la criée
Kursnotierung (schriftlich) (12)	la cotation par casier
kurz weggehen (2)	s'absenter
Kürzel (n) (14)	un sigle

L

Laden (m) (3)	un fonds de commerce
Lager (n) (4)	un entrepôt
Lagerarbeiter (m) (4)	un manutentionnaire
Lagerbestand (m) (4)	un stock
Lagerhaus (n) (4) (13)	un entrepôt
Lagerist (m) (4)	un magasinier
Lagerschein (m) (7)	un récépissé-warrant
Lagerumschlag (m) (5)	la rotation des stocks
Lagerverwalter (m) (4)	un magasinier
Lagerverzeichnis (n) (7)	un manifeste
Lastkahn (m) (7)	une péniche
Lastkraftwagen (m) (9)	un poids lourd
Lebenslauf (m) (2)	un curriculum vitae
Leergut (n) (7)	un emballage consigné

Lehrgang (m) (1)	un stage
Lehrgangsteilnehmer (m) (1)	un/e stagiaire
Lehrlingsabgabe (f) (13)	une taxe d'apprentissage
leitender Angestellter (m) (2)	un cadre
Lieferant (m) (4)	un fournisseur
Lieferfrist (f) (4)	un délai de livraison
Lieferschein (m) (4)	un bon de livraison
Lieferung (f) (4) (7)	une fourniture, une livraison
Lieferwagen (m) (7)	une camionnette
Lohn (m) (1) (2) (13)	les gages, (m, pl), le salaire
Lohnstreifen (1) (6)	un bulletin de paie, une feuille ou fiche de paie
Luftpost(leicht)brief (m) (8)	un aérogramme
Luftverkehr (m) (7)	les transports aériens (m, pl)
Luxusware (f) (5)	haut de gamme

M

Mahnschreiben (n) (2) (14)	une lettre de rappel, de relance
Mahnung (f) (8)	une mise en demeure, un rappel
Makler (m) (4) (12)	un courtier
Maklerbank (f) (12)	la corbeille
Maklergebühr (f) (4)	un courtage
Mandatar (m) (5)	un mandataire
Mangel (m) (4) (14)	une pénurie
Markenimage (n) (10)	une image de marque
Markt (m) (5)	le marché
Markt der amtlich notierten Wertpapiere (5)	le parquet
Maschineschreiben (n) (2)	la dactylographie
maschineschreiben (n) (2)	dactylographier
Medien (n, pl) (10)	les médias (m, pl)
Mehrwegverpackung (f) (7)	un emballage consigné
Mehrwertsteuer (f) (5)	la T.V.A. / Taxe à la Valeur Ajoutée
Meinungsumfrage (f) (10)	une enquête, un sondage
Meldebescheinigung (f) (1)	un certificat de domicile
Messe (f) (10)	une exposition, foire
Miete (f) (7)	le louage
Mieter (m) (14)	un locataire
Mieterrisiko (n) (9)	le risque locatif
Mietquittung (f) (1)	une quittance de loyer
Mietvertrag (m) (14)	un bail, des baux
Mikrocomputer (m) (10)	un micro-ordinateur
mit einer Strafe belegt werden (1)	passible de
Möbel(stück) (n) (2)	un meuble
monatliches Fixum (n) (5)	un fixe mensuel
Monatsrate (f) (5)	une mensualité
Monopol (m) (5) (12)	un monopole
Münzgeld (n) (14)	le numéraire
Muster (m) (4) (10)	un échantillon, spécimen
Mutterschaftsurlaub (m) (6)	un congé de maternité

N

nach (7)	en partance
Nachteil (m) (4)	un préjudice
Nachtrag (m) (9)	un avenant
Name und Adresse des Empfängers (2)	la vedette
Netz(werk) (n) (8) (10)	un réseau
nicht amtlich notiert (12)	hors cote
nichts zu verzollen (11)	rien à déclarer
Niederlassung (1)	une agence
Niveau (n) (10)	un niveau
noch einmal im Büro vorbeikommen ( ) (2)	repasser au bureau (fam)
normieren (2)	normaliser
notiert (3)	coté

O

Obligation (f) (1) (12)	une obligation
Obligationeninhaber (m) (12)	un obligataire
O.E.C.D. / Organisation (f) für wirtschaftliche Zusammenarbeit und Entwicklung (14)	l'O.C.D.E. / Organisation (f) de Coopération et de Développement Économique
offene Handelsgesellschaft (f) (3)	une société en nom collectif
offenstehender Betrag (m) (6)	l'arriéré (m)
Öffentlichkeitsarbeit (f) (10)	les relations publiques (f, pl)
ohne etw. auskommen (4)	se passer de
ohne Mehrwertsteuer (o.MwSt.) (5)	hors taxe / H.T.
OPEC / Organisation der erdölex portierenden Länder (14)	l'OPEP / Organisation (f) des Pays Exportateurs de Pétrole

rdnungsgemäß (9) — *dûment*
rganisationsschema (n) (2) — *un organigramme*
rtsvertreter (m) (5) — *un placier*

●

achtvertrag (m) (14) — *un bail, des baux*
acker (m) (5) — *un emballeur*
aket (n) (4) — *un colis*
alette (f) (2) (5) — *une gamme*
anne (f) (5) — *une panne*
ariser Börsenindex (12) — *CAC 40 / Cotation Assistée en Continu (m)*
artner (m) (3) — *un partenaire*
assiva (n, pl) (3) — *passif (m)*
assive Handelsbilanz (f) (11) — *une balance déficitaire*
auschale (f) (13) — *un forfait*
auschalpolice (f) (9) — *une police flottante*
auschalpreis (m) (7) — *un prix forfaitaire*
auschalurlaub (m) (7) — *un forfait vacances*
C (m) (10) — *un micro-ordinateur*
er Nachnahme (7) — *contre remboursement*
ersonalausweis (m) (1) — *une carte d'identité nationale*
ersonalvertreter (m) (3) (6) (13) — *un délégué du personnel*
ersonengesellschaft (f) (3) — *une société de personnes*
lakat (n) (10) — *une affiche*
lanung (f) (14) — *la planification*
orto und Versand frei (7) — *franco de port et d'emballage*
orto- und Versandkosten (pl) (5) — *les frais de port et d'emballage (m, pl)*
ortofreies Paket (n) (7) — *un colis en port payé*
ortokosten (pl) (7) — *les frais de port (m, pl)*
ortopflichtig (7) — *le port dû*
ost (f) (2) (8) — *le courrier*
ostamt (n) (8) — *la poste*
ostbeförderung (f) (8) — *l'acheminement du courrier (m)*
ostdienst (m) (8) — *la poste*
osten (m) (2) — *un poste*
ostgebührenfreiheit (f) (8) — *la franchise postale (f)*
ostleitzahl (f) (8) — *un code postal*
ostscheck (m) (8) — *un chèque postal*
ostsparkasse (f) (8) — *la Caisse Nationale d'Épargne*
otentieller Markt (m) (5) — *le marché potentiel*
R-Abteilung (f) (10) — *(le service de) relations publiques (f, pl)*
raktikant (m) (1) — *un/e stagiaire*
raktikum (n) (1) — *un stage*
rallen (9) — *emboutir*
rämie (f) (2) — *une prime*
reis (m) (12) — *un cours*
reisbericht (m) (12) — *la mercuriale*
reisdrücker (m) (12) — *un baissier*
reisliste (f) (2) (4) — *le prix courant*
reisnachlaß (m) (5) — *un rabais*
reistreiber (m) (12) — *un haussier*
rivatisieren (3) — *privatiser*
rivatperson (f) (13) — *un particulier*
robeauftrag (m), Probebestellung (f) (4) — *une commande à titre d'essai*
robeexemplar (n) (10) — *un specimen*
roforma-Rechnung (f) (11) — *une facture «pro forma»*
rogramm (f) (2) (5) — *une gamme*
rokurist (m) (5) (6) — *un fondé de pouvoir, un mandataire*
rospekt (m) (10) — *un prospectus*
rotest (m) (6) — *un protêt*
rotokoll (n) (3) — *un procès-verbal*
rovision (f) (4) (5) — *la commission*

Q

uellenbesteuerung (f) (13) — *le prélèvement à la source*
uittung (f) (1) (4) (6) — *un acquit, un reçu*

R

-Gespräch (n) (8) — *P.C.V. / à PerCeVoir (m)*
abatt (m) (5) (10) (12) — *un rabais, une remise*
ang (m) (4) — *un grade*
äumen (5) (6) — *liquider, solder*
äumlichkeit (f) (5) (9) (14) — *un local*
echnung (f) (1) (4) — *une facture*
echnungsjahr (n) (3) — *un exercice comptable*
echnungsprüfer (m) (6) — *un expert-comptable*

Rechnunsprüfung (13) — *un contrôle*
Recht auf Erneuerung des Pachtvertrages (n) (14) — *le droit au bail*
Rechtsabteilung (f) (5) — *le service du contentieux*
Rechtsprechung (f) (14) — *la jurisprudence*
Reeder (m) (7) — *un armateur*
Regal (n) (12) — *un casier*
regelmäßig erscheinende Zeitschrift (f) (10) — *un périodique*
Register (n) (4) (6) — *une nomenclature*
registrieren (2) — *enregistrer*
Reisender, Vertreter, Ortsreisender (m) (5) — *V.R.P. / Voyageurs, Représentants, Placiers (m, pl)*
Reisekosten (pl) (2) — *les frais de déplacements (m, pl)*
Rente (f) (13) — *la rente*
Reparaturkostenvoranschlag (m) (9) — *un devis de réparation*
reservieren (7) — *retenir*
Reservierung (f) (7) — *une réservation*
Rezession (f) (3) — *une récession*
Richtlinien (f, pl) (2) — *les directives (f, pl)*
Rohstoffe (m, pl) (4) (14) — *les matières premières (f, pl)*
rollendes Material (n) (7) — *le matériel roulant*
Rückantwort (f) (2) (8) — *un accusé de réception*
rückseitig (1) — *verso (au)*
Rückstand (6) — *arriéré*
in den Ruhestand treten (2) — *prendre sa retraite*
Rundbrief (m) (10) — *une circulaire*

S

Sach-, Dienst-, Sozialleistung (f) (2) (9) — *une prestation*
saisonbedingt (5) — *saisonnier*
Sammelladungsstelle (f) (7) — *un centre de groupage*
Sammelspediteur (m) (7) — *un groupeur*
Satz (m) (13) — *un taux*
SB-Frankierservice (8) — *LISA / Libre Service d'Affranchissement (m)*
Schaden (m) (4) (9) — *les dégâts (m, pl), un préjudice*
Schadenersatz (m) (9) — *les dommages et intérêts (m, pl)*
Schadensfall (m) (9) — *un sinistre*
schadhaft (5) — *défectueux*
Schalter (m) (1) — *un guichet*
Schalterbeamter (m) (1) — *un guichetier*
Schalterschluß (m) (1) — *la fermeture*
Schatzanweisung (f), Schatzbrief (m) (12) — *un Bon du Trésor*
Scheck einlösen (1) — *toucher un chèque*
Scheckheft (n) (1) — *un carnet de chèques, chéquier*
Schichtarbeit (f) (13) — *le travail à temps posté*
Schlange stehen (1) (8) — *faire la queue*
Schlitz (m) (8) — *une fente*
Schlußverkauf (m) (5) (10) — *un solde, les soldes*
Schmuckstück (n) (11) — *un bijou*
schmuggeln (hinein-/hinaus-) (11) — *passer en contrebande*
Schwarzarbeit (f) (14) — *le travail au noir, le travail clandestin*
Seetransport (m) (7) — *les transports maritimes (m, pl)*
Selbstbedienung (f) (5) — *le libre-service*
Selbstfinanzierung (f) (14) — *l'autofinancement (m)*
Selbstkostenpreis (m) (6) — *le prix de revient*
Selbstverwaltung (f) (14) — *l'autogestion (f)*
senken (5) — *diminuer*
sich aus dem Geschäftsleben zurückziehen (3) — *se retirer des affaires*
sich begeben nach (2) — *se rendre à*
sich beschäftigen mit (4) — *s'occuper de*
sich der Konkurrenz gegenüber behaupten (5) — *faire face à la concurrence*
sich gewerkschaftlich organisieren (13) — *se syndiquer*
sich kümmern um (4) — *s'occuper de*
sich verletzen (9) — *se mutiler*
sich vor der Strafkammer verantworten (1) — *passer en correctionnelle*
sichten (2) — *trier*
Skonto (m) (5) (6) (12) — *un escompte*
Slogan (m) (10) — *un slogan*
Sold (m) (13) — *une solde*
Soll (m) (6) — *le débit*
Sonderangebot (n) (5) (10) — *une réclame*
sortieren (2) — *trier*
sparen (10) — *épargner*
speichern (im Computer) (2) — *mettre en mémoire*
Spekulationsmarkt (m) (12) — *le marché à terme*
spekulieren (13) — *miser sur*
sperrig (7) — *volumineux*
Spesen (pl) (2) — *les frais de déplacements*

staatliche Schatzbriefe (m, pl) (12)	les fonds d'état
Staatsanleihe (f) (12)	un emprunt d'État
Staatsrente (f) (12)	une rente (d'État)
Stand (m) (10)	un stand
standardisieren (3)	normaliser
Stadtvertreter (m) (5)	un placier
steigen (5)	accroître
(eine) Stelle innehaben (2)	occuper un poste
Stellengesuch (n) (2)	une demande d'emploi
Stellenvermittlungsbüro (n) (2)	un bureau de placement
Stenographie (f) (2)	la sténographie
Steuer (f) (13)	une taxe
Steuerabschlagszahlung (f) (13)	un tiers provisionnel
Steuerabzug (m) (13)	le prélèvement à la source
Steueramt (n) (14)	Inspection des Contributions Directes (f)
Steuerbefreiung (f) (13)	une exonération
Steuerbehörde (f) (13)	le fisc, la recette-perception (ou perception)
Steuerbemessungsgrundlage (f) (13)	une assiette fiscale
Steuerberater (m) (13)	un conseiller fiscal
Steuereinnehmer (m) (13)	un percepteur
Steuereinziehung (f) (6) (13)	un recouvrement
Steuererklärung (f) (13)	une déclaration d'impôt
Steuererleichterung (f) (13)	un dégrèvement
Steuerermäßigung (13)	un dégrèvement
steuerfrei (1)	net d'impôt
Steuerjahr (n) (6) (13)	un exercice (fiscal)
steuerpflichtig (14)	implanter
Steuerpflichtiger (m) (13)	un contribuable
Steuerprogressionsstufe (f) (13)	une tranche d'imposition
Steuerrestbetrag (m) (13)	un reliquat
Steuerrückstand (m) (13)	un reliquat
Steuervorauszahlung (f) (13)	un tiers provisionnel
Steuerzahler (m) (13)	un contribuable
Stichprobenkontrolle (f) (11)	une vérification par épreuve
Stimme (f) (3)	une voix
Strafe (f) (1)	une peine
Strafe verhängen (6)	prononcer une sanction
strahlend (11)	rayonnant
Streik (m) (6)	une grève
(zum) Streik aufrufen (13)	lancer un mot d'ordre de grève
Streitfall (m) (2)	un litige
Strichkode (m) (8)	un code-barre
Streitsache (f) (2)	un litige
stürzen (12)	s'effondrer
Subvention (f) (14)	une subvention
subventioniert (2)	subventionné

T

Tagesordnung (f) (6)	l'ordre du jour (m)
Tantieme (f) (3)	un tantième
Tarifvertrag (m) (13)	les conventions collectives (f, pl)
Tastatur (f) (8) (10)	un clavier
Tauschhandel (m) (14)	le troc
Teilhaber (m) (3)	un associé
Teilhafter (m) (3)	un commanditaire
Teilzeitarbeit (f) (13)	le travail à temps partiel
Telefonanruf (m) (2)	un appel téléphonique
Telefonbuch (n) (8)	un annuaire téléphonique
Telefonhörer (8)	le combiné
Telefonist(in) (f) (8)	un(e) standardiste
Telefonkarte (f) (8)	une télécarte
Telefonmarke (f) (8)	un jeton
Telegramm (n) (2)	un télégramme
Telex (n) (2)	un télex
Terminal (n) (8)	un terminal
Terminmarkt (m) (12)	le marché à terme
Textverarbeitung (f) (2)	le traitement de textes
Textverarbeitungsgerät (n) (2)	une machine à traitement de textes
tilgbar (12)	amortissable
Tip (m) (12)	un tuyau
tippen (auf der Schreibmaschine) (2)	taper à la machine
Transaktion (f) (4)	une transaction
Transithändler, Transitspediteur (m) (7) (11)	un transitaire
Transportkosten (pl) (7)	les frais de transport (m, pl)
Transportunternehmen (n) (7)	les messageries (f, pl)
Treuhänder (m) (4) (7)	un dépositaire
etwas trinken (1)	prendre un verre
Trinkgeld (n) (7)	un pourboire
Turnus (m) (13)	le roulement

U

überlassen (4)	céder
übernehmen (2)	prendre en charge
überprüfen (2)	vérifier
Übersee (1)	outremer
Überstunde (f) (6)	une (des) heure(s) supplémentaire(s)
übertragbar (3)	cessible
überweisen (1)	virer
Überweisung (1)	un virement
Umsatz (m) (5)	le chiffre d'affaires
Umschulung (f) (13)	le recyclage
Unfall (m) (9)	un sinistre
Unfallmeldung (f) (9)	une déclaration d'accident
ungedeckter Scheck (m) (1)	un chèque sans provision
unter Schock (9)	commotionné
unterentwickelt (14)	sous-développé
Unterlagen (f, pl) (4)	une documentation
Unternehmen (n) (2)	une entreprise
Unternehmensausschuß (m) (6) (13)	un comité d'entreprise
unterrichten (6)	mettre au courant
Unterstützung (f) (14)	une allocation
Unterschrift hinterlegen (1)	déposer sa signature
Ursprungsbescheinigung (f) (11)	un certificat d'origine

V

Valuten (f, pl) (5)	les devises (f, pl)
Vandalismus (m) (9)	le vandalisme
verabschieden (3)	prendre congé
Veranstaltung (f) (10)	une manifestation
Verantwortlicher (m) (2)	un responsable
veräußern (5)	liquider
Verbindung (f) (8)	la correspondance
Verbraucher (m) (5) (13)	un consommateur
Verbrauchermarkt (m) (5)	une grande surface, un hypermarché
verdächtig (3)	louche (adj.)
verdienen (13)	gagner
Verdienstausfall (m) (13)	le manque à gagner
vereidigt (6)	assermenté
Verfahren (juristisch) (n) (6)	une procédure
Verfallbuch (n) (4) (6)	un échéancier
Vergleichsverfahren (n) (3)	un règlement judiciaire
vergrößern (5)	accroître
vergüten (12)	rémunérer
Vergütung (f) (3) (13)	une rémunération, rétribution
Verkauf (m) (4)	la vente
Verkaufsstelle (f) (5)	un point de vente
Verkaufswert (m) (9)	la valeur vénale
Verkehrsamt (n) (10)	un syndicat d'initiative
Verkehrsstau (m) (8)	un embouteillage
verleihen (1)	prêter
verletzen (9)	mutiler (se)
Verletzter (m) (9)	un blessé
(die) verlorene Zeit aufholen (11)	rattraper le temps perdu
Verlust (m) (4)	un préjudice
Vermögensveräußerung (f) (3)	la liquidation des biens
verpacken (2)	emballer
Verpackung (f) (5) (7)	le conditionnement, l'emballage (m)
Verpackungsliste (f), Versandliste (f) (11)	une liste de colisage
Versandanzeige (f) (2)	un avis d'expédition
Versandhandel (m) (5)	la V.P.C. / Vente Par Correspondance
Versäumnis (n) (5)	une omission, un oubli
verschwenden (1)	dilapider
versenden (7)	expédier
Versender (m) (5)	un expéditeur
versetzen (5)	muter
Versicherung(sgesellschaft) (f) (9)	la mutuelle
Versicherungsmakler (m) (9)	un courtier d'assurance
Versicherungspolice (f) (9)	une police d'assurance
versorgen (4)	approvisionner
Versorgung (f) (4)	l'approvisionnement (m)
Verstaatlichung (f) (3)	la nationalisation
verteilen (5)	répartir
verteilen (die Post) (2)	distribuer (le courrier)
Vertragsbruch (m) (4) (9)	une rupture de contrat
Vertreter (m) (5)	un représentant
Verwahrer (m) (4) (7)	un dépositaire
Verwaltungsrat (m) (3)	un Conseil d'Administration
Verzeichnis (n) (4) (6)	une nomenclature
verzollen (11)	dédouaner, passer en douane
Vollhafter (m) (3)	un commandité
Vollkaskoversicherung (f) (9)	une assurance tous risques

rkehrung (f) (14)	un dispositif
rladen (2)	convoquer
rratsdefizit (n) (4)	une rupture de stock
rruhestand (m) (13)	une retraite anticipée
rschriften (f, pl) (2)	les prescriptions (f, pl)
rstand (m) (3)	le directoire
rstandsvorsitzender (m) (3)	le P.D.G. / Président-Directeur Général

agen (m) (4)	un chariot
ählscheibe (f) (8)	le cadran
ährung (f) (12)	la monnaie
are (f) (4) (10)	une denrée, marchandise
arenbörse (f) (12)	la Bourse des marchandises
arenkorb (m) (14)	le panier de la ménagère
arenprobe (f) (4) (10)	un échantillon
arenumschlag (m) (5)	la rotation des stocks
artung (f) (5)	l'entretien (m)
asserschaden (m) (9)	le dégât des eaux (m)
echsel (m) (2) (13)	une lettre de change, une traite (2), un roulement (13)
echsel (einen - akzeptieren) (4)	accepter une traite
echsel (einen - zum Akzept vorlegen) (2)	présenter une traite à l'acceptation
echselbürge (f) (6)	un avaliseur, avaliste
echselbürgschaft (f) (6)	l'aval (m)
echselmakler (m) (12)	un cambiste
echseln (12)	changer
eggehen (kurz) (2)	absenter (s')
erbeagentur (10)	une agence de publicité
erbefachmann (m) (10)	un publicitaire
erbekampagne (f) (10)	une campagne publicitaire
erbepreis (m) (5)	un prix d'appel
erbespot (m) (10)	un spot publicitaire
erbeträger (m) (10)	un support
erbeverkauf (m) (10)	une vente-réclame
erbung (f) (10)	une publicité
erk (n) (13)	une usine
erkstatt (f) (4)	un atelier
erktag (5)	un jour ouvrable, jour ouvré
ertpapier (n) (12)	un titre
ertpapierabteilung (f) (1)	le service des titres
ertpapierbestand (m) (1)	le portefeuille
ertpapiere (n, pl) (12)	les valeurs mobilières (f, pl)

Wettbewerb (m) (5)	la concurrence
wettbewerbsfähig (5)	compétitif
wiedererlangen (9)	recouvrer (la perte)
wiegen (5)	peser
wirtschaftlich führen (14)	rentabiliser
Wochenendhaus (n) (7)	une résidence secondaire

Z

Zählung (f) (4)	un recensement
Zahlungsanweisung (f) (8)	un mandat
Zahlungseingang (m) (6)	un encaissement
Zahlungserinnerung (f) (1)	un rappel
Zahlungserleichterungen (f, pl) (2)	une fabrique
Zahlungstermin (m) (1) (3)	une échéance
Zeit gewinnen (7)	gagner du temps
Zeit(arbeits)kraft (f) (2)	un/e intérimaire
Zeitungskiosk (m) (14)	un kiosque
Zettel (m) (2)	une fiche
Zeuge (m) (9)	un témoin
Zeuge sein (9)	être témoin
Ziel (n) (9)	une cible
Zins (m) (1)	un intérêt
Zinsen abwerfen (12)	rapporter un intérêt
Zoll (m) (11)	la douane
Zollamt (n) (11)	un bureau de douanes
Zollformalitäten (f, pl) (11)	les formalités (douanières) (f, pl)
zollfrei (11)	en franchise
Zollgebühr (f) (11)	un droit de douane
Zöllner (m) (11)	un douanier
Zollspediteur (m) (11)	un agent en douane
zu versteuern (13)	imposable
zu wenig ... haben (10)	être à court de
Zulieferer (m) (4)	un sous-traitant
zurückrufen (2)	rappeler
zusammenbrechen (12)	s'effondrer
Zusammenfassung (f) (2)	un résumé
Zusammenschluß (m) (3)	une fusion
Zusammenstoß (leicht) (m) (9)	un accrochage
Zuschuß (m) (14)	une subvention, une allocation
zuverlässig (14)	fiable
zuviel erhobene Steuer (f) (13)	le trop-perçu
Zweigstelle (1)	une agence
Zweitwohnung (f) (7)	une résidence secondaire
Zwischenhändler (m) (4)	un intermédiaire

LEXIQUE

SPAGNOL - FRANÇAIS

uerza de. . . (2)	à force de...
a larga (5)	à la longue
eléfono (8)	au bout du fil
unto de salir (7)	en partance
astecer (4)	approvisionner
astecimiento (m) (4)	l'approvisionnement (m)
onar (1)	verser
ono (m) a cuenta de una tercera parte (13)	un tiers provisionnel
ir cartas (2)	décacheter
ión (f) (1) (3)	une part d'intérêt, une action
cionista (m) (3)	un actionnaire
ptación (f) (2)	l'acceptation (f)
eptar (1)	honorer
eptar una letra de cambio (4)	accepter une traite
ndicionamiento (m) (5)	le conditionnement
ecentar (5)	accroître
ivo (3)	l' actif (m)

acudir a (2)	se rendre à
acuse (m) de recibo (2) (8)	un accusé de réception
adjunto (4)	ci-inclus, ci-joint
adquirente (m) (1)	un acquéreur
aduana (f) (11)	la douane
aduanero (m) (11)	un douanier
aerograma (8)	un aérogramme
afiliarse a un sindicato (13)	se syndiquer
agencia (f) de colocaciones (2)	un bureau de placement
agencia (f) de publicidad (10)	une agence de publicité
agente (m) de publicidad (10)	un publicitaire
agente (m) (4) (12)	un courtier
agente (m) autorizado (4) (7)	un dépositaire
agente (m) comisionista expedidor (7)	un groupeur
agente (m) de aduanas (11)	un agent en douane, transitaire
agente (m) de cambio (12)	un agent de change
agente (m) de seguros (9)	un courtier d'assurance
agente (m) de tránsito (7) (11)	un transitaire
agio (m) (1)	un agio
agotado (4)	épuisé

agotamiento (m) de existencias (4)	une rupture de stock
agradecer a alguien por hacer algo (2)	savoir gré à qqn de + inf.
aguantar (9)	subir
ahorrar (10)	épargner, mettre de côté
ahorro (m) (1)	l'épargne (f)
ahorro-vivienda (m) (1)	l'épargne-logement (f)
al contado (6)	au comptant
alarma (f) antirrobo (9)	un système d'alarme
alcista (m) (12)	un haussier
almacén (m) (4)	un entrepôt
almacenar datos (2)	mettre en mémoire
almacenero (m) (4)	un magasinier
alquiler (m) (1) (7) (13) (14)	un louage (7), un loyer (1) (13) (14)
amortizable (12)	amortissable
analizar (12)	dépouiller
andar escaso de (10)	être à court de
anulación (f) (9)	une résiliation
anular (9)	résilier
anunciado (2)	affiché
anunciante (m) (10)	un publicitaire
anuncio (m) (2) (10)	une annonce
apoderado (m) (6)	un fondé de pouvoir
arancel (m) aduanero (11)	un droit de douane
aranceles (m, pl) portuarios (7)	les frais de port (m, pl)
archivar (2)	archiver
archivo (m) (2)	le classement
armador (m) (7)	un armateur
arreglárselas sin (4)	se passer de
arrendamiento (m) (1) (13) (14)	un loyer
artículo (m) de reclamo (5) (10)	en réclame
ascenso (m) (2)	l'avancement (m)
asesor (m) fiscal (13)	un conseiller fiscal
atasco (m) (8)	un embouteillage
atención (f) (2)	l'application (f)
aumentar (5)	majorer
aumento (m) (3)	une augmentation
ausentarse (2)	s'absenter
autofinanciación (f) (14)	l'autofinancement (m)
autogestión (f) (14)	l'autogestion (f)
autómata (m) (8)	un automate
autoservicio (m) (5)	un libre-service
autoservicio (m) de franqueo (8)	le LISA / Libre Service d'Affranchissement
auxiliar (m) de contabilidad (6)	un/e aide-comptable
aval (6)	un aval
avalador (m) (6)	un avaliseur, un avaliste
avalar (2)	avaliser
avería (f) (5)	une panne
averiado (2)	en panne
avisar (2)	prévenir
aviso (m) clasificado (2) (10)	une annonce

B

baja (f) por enfermedad (6)	un congé de maladie
bajista (m) (12)	un baissier
balance (m) (3)	le bilan
balanza (f) comercial (11)	la balance commerciale
balanza (f) deficitaria (11)	la balance déficitaire
balanza (f) favorable (11)	la balance excédentaire
barcaza (f) (7)	une péniche
baremo (m) (13)	un barème
base (f) tributaria (13)	l'assiette fiscale (f)
beneficiario (m) (1)	le bénéficiaire
beneficio (m) (2)	une prestation, un bénéfice
blanco (m) (9)	une cible
boleto (m) de depósito (1)	un bordereau de versement
Bolsa (f) (12)	la Bourse
Bolsa (f) de Comercio (12)	la Bourse de commerce, de marchandises
bolsita (f) (5)	un sachet
bonificación (f) (14)	une allocation
bono (m) de recepción (4)	un bon de réception
bono (m) del estado (12)	une rente (d'État)
bono (m) del Tesoro (12)	un Bon du Trésor
buque (m) de carga (4) (7)	un cargo

C

caja (f) (1) (4)	la caisse
caja (f) de cartón (4)	un carton
Caja (f) Nacional de Ahorro postal (8)	la Caisse Nationale d'Épargne

cajero (m) (1)	un caissier
cajero (m) automático (1)	un Distributeur Automatique de Billets / DAB, un Guichet Automatique de Banque / GAB
cajón (m) de madera (1) (4)	une caisse
calzada (f) (9)	la chaussée
cambiar (12)	changer
cambiar de destino (5)	muter
cambio (m) (12)	la monnaie, le change
cambista (m) (12)	un cambiste
camión (m) de carga pesado (9)	un poids lourd
camionero (m) (7)	un routier
camioneta (f) (7)	une camionnette
campaña (f) publicitaria (10)	une campagne publicitaire
canasta (f) familiar (14)	le panier de la ménagère
cancelar un pedido (4)	annuler une commande
candidatura (f) (2)	une candidature
capacitación (f) profesional (13)	la formation professionnelle
capital (m) social (3)	le capital social
cargador (m) (7)	un chargeur
cargamento (m) (7)	un chargement
cargar (7)	charger
cargo (m) (2)	un poste
carné (m) de identidad (1)	une carte nationale d'identité
carpeta (f) (2)	un dossier
carretilla (f) (4)	un chariot
carrocero (m) (9)	le carrossier
carta (f) certificada (8)	une lettre recommandée
carta (f) partida (7)	une charte-partie
carta (f) de insistencia (14)	une relance (lettre de)
cartel (m) (10)	une affiche
cartera (f) (1)	un portefeuille de titres
casa (f) de campo (7)	une résidence secondaire
casa (f) de fin de semana (7)	une résidence secondaire
casillero (m) (12)	un casier
castigo (m) (1)	une peine
catálogo (m) (5) (10)	un catalogue
caución (f) (12)	un cautionnement
ceder (4)	céder
C.E.E. / Comunidad (f) Económica Europea (11) (14)	la C.E.E. / Communauté Économique Européenne
centro (m) comercial (5)	un centre commercial
centro (m) de agrupamiento (7)	un centre de groupage
certificado (m) de domicilio (1)	un certificat de domicile
certificado (m) de origen (11)	un certificat d'origine
chalana (f) (7)	une péniche
chequear (2)	cocher, vérifier
cheque (m) en blanco (1)	un chèque en blanc
cheque (m) postal (8)	un chèque postal
cheque (m) provisorio (1)	un chèque omnibus
cheque (m) sin fondos (1)	un chèque sans provision
chip (m) (8)	une puce
chocar (9)	emboutir
chófer (m) (2) (9)	un chauffeur
cierre (m) (1)	la fermeture
CIF (m) / Coste, Seguro y Flete (7)	le CAF / Coût, Assurance, Fret
circular (f) (10)	une circulaire
clasificar (2)	trier
cobrado de más (13)	un trop-perçu
cobranza (f) (6)	un encaissement
cobrar (1)	encaisser
cobrar dividendos (3)	toucher des dividendes
cobrar un cheque (1)	toucher un chèque
código (m) de barras (8)	un code-barre
código (m) postal (8)	un code postal
colgar el teléfono (8)	raccrocher
colisión (f) (9)	un accrochage
coloquio (m) (14)	un colloque
comerciante (m) (3)	un commerçant
comercio (m) (3)	un fonds de commerce
cómic (m) (10)	une B.D. / Bande Dessinée
comisión (f) (4) (5) (6)	une commission, une guelte
comisionista (m) (4)	un commissionnaire
comité (m) de empresa (6) (13)	un comité d'entreprise
compañero (m) de equipo (3)	un partenaire
compañía (f) (3)	une société de personnes
compañía (f) de corredores de Bolsa (12)	une Société de Bourse
compartimiento (m) (4)	une case
compartir (3)	répartir
compensar (1)	compenser
competencia (f) (5)	la concurrence
competitivo (5)	compétitif
compra (f) (4)	l'achat

180

comprador (m) (4)	un acheteur
comprobante (m) (5)	une pièce justificative
conceder un descubierto (1)	consentir un découvert
concesionario (m) (4) (7)	un concessionnaire
congresista (m) (10)	un congressiste
conmocionado (9)	commotionné
conocimiento (m) de embarque (7)	un connaissement
Consejo (m) de Administración (3)	un Conseil d'Administration
Consejo (m) de Vigilancia (3)	un Conseil de Surveillance
consola (f) (8)	une console
consumidor (m) (5) (13)	un consommateur
contenciosos (m, pl) (5)	le service du contentieux
contestador (m) automático (8)	un répondeur
contra reembolso (7)	contre remboursement
contrata (f) (2)	un engagement
contratar (6)	embaucher
contrato (m) de alquiler (14)	un bail, des baux
contribuyente (m) (13)	le contribuable
control (m) (13)	un contrôle
control (m) de aduanas (11)	une vérification par épreuve
control (m) de cambio (11)	le contrôle des changes
convenciones (f, pl) colectivas (13)	les conventions collectives (f, pl)
convocar (2)	convoquer
coyuntura (f) económica (3)	la conjoncture économique
corredor (m) (4) (5) (12)	un courtier, un placier
corredor (m) de agente de bolsa (12)	un remisier
correo (m) (2) (8)	le courrier, la poste
corretaje (m) (4)	un courtage
corro (de Bolsa) (m) (12)	la corbeille, le parquet
costear (5)	défrayer
cotización (f) (12)	une cote, un cours
cotización (f) por licitación (12)	la cotation par casier
cotizado (3)	coté
crédito (m) (4) (6)	un avoir, crédit
crédito (m) documentario (7)	le crédit documentaire
cubrir una vacante (3)	pourvoir un poste vacant
cuenta (f) (1)	un compte
cuenta y riesgo del destinatario (por) (7)	aux risques et périls du destinataire (m, pl)
cuenta y riesgo del inquilino (por) (9)	un risque locatif
cuidado (m) (2)	l'application (f)
cuota (f) (3) (6) (9)	une cotisation, une quote-part
cupón (m) (12)	un coupon
curriculum (m) vitae (2)	un curriculum vitae
cursillista (m) (1)	un/e stagiaire

D

daño (m) causado por el agua (9)	le dégât des eaux
daños (m, pl) (9)	des dégâts (m, pl)
daños y perjuicios (m, pl) (9)	des dommages et intérêts (m, pl)
dar firma (1)	déposer sa signature
dato (m) (12)	un tuyau
debe (m) (7)	le débit
debidamente (9)	dûment
débito (m) (6)	le débit
débito (m) automático (1)	un prélèvement automatique
década (f) (1), decenio (m) (1)	une décennie
declaración (f) (7)	un manifeste
declaración (f) de accidente (9)	une déclaration d'accident
declaración (f) fiscal (13)	une déclaration d'impôt
deducción (f) (6)	une retenue
deducir (5) (13)	déduire, prélever
defectuoso (5)	défectueux
deformación (f) profesional (2)	la déformation professionnelle
delegado (m) del personal (3) (6) (13)	un délégué du personnel
demostrar (1)	faire la preuve
denunciar el convenio (13)	dénoncer un forfait
departamento (m) de inversiones (1)	le service du portefeuille, le service des titres
departamento (m) de relaciones públicas (10)	le service des relations publiques
depósito (m) (4) (13)	un entrepôt
depreciación (f) (6)	un amortissement
derecho (m) a renovar el contrato de arrendamiento o alquiler (14)	le droit au bail
derechos (m, pl) de registro (13)	les droits d'enregistrement (m, pl)
derechos (m, pl) de sucesión (13)	les droits de succession (m, pl)
desarrollo (m) (2)	l'essor (m)
descanso (m) prenatal y postnatal (6)	un congé de maternité
descarga (f) (7)	le déchargement
descolgar el auricular (8)	décrocher

descubierto (m) (1)	un découvert
descuento (m) (5) (6) (10) (12)	un escompte, une remise
descuento (m) de letras de cambio (5) (6)	un escompte
desempleado (m) (2) (13)	un chômeur
desempleo (m) (13)	le chômage
desgravación (f) (13)	un dégrèvement
despachar (7)	expédier
despachar de aduana (11)	dédouaner
despacho (m) del correo (8)	l'acheminement du courrier (m)
desperfecto (m) (5)	une panne
despido (m) (13)	un licenciement (m)
despedirse (3)	prendre congé
día (m) laborable (5)	un jour ouvré
día (m) trabajado (5)	un jour ouvrable, un jour ouvré
dilapidar (1)	dilapider
dimisión (f) (2)	une démission
dimitir (2)	donner sa démission
dinero (m) en efectivo (1) (5) (6)	comptant, les espèces (f, pl), l'argent liquide (m)
directivas (f, pl) (2)	les directives (f, pl)
Director (m) General, Director (m) Gerente (3)	le P.D.G. / Président-Directeur Général
directorio (m) (3)	un directoire
disco (m) (8)	le cadran
disminuir (5)	diminuer
disolver (3)	dissoudre
disponibilidades (f, pl) (1)	les disponibilités (f, pl)
disquete (m) (10)	une disquette
Distribuidor (m) de Sellos de Franqueo (8)	le DIVA / Distributeur de Vignettes d'Affranchissement
distribuir (3)	répartir
dividendo (m) (12)	un dividende
divisas (f, pl) (5)	les devises (f, pl)
documentación (f) (4)	la documentation
documentos (m, pl) anexos (2)	les pièces jointes (f, pl)
Documento (m) Nacional de Identidad / DNI (1)	une carte nationale d'identité
domicilio (m) social (4)	le siège social
dorso (m) (al) (1)	verso (m) (au)
dossier (m) (2)	un dossier
dotar (2)	doter
dueño (m) (14)	le propriétaire

E

efracción (f) (9)	une effraction
ejecución (f) de un pedido (4)	l'exécution (f) de la commande
ejecución (f) judicial (3)	un règlement judiciaire
ejecutivo (m) (2)	un cadre
ejercicio (m) (6)	un exercice
ejercicio (m) contable (3)	un exercice comptable
ejercicio (m) fiscal (13)	un exercice fiscal
embalaje (m) (7)	un emballage
embalar (7)	emballer
emisión (f) de cheque sin fondos (1)	l'émission (f) de chèques sans provision
empalme (m) (7)	une correspondance
empaquetador (m) (5)	un emballeur
empaquetar (7)	emballer
empleado (m) encargado de correo (2)	un/e correspondancier / correspondancière
empleado (m) temporario (2)	un/e intérimaire
empleo (m) (1) (2)	un emploi
empresa (f) (2)	une entreprise
empresa (f) de vanguardia (3)	une entreprise de pointe
empresariado (m) (13)	le patronat
empréstito (m) (1)	un emprunt
empréstito (m) público (12)	un emprunt d'Etat
en caso de litigio (2)	en cas de litige
en franquía (7)	en partance
en línea (8)	au bout du fil
encargado (m) (2)	un responsable
encargado (m) de manutención (4)	un manutentionnaire
encargado (m) de tienda (4)	un magasinier
encartar (10)	encarter
encuesta (f) (10)	une enquête, un sondage
endosador (m) (1)	un endossataire
endosar (1)	endosser
enfrentar la competencia (5)	faire face à la concurrence
enlace (m) sindical (13)	un délégué syndical
entablar un proceso (6)	entamer des poursuites judiciaires
entrega (f) (7)	une livraison

181

envase (m) restituíble (7)	un emballage consigné
escalafón (m) (4)	un grade
escalonado (4)	échelonné
escasez (f) (4) (14)	une pénurie
escribir al dictado (2)	prendre le courrier sous la dictée
eslogan (m) (10)	un slogan
espacio (m) publicitario (10)	un spot publicitaire
especular (13)	miser sur
establecer (13) (14)	établir, implanter
estado (m) de cuenta (1) (8)	une position de compte
estafa (f) (1)	une escroquerie
estampilla (f) (13)	une vignette
estancamiento (m) (3)	la stagnation
estar a la cabeza de (4)	être à la tête de
estar de guardia (13)	permanence (être de)
estar en condiciones de (5)	être en mesure de
estorbar (4)	entraver
excursión (f) (13)	une excursion
exención (f) tributaria (13)	une exonération
exento de derechos de aduana (11)	en franchise
exento de impuestos (1)	net d'impôt
existencias (f, pl) (4)	un stock
expedidor (m) (5)	un expéditeur
expediente (m) (2)	un dossier
expendeduría (f) (5)	un point de vente
exponer (10)	exposer
exposición (f) (10)	une exposition, une manifestation
expositor (m) (10)	un exposant
exterior (m) (1)	l'extérieur (du pays) (m)
extracto (m) bancario (1)	un relevé bancaire

F

fábrica (f) (2) (13)	une fabrique, une usine
fabricante (m) (4)	un fabricant
facilidades (f, pl) de pago (5)	des facilités de paiement (f, pl)
factoring (m) (3)	l'affacturage (m)
factura (f) (1) (4)	une facture
factura (f) de gasolina (5)	une facture d'essence
factura (f) de hotel (5)	une note d'hôtel
factura (f) pro forma (11)	une facture «pro forma»
factura (f) rectificada (4)	une facture rectifiée
facturar (4)	facturer
fajo (m) (6)	une liasse
fallar (6)	prononcer une sanction
F.A.S. / franco muelle, puerto de embarque convenido (7)	F.L.B. / franco long du bord
feria (f) (10)	une exposition, une foire
ferroviario (7)	ferroviaire
fiable (14)	fiable
fiador (m) (6)	un avaliseur, un avaliste
ficha (f) (8)	un jeton
ficha (f) de asistencia (3)	un jeton de présence
fijado (2)	affiché
fijar (13)	établir
filial (f) (1) (2) (3)	une filiale
fin (m) de serie (5)	une fin de série
financiación (f) (1)	le financement (m)
firma (f) (2) (3)	la raison sociale (f)
firma (f) donde uno trabaja (pop.) (4)	la «boîte» (pop.)
firmar (9)	souscrire
fisco (m) (13)	le fisc
fletamento (m) (7)	l'affrètement (m)
flete (m) (7)	le fret
F.M.I. / Fondo (m) Monetario Internacional (14)	le F.M.I. / Fonds Monétaire International
folleto (m) (10)	un dépliant, une brochure
fondos (m, pl) (1)	des fonds (m, pl)
fondos (m, pl) públicos (12)	des fonds d'état (m, pl)
formulario (m) (1) (2) (4) (9)	un formulaire
franco a bordo (7)	F.A.B. / franco à bord, franco sur place
franco de porte y embalaje (7)	franco de port et d'emballage
franco vagón, punto de partida convenido, F.O.R. (7)	F.O.R. / franco wagon
franja (f) de imposición (13)	une tranche d'imposition
franquicia (f) (7)	le franchisage
franquicia (f) postal (8)	la franchise postale
frenar (11)	freiner
freno (m) (9)	le frein
frontera (f) (11)	une frontière
fuera de cotización (12)	hors cote
fuera del país (1)	de l'extérieur (m) (du pays)
fuera de servicio (2)	en panne

fuerza (f) obrera (13)	les travailleurs
fuga (f) de capitales (9)	la fuite des capitaux
funcionario (m) (13)	un fonctionnaire
fusión (f) (3)	une fusion

G

gama (f) (2) (5)	une gamme
ganar (13)	gagner
ganar tiempo (7)	gagner du temps
ganar un mercado (11)	enlever un marché
ganga (f) (5)	une bonne affaire
gastar (1)	dépenser
gasto (m) (5)	une dépense
gastos (m, pl) (5)	des frais (m, pl)
gastos (m,pl) de porte y embalaje (5)	des frais de port et d'emballage (m, pl)
gastos (m, pl) de transporte (7)	des frais de transport (m, pl)
gastos (m, pl) de viaje (2)	des frais de déplacements (m, pl)
gastos (m, pl) generales (6)	des frais généraux (m, pl)
gastos (m, pl) portuarios (7)	des frais portuaires (m, pl)
GATT / Acuerdo (m) General sobre Aranceles Aduaneros y Comercio	AGETAC / Accord (m) GÉnéral sur les TArifs et le Commerce
gerente (m) (2)	un gérant
girar (1)	virer
giro (m) (1)	un virement
golpeado (13)	touché
grapadora (f) (2)	une agrafeuse
guía (f) telefónica (8)	un annuaire téléphonique

H

haber (m) (6)	un crédit
hacer cola (1) (8)	faire la queue
hacer contactos (10)	prendre des contacts
hacer un empréstito (12)	lancer un emprunt
hacer una transferencia (1)	virer
hacerse cargo de (2)	prendre en charge
herido (m) (9) (13)	un blessé, touché
herirse (9)	se mutiler
hipermercado (m) (5)	une grande surface, un hypermarché
historial (m) profesional (2)	un curriculum vitae
hoja (f) de paga (1) (6)	un bulletin de paie, une feuille ou fiche de paie
¡Hola! ¿quién habla? (8)	Allô, qui est à l'appareil?
honorarios (m, pl) (13)	des émoluments (m, pl), des honoraires (m, pl)
hora(s) (f) extraordinaria(s) (6)	une (des) heure(s) supplémentaire(s)
huelga (f) (6)	une grève
hundirse (12)	s'effondrer

I

imagen de marca (f) (10)	une image de marque
implantar (14)	implanter
imponible (13)	imposable
impresora (f) (10)	une imprimante
impuesto (m) (1) (8) (13)	une redevance, une taxe
impuesto (m) sobre la renta de las personas físicas (13)	I.R.P.P. / Impôt (m) sur le Revenu des Personnes Physiques
impuestos (m, pl) incluídos (5)	T.T.C. / Toutes Taxes Comprises
impuestos (m,pl) no incluídos (5)	hors taxe / H.T.
incendio (m) (9)	un incendie
incitar a alguien a hacer algo (6)	inciter qqn à faire qqch
incoterm (7)	un incoterme
incoterms (m, pl) (7)	les T.C.I. / Termes (m, pl) Commerciaux Internationaux
indemnización (f) (9)	une indemnité
indicador (m) (14)	un clignotant
indicador (m) económico (14)	un indicateur
índice (m) (14)	un indice
índice (m) de referencia en la Bolsa francesa (12)	le CAC 40 / Cotation (f) Assistée en Continu
informática (f) (3)	l'informatique (f)
informe (m) (2)	un procès-verbal
informe (m) anual (3)	un rapport annuel
ingresos (m, pl) (13)	le revenu (m)
inquilino (m) (14)	un locataire
Inspección (f) de Contribuciones Directas (13)	l'Inspection (f) des Contributions Directes
instruído (a) en... (2)	calé(e) en...
interés (m) (1)	un intérêt
interino/ a (m/f) (2)	un/e intérimaire
interior (m) del país (1)	l'intérieur (du pays) (m)

interlocutor (m) (8)	*un correspondant*
intermediario (m) (4)	*un intermédiaire*
intervención (f) de cuentas (13)	*un contrôle*
intimación (f) (8)	*une mise en demeure*
inventario (m) (4)	*un inventaire, un recensement*
inversión (f) (1)	*un investissement, un placement*
I.V.A. / Impuesto (m) sobre el Valor Añadido (5)	*la T.V.A. / Taxe (f) à la Valeur Ajoutée*

J

joya (f) (11)	*un bijou*
jubilación (f) anticipada (13)	*la retraite anticipée*
jubilarse (2)	*prendre sa retraite*
Junta (f) General de Accionistas (3)	*une Assemblée Générale*
juramentado (6)	*assermenté*
jurisprudencia (f) (14)	*la jurisprudence*

L

ladrón (m) (9)	*un cambrioleur*
lanzar al mercado (un nuevo producto) (5)	*lancer sur le marché*
lanzar una orden de huelga (13)	*lancer un mot d'ordre de grève*
letra (f) de cambio (2)	*une lettre de change, traite*
libre comercio (m) (11)	*le libre-échange*
librecambio (m) (11)	*le libre-échange*
libre de impuestos (2)	*net d'impôt*
licencia (f) de exportación (11)	*une licence d'exportation*
licenciado/a (m/f) en derecho (2)	*un/e licencié/e en droit*
liquidación (f) judicial (3)	*la liquidation des biens*
liquidar (5)	*liquider, solder*
lista (f) de embalaje, de contenido (11)	*une liste de colisage*
lista (f) de precios (12)	*la mercuriale*
litigio (m) (2)	*un litige*
llamada (f) a cobro revertido (8)	*P.C.V. / à PerCeVoir*
llamada (f) telefónica (2)	*un appel téléphonique*
llamar la atención de... sobre... (1)	*attirer l'attention de... sur...*
llevar los libros contables (6)	*tenir les comptes*
local (m) (5) (9) (14)	*un local*
lucro (m) cesante (13)	*le manque à gagner*
lugar (m) disponible (10)	*une place disponible*
luz (f) intermitente de auto (14)	*un clignotant*

M

Magistratura (f) de Trabajo (3)	*le Conseil des Prud'hommes*
mandatario (m) (5)	*un mandataire*
maniobra (f) fraudulenta (5)	*une manoeuvre frauduleuse*
mantenimiento (m) (5)	*l'entretien (m)*
máquina (f) de franquear (8)	*une machine à affranchir*
máquina (f) de tratamiento de texto (2)	*une machine à traitement de textes*
máquina (f) franqueadora (8)	*une machine à affranchir*
máquina (f) para abrir cartas (2)	*une machine à décacheter*
marca (f) (5)	*une étiquette*
marcar el número (8)	*composer le numéro*
margen (m/f) de ganancias (6)	*une marge bénéficiaire*
matasellos (m) (2)	*un dateur*
material (m) móvil (7)	*le matériel roulant*
materiales (m, pl) (4)	*des fournitures (f, pl)*
materias (f, pl) primas (4) (14)	*les matières premières (f, pl)*
matriz (f) de un cheque (8)	*un talon*
mayorista (m) (4)	*un grossiste*
mecanografía (f) (2)	*la dactylographie*
mecanografiar (2)	*dactylographier*
medida (f) (5)	*la taille*
medios (m, pl) de comunicación (10)	*les médias (m, pl)*
memo, memorándum (m) (2)	*une fiche*
memoria (f) (3)	*un procès-verbal*
mensajería (f) (7)	*les messageries (f, pl)*
mensualidad (f) (5)	*une mensualité*
mercadería (f) (4)	*une marchandise*
mercado (m) (5) (9)	*un débouché, un marché*
mercado (m) del trabajo (13)	*le marché de l'emploi*
mercado (m) potencial (5)	*le marché potentiel*
metálico (m) (en) (14)	*numéraire (m)*
microordenador (m) (10)	*un micro-ordinateur*
microteléfono (m) (8)	*le combiné*
miembros (m, pl) de profesiones liberales (13)	*les membres (m, pl) des professions libérales*
minorista (m) (4)	*un détaillant*
módico (2)	*modique*
moneda (f) (12)	*la monnaie*
monopolio (m) (5) (12)	*un monopole*

montacarga (m) (4)	*un chariot*
montante (m) (1)	*un montant*
montante (m) del abono telefónico (1) (8)	*la redevance*
motivo (m) (9)	*un motif*
movimiento (m) de existencias (5)	*la rotation des stocks*
mueble (m) (2)	*un meuble*
muestra (f) (4) (10)	*un échantillon, un spécimen*
multa (f) (1) (11)	*une amende*
mutualidad (f) de seguros (9)	*une mutuelle*

N

nacionalización (f) (3)	*une nationalisation*
nada para declarar (11)	*rien à déclarer*
negocio (m) (3)	*un fonds de commerce*
nivel (m) (10)	*un niveau*
nombre (m) y dirección del destinatario (2)	*la vedette*
nomenclatura (f) (4) (6)	*une nomenclature*
nómina (f) (13)	*un rôle*
normalizar (2)	*normaliser*
nota (f) de crédito (4) (7)	*une facture d'avoir*
nota (f) interna (2)	*une note de service*
número (m) de teléfono gratuito (8)	*un Numéro Vert*

O

objetivo (m) (9)	*une cible*
obligación (f) (1) (12)	*une obligation*
obligacionista (m) (12)	*un obligataire*
O.C.D.E. / Organización (f) para la Cooperación y el Desarrollo Económico (14)	*l'O.C.D.E. / Organisation (f) de Coopération et de Développement Économique*
ocupar un puesto (2)	*occuper un poste*
ocuparse de (4)	*s'occuper de*
oferta (f) (4)	*une offre*
oferta (f) y demanda (12)	*l'offre et la demande (f)*
oficina central (4)	*le siège*
Oficina (f) de Aduana (11)	*un bureau de douanes*
oficina (f) de compras (4)	*le service des achats*
oficina (f) de recaudación de impuesto (13)	*la recette-perception (ou perception)*
oficina (f) de turismo (10)	*un syndicat d'initiative*
olvido (m) (5)	*un oubli*
omisión (f) (5)	*une omission*
OPEP / Organización (f) de los Países Exportadores de Petróleo (14)	*l'OPEP / Organisation (f) des Pays Exportateurs de Pétrole*
operación (f) a plazo (12)	*le marché à terme*
orden (m/f) (5)	*un ordre*
orden (por) (5)	*par ordre*
orden (f) de expedición (4)	*un bon de livraison*
orden (f) de pago (8)	*un mandat*
orden (m) del día (6)	*l'ordre du jour (m)*
ordenador (m) (2)	*un ordinateur*
organigrama (m) (2)	*un organigramme*

P

pagar (1)	*honorer*
pagar los gastos (5)	*défrayer*
pagar sueldos (12)	*rémunérer*
pago (m) (4)	*un règlement*
pago (m) al contado (5)	*un paiement au comptant*
pago (m) atrasado (6)	*un arriéré*
paliar (14)	*pallier*
pantalla (f) (10)	*un écran*
papel (m) membrete (2)	*le papier à en-tête*
paquete (m) (4)	*un colis*
paquete (m) con portes pagados (7)	*un colis en port payé*
parte (f) amovible de un documento o papel (8)	*un volet*
particular (m) (13)	*un particulier*
pasar a correccional (1)	*passer en correctionnelle*
pasar de contrabando (11)	*passer en contrebande*
pasar la aduana (11)	*passer une douane*
pasar un pedido de urgencia (4)	*passer une commande d'urgence*
pasivo (m) (3)	*le passif*
patente (f) (13)	*une vignette*
pedido (m) (4)	*une commande*
pedido (m) a prueba (4)	*une commande à titre d'essai*
pedido (m) urgente (4)	*un commande d'urgence*
pedir prestado (1)	*emprunter*
pegatina (f) (13)	*une vignette*
penalidad (f) (1)	*une peine*
pensión alimenticia (f) (13)	*une pension alimentaire*

penuria (f) (4) (14)	une pénurie
pequeñas y medianas industrias (f, pl) (13)	les P.M.I. / Petites et Moyennes Industries (f, pl)
pérdida (f) (4)	un préjudice
pérdidas y ganancias (f, pl) (6)	les pertes et profits (pl)
período (m) de prácticas (1)	un stage
perito (m) en contabilidad (6)	un expert-comptable
perjuicio (m) (4)	un préjudice
pesar (5)	peser
petición (f) de vecinos (9)	le recours des voisins
petróleo (m) (14)	le pétrole
plan (m) (14)	un dispositif
planificación (f) (14)	la planification
plazo (m) con aviso previo (9)	un délai de préavis
plazo (m) de entrega (4)	un délai de livraison
plazo (m) de reflexión (4)	un délai de réflexion
P.N.B. / Producto (m) Nacional Bruto (14)	le P.N.B. / Produit National Brut
póliza (f) adicional (9)	un avenant
póliza (f) de seguro (9)	une police d'assurance
póliza (f) flotante (9)	une police flottante
póliza (f) todo riesgo (9)	tous risques
poner a un lado (2)	mettre de côté
poner al corriente (6)	mettre au courant
poner al tanto (6)	mettre au courant
portador (m) de acciones (3)	un porteur de parts
portador (al) (1)	porteur (au)
porte (m) debido (7)	port (m) dû
precio (m) (12)	un cours
precio (m) alzado (7)	un prix forfaitaire
precio (m) corriente (2) (4)	un prix courant
precio (m) de coste (6)	le prix de revient
precio (m) de lanzamiento (10)	un prix de lancement
precio (m) de reclamo (5)	un prix d'appel
precio (m) del oro (12)	le cours de l'or
precio (m) global (7)	un prix forfaitaire
prescindir (4)	se passer de
presentar una letra de cambio para su aprobación (2)	présenter une traite à l'acceptation
prescripciones (f, pl) (2)	les prescriptions (f, pl)
préstamo (m) (1)	un prêt
prestar con interés (1)	prêter
presupuesto (m) de reparación (9)	un devis de réparation
pretensiones (f, pl) del candidato (2)	les prétentions (f, pl)
prima (f) (2)	une prime
privatizar (3)	privatiser
procedimiento (m) judicial (6)	une procédure
producto (m) (10)	une denrée
producto (m) de alta calidad (5)	un haut de gamme
producto (m) semimanufacturado (4)	un produit semi-ouvré
producto (m) terminado (4)	un produit fini
productor (m) (4)	un producteur
promover (10)	promouvoir
propina (f) (7)	un pourboire
prorrata (f), prorrateo (m) (3)	le prorata
prospecto (m) (10)	un prospectus
protesto (m) (6)	un protêt
proveedor (m) (4)	un fournisseur
prueba (f) (2)	une preuve
publicación (f) periódica (10)	un périodique
publicidad (f) (10)	une publicité, une «pub»
puesto (m) (2)	un poste
punto (m) de venta (5)	un point de vente
PYMES / Pequeñas y Medianas Empresas (f, pl) (2)	les P.M.E. / Petites et Moyennes Entreprises (f, pl)

Q

quiebra (f) (3)	une faillite
quiosco (m) (14)	un kiosque

R

radiante (11)	rayonnant
ranura (f) (8)	une fente
razón (f) social (2) (3)	la raison sociale (f)
reactivar (14)	relancer
reactor (m) nuclear (14)	un réacteur nucléaire
rebaja (f) (5)	un rabais, une réduction
rebajas (f, pl) (10)	des soldes (m, pl)
recaudación (f) (6) (13)	un recouvrement
recaudador (m) (13)	un percepteur
recaudar (13)	percevoir (à)
recesión (f) (3)	la récession

recibí, recibimos (4) (6)	acquit (pour acquit)
recibir dando la conformidad (4)	réceptionner
recibo (m) (1)	un reçu
recibo (m) de alquiler (1)	une quittance de loyer
recibo (m) de depósito (7)	un récépissé-warrant
reciclaje (m) (13)	le recyclage
recordatorio (m) (2)	une lettre de rappel
recuperar el tiempo perdido (11)	rattraper le temps perdu
recuperar la pérdida (9)	recouvrer (la perte)
red (f) (8) (10)	un réseau
refrendar (9)	contre-signer
registrar (2)	enregistrer
registro (m) de vencimientos (4) (6)	un échéancier
reglamento (m) interno (3)	un règlement intérieur
relaciones (f, pl) públicas (10)	les relations publiques (f, pl)
rellenar (1)	remplir
remesa (f) (2)	un avis d'expédition
remuneración (f) (3) (13)	une rémunération, une rétribution
remunerar (12)	rémunérer
rendir un interés (12)	rapporter un intérêt
renta (f) (13)	une rente, un revenu
rentabilizar (14)	rentabiliser
reparador (m) (2)	un réparateur
repartidor (m) (7)	un livreur
repartir (el correo) (2)	distribuer (le courrier)
representante (m) regional (5)	un représentant
requerimiento (m) (8)	une mise en demeure
rescindir (9)	résilier
rescisión (f) (9)	une résiliation
reserva (f) (7)	une réservation
reservar (7)	retenir
resguardo (m) (7)	un récépissé
responsable (m) (2)	un responsable
restaurant (m) tres estrellas (2)	un trois étoiles
resumen (m) (2)	un résumé
retención (f) en la fuente (13)	le prélèvement à la source
retirarse de los negocios (3)	se retirer des affaires
retiro (m) (1)	un retrait
retiro (m) de dinero en efectivo (1)	un retrait de fonds
retribución (f) (13)	le cachet
robo (m) (9)	un vol
rotación (f) (13)	roulement (m)
ruptura (f) de contrato (4) (9)	une rupture de contrat

S

salario (m) (1) (2) (3) (13)	une rémunération, un salaire, un traitement, des appointements (m, pl)
salario (m) mínimo (13)	le SMIC / Salaire (m) Minimum Interprofessionnel de Croissance
saldar, saldar una cuenta (5) (6)	solder, solder un compte
saldo (m) (5) (13)	un reliquat, solde
saldos (m, pl) (10)	des soldes (m, pl)
salida (f) (4) (9)	un débouché, une sortie
salón (m) (10)	un salon
sede (f) (4)	le siège
secretaria (f) ejecutiva (2)	une secrétaire de direction
Seguridad (f) Social (organismo y legislación) (9)	la Sécurité Sociale
sello (m) (8)	un timbre
señal (f) de pago (6)	des arrhes (f, pl)
sentencia (f) (1)	une peine
ser testigo (9)	être témoin
serie (f) (2) (5)	une gamme
servicio (m) de posventa (5)	le service après-vente
servicio (m) de transporte por carretera (7)	le service routier
sigla (f) (14)	un sigle
sindicato (m) (3) (13)	un syndicat
siniestro (m) (9)	un sinistre
sociedad (f) (3)	une société de personnes
sociedad (f) anónima (3)	une Société Anonyme / S.A.
sociedad (f) bursátil (12)	une charge
sociedad (f) colectiva (3)	une société en nom collectif
sociedad (f) de capitales (3)	une société de capitaux
sociedad (f) de comandita (3)	une comandite
Sociedad (f) Gestora de Fondo de Inversión Mobiliaria / de fondos mutuos (12)	une SICAV / Société (f) d'Investissement à Capital Variable
socio (m) (3)	un associé
socio (m) activo (3)	un commandité
socio (m) comanditario (3)	un commanditaire
solicitante (m) de empleo (13)	un demandeur d'emploi
solicitud (f) de empleo (2)	une demande d'emploi

sondeo (m) (10)	un sondage
soporte (m) publicitario (10)	un support
stand (m) (10)	un stand
subasta (f) (12)	la cotation à la criée
subcarpeta (f) (2)	une chemise
subcontratista (m) (4)	un sous-traitant
subdesarrollado (14)	sous-développé
subsidio (m) (14)	une allocation
subvención (f) (14)	une subvention
subvencionado (2)	subventionné
sucursal (f) (1)	une agence
sueldo (m) (1) (2) (3) (13)	des émoluments (m, pl), des gages (m, pl), un salaire, des appointements (m, pl)
sueldo (m) fijo mensual (5)	un fixe mensuel (m)
sujeto a (1)	passible de
suministro (m) (4)	une fourniture
superávit (m) (11)	une balance excédentaire
suscribirse (14)	s'abonner
suscripción (f) (10) (14)	un abonnement
suscriptor (m) (2)	un abonné

T

talla (f) (5)	la taille
taller (m) (4)	un atelier
talonario (m) de cheques (1)	un carnet de chèques, un chéquier
tanto (m) por ciento (3)	un tantième
taquigrafía (f) (2)	la sténographie
taquillero (m) (1)	un guichetier
tarifa (f) decreciente (4)	un tarif dégressif
tarifa (f) fija (13)	un forfait
tarjeta (f) de crédito (1)	une carte de crédit
tarjeta (f) telefónica (8)	une télécarte
tasa (f) (13)	un taux
tasa (f) de aprendizaje (13)	une taxe d'apprentissage
T.C.I. / Términos (m, pl) Comerciales Internacionales (7)	les T.C.I. / Termes (m, pl) Commerciaux Internationaux
teclado (m) (8) (10)	un clavier
telefax (m) (8)	une télécopie, un télécopieur
Telefónica (f) Francesa (8)	France Télécom
telefonista (f) (8)	une standardiste
teléfono (m) de bolsillo (8)	un Bi-bop
telegrama (m) (2)	un télégramme
teleimpresor (m) (2)	un téléscripteur
télex (m) (2)	un télex
temporada (de la) (5)	saisonnier
tenedor (m) de libros (6)	un/e aide comptable
tener al corriente (4)	tenir au courant
tener buen ojo (2)	avoir l'œil
Tercer Mundo (m) (14)	le Tiers Monde
tercero (m) (9)	un tiers
terminal (m) (8)	un terminal
testigo (m) (9)	un témoin
tipear (2)	taper à la machine
tira (f) (10)	une B.D. / Bande Dessinée
titular (m) (2)	un titulaire
título (m) (12)	un titre

tocar a su fin (14)	tirer à sa fin
todo anda bien (pop.) (2)	ça marche (fam.)
tomar una copa (1)	prendre un verre
tono (m) (8)	la tonalité
trabajador (m) (13)	un travailleur
trabajo (m) a media jornada (13)	le travail à mi-temps
trabajo (m) a tiempo parcial (13)	le travail à temps partiel
trabajo (m) clandestino (14)	le travail clandestin
trabajo (m) negro (14)	le travail au noir
trabajo (m) por turnos (13)	le travail à temps posté
trámites (m, pl) aduaneros (11)	les formalités (douanières) (f, pl)
tramo (m) (13)	une tranche d'imposition
transacción (f) (4)	une transaction
transacción (f) bursátil (1)	une transaction boursière
transferencia (f) (1)	un virement
transmisible (m) (3)	cessible
transportes (m, pl) aéreos (7)	les transports aériens (m, pl)
transportes (m, pl) fluviales (7)	les transports fluviaux (m, pl)
transportes (m, pl) marítimos (7)	les transports maritimes (m, pl)
tratamiento (m) de textos (2)	le traitement de textes
Tren (m) de Alta Velocidad (7)	le T.G.V. / Train (m) à Grande Vitesse
trueque (m) (14)	le troc
tumulto (m) (9)	une émeute
turbio (adj.) (3)	louche (adj.)

U

ultramar (1)	outremer

V

vacaciones (f, pl) pagadas (13)	des congés (m, pl) payés
vacaciones (f, pl) a precio a tanto alzado (7)	un forfait vacances
vacante (f) (11)	une place disponible
valor (m) actual (9)	valeur vénale (f)
valores (m, pl) mobiliarios (12)	des valeurs (f, pl) mobilières
vandalismo (m) (9)	le vandalisme
vencimiento (m) (1) (3)	une échéance
venta (f) (4)	la vente
venta (f) de reclamo (10)	une vente-réclame
venta (f) por correspondencia (5)	la V.P.C. / Vente (f) Par Correspondance
ventanilla (f) (1)	un guichet
viajante (m) de comercio (5)	un voyageur de commerce
viajante (m), representante (m), corredor (m) (5)	des V.R.P. / Voyageurs, Représentants Placiers (m, pl)
visitador (m) (10)	un visiteur
volumen (m) de facturación (6)	le chiffre d'affaires
volumen (m) de negocios (5)	le chiffre d'affaires
voluminoso (7)	volumineux
volver a llamar (2)	rappeler
volver a pasar por la oficina (2)	repasser au bureau
voto (m) (3)	une voix

W

warrant (m) (7)	un récépissé-warrant

LISTE DES SIGLES

A

AGETAC (14) — *Accord GÉnéral sur les TArifs douaniers et le Commerce*
A.I. (2) — *Air Inter*

B

B.C.E. (14) — *Banque Centrale Européenne*
B.D. (10) — *Bande Dessinée*
B.T.S. (2) — *Brevet de Technicien Supérieur*

C

CAC 40 (12) — *Cotation Assistée en Continu*
C A F (7) — *Coût, Assurance, Fret*
C.A.P. (2) — *Certificat d'Aptitude Professionnelle*
C.E.E. (11) (14) — *Communauté Économique Européenne*
C.F.D.T. (13) — *Confédération Française Démocratique du Travail*
C.F.T.C. (13) — *Confédération Française des Travailleurs Chrétiens*
C.G.C. (13) — *Confédération Générale des Cadres*
C.G.P.M.E. (13) — *Confédération Générale des Petites et Moyennes Entreprises*
C.G.T. (13) — *Confédération Générale du Travail*
C.L.O. (8) — *Centre de Lecture Optique*
C.N.P.F. (13) — *Conseil National du Patronat Français*

D

DAB (1) — *Distributeur Automatique de Billets*
DIVA (8) — *DIstributeur de Vignettes d'Affranchissement*

E

ESSEC (2) — *École Supérieure de Sciences Économiques et Commerciales*
E.U.R.L. (3) — *Entreprise Unipersonnelle à Responsabilité Limitée*

F

F.A.B. (7) — *Franco A Bord*
F.L.B. (7) — *Franco Long du Bord*
F.M.I. (14) — *Fond Monétaire International*
F.O. (13) — *Force Ouvrière*

G

GAB (1) — *Guichet Automatique de Banque*

H

H.E.C. (1) (2) — *(École des) Hautes Études Commerciales*

I

I.M.E. (14) — *Institut Monétaire Européen*
INSEE (14) — *Institut National de la Statistique et des Études Économiques*
I.R.P.P. (13) — *Impôt sur le Revenu des Personnes Physiques*

L

LISA (8) — *LIbre Service d'Affranchissement*

M

MAAIF (9) — *Mutuelle d'Assurance Automobile des Instituteurs de France*

O

O.C.D.E. (14) — *Organisation de Coopération et de Développement Économique*
OPEP (14) — *Organisation des Pays Exportateurs de Pétrole*

P

P.C.V. (8) — *à PerCeVoir*
P.D.G. (3) — *Président-Directeur Général*
P.E.S.C. (14) — *Politique Extérieure et de Sécurité Commune*
P.M.E. (2) — *Petites et Moyennes Entreprises*
P.M.I. (13) — *Petites et Moyennes Industries*
P.N.B. (14) — *Produit National Brut*
P.T.T. (8) — *Postes, Télégraphe, Téléphone*

R

R.A.T.P. (7) — *Régie Autonome des Transports Parisiens*
R.E.R. (7) — *Réseau Express Régional*
RIB (8) — *Relevé d'Identité Bancaire*
RIP (8) — *Relevé d'Identité Postal*

S

S.A. (3) — *Société Anonyme*
S.A.R.L. (3) — *Société A Responsabilité Limitée*
SERNAM (7) — *SERvice NAtional de Messageries*
SICAV (12) — *Société d'Investissements à CApital Variable*
SICOB (10) — *Salon des Industries du Commerce et de l'Organisation du Bureau*
SICOVAM (12) — *Société Interprofessionnelle de COmpensation des VAleurs Mobilières*
SMIC (13) — *Salaire Minimum Interprofessionnel de Croissance*

T

T.C.I. (7) — *Termes Commerciaux Internationaux*
T.G.V. (8) — *Train à Grande Vitesse*
TIP (8) — *Titre Interbancaire de Paiement*
T.T.C. (5) — *Toutes Taxes Comprises*
TUP (8) — *Titre Universel de Paiement*
T.V.A. (5) — *Taxe à la Valeur Ajoutée*

U

U.E.O. (14) — *Union de l'Europe Occidentale*
URSSAF (6) — *Union pour le Recouvrement des cotisations de Sécurité Sociale et des Allocations Familiales*

V

V.P.C. (5) — *Vente Par Correspondance*
V.R.P. (5) — *Voyageurs, Représentants, Placiers*

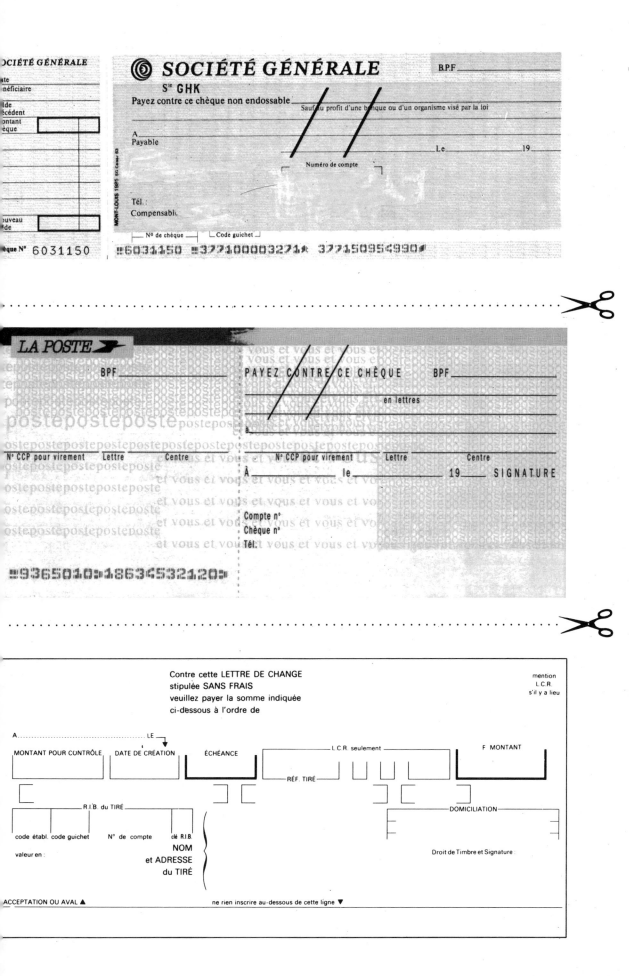

Bénéficiaire

N° d'affaire   Nom du bénéficiaire

Relevé d'Identité
Bancaire
du bénéficiaire   Code banque   Code guichet   Numéro de compte   Clé RIB

Libellé (facultatif)

Banque
du bénéficiaire   Guichet
du bénéficiaire

N'AGRAFEZ NI NE COLLEZ AUCUN DOCUMENT À CE CHÈQUE.
POUR VOTRE CORRESPONDANCE, UTILISEZ LE CADRE CI-CONTRE. ▶

Avant de nous adresser
ce chèque pour
encaissement, apposez
dans le cadre ci-contre
votre cachet ou votre
signature.

Le délai de validité du chèque postal est de 1 an.

Payez à l'ordre de :

qu'aux fins de recouvrement.

Cet effet ne peut être endossé

Imprimerie Hérissey, Évreux - N° 70910
Dépôt légal : octobre 1995